縄文文化構造変動論

―もう一人の田中良之I―

田中良之
Yoshiyuki Tanaka

すいれん舎

本書の成り立ち

　本書は，故田中良之氏が 2014 年 10 月 24 日の入院から，2015 年 3 月 4 日の逝去までの期間に構想した著作集刊行計画の実現を図るものであり，いわば田中氏の「遺言の執行」に当たる。

　田中氏が指示した著作集の内容は，「書物として刊行されていない論文，エッセイ，報告等を一書にまとめる。」というものであり，以下のような構成を示された。

　　　タイトル：もう一人の田中良之—縄文から文理融合研究まで—

　　　はじめに

　　1．漁撈研究から属性分析へ

　　2．縄文時代の終焉／弥生時代開始のプロセス

　　3．儀礼研究への展開

　　4．社会論と親族論の接合と東アジアへの展開

　　5．聖嶽と AMS 年代

　　6．融合研究へ

　　7．エッセイ

　田中氏は全体で 1 冊と構想されたが，頁数から見て困難と判明したため，内容を勘案して 2 巻構成とし，第 1 巻に「1・2」，第 2 巻に「3・4・5・6」を収め，7 は割愛することとした。各巻のタイトルは内容を勘案し，第 1 巻『縄文文化構造変動論』，第 2 巻『考古学的融合研究の地平と針路（仮題）』とし，「もう一人の田中良之」はサブタイトルとした。

　また田中氏は，「各論文に執筆の裏話も含めた詳細な解説を付す」ことを指示したので，澤下孝信氏・堤研二氏・岩永の分担執筆という形で対応することにした。

　田中氏夫人・田中まゆみ氏には，家族から見た田中氏の学者としての姿に

ついてお書き頂いた。

本書の編集実務は田中氏の指示により，以下のような分担で行った。

編集総括：岩永省三（九州大学総合研究博物館）

編集補佐：辻田淳一郎（九州大学人文科学研究院）

田尻義了（九州大学アジア埋蔵文化財研究センター）

舟橋京子（九州大学比較社会文化研究院）

米元史織（九州大学総合研究博物館）

校正実務：米元史織

福永将大（九州大学地球社会統合科学府博士課程）

田中氏の一周忌を控えた日に

岩永省三

iii

目　次

本書の成り立ち……………………………………………………………………… i

第1部　漁撈研究から属性分析へ

第1章　縄文時代西北九州の離頭銛頭について……………………………… 3
　　　　1はじめに　2出土例の検討　3骨製銛頭の性格　4おわりに

第2章　壱岐・鎌崎海岸遺跡について ……………………………………… 14
　　　　1遺跡周辺の環境と歴史的背景　2遺物　3鎌崎海岸遺跡を
　　　　めぐる二・三の問題　4おわりに

第3章　中期・阿高式系土器の研究………………………………………… 50
　　　　1はじめに　2阿高式土器の祖形　3阿高式土器の細分
　　　　4坂の下遺跡出土土器の再検討　5阿高式系土器における調
　　　　整技法　6瀬戸内地方土器型式との関係　7おわりに

第4章　新延貝塚の所属年代と地域相 ……………………………………… 115
　　　　1早期　2前期　3中期　4後期

第5章　阿高式土器……………………………………………………………… 152
　　　　阿高式系土器の生成と展開　分布圏の分解と阿高式系土器の
　　　　消滅

第6章　縄文時代後期初頭の北部九州 ……………………………………… 163
　　　　―在地文化と在来文化の複合―
　　　　はじめに　中期の北部九州　磨消縄文土器の伝播　後期初頭
　　　　の北部九州

第7章　曽畑式土器の展開…………………………………………………… 172

iv

第8章　磨消縄文土器伝播のプロセス ………………………… 185
　　　　―中九州を中心として―
　　　　1はじめに　2土器編年の再検討　3磨消縄文土器の伝播
　　　　4おわりに

第9章　広域土器分布圏の諸相 …………………………………… 239
　　　　―縄文時代後期西日本における類似様式の並立―
　　　　はじめに　1問題の所在　2分析対象と方法　3分析に用いた
　　　　属性とその変異　4縁帯文土器の時期差と地域差　5属性変
　　　　異に反映された縁帯文土器の変化　6広域土器分布圏の意義

第10章　モチーフにおけるポジ・ネガ転写 …………………… 292
　　　　―「太形凹文」の成立過程―
　　　　1はじめに　2並木式と阿高式　3ポジ・ネガの逆転　4おわ
　　　　りに

第11章　土器文様の伝播と位相差 ……………………………… 298
　　　　はじめに　「縁帯文土器」について　縁帯文土器の空間的様
　　　　相　土器文様情報伝播の諸相　土器文様の伝播における位
　　　　相差

第12章　寺の前遺跡縄文後期土器について …………………… 317
　　　　縄文後期土器をめぐる諸問題

　　第2部　縄文時代の終焉／弥生時代開始のプロセス

第13章　長崎県山の寺遺跡 ………………………………………… 333
　　　　―晩期山の寺式土器―
　　　　遺跡の調査と遺物　山の寺式土器

第14章　縄紋土器と弥生土器 …………………………………… 340
　　　　1西日本

第15章　いわゆる渡来説の再検討 ……………………………… 355
　　　　1はじめに　2形質人類学における渡来説　3考古学における

目　次　v

　　　　　渡来説　4渡来各説の検討　5おわりに

第16章　渡来人をめぐる諸問題 ……………………………………… 386
　　　　　1はじめに　2弥生人とは何か　3渡来説と弥生開始論　4こ
　　　　　んにちの渡来説　5人骨研究の到達点　6考古学的研究の到
　　　　　達点　7弥生人の成立　8おわりに

第17章　弥生時代における日韓の埋葬姿勢について …………………… 414
　　　　　1はじめに　2弥生時代の埋葬姿勢　3韓半島の事例　4埋
　　　　　葬姿勢の系譜　5おわりに

　　　遺跡の所在地対照表　425

　　方法論の特徴 ……………………………………… 澤下孝信　427

　　考古学と地理学・空間分析 ……………………………… 堤　研二　439
　　　―「考古学方法論研究会」とその時代―

　　田中良之氏の軌跡 I ……………………………………… 岩永省三　446

　　　夫の思い出 ……………………………………… 田中まゆみ　451

　　　初出一覧

凡　　例

1.　本文は原則として初出の発表時通りとした。
2.　参考文献のうち本書に収録されているものについては，〔　〕内にて該
　当章を示した。
3.　※印は編注を示す。
4.　読者の便を考え，遺跡名の所在地が合併等により初出時と異なる場合に
　＊印を付した。新所在地は本文末尾に「遺跡の所在地対照表」として掲
　出した。

第 1 部
漁撈研究から属性分析へ

第1章　縄文時代西北九州の離頭銛頭について

1　はじめに

　縄文時代西北九州における漁撈活動は，石鋸・結合釣針などの存在から外洋的性格が考えられ［山崎 1975 など］，かつ，海域の透明度が高いことから刺突具の有利さが指摘されてきたが［江坂 1958］，骨製銛頭の存在については，熊本県天草郡五和町＊沖ノ原貝塚［坂本 1971；坂田 1975］や長崎県南松浦郡富江町＊宮下貝塚［賀川ほか 1971］などでの出土をみながらも，「確実な例をきかない」［乙益・前川 1972］として処理され，注目されないままとなってきた。しかしながら，この種の骨製品は，その後，長崎県西彼杵郡野母崎町＊脇岬貝塚[1]・同県上県郡上県町＊志多留貝塚［坂田 1976］などの調査でもまとまって出土しており，坂田邦洋氏によって「脇岬型固定銛」の名称が与えられるまでに至っている［坂田 1975］。

　よって，小稿では，この「脇岬型固定銛」と仮称されている骨製品を，各出土例にあたりつつ再検討を行ない，縄文時代西北九州における漁具群の一つとして正当な位置づけを試みたい。

2　出土例の検討

長崎県南松浦郡富江町宮下貝塚

　遺跡は，五島列島福江島の南端に位置し，外洋をひかえた小湾に臨む貝塚である。報告によれば［賀川ほか 1971］，同貝塚からは 28 点の骨製銛頭が出土しており，うち 1 点が中期を主体とする第Ⅱ層から，他の 27 点はすべて後期中葉富江式土器（北久根山式）を中心とする第Ⅰ層より出土したという

が，図1-1～3に示した3点はいずれも後期に属するものである。

1は，半截した鹿の管状骨（中手・中足骨）を両側面から研ぎ出して全体を成形したもので，尖端部も同様に両側面からの研磨によって形成している。断面は半円形をなし，髄空面に柄を装着し，反り返った尾部をカエシとして使用するようになっている。長さ7.7cmで，投射角は10°をはかる[2]。2も同様にして全体を成形しているが，尖端部を両側面からとともに腹面からも研ぎ上げている点は1と異なる。長さ6.1cm，投射角は7°である。3は，尖端部をやや欠き，尾部の反り返りがやや少ないものの，やはり同じ製作法によるもので，長さ7.6cm，推定投射角は9°をはかる。

これらに伴う漁具としては，石鋸・単式釣針・西北九州型結合釣針・尖頭状礫石器があげられよう。

熊本県天草郡五和町沖ノ原貝塚

沖ノ原貝塚は，天草灘に向かって突出した小半島上に位置し，岩礁性貝類を主体とする貝塚である。過去数次の発掘調査が行なわれているが，図1-4～6に示したものはいずれも長崎大学による調査の際に出土したものである［坂田 1975］。4は尖端部のみで，5は逆に茎槽（ソケット）部と尾部のみであるが，両側面から研ぎ出した尖端部や髄空面を利用した茎槽部，反り返った尾部などの特徴は宮下貝塚例に共通するものである。6は完形品で，尾部がやや不明瞭であるが，長さ6.5cm，投射角5°をはかる。

いずれも後期中葉の北久根山式土器に伴い，共伴する漁具には西北九州型結合釣針，尖頭状礫石器・単式釣針・エイの尾棘製ヤスなどがあげられる。また，時期は不詳であるが，坂本経堯氏の調査の際にはこれらに加えて石鋸も出土している［坂本 1971］。

長崎県上県郡上県町志多留貝塚

対馬西岸の小湾奥部に位置する貝塚であり，長崎大学の調査によって18点が出土している［坂田 1976］。ここには完形もしくはそれに近いものを示したが，いずれも，既述の骨製品と同様に，尖端部・茎槽部・尾部を作出し

第1章　縄文時代西北九州の離頭銛頭について　5

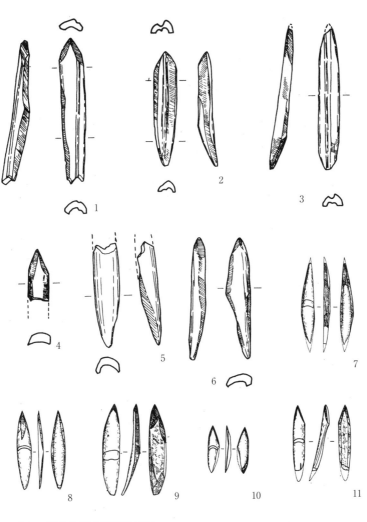

図1　西北九州型離頭銛頭(1)
　1～3：宮下貝塚　4～6：沖ノ原貝塚
　7～11：志多留貝塚
　　(7～11は[坂田1975]より　縮尺 1/2)

ている。報告によれば，長さは図 1-7 が 5.2 cm（推定長），8 が 4.4 cm，9 は 4.9 cm で 10 が 2.56 cm，そして 11 が 3.55 cm（推定長）である。投射角および推定投射角はそれぞれ 13°，8.5°，18°，19°，18.5° をはかる。後期中葉北久根山式土器に伴い，共伴する漁具には西北九州型結合釣針・逆 T 字形釣針があり，他に採集品ではあるが石鋸もある。

長崎県福江市*江湖貝塚

　五島列島福江島の東端に位置する貝塚で，曽畑式土器に伴って 2 点が出土している［坂田 1973］。いずれも，獣骨を半截し，側面および腹面から研磨して成形している。図 2-2 は尖端の一部と尾部を欠いているが，1 は完形に近く，長さ 6.5 cm，投射角は 18° をはかる。共伴する漁具には尖頭状礫石器がある。

長崎県南松浦郡岐宿町*岐宿貝塚

　福江島北端に湾入する寄宿浦の湾口近くに位置する貝塚である。図 2-3 は完形品で，長さ 4.2 cm，投射角は 5.5° をはかる。茎槽部腹面を平坦に研磨しており，尖端部は腹面からも研ぎ上げている。4 は，尖端部・尾部と茎槽部をやや欠いており，現存長 5.1 cm，推定投射角は 8.5° をはかる。5・6・7 はいずれも尖端部を欠く欠損品である。これらはいずれも，鹿の中手・中足骨を加工したもので，弥生時代前期末〜中期初頭に属するが，西北九州型結合釣針を伴っている［鏡山ほか 1964］。

長崎県壱岐郡勝本町*国柳遺跡

　壱岐島の内陸部，カラカミ遺跡に近い丘陵に位置する遺跡で，いわゆる須玖式土器とともに 2 点が採集されている。いずれも鹿の中手・中足骨の骨端部に近いカーブを利用しており，図 2-9 は尖端部を欠くが，8 は完形である。8 の投射角は 13° で長さは 7.0 cm をはかり，側面とともに腹面からも研磨して尖端部をなしている。

第1章　縄文時代西北九州の離頭銛頭について　7

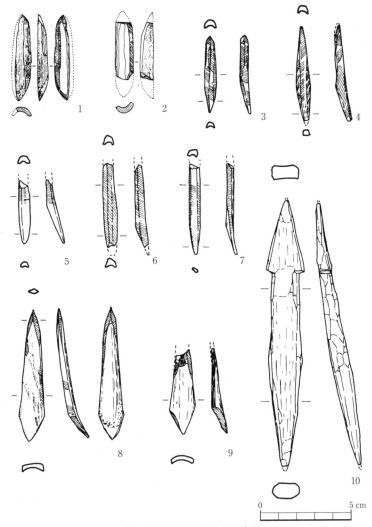

図2　西北九州型離頭銛頭(2)
1～2：江湖貝塚　3～7：岐宿貝塚　8～9：国柳遺跡　10：カラカミ遺跡
(1～2は［坂田1974］より　縮尺1/2)

長崎県壱岐郡勝本町＊カラカミ遺跡

　壱岐湯ノ本湾を東南へ約 2 km 入った，標高約 60m の山頂に位置する遺跡であるが，1977 年の九州大学考古学研究室による調査で，弥生時代後期を主体とする層から 1 点が出土している（図2-10）。鯨骨製品で，尖端部と尾部をわずかに欠くものの，ほぼ完形である。尖端部にもカエシを有しており，尾部を棒状に削り出している。茎槽部は，原材が鯨骨であるために若干の凹面をなす程度であるが，側面を緊縛しやすいように削り込んでおり，この部分は磨耗する。長さ 14.3 cm，投射角は 10.5°をはかる大形品である。

　以上のように，これらの骨製品は，尖端部・茎槽部・尾部よりなり，茎槽部に柄を装着して尾部をカエシとする刺突具であり，材質は，鯨骨製であるカラカミ遺跡例を除けばすべて獣骨製で，鹿の中手・中足骨を利用したものが多い。長さは，志多留貝塚出土の 2.56 cm の小形品から 14.3 cm をはかるカラカミ遺跡出土品まで，投射角は 5°から 19°までの幅があり，所属時期は縄文時代前期から弥生時代後期にまで及んでいる。

3　骨製銛頭の性格

　さて，上記 6 遺跡のほかに，骨製銛頭は長崎県西彼杵郡野母崎町脇岬貝塚（後期中葉鐘ケ崎式期）と佐賀県東松浦郡呼子町＊小川島貝塚[3]（弥生時代前期末〜中期初頭）からも出土しており，出土遺跡は今のところ 8 遺跡をかぞえるが，これら 8 遺跡をみてみるとカラカミ・国柳両遺跡を除けばいずれも外海に臨んだ立地を示しており（図3），内陸部の 2 遺跡も鹹水性の貝層を有していることから，この種の骨製品が，海，とりわけ対馬海流域の外海に深く関係をもち，かつカエシを有する刺突具，すなわち銛頭であることは明白であろう。

　ところで，坂本経堯氏はこの骨製銛頭の茎槽部に着柄した固定銛としての写真を示されているが［坂本 1971］，坂田邦洋氏はこれに対して，大型品と小型品が存在することに注目して，大型品は単独で用いられた可能性を認め

第1章　縄文時代西北九州の離頭銛頭について　9

つつも，数個を組み合わせて1個の固定銛を完成させたものであると考えられている［坂田1975］。

　たしかに，柄の太さは茎槽部の幅に規定されることから，小型品はもちろん大型品の場合でも柄が細すぎて用をなさないことは理解されるが，組み合わせて用いるとすれば，機能するのはカエシとしての尾部のみであり，尖端部を研ぎ出す必要はなく，むしろ扁平に仕上げるべきであるといえよう。と

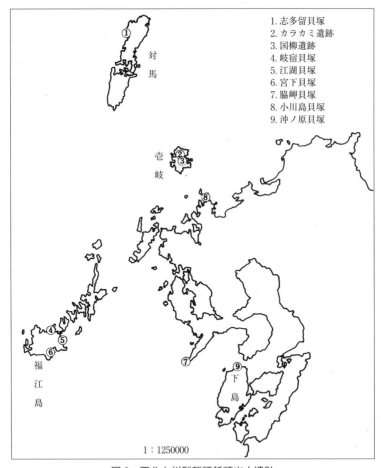

図3　西北九州型離頭銛頭出土遺跡

ころが,上記の骨製銛頭は,いずれも尖端部を形成しており,また,カラカミ遺跡例のように尖端部にもカエシをつけたものもあり,加えて,岐宿貝塚例のような小型品や宮下貝塚・江湖貝塚例のような中型品で,腹面からも研ぎ上げたものさえ存在する。よって,これらのことから,この骨製銛頭は,坂田氏のいわれるような組み合わせ銛ではなく,また坂本氏が想定されたような固定銛でもなくて,図4に示したように細くかつ短い柄を中柄として装着し,さらにそれを太い本柄に差し込む,開窩式(オープン・ソケット)の離頭銛頭であることが理解されるのである。

このような離頭銛頭は,西北九州以外の西日本には類例が認められないが,遠くへだたった北海道には渡辺誠氏によって一王寺型離頭銛頭と呼ばれている開窩式離頭銛頭が存在する[渡辺 1973]。一王寺型離頭銛頭には,茎槽部に刻みを有するものや尾部に一孔を穿ったものなど,いくつかのヴァリエーションがみられるが,反り返った尾部をカエシとなし髄空面を利用した茎槽部をもった点では西北九州の離頭銛頭と共通している。また,一王寺型離頭銛頭は,長さ3.5〜11.0cm,投射角5°〜19°と,長さや投射角においても西北九州のそれとほぼ同じ測定値を示しており,この点からも両者が同一の機能を有する銛頭であることが知られるのである。

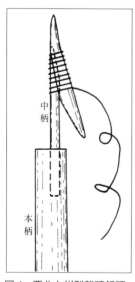

図4 西北九州型離頭銛頭着柄想定図

この両者は,相互に共通点を多くもちながらも,地理的に遠くへだたっていることから,直接の関係などまったくなく別個に出現したものと理解される。したがって,これら西北九州に分布する離頭銛頭を「西北九州型離頭銛頭」と仮称し,この地域における特徴的な漁具の一つとして考えることにしたい。また,小稿では西北九州型離頭銛頭の細分は出土例が少量であるため行なわず一括して扱ったが,一王寺型離頭銛頭のように,茎槽部に刻みを入れたものや尾

第1章　縄文時代西北九州の離頭銛頭について　11

部に穿孔したものなどが今後出土する可能性が充分考えられることはいうまでもないだろう。

　これら西北九州型離頭銛頭の捕獲対象物は，魚類遺存体の研究が遅延しているこの地域の現状では今のところ明らかにはしがたい。しかし，その分布範囲からみて，同時期にこの地域に分布する石銛・組み合わせ銛（石銛）・西北九州型結合釣針などとともに，対馬海流域に棲息する大形の外洋魚を捕獲の対象としたことは想像に難くない。

　また，西北九州型離頭銛頭は，縄文時代前期（曽畑式期）には出現していたようであり，弥生時代中期までは材質・形態ともに，ほぼ変わらず継承されている。弥生時代後期になると，カラカミ遺跡例のみではあるが，大型化して材質も鹿の中手・中足骨から鯨骨へと転化している。この変化が，縄文時代以来の漁具製作技術が退化することによって生じたものか，この時期に至って漁法におけるさらなる技術革新が遂げられたことにより，大型化を図って鯨骨を用いたものであるのかは，現状では知るべくもない。しかし，ともあれ，6世紀後半に属する北九州市小倉北区貝島1号墳からは鉄製の閉窩式離頭銛頭が出土しており［山中1978］，鉄器化された古墳時代には，西北九州型離頭銛頭の伝統は消滅してしまっていたものと考えられる。

4　おわりに

　従来「脇岬型固定銛」と呼称されてきた骨製品は，以上述べてきたように，固定銛などではなくて，中柄を用いる開窩式の離頭銛頭であり，これまで知られてきた石銛・組み合わせ銛（石鋸）・西北九州型結合釣針・尖頭状礫石器などとともに，縄文時代西北九州における特徴的な漁具の一つとして認識されるべきものである。よって，これらを，その文化史的性格をも考えて，西北九州型離頭銛頭と呼称することにしたい。

　西北九州型離頭銛頭は，縄文時代前期（曽畑式期）には出現しているようであり，下限は弥生時代後期にまで及ぶが，この地方において離頭銛としてはより発達した型式である閉窩式離頭銛頭の出現は古墳時代を待たなければ

ならず，古く縄文時代後期にはすでに閉窩式離頭銛頭（燕形離頭銛頭）を出現させていた仙台湾周辺との差異を明瞭にしている。これは，二つの地方に同じく外洋性の漁撈形態が存在したとはいえ，漁場となる海況の質的な差を反映したものと看取されよう。その点で，西北九州においては離頭銛頭よりも，石銛・組み合わせ銛（石鋸）などのいわば固定銛や大形の結合釣針などが発達することはきわめて興味深く，縄文時代西北九州における漁撈活動の特質をも示しているものといえよう。

最後に，小稿を書くにあたって，資料採集に便宜を図っていただき，かつ多くの御教示を賜った，別府大学文学部助教授坂田邦洋・九州大学文学部助教授西谷正・同大学医学部解剖学第二講座助手木村幾多郎・同大学文学研究科宮内克己・同文学部学生沢下孝信の諸先生・諸氏に，末筆ながら記して謝意を表したい。

（1978.6.9 了）

註

1）　未報告。小稿における同貝塚の骨製銛頭については，［坂田 1975, 1976］による。

2）　小稿における銛頭の計測方法は［渡辺 1973 147 頁］による。すなわち，「茎槽の見える側を腹面とし，逆を背面とし，長さは側面において先端部の腹面を垂直に置き，先端よりこの面に並行する垂線を下ろし，この線と尾部先端を通る垂線との交点と先端との距離にて表わす。また投射角はこの垂線と，先端より尾部先端を結ぶ線とのなす角度とする。」である。

3）　未報告。木村幾多郎氏の御教示による。

参考文献

江坂輝彌 1958「日本石器時代における骨角製釣針の研究」『史学』31-1〜4

乙益重隆・前川威洋 1969「縄文後期文化—九州—」『新版考古学講座』3，雄山閣出版

鏡山猛ほか 1964「岐宿貝塚」『五島遺跡調査報告』

賀川光夫ほか 1971『宮下遺跡調査報告—解説篇—』

坂田邦洋 1973『曾畑式土器に関する研究—江湖貝塚—』

第1章 縄文時代西北九州の離頭銛頭について　13

坂田邦洋 1975「縄文時代に関する研究，北久根山式土器の設定」『考古学論叢』3

坂田邦洋 1976「志多留貝塚」『対馬の考古学』

坂本経堯・坂本経昌 1971『天草の古代』

山崎純男 1975「九州地方における貝塚研究の諸問題」『九州考古学の諸問題』東出
　版

山中英彦 1978『貝島古墳群』

（1979 年）

第2章　壱岐・鎌崎海岸遺跡について

1　遺跡周辺の環境と歴史的背景

　鎌崎海岸遺跡は，鎌崎・名切川原の二地点よりなり，長崎県壱岐郡郷ノ浦町片原触字鎌崎 1709 番地*ほかの[1] 地先の海岸にある，壱岐郡*で唯一の縄文遺跡である（図1，写真1）。郷ノ浦町・勝本町・芦辺町・石田町の四町によって構成されている壱岐郡は，対馬とともに九州と朝鮮との間に飛石状をなす島である。土地低平，面積 139 km²，『魏志倭人伝』がいう「一大（支）国」であり，原ノ辻・カラカミの両弥生遺跡で著名な島である。郷ノ浦町は，この壱岐郡の南西部に位置する。

　遺跡の所在する郷ノ浦町片原触字鎌崎は，郷ノ浦港の東岸に狗状に突き出た小さな岬をいう。字名の鎌崎は，『壱岐国続風土記』には「釜崎」とあって，「海浜の石頭に釜跡あり故に名とせり」[2] と説明している。『壱岐名勝図誌』にも，釜崎，釜岬，鎌崎等が散見するが，いわれについては触れていない。古くは釜の字を当てたものであろう。また，名切川原について『壱岐国続風土記』[3] は，名切浜とし，由来を「なきりといえる草の生ずる所なれバ也」と記している。名切は菜切とも書く。

　この鎌崎は，通称「弁天崎」と呼ばれ，かつては青松林立する風光の地で知られていたが，昭和 46 年，一帯にプールや遊園地などが整備されて公園となり，弁天崎公園として現在に至っている。弁天神社（竹生嶋社・鎌崎大明神）と郷ノ浦町小崎浦の海士が信仰したといわれる犬神も岬北端の地に祀られている。同地からすぐの向こう岸は，博多～郷ノ浦～厳原間を結ぶフェリーボートの寄港する郷ノ浦埠頭である。そして，ここから北東に細くのびる入り江が郷ノ浦である。

第2章 壱岐・鎌崎海岸遺跡について 15

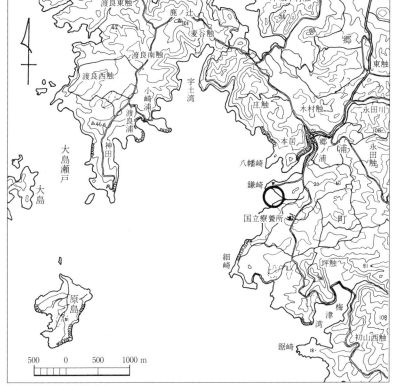

図1 鎌崎海岸遺跡の位置

写真1 鎌崎海岸遺跡(鎌崎①,名切河原②)

郷ノ浦は平戸藩領時代には，壱岐八ヶ浦の一つに数えられており，古くからの港のように思えるが，『壱岐郷土史』によれば，「郷の浦の開浦，後光明天皇承応元年（1652）国主鎮信命して郷の浦の地を開き，深江下る浜の住民七拾余戸を移す。町区の長三百間，幅八間とす。これ現今郷の浦発展の濫觴なり（吉野文書）[4]」とあって新しいことが知れる。ちなみに，壱岐が平戸藩に隷属するのは永禄6年（1563）である。

ところで，『海東諸国紀』（1471）の「一岐島」の項には「海浦十四」とあって，壱岐の「十四浦」が記されているが，中に郷ノ浦の名は無論ない。しかし，かわりに「毛都伊浦一百戸」[5]がある。毛都伊浦は現在の郷ノ浦町郷ノ浦字元（本）居である。同書の「日本国一岐島之図」の毛都伊浦には「自風本至北五里」と書かれていて，元居が往時には壱岐南部の主要港であった[6]ことが判る。元居については，このほか『太宗実録』（太宗7年〔1407〕）に「一岐本井浦」[7]，『世宗実録』（世宗6年〔1424〕）に「日本国一岐本居浦」[8]などが見えており，『延喜式』にある「優通」（現，石田町印通寺浦），「何周（伊周）」（現，勝本町勝本浦）に次いで史的価値に富む港湾の一つ[9]であったと考えられている。

この元居浦は郷ノ浦埠頭の北側に近接し，鎌崎北岸からは300m余の対岸の浦である。

さて，遺跡のある郷ノ浦町片原触字鎌崎1709番地ほかの地先は海底である。したがって，高潮時には海中に没し，低潮時になると干上がって陸地となる。遺物は，この高潮線と低潮線との間の帯状部分，つまり潮間帯に散布している。

鎌崎から最初に遺物が発見されたのは昭和34年の夏で一中学生によって石斧が採集され[10]，続いて石鏃や土器片等が採集された。その後は，研究者，好事家などによる任意の採集が行なわれた模様であるが，遺物は採集者個々の所有となり，その種類をはっきりさせることはできない。しかし，昭和37年刊の『長崎県遺跡地名表』によれば，無土器・縄文時代に編年された遺物は，「石器・土器・打石斧・磨石斧」[11]とある。

ところで，『長崎県遺跡地名表』には鎌崎の地名は記入されておらず，「片

原触吉ヶ崎・弁天崎（海底）」となっている。吉ヶ崎は鎌崎の東側に隣接する字名である。弁天崎（海底）はおそらく鎌崎を指すものと思われ，正確には二つに分かれるが，ここでは鎌崎のことであろうと考えられる。

　吉ヶ崎については「郷ノ浦石鏃散列地」として，「旧武生水町片原触字吉ヶ崎。郷ノ浦港口南隅の海辺。黒石の石鏃や破片が広い地域に散列しているが，土器片は未だ発見されていない」[12]との記録があるが，これも吉ヶ崎より鎌崎であろうと思われる。しかし，吉ヶ崎の畑地からは黒曜石製の石鏃が，戦前にはよく採集されたといわれており[13]，吉ヶ崎から鎌崎へかけての一帯は，古くから遺物の散布する地であったといえる。

　昭和37年，国分直一氏は日本考古学協会の同年度大会において，「壱岐郷ノ浦海岸」と「勝本海岸」を前期旧石器遺跡として発表されている[14]。壱岐郷ノ浦海岸は，案内者の言で鎌崎海岸であるが，その後文章が発表されていないために，詳細は判然としないままになっている。

　名切川原は，鎌崎から東南に約300m離れた鎌崎地番の地先で，同じく海底に遺物が散布している。もとは両地点とも海岸線で繋がっていたと思われるが，間に新田が開かれて，断ち切られた恰好になっている。なお，名切川原より遺物が採集されたのは昭和52年9月15日が最初である。

　本遺跡の正式な調査は一度も行なわれたことがなく，したがって，先土器時代・縄文時代の編年的位置も曖昧なままに放置されてきた。また，貝塚や包含層の存否も不明で，現状では，散布する遺物が流れ込みなのかプライマリーなものであるのかも判断しがたい。

　このように不明瞭であった本遺跡の編年的位置を明確にしたいと考え，壱岐郷土館が，昭和52年5月から53年6月までの約1年間，表面採集を行なった結果の報告が本稿である。採集遺物の整理にあたっては九州大学文学部考古学研究室がこれに協力した。

　なお，鎌崎で遺物が多く採集されたといわれる海浜は現在町営プールの下にあって，なんら調査もされないままに埋もれてしまっている。埋没はさらに鎌崎・名切川原両地点をも含めて，郷ノ浦町外港計画の名のもとに行なわれる予定で，工事はすでに沖合から進捗しつつある。島内唯一の縄文遺跡も，

壱岐の古代史解明の手がかりを僅かに与えてくれただけで終焉である。

2 遺物

(1) 土器（図2〜図3）

鎌崎海岸からは縄文時代から古墳時代に至るまでの土器片が採集されている。いずれも小片で磨耗著しく，油が付着しているため色調も変化したものが多いが，時期判定の目安となるものはできる限り図示するよう努めた。また，鎌崎・名切川原の両地点を一括して扱ったが，図中に，前者を⑯，後者を⑯としてその採集地点を示した。以下，時代ごとに記述する。

①縄文時代（図2〜図3-11）

図2-1・2は，ともに，貼付けによる細い隆帯を有する土器で，黒褐色を呈する。1は磨耗しているため不明であるが，2には二枚貝による横方向の調整痕が認められる。前期初頭に属する轟B式土器に比定されよう。

3〜6に示した土器は，いずれも胎土中に滑石粉末を含むもので，3〜5は暗赤褐色を呈するが，6はやや黄色がかり胎土中にはさらに貝殻の粉末をも含んでいる。3・5は口縁部で，4・6もそれに近い破片であると思われるが，3・5・6は表面に沈線文を施し，4は円形に近い刺突文列を有する。内面は，3に刺突文列が，5・6には平行沈線文が施されている。よって，以上の特徴から，これらを典型的な曽畑式土器として扱うことができる。また，7〜9は，上記の曽畑式と同じくいずれも暗赤褐色を呈するものの，滑石粉末を混入しない。9は口縁部付近と思われ縦の沈線文を有するが，7・8にはかなり粗雑に羽状をなす沈線文が施される。これらは，曽畑式土器における主要な文様構成要素の一つであった横位の羽状文が退化したものと考えられ，福岡県飯塚市鯰田遺跡[15]や同県遠賀郡芦屋町山鹿貝塚[16]からは表面に貝殻条痕をそのまま残したものも出土していることから，典型的な曽畑式土器よりも後出する曽畑式であるといえる。よって，3〜6を前期前半に，7〜9は後半に位置づけることができる。

10は，黒褐色を呈し，縦方向の条痕と刺突文を有する土器であり，7〜9

に並行するものとも考えられるが，早期末の条痕文土器群の中に含められる
土器である可能性もある。

11 は，黒褐色を呈し，二本を単位とした沈線文を斜方向に施したもので，
横方向にも同様な沈線文を有する。13 も，二本単位の沈線を縦もしくは斜
めに施しているが，横方向の沈線が太くて 11 とは異なっている。赤褐色を
呈する。この二点は，磨耗著しく小片ではあるが，前期後葉の轟 D 式土器
に比定されるものである。また，12 は，暗赤褐色を呈し褐色を混入する土
器であるが，半円形の断面をなす施文具の，弦状部で外面に平行沈線文を，
弧状部で内面に押引文を施している。外面の施文はいいとしても，この内面
における押引文の形状がやや異色ではあるが，小稿では轟 D 式に含まれる
ものとしたい。

さて，14 は，灰褐色を呈し滑石を多量に混入した土器で，磨耗が著しい
ため不明瞭ではあるが，二列を単位とする押引文を有している。これは，前
川威洋氏が指摘しているように[17]，中期前葉並木式土器の祖形もしくは最古
のタイプと考えられる。また，15 は，典型的な並木式土器で，暗赤褐色を
呈し滑石を混入しており，指頭による凹線を施した後に無文部に刺突文を加
えている。

そして，16〜22 は阿高式系の土器である。16 は，滑石を多量に含んだ赤
褐色の土器で，幅広で断面 U 字形をなす凹線文を有している。17 は，黒褐
色で滑石を含まず，爪先によって凹点文を施しているが，凹点の中央に粘土
のたまりが残っており，くずれた凹点文となっている。18・19 はともに幅
の狭い凹線文を有する土器であるが，18 は暗赤褐色を呈する底部付近の破
片で，19 は黒褐色をなし内面に横方向の貝殻条痕を有しており，いずれも
滑石を含まない。20・21 は，茶褐色ないしは黒褐色を呈し口縁部にのみ凹
線文を有する土器で，22 にはそれよりもさらに幅の狭い沈線文が施される。
22 は貝殻粉末を胎土中に含み，褐色を呈する。

以上の阿高式系土器は，16 が典型的な阿高式土器に，20・21 が後期前葉
の南福寺土器に，22 はそれよりも後出する出水式土器にそれぞれ比定さ
れるものである。そして，17〜19 は佐賀県西松浦郡西有田町*坂の下遺跡[18]

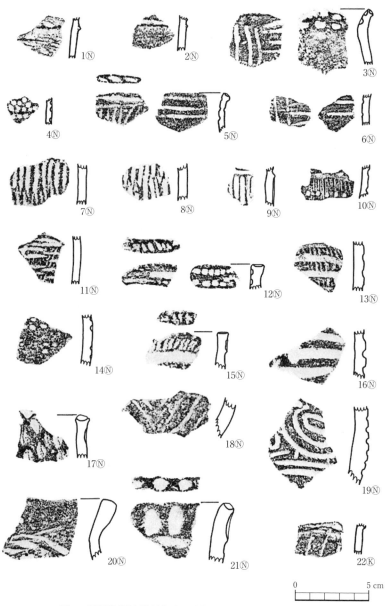

図2 鎌崎海岸遺跡採集土器(1) Ⓚは鎌崎 Ⓝは名切河原

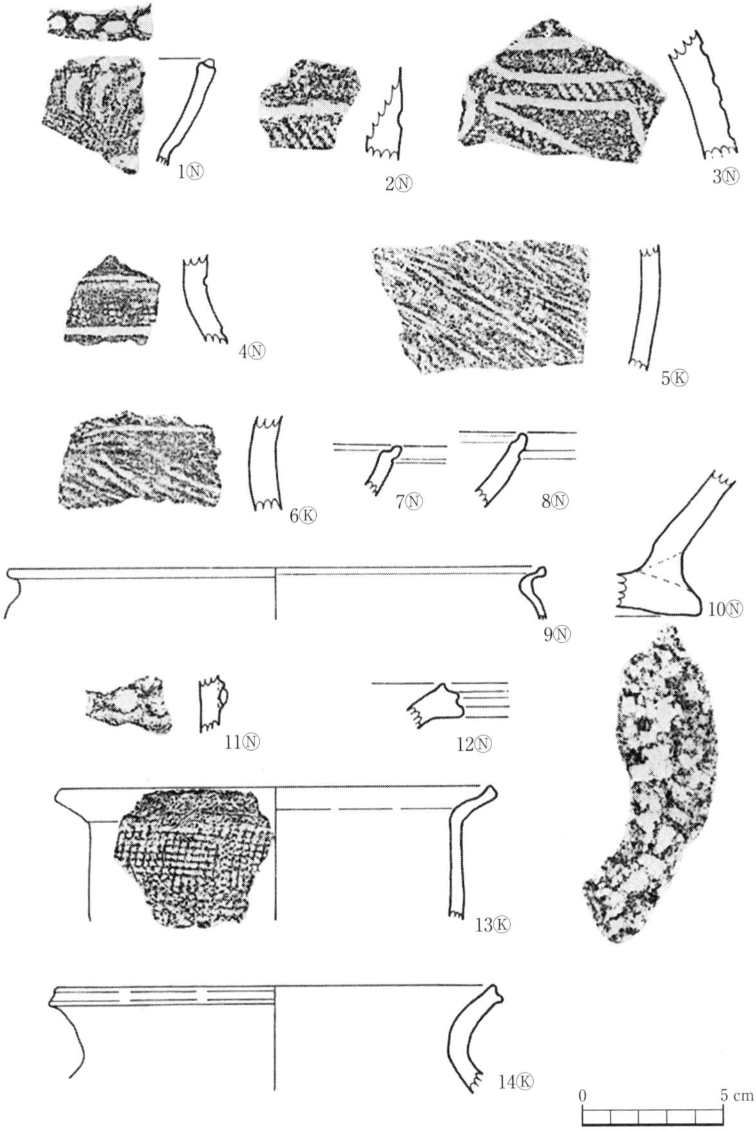

第 2 章　壱岐・鎌崎海岸遺跡について　21

図 3　鎌崎海岸遺跡採集土器(2)

出土土器に相当するものであるが，全面に施文される 18・19 を中期末に，くずれた凹点文を有する 17 を後期前葉に考えておきたい[19]。

図 3-1 は，黒褐色を呈する鉢形土器の口縁部片で，細かい縄文地に同心円状の沈線文を加えている。後期中葉でも古い段階に位置する小池原上層式土器である。2・3 も磨消縄文土器で，黒褐色を呈し，3 はその文様構成から広義の鐘ヶ崎式土器に比定される。4 も同様に鉢形土器の胴部と考えられるが，磨耗して観察し難いものの，施文は縄文ではなく擬縄文のようである。後期中葉でも新段階に位置する北久根山式土器に相当するものであろうか。暗茶褐色を呈する。

5・6 は，いずれも茶褐色を呈し貝殻条痕を有する粗製土器であるが，条痕の原体は，5 が二枚貝であるのに対して，6 には小巻貝が用いられている。

また，10 は深鉢形土器の底部であり，底面に鯨骨製土器製作台[20]の圧痕を有しているが，おそらくは阿高式系土器の底部であると考えられる。

7〜9 はいずれも黒褐色を呈する浅鉢形土器で，7 には胎土中に貝殻の粉末が混入してある。器形からみて晩期中葉の所産であると考えられる。

11 は，突帯上を丸くえぐるようにして刻目をつけた土器で，黒褐色を呈する。このような形状の刻目突帯を有する土器は，阿高式系土器，夜臼式土器，そして対馬の上県町越高遺跡からも出土している朝鮮半島南岸の隆起文土器の中にそれぞれ認められるが，11 は，きわめて小片であるため，いずれとも判別し難い。

②弥生時代（図 3-12・13）

12 は，口唇部に凹線文を有する土器で，胎土は精良で黒雲母を含んでいる。これは，東瀬戸内において中期後半に盛行する凹線文土器の系統と考えられ，おそらくは彼地から持ち込まれたものと思われる。

13 は，茶褐色を呈し 1 mm 前後の砂粒をやや多く含んだ甕形土器で，胴部に 2 mm 方眼の格子目叩きを施している。磨耗し，付着物が多いために内面の調整は観察しえないが，明らかに朝鮮の金海式土器であり，その中でも赤褐色軟質土器と呼ばれているものである。金海式土器は，対馬などの調査例では後期前半以降に出現するようであり[21]，13 もその時期に朝鮮からもたら

されたものと考えられる。

これらのほかに，図示はできなかったものの，城ノ越式土器の甕形土器底部と思われるものや，後期の甕形土器口縁部片，終末期の二重口縁壺の破片などが採集されている。

③古墳時代（図3-14）

須恵器の甕の口縁部である。胎土は精良で，内外面ともにヨコナデ調整を施す。6世紀後半くらいに相当するものであろう。

(2) 石器（図4〜図9）

鎌崎海岸からは石器も多数採集されているが，1点を除けばすべて縄文時代に属する石器である。以下，器種ごとに記していきたい。

①石槍（図4-1・2）

図4-1は茎部を作出したもので先端部を欠いている。現長6.7cm，幅2.7cmで重さ20.8gをはかり，玄武岩製である。2は，長さ3.6cm，幅1.4cmの小型品で，黒曜石製。1・2ともに磨耗が著しい。

②石鏃（図4-3〜12）

3は，側辺を鋸歯状に調整し，さらに両側辺に1個ずつ大きな刔込みを施したもので，石鋸のヘッドとしての機能を想起させるが，長さ3.6cm（現長）に比して幅がわずか1.7cmしかなく，これに続けて石鋸を植刃するのにはシャフトが細すぎることになるため，やはり鋸歯鏃として扱われるべきものであろう。重さ2.8gをはかり，黒曜石製である。

4〜9は，玄武岩製の8を除けばいずれも黒曜石製で，それぞれ重さは，3.2g，1.7g，6.8g，1.8g，3.4g，1.1gをはかる。

10〜11は，黒曜石製のいわゆる剥片鏃であるが，いずれも主軸が一側辺に片寄っている。10は，斜行する側辺とわたぐりを丹念に調整しており，現長3.2cm，幅2.6cm，重さ4.8gをはかる。また，11も斜行する側辺を丁寧に調整し，現長3.0cm，幅1.8cm，重さ1.9gをはかる。

12は，黒曜石製の局部磨製石鏃で，現長3.6cm，幅3.0cm，重7.9gをはかる。両面を研磨して平坦面を形成している。

③つまみ形石器 (図4-13〜14)

13は，長さ2.6cm，幅1.8cmをはかり，細かくリタッチを加えている。14も同様であるが，その加工は切断面にまでおよび，長さ2.5cm，幅1.7cmをはかる。いずれも黒曜石製であることはいうまでもない。

④磨製石鏃 (図4-15)

15は，有茎式磨製石鏃で，玄武岩製と思われ，現長2.2cm，幅1.6cmをはかる。弥生時代前期から中期初頭の北部九州においてみられる朝鮮式磨製石鏃で，この種の石鏃にはいくつかのタイプが認められるが，裏面と茎の部分が剥落し，鏃身と茎のほとんどが欠損しているため，本来の形態を知ることはできないものの，鏃身の断面が明瞭な菱形をなすことから，舶載品であると思われる[22]。

⑤石銛 (図5-1〜3)

図5-1は，先端部をやや欠くものの，現長12.0cm，重さ108.5gの大型品で，中央部で最大幅5.0cmをはかり，この部分が若干ゆるいカエシとなっている。2も，先端部を大きく欠くものの，明瞭なカエシを有しており，現長9.8cm，幅5.6cm，重101gをはかる。3は中型品で，現長5.2cm，幅3.7cm，重22.5gをはかり，先端部を欠いている。

これらの石器は，後述するように，西北九州の外海部に分布するもので，石銛と考えられる石器である。いずれも玄武岩製。

⑥石錘 (図5-4)

4は，玄武岩の小礫を両辺から打欠いた礫石錘で，26.4gをはかる。

⑦スクレイパー (図5-5〜図6-6)

5・6は，玄武岩の剥片を調整して刃部を施した，不定型のスクレイパーである。5は背面に，6は裏面に自然面を残しており，それぞれ，長さ7.5cm，幅4.3cm，長さ5.9cm，幅4.2cmをはかる。

7〜9は石匙である。8は縦型で，7・9は横型であるが，8・9の刃部加工はやや粗雑である。いずれも玄武岩製で，7は長さ3.7cm，幅6.0cm，8は長さ4.4cm，幅2.6cm，そして9は長さ4.0cm，幅4.7cmをはかる。

図6-1は，全体を直角三角形状に調整したもので，斜辺にあたる一方の側

第2章 壱岐・鎌崎海岸遺跡について 25

辺をわずかに内湾させ，もう一方をほぼ直線状に整形して，底辺にゆるい弧状の刃部を作り出している。主要剝離面を大きく残し，加工もそれほど丁寧ではないが，刃部は鋭い。玄武岩製で，長さ11.1cm，幅6.5cmをはかる。2

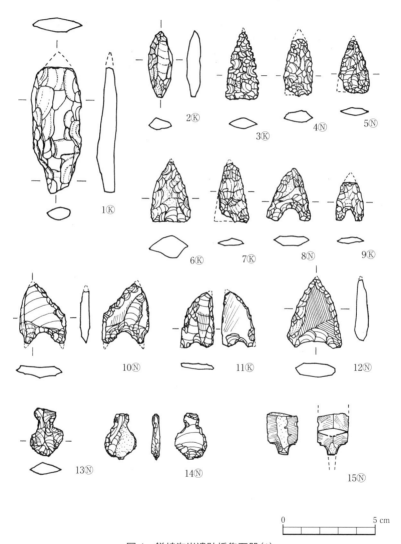

図4 鎌崎海岸遺跡採集石器(1)

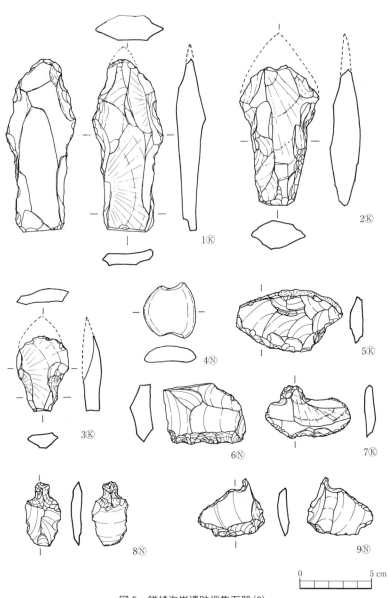

図5 鎌崎海岸遺跡採集石器(2)

第2章 壱岐・鎌崎海岸遺跡について 27

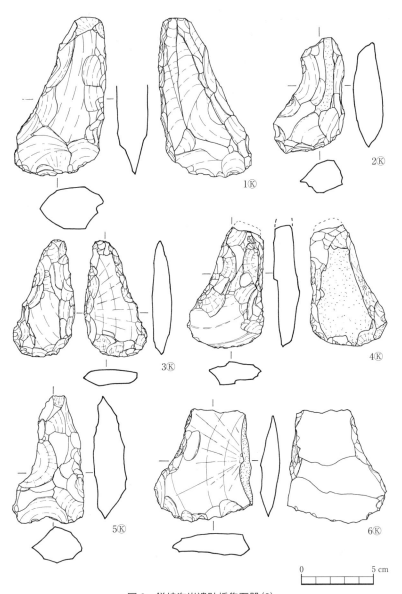

図6 鎌崎海岸遺跡採集石器(3)

も同様な形状をなすスクレイパーで，調整は粗く，未製品かとも思われる。1と異なり側辺は双方とも刔込みを有している。同じく玄武岩製で，長さ8.0cm，幅5.0cmをはかる。3は，長さ8.2cm，幅4.4cmとやや小ぶりであるが，丹念に加工されており，斜辺をゆるく刔込んでいる。玄武岩製。4は，頭部を欠き，現長8.5cm，幅5.4cmをはかる玄武岩製品で，裏面には大きく自然面を残し，双方の側辺に刔込みを有している。刃部の加工は不充分であるが，鋭い刃部となっている。5は，長さ6.0cm，幅5.1cmで，斜辺に大きな刔込みを有しているが，刃部がほとんど未調整であり，未成品であると思われる。玄武岩製である。6は，1〜5とやや異なり頭部が幅広くなっているが，やはり，斜辺の刔込みと弧状の刃部を形成している。主要剥離面を大きく残し，刃部の加工は簡単なようであるが，鋭利な刃部をなしている。玄武岩製で，長さ7.9cm，幅7.0cmをはかる。

　以上に記してきたスクレイパーのうち，図5-5・6は不定型のもので，7〜9はつまみを有した石匙と称されるスクレイパーであった。ところが，図6-1〜6に示した石器は，従来注目されることのなかったものである。これらは，全体を直角三角形もしくはそれに近い形状に整形し，底辺に刃部を作出した石器で，一方もしくは双方の側辺に刔込みを施して柄部をなすという特徴を共有している。その機能としては，打製石斧や石ベラとしてのそれも考えられるものの，緻密な玄武岩を用いて鋭い刃部をなし，かつ主軸に対して扁刃をなす点などはそれらよりも「切る」機能を具備したものであることを想起させる。したがって，これらが，一定の機能・目的のために一定の規範に沿って製作された，定型化したスクレイパーであることを認定しえよう。

　⑧凹石（図7-1）

　図7-1は，多孔質の玄武岩礫を利用したもので，両面に凹みをもつ。長さ10.7cm，幅8.4cmで，両側面にも叩打痕を有している。

　⑨石皿（図7-2）

　3は，大きく欠損しているが，安山岩を利用した石皿で，現長16.4cm，現幅14.1cm，厚さ4.5cmをはかる。使用した面は，ゆるやかな凹面をなしており，一部剥落した部分をさらに再利用している。

第2章　壱岐・鎌崎海岸遺跡について　29

⑩尖頭状礫石器（図7-3）

　図7-3は，多孔質の安山岩礫を用いた尖頭状礫石器である。長さ10.2 cm，幅6.2 cmをはかり，全体に磨耗が著しい。自然面を大きく残しているが，周縁を調整して反り返った尖頭部を形成している。

⑪石斧（図7-4～図8・図9）

　図7-4は大形石斧の頭部であると思われる。玄武岩製で，周縁から剥離して整形しているが，磨耗が著しく，研磨痕等は全く確認しえない。現長10.0 cm，幅9.6 cmで，復元するとかなり長大なものであったことが想像される。このような大形石斧は，西北九州の海岸部に多くみられ，まれに特殊埋蔵遺構から出土しているが[23]，その性格については未だ不明確な点が多い。

　さて，図8-1～10に示した石斧は両刃の刃部を有するものである。

　1は，大まかな剥離を行なって整形した後，刃部とその周辺のみを研磨したもので，全体的に磨耗が著しい。現長10.0 cm，刃部幅5.1 cmで，残存部の重量340gをはかる肉厚の石斧である。玄武岩製。2も，全体を粗割り・叩打して刃部のみを磨いた石斧で，全体的に磨耗しており，片岩系統の石材を用いている。長さ10.1 cm，刃部幅4.4 cm，重さ240gをはかる。3は，いちおうは全面磨製であるが，刃部とその周辺以外には叩打痕を多く残しており，刃部はやや扁刃をなすものと思われる。長さ12.1 cm，推定刃部幅は5.1 cmの玄武岩製石斧である。4は若干叩打痕を残すもののほぼ全面に研磨がおよんでいる。玄武岩製で，長さ11.1 cm，刃部幅4.6 cmをはかる。5は撥形の石斧で全面を研磨してはいるが粗割りや叩打の跡を多く残している。玄武岩製で，現長10.7 cm，推定刃部幅4.7 cm，重量は175.2gをはかる。6は刃部のみを研磨したもので，現長9.9 cm，刃部幅4.5 cm，重さ210gをはかる。玄武岩製。7は，全面を研磨したものと考えられるが，叩打痕を多く残している。磨耗著しく，剥落した部分も多い。重量201.9gをはかる玄武岩製品で，長さ12.6 cm，推定刃部幅5.0 cm，刃部はやや扁刃気味であると思われる。8は頭部に向かって急激にすぼまる石斧で全面に研磨を施す。現長10.8 cm，刃部幅6.4 cm，重さ245gをはかる。玄武岩製である。9は粘板岩製と思われ全面を研磨している。現長7.7 cm，重さ190gをはかり，やや片刃気味であるが，

身は肉厚である。10も若干片刃気味の刃部を有しており，研磨は全面にお
よぶ。現長8.3cm，推定刃部幅は7.0cmで，重さ125.2gをはかる。

　次に，図9-1〜12に示したのは片刃の刃部を有するものである。

　1は，粘板岩製で，側面は剝離痕を残しながらも，表裏ともによく研磨さ
れており，現長8.6cm，刃部幅4.3cm，重さ74.3gをはかる。2は，一部に叩
打痕を残しながらも全面をよく研磨しており，現長8.3cm，刃部幅4.8cm，
重さ94.1gをはかる玄武岩製品である。3も全面を研磨しており，一部に叩
打痕を残す。現長5.5cm，推定刃部幅5.0cm，重さ46.6gをはかり，安山岩
製と思われる。4は叩打痕を多く残し刃部付近のみを研磨している。玄武岩
製で，現長4.8cm，推定刃部幅5.2cm，重さ51.6gをはかり，また，刃部に
使用痕かとも思われる小剝離が認められる。5・6・8は刃部付近が剝落した
もので，5・8は玄武岩製で，6は粘板岩製である。7・9は，やや大形の片
刃石斧であるが，いずれも玄武岩製で，一部に叩打痕を有しつつも全面を研
磨している。7は，現長5.9cm，推定刃部幅6.3cm，重さ60g，9は，現長
7.3cm，推定刃部幅6.4cm，重さ94.1gをはかる。

　さて，10・11に示したのは扁平片刃石斧である。10は，玄武岩製で，全
面を丹念に研磨しており，現存重量9.9g，11は，チャート製で，刃部周辺
と側面のみを研磨しており，ほかは叩打のままにしてある。現存重量11.1g
をはかる。

　また，12は，刃部幅わずか1.1cmの片刃石斧で，全面に丁寧な研磨を施し
ている。現長6.7cm，重さ36.9gをはかる玄武岩製品である。

　これらの磨製石斧は，両刃をなすものを伐採用に，片刃のものを木工用に
比定することができ，さらに，片刃石斧は，比較的大きくてチョウナとして
の機能を想定しうる図9-1〜9と，小型で扁平であるかもしくは幅狭い刃部
を有することからノミとして用いられたと考えられる図9-10〜12に分ける
ことができる。これら三種の磨製石斧群は，本遺跡の場合には，採集品であ
り所属時期が不明であることから，セット関係を明らかにすることはできな
い。しかし，九州地方における他の縄文時代遺跡の磨製石斧組成をみてみる
と，時期ごとの型式変化や[24]各器種の占める比率の増減はあるにせよ[25]，

第2章 壱岐・鎌崎海岸遺跡について 31

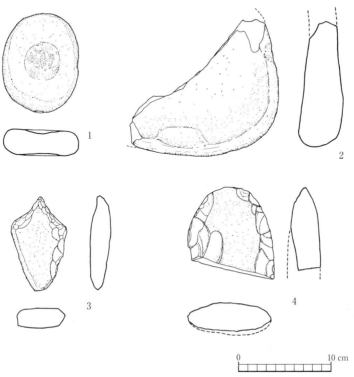

図7 鎌崎海岸遺跡採集石器(4)

少なくとも前期からこの三点セットが生活必需品として存在していたことは疑いない[26]。したがって，本遺跡においても，これら三種の磨製石斧がセットをなし，木材の伐採から加工までの諸工程に用いられたことがうかがえよう。

　以上，縷々述べてきたが，これらのほかに，石器製作によって生じたと思われる，黒曜石や玄武岩のチップ・フレイク等が多数採集されている。

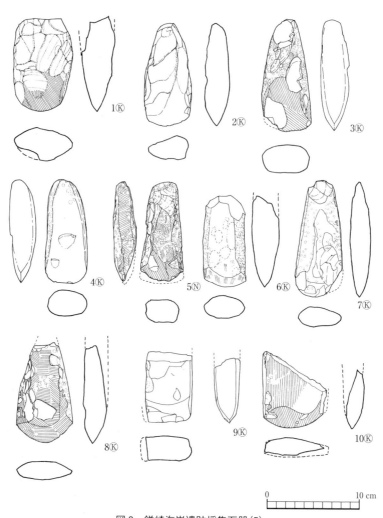

図8 鎌崎海岸遺跡採集石器(5)

第 2 章 壱岐・鎌崎海岸遺跡について 33

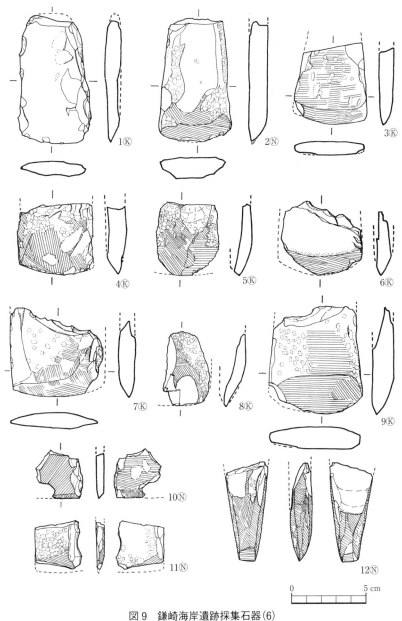

図 9 鎌崎海岸遺跡採集石器(6)

3 鎌崎海岸遺跡をめぐる二・三の問題

前章までに記したように，鎌崎海岸から採集された遺物は各時期にわたる多様なものである。すべて採集品であるため考察の範囲も自ずと限界があるが，本章では本遺跡をめぐるいくつかの問題について考えてみたい。

(1) 土器について

鎌崎海岸採集の土器は縄文時代前期から古墳時代にまでおよぶ時期のものであった。まず，縄文式土器からみてみると，轟B式・曽畑式・轟D式・並木式・阿高式・南福寺式・出水式・鐘ヶ崎式・北久根山式の諸型式に晩期中葉の土器が採集されている。これらは，九州西北部における土器型式の推移とほぼ一致しており，各々の分布圏に壱岐が含まれていたことを示すものであるが，なかでも，図2-7〜9の曽畑式土器と同17〜19に示した阿高式系土器の壱岐島における存在は，これらの型式について想定された，九州北岸地方[27]，対馬海流域[28]といった分布圏と矛盾するものではなく，それゆえ，それら分布圏設定の正当性を示すものといえよう。

また，本遺跡における中期土器が阿高式土器であることは，遠賀川河口に位置する山鹿貝塚や[29]，壱岐に隣接する沖ノ島の社務所前遺跡[30]における中期土器が瀬戸内系のものであることと好対照をなすものであり，中期における分布圏の境界が壱岐島と沖ノ島の間に存在したことを示している。

弥生時代においても，基本的には北部九州の土器型式がみられるようであるが，瀬戸内系土器は，若干ではあるけれども，福岡県粕屋郡古賀町＊鹿部東町遺跡では城ノ越式土器に伴って櫛描波状文土器[31]が，また，福岡市西区小葎遺跡からは凹線文を有する甕形土器が出土しており[32]，本遺跡例とともに北部九州と瀬戸内地方との交渉を示すものと思われる。また，金海式土器は，磨製石鏃の存在とともに，各時期における朝鮮半島との交流を明示するもので，同時に壱岐島の地理的特質をも示すものである。

(2) 石器について

①鎌崎海岸遺跡における生業活動

本遺跡から採集された石器のうち，生業活動に関わるものとしては，石槍・石鏃・凹石・石皿・石銛・尖頭状礫器・石錘などがあげられよう。

まず，常識的に考えるならば，石槍や石鏃は狩猟活動に用いられたものと思われ，遺跡の背後に連なる山野を舞台として狩猟が行なわれたものと考えられる。また，凹石・石皿は堅果類をはじめとする植物食の処理用具であるとされることから，本遺跡の背後に広がる照葉樹林において採集活動が行なわれたことは容易に想定しうる。

そして，本遺跡における生業を最も特徴づけているのは漁撈活動である。このうち，石錘は1個だけでありしかも礫石錘であることから，にわかには網漁の存在を想定しえないものの，貝類の採捕と刺突漁は確実に行なわれている。

尖頭状礫石器は，尖頭部を二つ作出した双角状礫石器とともに，九州西北部における貝類採捕具とされているもので，山崎純男氏は，天草地方を中心とした分布論的検討により，前者が外海部に，後者が内湾部に多いことを指摘している[33]。そして，本遺跡も，また，外海に向ってゆるやかに湾入する小湾に位置し，鎌崎を中心とした岩礁地帯を有しており，これらの点は氏の指摘に合致している。よって，かつての坂本経堯氏による実験結果のように[34]，おそらくは，この岩礁地帯においてアワビをはじめとする岩礁性貝類の採捕が行なわれたものと考えられるのである。

さて，次に，石銛について検討してみよう。石銛は，山鹿貝塚[35]や福岡県宗像郡玄海町＊上八貝塚[36]で出土したことから注目されてきたものであるが，長崎県北松浦郡田平町＊つぐめのはな遺跡ではまとまった資料が得られている。この遺跡については未だ概要のみしか知られていないが，調査者である正林護氏によれば前期轟式土器と中期阿高式土器の二枚の文化層が存在し，石銛はこのいずれの層からも出土したという[37][38]。また，氏は，同遺跡出土石銛を，Ⅰ，カエシが比較的なめらかなもの，Ⅱ，カエシが直線的で張りが角をなすもの，Ⅲ，カエシが微弱なもの，の三つに分類しており，Ⅰに

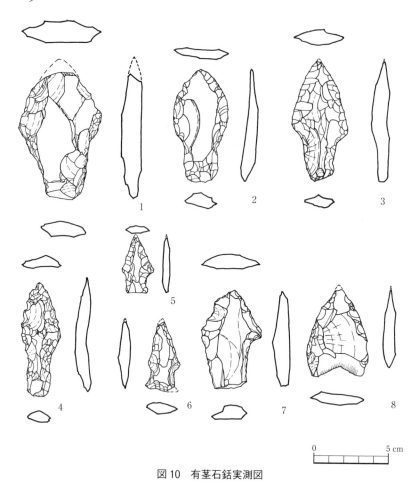

図10 有茎石鏃実測図

大型品，Ⅱに中型品，そしてⅢには小型品が多いとされている。さて，図10-1〜6に示したのは，本山昭雄氏の手によって採集されたもので，1・2は正林氏のいわれるⅠ類に，3・5はⅡ類，4はⅢ類にそれぞれ相当するものと思われるが，さらに，6のように茎部が鋭く張り出してカエシが二段になるものも認められる。

本遺跡採集の石鏃が上述の分類におけるⅠ類に属することは一見して明ら

第2章 壱岐・鎌崎海岸遺跡について 37

かであるが，他の遺跡から出土した石銛をみてみると，沖ノ島社務所前遺
跡[39]・山鹿貝塚・長崎県佐世保市下本山岩陰[40]・鹿児島県日置郡市来町＊川
上貝塚[41] 出土のものはI類に属し，上八貝塚出土のものはII類に属すると
いえる（図10-7）。所属時期は，社務所前遺跡例が前期から中期の間に，川
上貝塚・上八貝塚例が後期中葉であると考えられ，山鹿貝塚例は後期土器と
ともに採集されている。したがって，これら四種の石銛のうち，少なくとも，
I・II類とされているものは明らかに前期には出現し後期中葉までは存続し
たことがうかがえる。

　次に，これらの遺跡の分布をみてみると，図11 に示したように，相浦川
の河口を約4km遡る下本山岩陰を除いては，いずれも外海をひかえた立地を
示しており，下本山岩陰にしてもタイ・サメ類や大型魚の遺存体に西北九州
型結合釣針を出土していることから，外海との関係は密であるといわれなけ
ればならない。したがって，石銛は，海岸部，とりわけ西北九州の外海に面
した地域に限定的に分布することが明らかであり，加えて，カエシを有する
という点で内陸部に主として分布する柳葉形の石槍と機能的に異なることが
看取されることから，海を舞台とした刺突具であることが認知されるのであ
る。

　以上の石銛はいわば有茎石銛とでもいうべきものであったが，この地方に
はこれらのほかにも石銛と考えられるものが存在する。その一つはいわゆる
石鋸である。この石鋸が，収穫具であるという考え方はもはや成立し難く[42]，
西北九州の外海部に集中的に分布することと，石鋸様の側辺を有する鋸歯銛
先が存在し，また植刃には不可欠の彫器類が共伴することなどから，組み合
わせ銛とする説は定説化したものと考えるが[43]，組み合わせて完成する銛の
大きさについては研究者によってそのイメージが異なるようである。一つは，
鋸歯銛先を先端に鋸歯鎌，側辺に石鋸を並べて組み合わせた銛を模したもの
と考えるもので，例えば長崎市深堀遺跡出土鋸歯銛先などから，組み合わせ
銛は完成してもせいぜい長さ6cm程度であるとするものである[44]。そして，
もう一つは，鋸歯銛先の下に石鋸を連ねて組み合わせ銛を形成するとするも
ので，この場合は完成した銛は長大なものとなってしまう[45] [46]。

さて，前者の説の場合には組み合わせ銛のヘッドとして鋸歯鏃を考えるものであるが，鋸歯鏃の分布圏は石鋸のそれよりも広くかつ内陸部にまでおよんでおり，前章の鋸歯鏃の項でも述べたように，鋸歯鏃をヘッドとした際には，多くの場合，シャフトが細くなりすぎてしまって植刃が不可能であることが想定されることから，いわゆる鋸歯鏃をヘッドとする説を首肯するわけにはいかないのである。また，鋸歯銛先には，側辺の調整が石鋸と同じく単式と複式の両者がみられることから，この両者の関係がきわめて密であることがうかがえるのだが，早期末に相当する越高遺跡から長さ 4.9 cm，幅 4.6 cm，重さ 21g と，石鏃の法量をはるかに超えた鋸歯銛先が出土し[47]，つぐめのはな遺跡では中期層から同じく出土していることから[48]，鋸歯銛先は，石鋸の上限であるとされる中期よりもさらに古く早期末には存在し，中期以降は石鋸と併存したことは明らかである。そうすると，前者の説が想定した規模もしくはそれ以上の銛先が，早期末には鋸歯銛先，そして前期には有茎銛先がそれぞれ出現していたことになり，中期になってわざわざ組み合わせ銛として出現する要因を見出しえなくなるのである。

したがって，以上のことから，やはり組み合わせ銛のヘッドは鋸歯銛先であり，早期末以降存在した鋸歯銛先・有茎石銛の伝統をうけて，それらではなしえなかった長大な銛先を現出させる技術革新として石鋸が出現したものと理解しておきたい。

ところで，鋸歯銛先は，上記のように，石鋸出現以前には単独で用いられ，その形状は鋸歯鏃の極大形とでもいうべきものであったが，この地域には鋸歯を有しない極大形の石鏃もまた認められる。図 10-8 に示したのはつぐめのはな遺跡採集の石器であるが，推定長 6.1 cm，幅 4.1 cm，重さ 22.5g をはかる大型品である。このような極大形の石鏃は，石鋸などと同様な分布を示すようであり，やはり石銛としての用途を考えるべきであろうが，正確な分布状況や石鏃との境界など不明な点も多い。しかし，これらの中には，長崎県諫早市有喜貝塚出土例[49]のように，両側辺に一つずつ抉りを入れた石銛としての定型化をうかがわせるものも認められる[50]。

さて，それでは，これら石銛群の対象物は何であろうか。九州西北部の，

第2章　壱岐・鎌崎海岸遺跡について　39

とりわけ外海部の貝塚等における動物遺存体の研究がきわめて遅れているため，にわかには明らかにしがたいが，例えば本遺跡採集石銛（図5-1）の刺突される部分，すなわちカエシが終了して茎部につながる部分までの長さが推定で7.5 cm，幅 4.9 cm，図 5-2 の幅は 5.6 cm をはかり，中型品である図10-3 でも刺突部分の長さが 5.6 cm，幅 3.8 cm もあって，組み合わせ銛になるとそれらよりもさらに長大であることが想定されることから，小型品を除いたこれら石銛群の対象物はかなり大きなものを考えなければならない。そして，この地域には前期から骨製銛頭[51] が存在しているのだが，それにもかかわらず石製の銛が共存するということから，石銛のより優れた貫徹力によって[52]，皮が硬いかもしくは皮下脂肪の厚いものを対象としたことも予測されるのである。その意味で，この海域に多く[53]，遺存体も検出されている，サメなどの大型魚類やアシカ・イルカ・クジラなどの海棲哺乳類は有力候補であるといえよう[54]。

　本遺跡では，確実な漁具としては尖頭状礫器と石銛が採集されているのみであるが，他の石銛類や骨角器類，すなわち前期以降に出現する骨製銛頭や後期以降には確実に出現している西北九州型結合釣針や単式釣針・ヤス類など，西北九州の外海部にみられる漁具のセットが本遺跡にも存在した公算はきわめて大といわなければならない。したがって，本遺跡における漁撈活動は，岩礁地帯における貝類の採捕と，外海における各種の漁具を駆使して大小魚類や海棲哺乳類などの捕獲を行なった外洋性のものであったことが想定されよう。

　②処理用具について

　前項で述べたような狩猟・漁撈による捕獲物は前章に示したスクレイパー類によって処理されたものと考えられるが，これらには，石匙と不定型のスクレイパー，それに図6に示した定型化したスクレイパーがある。よって，本項では，従来あまり注目されることのなかったこの定型化したスクレイパーについての一定のまとめをしておきたい。

　本遺跡からまとまって採集されている定型化したスクレイパーは次の特徴を有している。

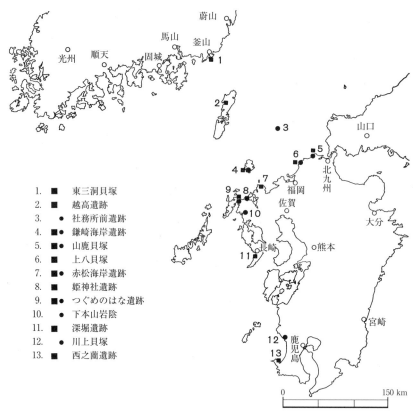

図11 鎌崎型スクレイパー・有茎石鏃出土分布図
■鎌崎型スクレイパー出土遺跡　●有茎石鏃出土遺跡

- 全体を直角三角形状に整形し，その底辺にあたる部分に刃部を有する。すなわち，柄部に対して扁刃をなす。
- 柄部は，細長く，一方もしくは双方の側辺にややゆるやかな刳込みを有する。
- 緻密な玄武岩を石材とし，二次加工はあまり丁寧とはいえないが，刃部は鋭い。
- 刃部は，ゆるやかな弧状をなすものが多いが，直線刃もみられる。
　これらの特徴を有するかそれに近い石器は，あまり注意されてはいなかっ

第2章 壱岐・鎌崎海岸遺跡について 41

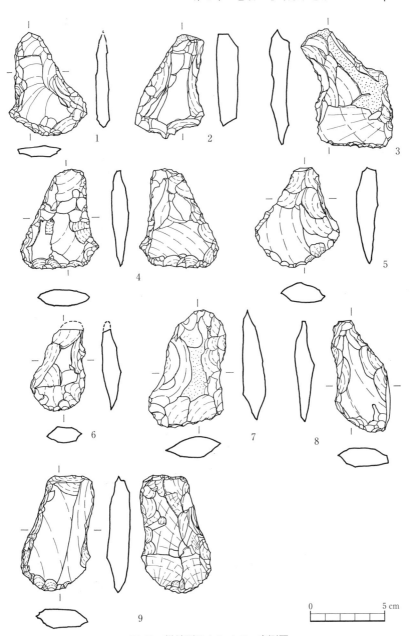

図12 鎌崎型スクレイパー実測図

たが，じつは幾つかの遺跡に認められる。

山鹿貝塚からは類似した石器が数点出土しているようであるが，確実な例として図12-1をあげておこう。これは，サヌカイト製で，報告者は石錛として扱っているものであるが，弧状の刃部を有しかつ扁刃をなし，細長い柄部の両側辺にゆるやかな刳込みを有するなど，明らかに上記の特徴をもっている。後期の土器とともに採集されたという[55]。

2～3に示したのは，上八貝塚出土の石器であり，いずれもサヌカイト製である。2は，刃部の調整は不充分であるが，柄部の一方を刳込んでいる。長さ7.0 cm，幅4.7 cm。3は，やや特異な形態をしているが，直線的な刃部に斜交する柄部が強調された形で作出されている。自然面を多く残しているが，刃部は鋭い。長さ7.8 cm，幅6.3 cmをはかる。2・3ともに後期中葉の鐘ヶ崎式土器に伴うものと思われる。

4・5は長崎県松浦市姫神社遺跡出土の石器で，ともにサヌカイト製である。4は，側辺の一方に刳込みを入れたもので，入念な二次加工によって鋭い直線刃を形成しており，長さ6.8 cm，幅5.4 cmをはかる。5は，刃部のわりには柄部が小さく，ごくわずかしか扁刃とならない点は他と異なるが，側辺の一方にはやはりゆるやかな刳込みを有している。裏面は自然面を多く残しているが，刃部のみは丁寧に調整してある。長さ6.7 cm，幅5.8 cmをはかる。いずれも時期は不明である。

6～8は，つぐめのはな遺跡からの採集品である。6は柄部先端を欠く小型品で，両側辺をゆるやかに刳込み，丁寧な加工によって弧状の刃部を形成している。現長5.5 cm，幅3.8 cm。7は，自然面を大きく残し，刃部の調整もあまり丁寧とはいえないが，直線的に仕上げた刃部そのものは鋭い。両側辺に，刳込みを有し，長さ7.7 cm，幅5.2 cmをはかる。8は，刃部の扁りがやや急であるが，一方の側辺を刳込み，片面からのみであるが入念な剝離を行なって直線刃を形成している。現長7.4 cm，幅3.8 cm，これらは，いずれもサヌカイト製であり，所属時期は不明であるが，発掘資料のうち前期層から出土した石器の中に同様のものが認められる[56]。

また，深堀遺跡では晩期の文化圏である第Ⅳ層から同様な石器が出土して

第2章　壱岐・鎌崎海岸遺跡について　43

いる。報告書において第36図-7（橘昌信 1972「石器」『深堀遺跡』）に示して
あるもので，報告書はサイド・スクレイパーとしているが[57]，直角三角形状
で両側辺に剔込みを有するなど，むしろこの種の定型化したスクレイパーと
考えた方が無難である。材質もサヌカイトであり，他の諸例に通ずる。

　さらに，鹿児島県川辺郡笠沙町*西之薗遺跡出土石器で，報告書の第27
図-55（池畑耕一・長野眞一 1978『西之薗遺跡』）に打製石斧として示してある
玄武岩製石器も明らかにこのタイプに含められるものである[58]。また，赤松
海岸遺跡からも同種の石器が出土している。

　ところで，図12-9に示したのは越高遺跡採集の石器である。頁岩の剝片
を周辺から調整して，弧状の刃部と，両側辺をわずかに剔込んだ柄部とを形
成しており，長さ7.9cm，幅4.8cmをはかる。この越高遺跡は朝鮮隆起文土
器を出土する遺跡として知られ，9もそれらとともに採集されており，また，
発掘資料の中で石槍として扱ってある石器に類例がみられることから[59]も
隆起文土器に伴う早期末の所産とみて大過ない。

　そして，この種の石器は韓国釜山特別市東三洞貝塚の発掘資料中にも見出
すことができる。それは，報文中に石斧として扱ってあるもので（plate-
34-e）[60]，剝片を周辺から調整して越高遺跡例と同様に整形してある。時期
は，報文による限りでは不明であるが，少なくとも第Ⅲ層以上の出土である。

　以上，管見にふれたものだけでも11遺跡をかぞえるが，これらは，刃部
や柄部の形態，柄部と刃部とのなす角度や，大きさも長さ5～6cmのものか
ら10cmをこえるものまであるなど，細分の余地は充分にあると思われる。
しかし，資料の絶対数が不足している現状では，むしろひとくくりにして
扱った方がよいと考え，細分は今後に期すことにしたい。

　さて，これら11遺跡の分布をみてみると，九州西北部を中心として，北
は朝鮮南岸から南は鹿児島県西岸にまでおよんでいるが（図11），この分布
圏は西北九州の外海部に展開する既述の漁具群のそれと一致する。また，時
期的にみても，早期末から晩期まで縄文時代のほぼ全期間にわたって存在し
ているようである。したがって，西北九州の外海部に限定的に分布するこの
定型化したスクレイパーは，この地域における漁撈活動と密接なつながりを

有するものであり，漁獲物の処理用具とみなすことができる。よって，これ
らを，最初に定型化したものと認識しえた本遺跡の名を冠して，「鎌崎型ス
クレイパー」と呼ぶことにしたい。

この鎌崎型スクレイパーに類似した石器は，周辺地域には今のところ見受
けられないが，九州を遠く隔った北海道の続縄文文化の中にはそれらしきも
のが認められる。これは，「石製ナイフ」などと呼称されているもので，柄
部とそれに斜交する刃部からなり，側辺は主軸に平行するかあるいは末広が
りの形状を示すという，きわめて類似した特徴を有している。木村英明氏に
よれば，石製ナイフ類似の石器は，紀元前後のオホーツク海・ベーリング海
沿岸においてみられ，現在のエスキモーナイフ（サケ・マス・カリブー・ア
ザラシ・セイウチ・クジラなどの処理用具）につながるものであり，その出
現の背景としては，海獣漁もさることながら，サケ・マス漁の本格化が考え
られるとされている[61]。

また，北海道の石製ナイフにも大小があり，しかも，パティナの観察から
柄部に骨製もしくは木製のハーフトを装着したことが明らかであるという。
鎌崎型スクレイパーは，そのような部分的なパティナの相違こそ観察しえな
いが，柄部の一方もしくは双方にゆるやかながらも刳込みを有しており，多
くの場合柄部の断面を平坦に仕上げてあることなどから，やはりハーフトに
装着した可能性が大きい。

このように，柄部と刃部とからなり，扁刃を有し，ハーフトに着装したも
のも考えられるなど，両者はきわめて類似した石器であるが，時間的にも空
間的にも大きな隔りがあり，直接的な関係はまず考えられない。むしろ，大
型魚に海棲哺乳類がプラスされるという類似した漁撈形態を背景にして出現
しえた，処理用具における類似性と考えるべきであろう。

ところで，ここに注意しておかなければならない点がある。それは，朝鮮
隆起文土器を主体とする越高遺跡と釜山東三洞貝塚にこの鎌崎型スクレイ
パーがみられ，しかも越高遺跡例は早期末という最古の例であるという点で
ある。これには，早期にはすでに九州西北部において外洋性の漁撈が行なわ
れ鎌崎型スクレイパーも出現していて，それが対馬を経て朝鮮南岸地方にま

で北上した，という考え方と，朝鮮隆起文土器文化の中から鎌崎型スクレイ
パーは生成され，それが対馬を経て九州西北部へ伝播したものと考える，二
つの推定がありうる。このうち，前者は，早期の西北九州にあってはこれと
いった漁撈活動の痕跡が見当たらず，後者については，東三洞貝塚出土の鎌
崎型スクレイパーが，必ずしも隆起文土器に伴うとは断じ難く，朝鮮南岸に
おいて今のところ類例も認められないことから，現状ではいずれとも決め難
い。しかしながら，西北九州においては比較的調査が進んでおり，かつ朝鮮
南岸における該期の状況はいまだ未知数であるという現状と，越高遺跡出土
土器のほとんどが朝鮮隆起文土器であり，その後も曽畑式土器にみられるよ
うに朝鮮半島からの影響が想定されることから，後者の考え方が成立する公
算がむしろ大であるといえる。その場合，鎌崎型スクレイパーは，出目その
ものは朝鮮半島にあったとしても，九州西北部の外洋性漁撈による漁獲物処
理用具としてよく定着し，晩期にまで継承されていったものとして理解され
よう。

　以上，鎌崎型スクレイパーについて述べてきたが，他のスクレイパー類と
の比率や時期的な消長，朝鮮半島におけるあり方，漁獲物それ自体の厳密な
比定など，残された問題は多いが後日に期すことにしたい。

4　おわりに

　壱岐鎌崎海岸遺跡は，縄文時代前期以降古墳時代に至るまで，断続的であ
るにせよ生活空間として利用されてきたものである。土器文化は，基本的に
九州西北部の文化圏に含まれ，特に弥生時代以降は壱岐島の地理的特質から
朝鮮系土器がみられるが，同時に瀬戸内系土器も採集されていることは注目
に価しよう。また，狩猟・採集活動や磨製石斧のあり方などは九州のどの地
域とも変わることはないが，漁撈活動やその特徴的な処理用具は，西北九州
における外海部のそれと密接なつながりを有し，鎌崎型スクレイパーに至っ
ては対馬海流を介して朝鮮南岸にまで通じている。ここに，壱岐島の海岸部
に位置する本遺跡の九州縄文文化における位置が明瞭に現れているものとい

えよう。

最後に，小稿を草するにあたり，岡崎敬・西谷正・三島格・橘昌信・中上志功・須藤資隆・下條信行・木村幾多郎・西健一郎・武末純一・高橋徹・垂水康・本山昭雄・坂本嘉弘・宮内克己・福尾正彦の諸先生・諸氏，および宗像高校・松浦市教育委員会社会教育課の皆様には多大なる御指導・御教示を賜わり，鮫島泰夫・沢下孝信・山田克己・杉村幸一君等をはじめとする九州大学考古学研究室の諸氏には数々の御協力を賜わった。末筆ながら記して深甚の謝意を表したい。

(1978. 8. 20 了)

註

1) 郷ノ浦町片原触字鎌崎 1709, 1714, 1715, 1717-1, 1717-2, 1717-3, 1721, 1728, 1729 番地等の地先（海底）に位置する。港則法施行令（昭和 40 年政令 219 号）。

2) 吉野秀政『壱岐国続風土記』武生水邑寛保 2 年（1742）

3) 後藤政恒『壱岐名勝図誌』（文久元年〔1861〕）中巻，名著出版，1975 年，661・712 頁。前掲書，712 頁

4) 後藤正足 1918『壱岐郷土史』壱岐民報社，217 頁

5) 朝鳥史編修会編 1933『海東諸国紀』朝鳥総督府，106 頁

6) 中村栄孝 1965「朝鮮初期の文献に見える日本の地名」『日鮮関係史の研究』上，吉川弘文館，436 頁

7) 日本史料集成編纂会編 1976「太宗恭定大王実録」『中国・朝鮮の史籍における日本史料集成・李朝実録之部（1）』国書刊行会，57 頁

8) 前掲書，203 頁。

9) 山口麻太郎 1974「壱岐国地名考」『山口麻太郎著作集』3 歴史民俗篇　佼成出版社，34 頁。『延喜式』巻 28 兵部省に「壱岐嶋駅馬優通伊周各立正」とある。

10) 1959『壱岐の島』第 36 号，壱岐島観光社

11) 長崎県教育委員会 1962『長崎県遺跡地名表』63 頁。前掲書 63 頁

12) 山口麻太郎 1960「壱岐島の先史遺跡地帯について」『山口麻太郎郷土研究集』分冊第 3 集，壱岐日報社

13) 壱岐郡文化財調査委員会委員長・目良亀久氏談。

第 2 章 壱岐・鎌崎海岸遺跡について 47

14) 国分直一ほか 1962「西部日本における前期旧石器遺跡（概報）」『日本考古学協会昭和 37 年度大会研究発表要旨』日本考古学協会, 1 頁

15) 潮見浩 1973「嘉穂地方の縄文文化」『嘉穂地方史—先史編』

16) 前川威洋 1972「土器」『山鹿貝塚』

17) 前川威洋 1969「九州における縄文中期研究の現状」『古代文化』21-3・4

18) 森醇一朗 1975「坂の下遺跡の研究」『佐賀県立博物館調査研究書』2

19) 宮内克己・田中良之 1977「縄文式土器」『九州縦貫自動車道関係埋蔵文化財調査報告』XIV

20) 三島格 1961「鯨の脊椎骨を利用せる土器製作台について」『古代学』10-1

21) 坂田邦洋 1976「対馬発見の金海式土器の編年」『対馬の考古学』

22) 下條信行 1977「九州における大陸系磨製石器の生成と展開」『史淵』114

23) たとえば，長崎県南松浦郡富江町*宮下貝塚では後朝中葉の層から 10 本が集積して出土している。

24) 島津義昭 1976「西北九州の縄文後期社会」『どるめん』10

25) 佐原真 1977「石斧論—横斧から縦斧へ—」『考古論集』松崎寿和先生退官記念事業会

26) 長崎県福江市*江湖貝塚からは曽畑式土器に伴って，オノ・チョウナ・ノミの三点セットが出土しているが，この組成は，遺跡の立地を問わず，晩期まで続くようである。

27) 中村友博・柿本春次 1977『神田遺跡 '76』

28) 註 19) に同じ。

29) 註 16) に同じ。

30) 宗像大社祭祀遺跡調査隊 1971『沖ノ島 II—宗像大社沖津宮祭祀遺跡昭和 45 年度調査概報』

31) 九州大学考古学研究室 1973『鹿部山遺跡』

32) 下條信行氏の御教示。

33) 山崎純男 1972「天草地方始原文化の一側面」『熊本史学』40

34) 坂本経堯・坂本経昌 1971『天草の古代』

35) 橘昌信 1972「山鹿貝塚における石器の考察」『山鹿貝塚』

36) 乙益重隆・前川威洋 1969「九州」『新版考古学講座』3, 雄山閣出版

37) 正林護・馬場哲良 1974「つぐめのはな遺跡の概要」『長崎県考古学会会報』2

38) 長崎県教育庁文化課 1973『長崎県北松浦郡田平町所在つぐめのはな遺跡緊急調査概要』

39) 註 16) に同じ。

40) 佐世保市教育委員会 1972『下本山岩陰』

41) 清野謙次 1969「薩摩国日置郡西市来村大字川上字宮の後貝塚」『日本貝塚の研究』岩波書店

42) 佐原真 1968「日本農耕起源論批判」『考古学ジャーナル』23

43) 橘昌信 1972「石器」『深堀遺跡』

44) 註 3) に同じ。

45) 横田義章 1976「西北九州における縄文時代の一剝片石器群」『九州歴史資料館研究論集』2

46) 木村幾多郎 1974「石器」『天神山貝塚』

47) 坂田邦洋 1978『韓国隆起文土器の研究』

48) 註 24) に同じ。

49) 島田貞彦ほか 1929「肥前国有喜貝塚発掘報告」『人類学雑誌』41-1・2

50) このような石銛は，熊本県天草郡五和町＊沖ノ原貝塚でも出土しており，註 28) によれば，長崎県南松浦郡富江町＊女亀遺跡でも出土しているという。

51) 筆者はこれを離頭銛と考え，「西北九州型離頭銛頭」と仮称している。
田中 1978「縄文時代西北九州の離頭銛頭について」『FRONTIER』1〔本書第1章〕

52) 骨角器よりも石製の刺突具が貫徹力に優るということは，例えば燕形離頭銛頭などのヘッドに石鏃をさらに装着したものがみられることなどからうかがい知ることができよう。また，石鋸（組み合わせ銛）の場合，鋸歯状の側辺を有することから，貫徹力はさらに増大するものと思われる。

53) 現在におけるこの海域の主要漁業資源は，イワシ類・マアジ・サバ類・ブリ・サンマ・スルメイカ・ヨコワ（マグロの未成魚）などで，イルカ・サメも多く，クジラもかつて多かったことは近世鯨組が乱立したことからもうかがえる。刺突漁の対象となる魚類はブリくらいしかなく，東北地方のように大型のマグロが存在しないことは特筆に価しよう（日本水産学会編 1974『対馬暖流』参照）。

54) 石銛類を出土した遺跡において検出された遺存体のうち，銛による刺突漁の対象となりうる大型魚および海棲哺乳類は次のとおりである。志多留貝塚（クジラ・マイルカ・アオザメ・ネズミザメ），宮下貝塚（クジラ・サメ），つぐめのはな遺跡（クジラ・イルカ・サメ），下本山岩陰（サメ・エイ類），有喜貝塚（クジラ・サメ），社務所前遺跡（サメ・アシカ），山鹿貝塚（イルカ・サメ類），天神山貝塚（クジラ・エイ・サメ），沖ノ原貝塚（クジラ・サメ）。

第2章　壱岐・鎌崎海岸遺跡について　49

　クジラについては，近世におけるような積極的な捕鯨はとうてい考えられな
いが，出土遺存体が幼獣・成獣を問わず小型のものであり，また土器製作台に
用いられた椎体が幼獣のものであることはそのスタンプから明らかであること
から，泳力の劣る幼獣を対象としたことも考えられよう。

55)　橘昌信 1972「石器」『山鹿貝塚』

56)　註 37) に同じ。

57)　註 43) に同じ。

58)　池畑耕一・長野真一 1978『西之薗遺跡』

59)　註 47) に同じ。

60)　L. L. SAMPLE 'TONG SAMDONG: A CONTRIBUTION TO KOREAN NEOLITHIC CULTURE HISTORY,' "ARCTIC ANTHROPOLOGY," Vol. XI No. 2 1974.

61)　木村英明 1976「続縄文文化の生産用具」『どるめん』10

(1979 年)

第3章 中期・阿高式系土器の研究

1 はじめに

　阿高式系土器は，胎土中に滑石を混入し暗赤褐色を呈するもので，轟式土器や，同様な特徴を有する曽畑式土器とともに，縄文を持たずに凹線文（沈線文）で器面を装飾する九州独自の縄文式土器として知られてきた。

　この阿高式系土器に関する研究は，1916年，矢野寛・山崎春雄氏等による熊本県下益城郡城南町*阿高貝塚の調査[1]によって開始されたといってよい。その後，京都大学等による九州諸貝塚の調査においても阿高式土器の資料は増加し，九州における代表的かつ特徴的な縄文式土器としての地位を獲得していった。そして，1916年における阿高貝塚の調査にも参加していた小林久雄氏は，1931年，同じく城南町に所在する御領貝塚の貝類構成と阿高貝塚のそれが著しく異なっていることに着目して，阿高式 → 御領式という時間的関係を想定し[2]，さらに，1935年には，九州の縄文式土器を三期に大別して，阿高式を前期に，御領式を後期に編年し，とりわけ前期においては阿高式 → 轟式 → 曽畑式という型式変化を考えるに至ったのである[3]。その後，阿高式土器は山内清男氏の編年案において中期に位置づけられ，今日まで基本的には継承されているのだが，小林氏が轟式・曽畑式と阿高式土器を一系のものとして理解しようとした点は興味深い。

　また，坂本経堯氏は，熊本県岱明町*古閑原貝塚の調査により，阿高式土器においては有文土器・丹塗土器・無文の粗製土器の三者がセットをなすことを確認し，加えて，粗製土器にススの付着が顕著であることから，これが煮沸用の土器であるという，注目すべき指摘を行なった[4]。

　そしてこれらをふまえて，1965年，乙益重隆氏は，古閑原貝塚出土阿高

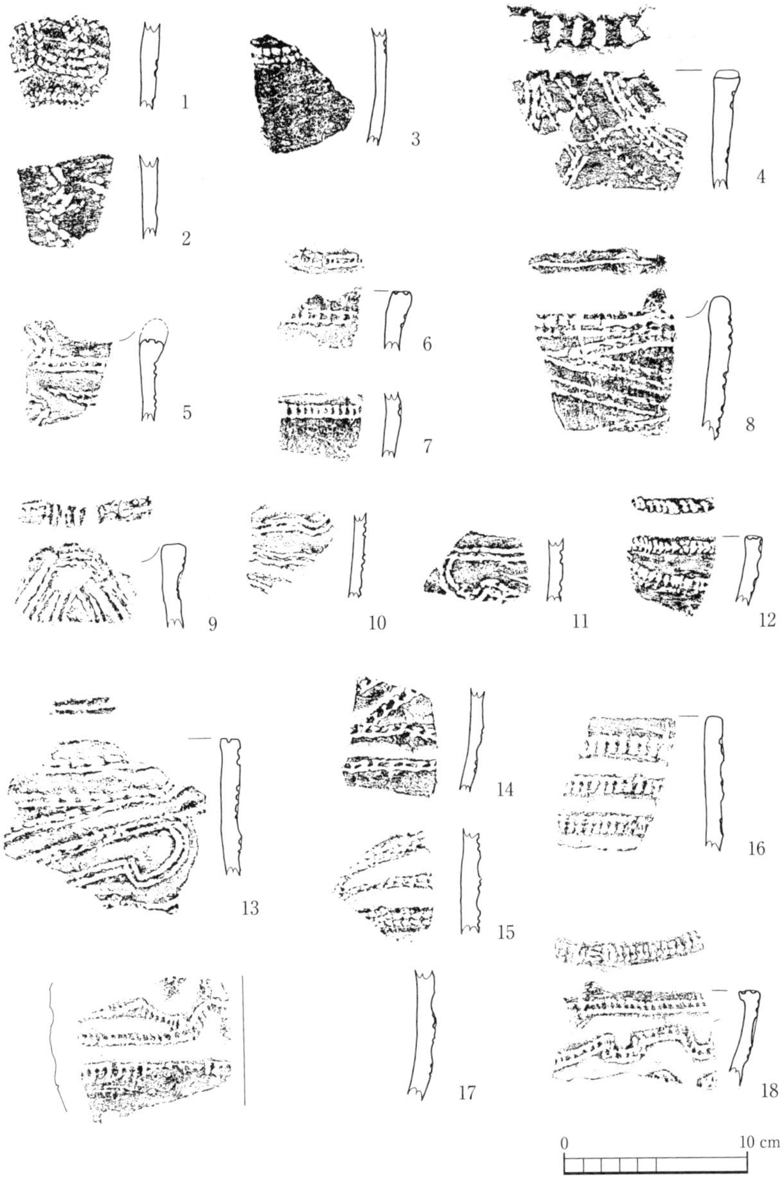

第3章　中期・阿高式系土器の研究　51

図1　並木Ⅰ式（1〜12）・Ⅱ式（13〜18）土器

式土器が器面全体に施文し文様構成にも規律が認められることから時期的に
先行するものであるとし，また，南福寺式・出水式土器を阿高式の系譜を引
くものであるという小林氏の説を継承して，前者を中期，後者を後期前半に
位置づけ，縄文を有する竹崎式土器（船元式土器）が阿高式に伴うものであ
るとした。また，祖形に関しては，前期に編年された曽畑式土器に求めつつ
も確証に乏しいとし，一方では並木式土器との関係にも注意を払っている[5]。

　前川威洋氏は，おそらくは乙益氏と同じ理由から，阿高貝塚・長崎県諫早
市有喜貝塚・古閑原貝塚の大半を占めるもの → 福岡県三池郡高田町*下楠
田貝塚出土土器 → 佐賀県西松浦郡西有田町*坂の下遺跡出土土器，という
型式変化を想定し，磨消縄文土器との関係から南福寺式土器を後期初頭にま
で下るものとした。また，阿高式土器の祖形としては並木式土器を想定し，
並木式を，凹線をもたず押引文のみのものと，押引文・爪形文に凹線が加わ
るものの二つに分けて，前者から後者を経て阿高式土器が出現したものとし
た。さらに，この前者の祖形を，押引文を有するということから，瀬戸内地
方で前期に編年されていた彦崎ＺⅠ式土器に求め，曽畑式土器からの連続
性を否定した。加えて，氏は，乙益氏の段階から注目されていた船元式土器
との関係を整理し，中期における東九州は船元式土器分布圏に含まれること
を明らかにした[6]。

　以上が現在までに提示された主な編年案であるが，阿高式の細分について
はいずれも明確な型式概念を示されているわけではなく，瀬戸内における中
期の諸型式との並行関係もいま一つ明確さに欠けている。また，阿高式系土
器の祖形についても，前川説がそのまま承認されているわけではなく，曽畑
式から転移したとする見解も一方では根強いようである[7]。

　筆者は，かつて，中期末における阿高式土器の地域色について若干の指摘
を行なったことがあるが[8]，本稿では，このような地域色にも留意しつつ，
阿高式土器自体の細分，瀬戸内地方中期土器との関係，阿高式の祖形の明確
化等々，今日の中期研究における混迷の一因ともなっている諸問題について
検討していきたい。

2　阿高式土器の祖形

　阿高式土器は，暗茶褐色の色調を呈し，胎土に滑石粉末を混入させるという特徴を有することから，古くより曽畑式土器との関係に注目されてきた。しかし，一方では，凹線文を有するということから，並木式土器との関係にも注意が払われ，前川氏によって，彦崎ＺＩ式 → 並木式 → 阿高式という系統関係が想定されていることは既述のとおりである。そこで，まず，この並木式について検討してみることにしたい。

　並木式土器は，胎土中に滑石粉末を混入し，半截竹管文・押引文等に凹線文を加えた曲線的モチーフを主体としたものであるが，前川氏は，半截竹管文・押引文の間の無文部を凹ませる手法から阿高式の凹線文が生じたとされている。そして，並木式の中には，半截竹管文・押引文のみを施すものと，その間の無文部を指などで凹ませたものの二者が存在し，前者から後者を経て阿高式土器が成立したとされているのである[9]。たしかに，並木式土器は，滑石粉末を混入しており，凹線文を有する点や，分布圏も阿高式のそれとほぼ一致することから，氏の説はきわめて説得力をもったものということができる。

　いま，並木式土器を三つに大別しうる。一つは，凹線文を有しないもので，二本単位の施文具による押引文を原則とし，文様のモチーフは直線的なものに限られるもので（図1-1～12），もう一つは，凹線文を有するが，二本単位の押引文あるいはそれに類似した刺突文を施した後に凹線文を施すもので，凹線によって一部押引文などがつぶされたものもある。モチーフは直線的なものが主体を占め，凹線文は押引文等に規定されたモチーフを強調するために補助的に施されるのだが，凹線文のみをみてみると，押引文等の直線的モチーフの間に施されるために，曲線的なものとなる（図1-13～18）。そして，最後は，逆に，凹線文を施した後に刺突文や半截竹管文が施文されるもので，凹線を刺突文等が切っているものが多い。凹線文がモチーフを規定することから，当然，曲線的なものが主体を占める（図2）。これらは，山口県下関市

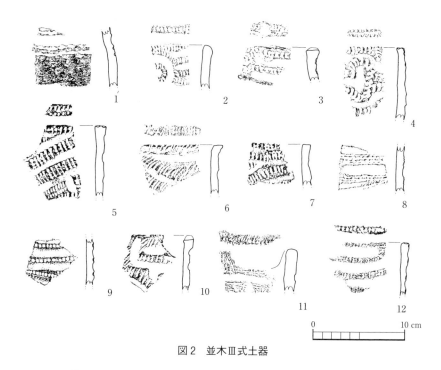

図2 並木Ⅲ式土器

神田遺跡[10], 福岡県直方市日出橋遺跡[11], 同浮羽郡吉井町＊法華原遺跡, 熊本県阿蘇郡西原村桑鶴遺跡, 鹿児島県姶良郡吉松町＊永山遺跡[12]などからまとまって出土しており, 量的には少ないながらも, 東九州を除く九州のほぼ全域に分布していることから (図31), 同一時期における地域差を示すものではなく, 時期差を示すものとして理解される。

さて, これらを順にⅠ・Ⅱ・Ⅲ類として, 阿高式土器との関係をみてみると, いずれも滑石粉末を混入し, かつ分布圏が同一であるという共通項を有するものの, Ⅱ・Ⅲ類はさらに凹線文を施すという点でも共通している。そして, この二者のうちで, 押引文・刺突文によるモチーフが主で凹線文はそれらを強調するために用いられるⅡ類よりは, モチーフの主体が逆転して凹線文が主となるⅢ類の方が, 凹線文のみを施す阿高式土器により近いものである。したがって, 並木式土器群の中でも最末期にこのⅢ類を位置づけるこ

第3章　中期・阿高式系土器の研究

とができる。そして、Ⅲ類と同じく凹線文を有するⅡ類を介して、Ⅰ類を最古の並木式土器として把握しうるのである。よって、Ⅰ・Ⅱ・Ⅲ類をそれぞれ並木Ⅰ式・Ⅱ式・Ⅲ式とする。並木Ⅰ式土器は、二本単位の施文具による直線的モチーフの押引文を原則としたもので、Ⅱ式に至ってその無文部を指頭などで凹ませることによって文様を強調するようになる。そして、その一方では、二本単位を原則とした施文具に乱れも生じて刺突文まで加わり、モチーフを規定するものが凹線文へと逆転して、押引文・刺突文・半截竹管文などが補助的な役割しか持たなくなるⅢ式へと変化する。よって、凹線文のみによって施文される阿高式土器は、このような並木式土器群の型式変化を通じて出現したものと考えられるのである。そして、この型式変化は、押引文などがほとんど痕跡的にしか施されておらず、阿高式にきわめて近くなっているⅢ式土器（図2-11・12）がみられることからも理解することができるのである。したがって、阿高式に特有な、曲線的で幅広の凹線文は、Ⅱ式の段階にネガティヴな形で登場し、Ⅲ式期に押引文等を淩駕することによって成立したものと理解される。

　これら並木式土器群は、出土量も少なく、器形や全体の文様復元が可能な破片はほとんどない。

　しかし、破片から考えれば、図3に示したように器形は単純な深鉢形を呈するようであり、文様はシンメトリカルに展開するものや渦巻文・入組文がみられる。また、施文部位をみてみると、いずれも胴部上半部までであり、胴部下半部は無文でヘラケズリののち多くはナデで仕上げている。ちなみに、口唇部の文様は、刻み・沈線が主体を占め、大きな凹凸は有るには有るものの、指頭によって施されたと思われる、阿高式のものほどの大きさではなく、口縁部が隆起した「山」の部分に限定

図3　並木Ⅱ式土器
（『新・熊本の歴史』より転載）

して施されるようである。

　それでは，並木式土器群中最古の土器である並木Ⅰ式の祖形は何に求められるのだろうか。

　前川氏によれば，並木Ⅰ式と同じく押引文を有するという理由から，瀬戸内地方において前期後半～末に比定されている彦崎ZⅠ式土器に求められるという。前川説は，彦崎ZⅠ式が前期末に及ぶことから，その影響の下で中期初頭に並木Ⅰ式が成立したとすると，時期的にはうまく合致しているといえる。しかしながら，彦崎ZⅠ式は西瀬戸内を中心とした瀬戸内地方，並木Ⅰ式は東九州を除いた九州地方と，それぞれ分布圏を異にしており，彦

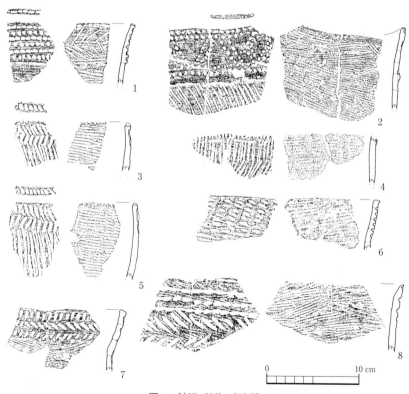

図4　曽畑（新）式土器

第3章　中期・阿高式系土器の研究　57

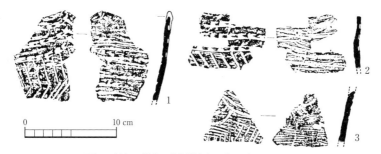

図5　曽畑（新）式土器(2)　（註13）より転載）

崎ZⅠ式の影響によって並木Ⅰ式が成立したとするならば並木Ⅰ式が当然存在しているはずの，東九州に同式は認められない（図31）。また，彦崎ZⅠ式並行の九州系土器は，かつて前川氏が指摘したような[13]，彦崎ZⅠ式土器同様の押引文を併用した折衷土器の存在から（図5），最終末の曽畑式土器と考えられる（図4）。この曽畑式土器は，九州北岸に主として分布するもので，型式名として冠されたものはないが，混乱を避けるため小稿では「曽畑（新）式」と仮称しておくことにしたい。さて，この曽畑（新）式は，山口県下関市神田遺跡などにみられるように，むしろ分布圏を瀬戸内側へと伸ばしている[14]。さらに，押引文の形状を比較してみると，彦崎ZⅠ式のものは，竹管状施文具の「背」もしくは「腹」を押しつけて引いたもので，前者は一本単位，後者は二本を「コ」の字状につないだ形状を呈する（図6-5・6）。ところが，並木Ⅰ式およびそれ以降にみられる押引文は，C字状を呈するものもみられるものの，竹管状と思われる施文具の「腹」までは押しつけずに引いた，平行押引文とでもいうべきものが多く，ことにⅠ式に多い（図6-3・4）。したがって，押引文の形状をみても，一致しているのは押引文ということだけであり，両者は基本的に異なっているといわねばならない。

　このように，彦崎ZⅠ式土器が西漸して並木Ⅰ式が成立したなどということはとうてい考えられず，前期末においてはむしろ逆の様相すら看取されるのである。それでは，並木Ⅰ式土器の祖形はどのような土器型式に求められるのだろうか。

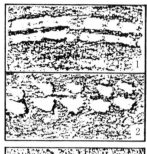
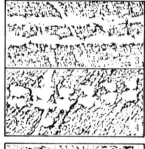
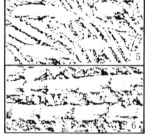

図6 押引文拓影
1,2：轟C.D式土器
3,4：並木Ⅰ式土器
5,6：彦崎ZⅠ式土器

ここで，並木Ⅰ式土器出現以前の九州において押引文を持つ土器をあげると，有明海沿岸を中心として分布する轟C式・D式土器がある。この両者は，基本的には，二本単位の施文具による斜位の沈線文に横位の沈線を加えたもので，内面にも平行沈線文等が施されている。この横位沈線文が，C式においては波状文，D式では直線もしくはゆるい弧文となっているものの，地文や施文具のあり方から，両者は明らかに同時期の所産とみなされる（図7）。したがって，この両者を統一した型式名を設定する必要があるが，混乱を避けるため，小稿においては松本雅明氏の命名に従って，轟C・D式と称しておきたい[15]。

さて，この轟C・D式土器の中には，斜位の沈線文を省いて横位の沈線文のみを施したものや（図7-6・8），横位の施文が沈線文ではなく押引文となっているものもかなりみられ（図7-5〜8），轟C・D式内での小変化を予想させる。そこで，斜位の沈線文をよくみてみると，これがきわめて粗い組帯文（複合鋸歯文）をなしていることが看取される。そして，この組帯文は，いうまでもなく，曽畑式土器における代表的単位文様である。また，轟C・D式は，内面にも曽畑式同様の沈線文などが施されており，分布圏も曽畑式のそれに含まれる。よって，これらのことから，轟C・D式は曽畑式土器の流れをくんだ土器型式であるものとみなされる。また，轟C・D式の分布圏外である九州北岸地方においては，既述のように，曽畑式が別途に変化した曽

第3章 中期・阿高式系土器の研究 59

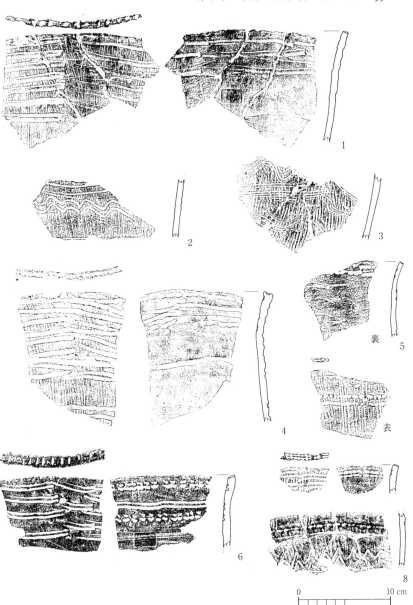

図7 轟C・D式土器

畑（新）式が存在し，彦崎ＺⅠ式土器との関係から前期後半～末に相当する。曽畑式土器の型式変化については後日を期して，ここでは詳述を避けたいが，以上のことから，轟Ｃ・Ｄ式は曽畑式が前期後半～末に，九州北岸地方とは別途に，有明海沿岸において型式変化を遂げたものであり[16]，該期には曽畑式土器を祖形とする二つの土器分布圏が成立していたものと把握されるのである。

　そうすると，轟Ｃ・Ｄ式のうち斜位の沈線文を省いたものや押引文を有する土器は，曽畑式から同式への型式変化の方向性から考えると，いずれも後出するものと理解される。そこで，同式に施された押引文をみてみると，竹管状と思われる施文具で二例ずつ平行して施されており，その間の「山」の部分には施文具の「腹」はふれていない（図6-1・2）。しかも押引文自体は直線的なモチーフをなす。したがって，轟Ｃ・Ｄ式にみられる押引文は並木Ⅰ式におけるそれにより近く，轟Ｃ・Ｄ式の分布圏が並木Ⅰ式土器分布圏の中心部を占めていること，加えて，轟Ｃ・Ｄ式土器が曽畑式から継承した組帯文を消失させる過程にあり，その中で新出の要素である押引文が他を凌駕していくことは型式学的にも無理なく理解できることから，轟Ｃ・Ｄ式土器から並木Ⅰ式土器が出現したとみなすことが最も妥当であるといわなければならない。また，九州北岸において轟Ｃ・Ｄ式とは別個の型式変化を遂げた曽畑（新）式土器の次に位置する土器としては並木式土器群しか見当らないという事情も，中九州に限定的に分布した轟Ｃ・Ｄ式土器が，新出の要素である押引文を主体として，並木Ⅰ式土器へと変化していく過程で九州全域（東九州を除く）へと分布圏を拡大していったと考えることによってはじめて理解されよう。

　このように，並木Ⅰ式土器は，中九州において轟Ｃ・Ｄ式土器を母胎として成立したものであり，その系統は強く曽畑式土器にまでたどることができる。よって，阿高式土器の祖形はもとをただせば曽畑式土器にまで求められるのである。

3 阿高式土器の細分

　阿高式土器の時期的細分に関しては，既述したように，乙益氏と前川氏によって想定がなされている。しかし，両氏の説は基本的には同一であるといえる。すなわち，規律ある文様が全面に施文されたものが古く，口縁部周辺にくずれた文様を集約したものが新しいというものである。ところが，これでは大まかに過ぎ，阿高式土器にみられる実際のヴァリエーションに即応しているとはいい難い。よって，本項では，文様などの諸要素を分析することによって，阿高式土器の細分を試みたい。

　まず，文様の分類を行なってみよう。並木Ⅱ・Ⅲ式を除いた阿高式系土器に施された凹線文のうち主要なものは次の10群56種に細分される（図8）。

・A群（1〜6）

　短直線文で，羽状をなすものもある。

・B群（7〜9）

　連点文もしくは凹点文となるもので，楕円形（7・9）と方形（8）の二種があり，9は斜行する。

・C群（10〜13）

　平行凹線文で，凹点文と組み合わさる10・11や，左右対称に展開する11・13などがある。

・D群（14・15）

　上下および左右に展開するもので，曲線と直線が組み合わさる。14などはむしろ並木式に近い。

・E群（16〜20）

　縦方向に展開する文様である。整然とした蕨手やＹ字形のモチーフをみせる16・17と，やや雑然とした18〜20の両者に分かれる。直線化・細線化という点で16から18へ，モチーフの粗略化という点で17から20への変化が考えられる。また，19は，16・17にできる三角形の無文部を削り取ったものと考えれば，この両者からの流れをたどりうる。

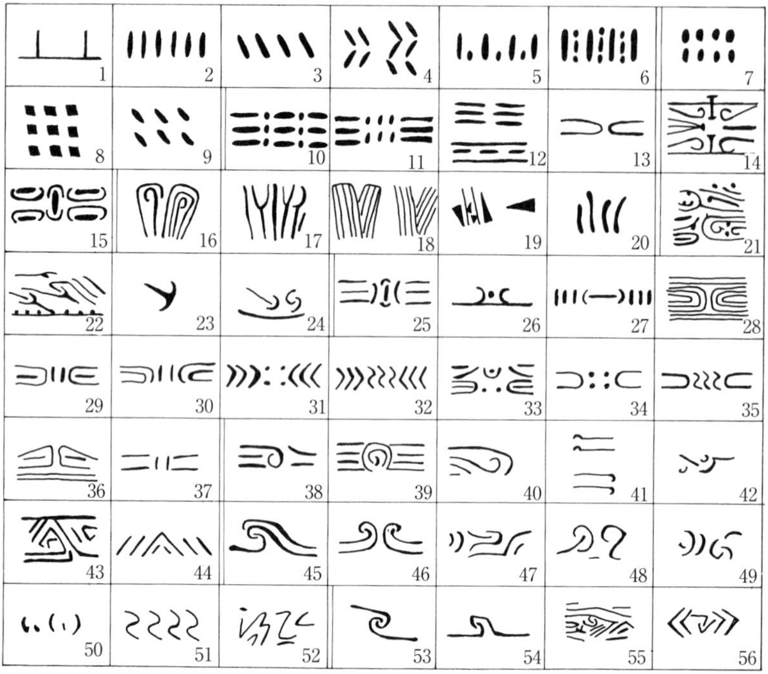

図8　阿高式土器の単位文様

・F群（21〜24）

Y字形の横型モチーフをもつもので，密（21）から疎（22）へ，さらに痕跡的なもの（23・24）への変化が認められよう。また，21は古手のY字形モチーフという点から，E群の祖形としても考えられる。

・G群（25〜37）

左右対象に展開するものである。これも，密から疎へという観点から，28から25へ，さらに26・27へ，また，同じく28から29・30，それらから31・32・34への変化がたどられる。同様に，33からは30・34・35へ，さらに36から37への変化を看取しうる。このG群は，左右対称をなすという点や平行凹線文が主体をなすという点で，C群と関係が深いものと思われる。また，左右対象という点ではD群とも共通している。このD

群における上下方向への展開を省略して左右へのみ展開したのが本群であるとも考えられる。

・H群（38～44）

渦巻文とその流れをくむと思われるものを本類に入れた。37は単線，38は複線の渦巻文で，いずれも構成がしっかりしている。しかし，40～42は渦巻が痕跡としてしかとらえられず，後出するものと思われる。したがって，38から41へ，39から40・42への変化が想定しうる。また，43は，38の複線渦巻文が直線化し，その結果，山形のモチーフが強調されて，左右対称の複線山形文へと移行したものと考えられる。

・I群（45～52）

複線による入組文（巴文）もしくはその系統をひくものである。H群と同様の見地から，46・47・48を45に後出するものとみなしうる。さらに，同じく，48から49，49から50へと粗略化していく過程が看取されよう。また，51・52は48からの変化を考えることが最も妥当である。それから，45とH群43との関係も見逃せない。

・J群（53～56）

単線の入組文。直線化という観点から，53を54の祖形としうる。また，同じく直線的であるということから，55も54と同じ段階に置くことができよう。したがって，56は，54・55双方の流れを受けた，最も後出するものと把握される。

以上，主要な文様構成要素を10群56種に分類してみた。これらは実際には単一で用いられずに複数が併用されることも多いが，ここでは単位文様を抽出してそれらの系統関係を把握することに重きを置いた。

さて，これら単位文様の変化にはいくつかの段階がみられた。すなわち，E・F・G・H・Iの各群における密から疎へという簡略化・粗略化の過程であり，さらにE・H・J群における直線化の段階である。よって，これらから，先行するグループである16・17（E群），14・15（D群），21・22（F群），28・33・36（G群），38・39（H群），45（I群），53（J群）と，後出する18・19・20（E群），23・24（F群），25・26・27・29・30・31・32・34・

35・37（G群），40・41・42・43・44（H群），46・47・48・49・50・51・52（I群），54・55・56（J群）の二グループに大別される。

ここで，E群の成立がF群（21）を介したものと考えれば，E群内部でも曲線的で整然としたもの（16・17）から直線化もしくは粗略化したもの（18・19・20）への変化が看取されることから，16・17を上記の大別された二グループの中間に位置づけることができる。そして，これにより，F群中において中間的位置を占める22の位置づけも容易になるのである。

さらに，G群についても，これがD群の上下方向への展開を略したものであり，かつ直線化が進行しているものとみなせば，G群自体は後出するグループに含まれることになり，さらに，その後出グループが二分されることをも意味している。そして，このように考えることによって，H・I群の中でもさらに後出する44・50・51・52などの処理が容易になるのである。

したがって，D〜J群の単位文様における変化の段階として次の四期が設定されよう。

　　Ⅰ期—文様が整然としていて，並木式土器に近い文様もみられる（14・15・21・38・39・44・53）。

　　Ⅱ期—Ⅰ期の文様がやや簡略化され，縦方向に展開させたものが加わる（16・17・22）。

　　Ⅲ期—粗略化と直線化の傾向が強くなり，左右対称の文様が登場する（18・19・20・23・24・25・28・29・30・33・36・37・40・41・42・43・46・47・48・49・54・55・56）。

　　Ⅳ期—左右対称の文様が主体となり，粗略化が進行して完成した「逆S字状文」などが用いられる（26・27・31・32・34・35・44・50・51・52）。

これらは，Ⅳ期の文様が後期に編年されている南福寺式土器に施されるものであることから（図9），方向性そのものは基本的に誤っていないと考えるが，これのみで型式設定するにはいささか不十分であり，他の要素との関係をみて検証する必要がある。よって，次に，単位文様同様にいくつかのヴァリエーションがみられる文様帯の分類を行なってみよう。

第3章 中期・阿高式系土器の研究 65

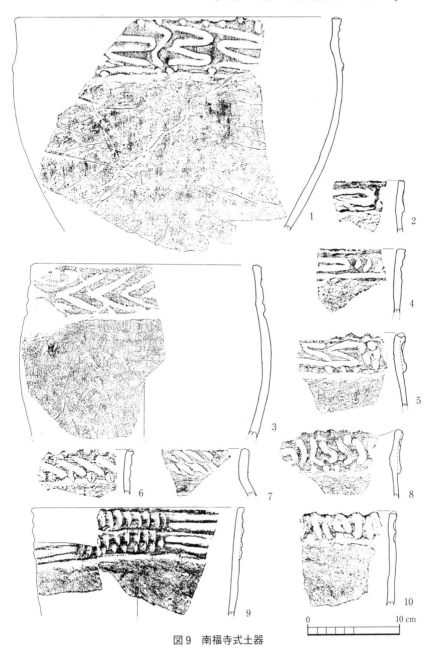

図9 南福寺式土器

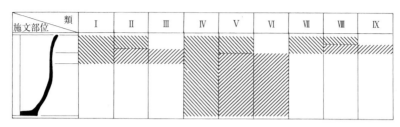

図10 文様帯による阿高式土器の分類

いま，阿高式系土器をその施文部位によって分類すると図10に示したようになる。すなわち，口縁部から胴部上半部に同一の文様を施して，胴部下半は無文のまま放置する第Ⅰ類。第Ⅰ類と同じく胴部上半部に施文されるものの，口縁部とその下の二つに文様帯が分割される第Ⅱ類。第Ⅲ類は，第Ⅱ類における口縁部文様帯が無文となるもの[17]。そして，全面に同一の文様を有するものを第Ⅳ類，全面に施文されるものの，口縁部文様と胴部以下の文様が異なるものを第Ⅴ類とし，第Ⅴ類の口縁部文様帯が無文化されたものを第Ⅵ類とする。さらに，口縁部に同一の文様を施文するものを第Ⅶ類，第Ⅶ類の文様帯を上下に分割したものを第Ⅷ類とし，第Ⅷ類の上部文様帯を無文化したものを第Ⅸ類とする。

これらは，施文される部位の幅でみると，胴部上半部以上に施文されるⅠ・Ⅱ・Ⅲ類，全面に施文されるⅣ・Ⅴ・Ⅵ類，口縁部のみに施されるⅦ・Ⅷ・Ⅸ類の三群にくくられる。また，文様帯の分割・非分割や無文化という点では，文様帯が分割されないⅠ・Ⅳ・Ⅶ類，上下に分割されるⅡ・Ⅴ・Ⅷ類，それに，上下に分割された上半部を無文化するⅢ・Ⅵ・Ⅸ類の三群に分けられる。したがって，可能性としては，文様帯分割法の変移と施文部位の伸縮との二つが型式変化の方向として想定されえよう。

そこで，これらⅠ～Ⅸ類と単位文様との関係をみてみると表1のようになる[18]。これによると，Ⅰ～Ⅲ類に施されたものはいずれもさきの単位文様群のうちⅠ期のものであり，Ⅱ期の文様はⅣ・Ⅴ・Ⅵ類のグループに限定されている。そして，Ⅲ期の文様群は，基本的には，Ⅶ・Ⅷ・Ⅸ類に施されてい

第3章　中期・阿高式系土器の研究　67

表1　単位文様と文様帯の相関関係

	1	2	3	4	5	6	7	8	9	10	11	12	13	I期							II期			III期				
														14	15	21	38	39	45	53	16	17	22	18	19	20	23	24
I														○			○	○	○									
II	○				○		○			○						○		○	○	○								
III																												
IV								▓													○	▓		○			○	
V		○	○				○	▓		○		○	○				○	○			○	▓		○	○	○	○	
VI								▓								○						▓						
VII		○	○	○	○	○	○				○	○	○												○	○		
VIII		○	○	○	○		○				○		○															○
IX								○			○																	
南	○	○	○	○	○	○			○		○														○		○	○

	III期																		IV期									
	25	28	29	30	33	36	38	40	41	42	43	46	47	48	49	54	55	56	26	27	31	32	34	35	44	50	51	52
I																												
II																												
III																												
IV																												
V							○																					
VI																												
VII	○	○	○		○	○	○	○	○	○				○	○	○	○		○						○			
VIII			○	○							○					○	○							○			○	
IX	○									○																		
南	○		○																○									

(どの類かを限定しえない単位文様は，破片から判断して，可能性のある範囲をアミで示した。)

る。また，IX類の下の欄には，口縁部文様帯がVII類などよりもさらに狭く，口縁部を肥厚させたりなどした，明らかに南福寺式土器の特徴を有するものを示したが，IV期の文様群は全てこれらに施されている。よって，施文部位の伸縮は文様論的検討の結果とよく一致しているといえる。

　さらに，これらI〜IX類と前述の並木式土器群と比較してみると，胴部上半部以上に同一の文様が施されるという点で，第I類は全く一致している。また，阿高式に後出する南福寺式土器と比較すると，口縁部文様帯のみであるという点で，第VII類が最も近い。よって，第I類は最古の，第VII類は最新の段階のものとして位置づけられる。そして，さきの文様帯と単位文様群の組み合わせから，II・III類を第I類と，VIII・IX類と第VII類とを，それぞれ同段階のものとすることができよう。したがって，IV・V・VI類はそれらの中

間に位置づけられるものと把握される。

また，単位文様A〜C群は，原則として口縁部文様帯に施文が限定され，その中でも若干の時期幅はみられるものの，D群以降ほどの変化が認められない点は特徴的である。

よって，阿高式土器自体は次の三期に分けられる。

阿高Ⅰ式土器(図11・12)

並木Ⅲ式土器から半截竹管文・刺突文等が消失することによって，胴部上半部以上に凹線文を施した土器が出現し（第Ⅰ類），文様帯を上下に分割したものや（第Ⅱ類），さらに，量的にはきわめて少ないものの，分割した文様帯の上半部を無文化した土器（第Ⅲ類）も出現する。

文様は，上下左右対称形をなすものや入組文・渦巻文，それにY字モチーフなどの曲線文を主体としたもので，いずれも並木Ⅲ式土器のものに近い。

阿高Ⅱ式土器(図13〜15)

阿高Ⅰ式における文様帯のヴァリエーションをそのまま継承して，胴部以下の文様を底部にまで展開する。縦方向に展開する文様が加わり，一部には文様の簡略化もみられる。

阿高Ⅲ式土器(図16〜19)

阿高Ⅱ式は，その末期に至って，単位文様20（図15-6・7）にみられるように，胴部文様を消失させる方向にむかい，Ⅲ式になると口縁部のみが文様帯として残される。文様は，簡略化・直線化が進行し，その一方では，左右対象に展開するものが出現し一定量を占める。また，口縁部文様帯のみとなっても，文様帯分割の習慣は残存し，Ⅱ・Ⅲ式と同様なヴァリエーションが認められる。

また，阿高Ⅲ式土器の中には，文様帯の幅がさらに狭くなり，その下を横方向にヘラケズリすることによって，口縁部文様帯が肥厚した形となり，さらに南福寺式土器に近づいているものもみられる（図18-8・9）。

そして，南福寺式土器は，阿高Ⅲ式期に始まったこのような口縁帯作出の方向へと型式変化を遂げたもので，凹線・突帯など，以前から文様帯分割に用いられていたものに加えて，口縁部を肥厚させたり，「く」の字形に反転

第3章 中期・阿高式系土器の研究 69

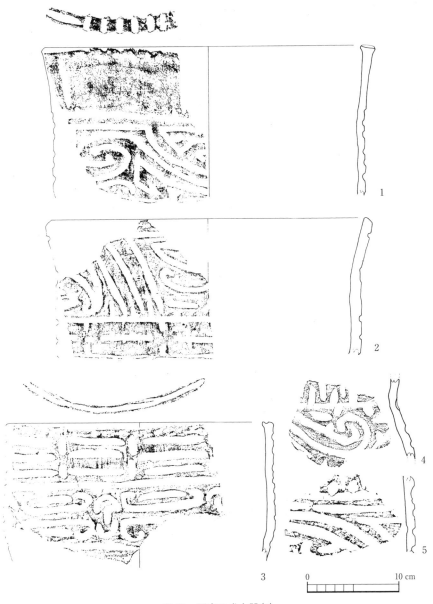

図11 阿高Ⅰ式土器(1)

70

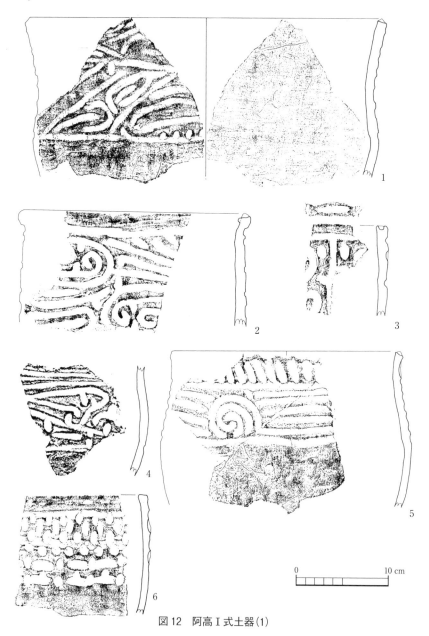

図12　阿高Ⅰ式土器(1)

第3章 中期・阿高式系土器の研究 71

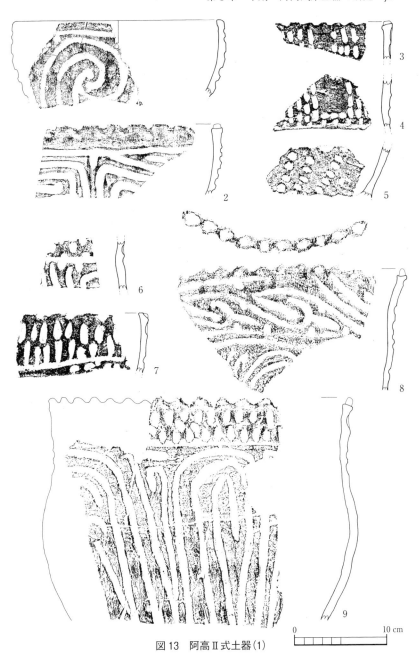

図13 阿高Ⅱ式土器(1)

72

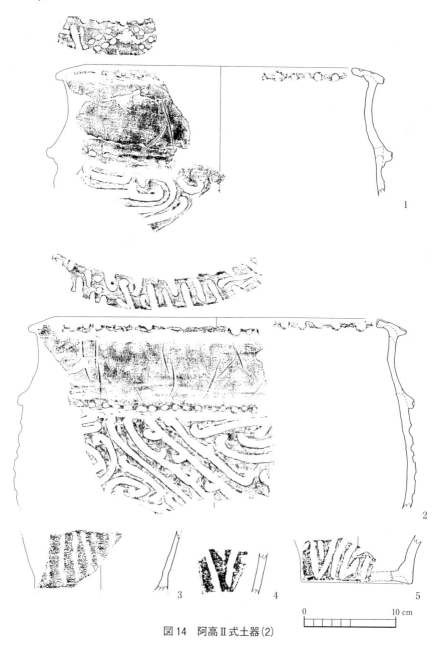

図14　阿高Ⅱ式土器(2)

第3章 中期・阿高式系土器の研究 73

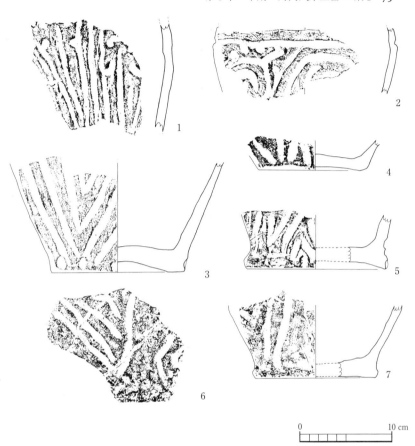

図15 阿高Ⅱ式土器(3)

させたりなど，異様な口縁帯作出を行なっている。文様は，さらに粗略化が進む中で「逆S字状文」など特徴的な文様が成立するが，また，A～C群の単位文様は，それ以前から口縁部文様として用いられていたこともあってか，多くはこの時期にも継承されている[19]。

このように，阿高式土器は，三期に細分され，南福寺式土器へと漸次変化していったものである。ところが，再び表1に立ち返ってみると，阿高Ⅱ式土器として認識されるべきⅣ～Ⅵ類に施された文様の中に，単位文様の段階

74

図16 阿高Ⅲ式土器(1)

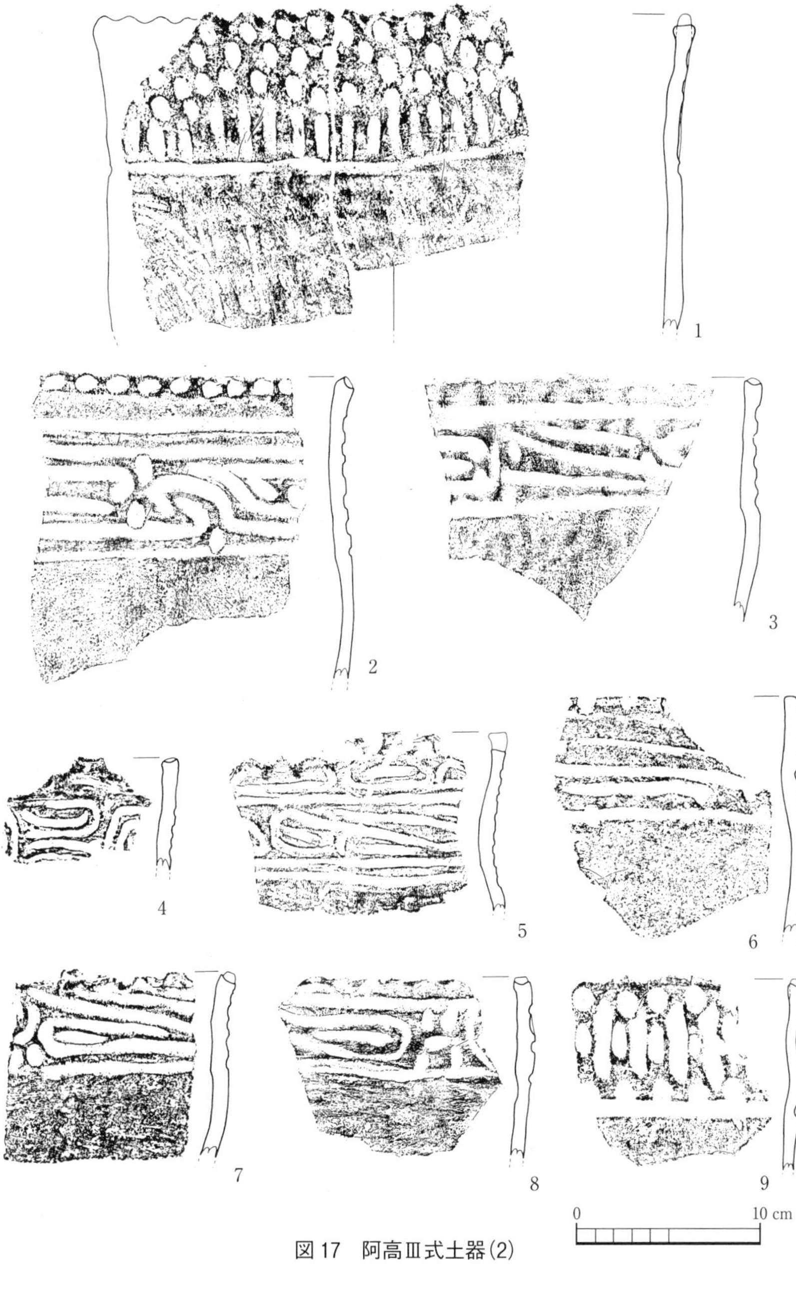

第 3 章　中期・阿高式系土器の研究　75

図 17　阿高Ⅲ式土器 (2)

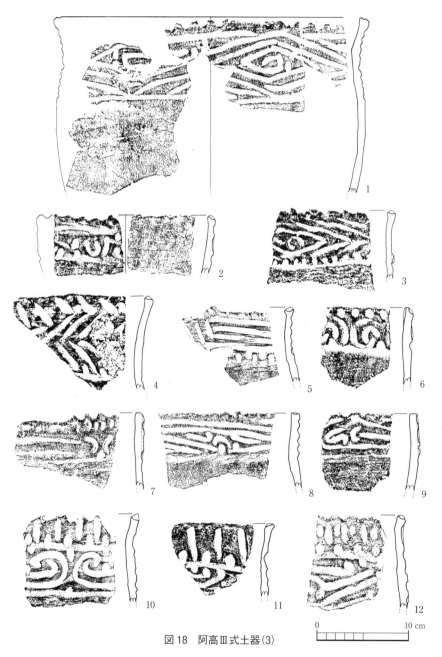

図18 阿高Ⅲ式土器(3)

第3章 中期・阿高式系土器の研究 77

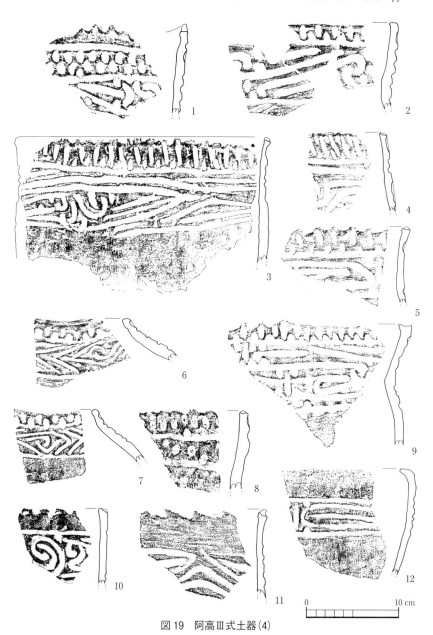

図19 阿高Ⅲ式土器(4)

設定における第Ⅲ期のものまで混在していることが看取される。文様論的には後出する第Ⅲ期の単位文様のうち，20は，痕跡的といってよいほど退化した曲線文であり，阿高Ⅱ式が胴部文様を消失させていく途上にあるものと理解することができる。しかしながら，18・19・37は，直線化・細線化の傾向を示しながらも，いまだ文様の体をなしている。したがって，阿高Ⅱ式土器は，胴部文様を消失させてⅢ式へと移行する方向とは別途に，直線化・細線化という型式変化の方向性を有していたことが予想されるのである。

　そこで，阿高式系土器群の分布をみてみると，出土遺跡が少ないためにいま一つ明瞭ではないものの，並木Ⅰ式から阿高Ⅱ式までは東九州を除いた九州全域を分布圏としているのに対して（図31・32），阿高Ⅲ式土器は有明・八代海沿岸を中心として分布しており（図33），南九州の一部や西北九州にはあまりみられないことが看取される。したがって，これら阿高Ⅲ式の分布しない地域には別型式が存在したことがうかがえよう。また，ここで，既述した前川威洋氏の編年案に立ち返ってみると，口縁部周辺に施文を集約したものの（小稿における阿高Ⅲ式土器）の次には坂の下遺跡出土土器がくることになっている[20]。これは，坂の下遺跡から阿高式系土器とともに，瀬戸内地方において後期初頭に編年される中津式土器が出土していることによるものである。ところが，坂の下遺跡出土土器の中には器面全体に施文を及ぼすものが含まれており，口縁部文様帯がさらに狭小となり口縁帯を作出するようになるという，阿高Ⅲ式から南福寺式土器への型式変化の方向とは矛盾することになる。そして，坂の下遺跡における全面施文の土器こそ，上述した，Ⅳ～Ⅵ類に第Ⅲ期の単位文様（18・19・23・37）を施したものなのである。よって，これらの土器を正当に位置づけるためには，坂の下遺跡出土土器をいま一度検討しなおす必要があるだろう。

4　坂の下遺跡出土土器の再検討

　坂の下遺跡は，佐賀県西松浦郡西有田町*に所在し，アラカシ・チャンチンモドキ等の食物性食料を貯蔵したピットが密集して検出されて以来，学界

第3章　中期・阿高式系土器の研究　79

に広く知られるところとなった。その一方では，瀬戸内地方における後期初頭の中津式土器が阿高式系土器とともに出土したことにより，従来の編年観に再考を促すこととともなった。

　報告者である森醇一朗氏は，出土した土器を11類に分類しているが，貯蔵穴内およびその直上に堆積した土器であり，流れ込みの可能性もあるとして，この11類の土器群を時期的に細分することなく「中期末～後期初頭」として把握している[21]。たしかに，阿高II式的な土器と南福寺式的な土器がみられることから，この位置づけは妥当であったといえる。しかしながら，「中期末」と「後期初頭」の土器を分離しなかったことは，出土土器の全てが中津式土器に並行するかのような印象を与えることにもなり，坂の下遺跡出土土器を正当な評価から遠ざけるという結果を生んでしまった。また，このことにより，後期になって流入してきた磨消縄文土器に対応する九州在地の土器型式を曖昧なものにしてもいるのである。

　さて，坂の下遺跡出土土器は，大きく分けて，凹線文・凹点文を施したものと，磨消縄文を有する中津式土器[22]，それに無文土器の三つに分けられる。凹線文・凹点文土器は，その施文部位によって，全面施文のものと口縁部のみのものの二者に分けうる。そして，さらに前者は，全面に同一の文様をもつものと，口縁部と胴部以下とに文様帯を分割したものに，後者は，凹線・突帯・肥厚などによって口縁帯を作出したものと，そうでないものとに分けられる。また，有文土器の多くが器表にススの付着をみないのに対して，凹点文土器・平行凹線文土器と無文土器にはススが付着することが多い。このことは土器の用途を暗示しているものと思われるが，無文の土器が粗製土器であることは理解できるとしても，有文の凹点文土器・平行凹線文土器までが煮沸の用に供されたことは一見奇異にも感じられる。しかしながら，この両者は，有文土器の中では量的に最も多く，文様も単純なもののみを施しており，作りも比較的粗い。したがって，これらが他の精製土器や粗製土器とセットをなすことを前提とするならば，精粗の中間に位置する「半精製土器」として扱うことができよう。

80

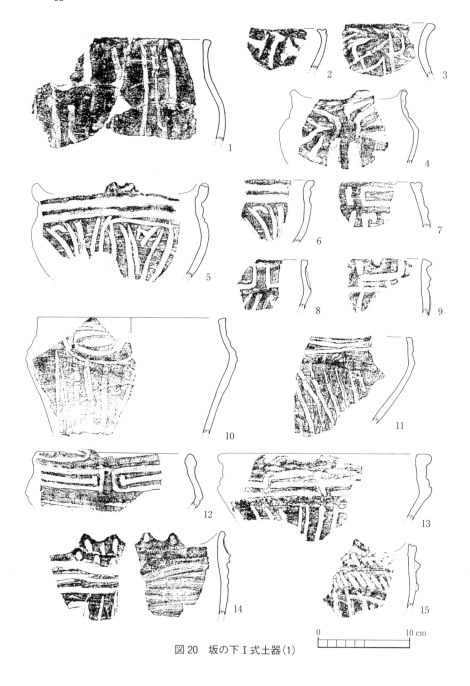

図20 坂の下Ⅰ式土器(1)

第3章 中期・阿高式系土器の研究 81

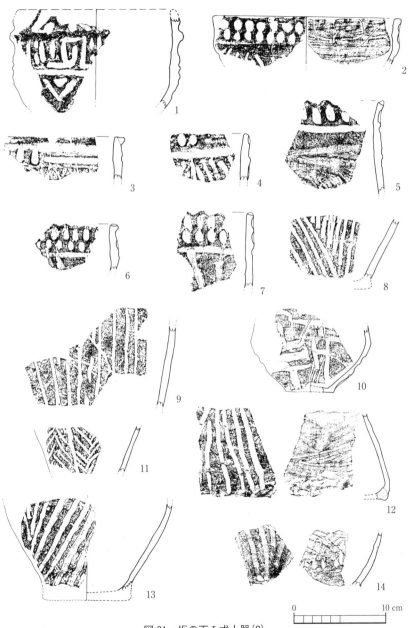

図21 坂の下Ⅰ式土器(2)

さて，以上の観点に立って，坂の下遺跡出土土器を次の8類に分けよう。

〈精製土器〉

○ A類（図20-1〜4）

全面に同一の文様を施文するもの。

○ B類（図20-5〜15，図21-1〜7）

全面施文であるが，口縁部と胴部以下の，二つの文様帯に分割されるもの[23]。

○ C類（図22-1〜13）

口縁部に文様が限られるが，口縁帯を作出しないもの。

○ D類（図22-14〜19，図23-1〜10）

肥厚・凹線・突帯などによって作出した口縁帯に施文するもの。

○ E類（図23-11〜14）

磨消縄文土器。いわゆる中津式土器である。

〈半精製土器〉

○ F類

平行凹線文土器。口縁部のみに施文する。C・D類のいずれかに含めるべきものかもしれないが，本類の文様帯はこの二者よりもさらに狭いことから，前述したスス付着の状態をも考慮して，分離して一類を設けた。

○ G類（図24）

凹点文を口縁部のみに施文するもので，口縁帯を作出するものとしないものがある。

〈粗製土器〉

○ H類（図25）

無文土器。

このようにしてみると，A・B類は，文様帯のあり方や，単位文様16・17が直線化・細線化した文様が施されていることからみて，阿高II式土器に近くかつ後出するものであることは明白である。C・D類は，文様や施文部位，口縁帯作出のあり方など，南福寺式土器に近いかもしくはそのものといってよい。また，C類のうち図22-1〜6などは，B類から胴部文様が消失

して，口縁部文様のみが施されたものもしくは変化したものと考えられる。よって，C・D類はA・B類よりも後出的であり，前者の一部は後者から派生したことすらうかがえるのである。ただ，C類のうち図22-12・13に示した土器だけは，この分類ではC類に含めたものの，凹線がやや幅広で深く，比較的曲線的な文様を有するものであり，しかも13はごくわずかしか滑石を含まず，12には全く混入されていないことなどから，むしろ阿高Ⅲ式土器そのものと考えた方が妥当なようである。

さて，それでは，A・B類とC・D類が時期差のある二つの型式として分離されうるとすれば，両者のうちいずれが中津式土器と並行関係にあるのだろうか。それを明らかにするにはG類に施された凹点文を検討する必要がある。

凹点文は，すでに阿高Ⅰ式土器から口縁部文様の一つとして採用されていたものであるが，この遺跡から出土する土器のものは，西健一郎氏によって文様構成にくずれがみられることが指摘されていた[24]。しかし，坂の下遺跡における凹点文には，文様構成に比較的まとまりがみられるものからかなりくずれたものまで，いくつかのヴァリエーションが認められるのである。その一つは，円形もしくは楕円形を呈し，断面U字形で深くえぐり込まれており，中央に爪の跡が残る場合もあるが，多くの場合はナデによって消し去られている。よって，これをaタイプの凹点文とする（図24-1～7）。いま一つは，爪先もしくはヘラによって両側から浅く削り取られたもので，断面はU字形に近く，中央に粘土のたまりもしくは段差を生じており，楕円形の平面縦軸中央に一条の線をみせている。一般に小形の凹点文はこのような形状をなす。また，これらと凹点文aとの中間に位置するかのようなもの，すなわち，断面はU字形に近いが浅く，中央に爪の跡もしくは粘土のたまりが残って，ややくずれた形状をなすものもある。よって，bタイプとし（図24-8・9），上述の断面U字形のものを凹点文cとする（図24-10～16）。さて，これら三様の凹点文は，他の遺跡においてもみられることから，この坂の下遺跡独自のクセでないことは明らかである。また，阿高Ⅰ・Ⅱ式土器に施された凹点文がaタイプであることから（図13-9など），aタイプが最古であり

84

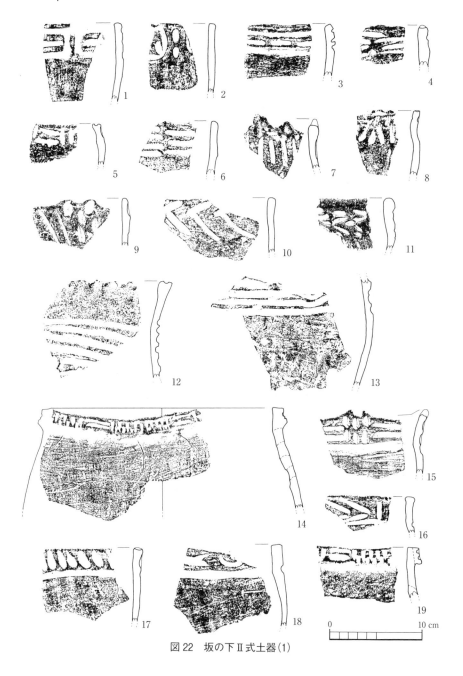

図22 坂の下Ⅱ式土器(1)

第3章 中期・阿高式系土器の研究 85

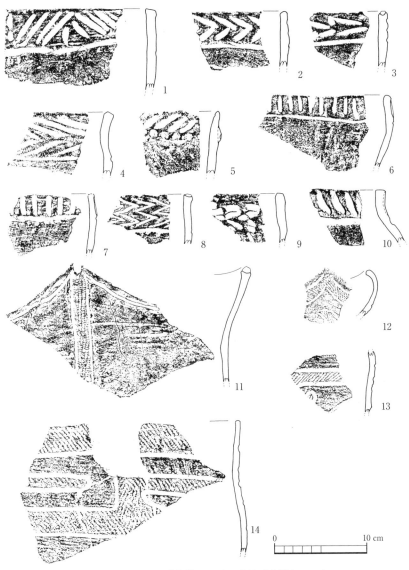

図23 坂の下Ⅱ式土器(1~10),中津式土器(11~14)

bを経て凹点文Cへと移行したことがうかがえるのである(図26)。

ここで,凹点文が口縁部文様であることから,B類の口縁部に施されたものをみてみると,ほとんどがaタイプであり(図21-1〜6),まれに凹点文bもみられるものの,その胴部文様はかすかで痕跡的なものである(図21-7)。

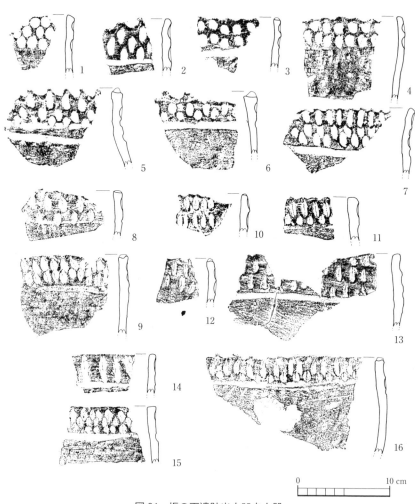

図24 坂の下遺跡出土凹点土器

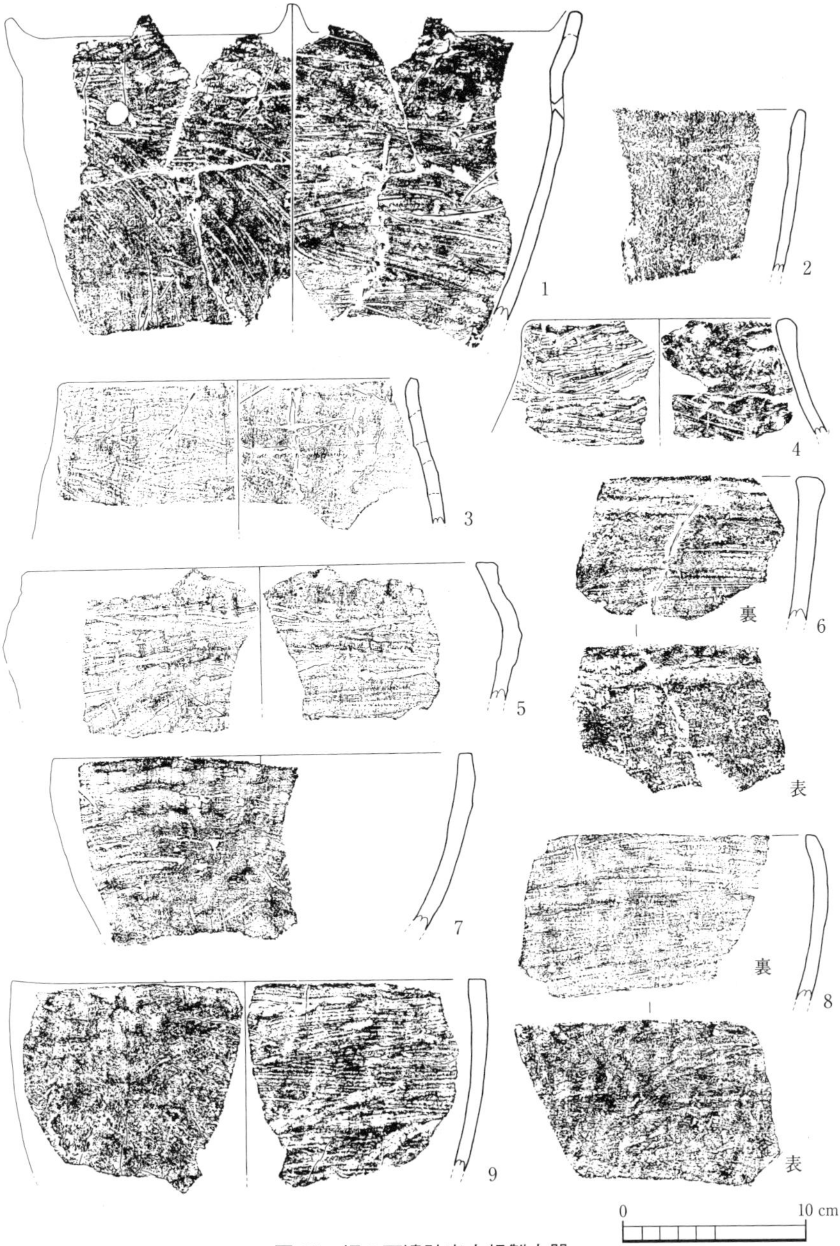

第3章　中期・阿高式系土器の研究　87

図25　坂の下遺跡出土粗製土器

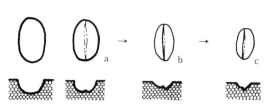

図26　凹点文の変化

また，熊本県下益城郡城南町黒橋貝塚[25]からは，南福寺式土器にきわめて近いと思われる，阿高Ⅲ式に凹点文bが施されたものが出土している（図19-7）。さらに，福岡県糸島郡志摩町天神山貝塚からは，中津式土器の口縁部に凹点文を施した，いわば彼我折衷の土器が出土しているが[26]，この凹点文もbタイプである（図27）。よって，B類のほとんどが凹点文aと組み合わさり，かつ凹点文bが中津式並行のものであることから，B類のほとんどは，中津式の前段階，すなわち中期に位置づけることができる。そして，凹点文C・D類と組み合わさり，中津式並行もしくはそれ以降に比定されるものと考えられる。したがって，A・B類のほとんどが中期に属し，それらの胴部文様がほぼ消失する段階で後期初頭[27]となって，C・D類からは全て中津式並行もしくはそれ以降に位置するものと把握されよう。そして，同時に，黒橋貝塚例から阿高Ⅲ式土器の末期が中津式並行であることが看取される。また，F類はいずれとも判じかねるが，H類はG類とともに中・後期にわたって存在したことは容易に想定しうる。よって，A・B類を中心としたグループを坂の下Ⅰ式，C・D類を中心とするものを坂の下Ⅱ式とする。

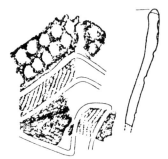

図27　天神山貝塚出土中津式土器
（註26）より転載）

坂の下Ⅰ式土器は，全面施文の精製土器と凹点文aを有する半精製土器をその特徴とし，粗製土器としての無文土器を有する。精製土器における文様帯のヴァリエーションは全て阿高Ⅱ式土器の中に求めることができるが，文様をなす凹線は，細い丸棒状もしくは板状の原体によって施文され，阿高Ⅱ式のそれに比して狭くかつ浅いが，凹線内をナデたものがまだ認められる。また，

第3章　中期・阿高式系土器の研究　89

文様のモチーフも阿高Ⅱ式における曲線的なものから直線的で粗雑なものへと変化している。したがって，坂の下Ⅰ式は，阿高Ⅱ式土器を母胎として成立しつつも，阿高Ⅱ式期に胚胎していた簡略化と直線化の二方向のうち，簡略化へと進んだ阿高Ⅲ式とは異なって，施文部位をそのままにして直線化の方向へと型式変化を遂げたものと認識される。そして，これらは，凹点文の型式変化から，その末期を除いたほとんどが中津式に先行する時期，すなわち中期末以前に編年することができるのである。また，これらは，図32に示したように，西北九州の外海部に主体的に分布しており，阿高Ⅲ式とは分布圏を異にしている。

　坂の下Ⅱ式土器は，口縁部に施文を集約させた精製土器と凹点文bを有する半精製土器，それに粗製土器である無文の土器によって構成されており，平行凹線文土器もⅡ式の半精製土器として扱った方が無難だろう。これらの文様は，単位文様2・3・4・11・17・37・44・51など南福寺式土器と同じものもみられ，同式にきわめて類似しているが，単位文様12・23・26・29など中九州にみられないものが認められる。また，他地域では阿高Ⅲ式以降減少する傾向にある，胎土中への滑石混入が依然衰えないこともこの坂の下Ⅱ式土器の特徴の一つである。したがって，坂の下Ⅱ式土器は，広義の南福寺式土器に含められつつも，上記の個性を保持した土器として認識される。そして，その分布範囲は，明瞭に示すだけの遺跡例も少ないが，[28] 坂の下Ⅰ式と同じく西北九州の外海部と把握して大過ないだろう。したがって，単位文様の変化は表2のように理解されよう。

　ところで，坂の下遺跡出土の中津式土器をみてみると，10片にみたない出土量できわめて少なく，ほとんどが黄褐色を呈して胎土中に滑石を含んでいない。また，中津式において特徴的な，小巻貝による調整痕をもつ粗製土器も，この遺跡からは出土していない。よって，これらのことから，中津式土器分布圏の他遺跡から坂の下へもたらされた移入土器として理解されよう。ところが，図23-11に示した中津式土器は，暗い色調を呈して若干ながらも滑石を混入し，内面に残された調整痕は小巻貝ではなく逆目板によるものである。これらから，この土器が，阿高式系土器と同じ技法によって製作され

表2 単位文様系統表

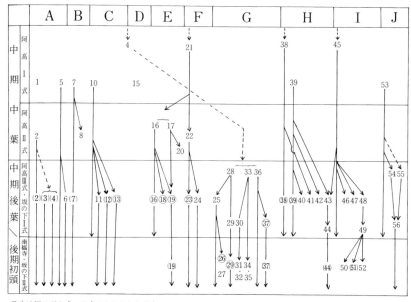

○内は坂の下Ⅰ式・Ⅱ式のみにみられるもの
( )内は阿高Ⅲ式・坂の下Ⅰ式,南福寺式・坂の下Ⅱ式に共通するもの

た中津式土器であり,阿高式系の要素がネガティヴに表現された折衷土器とみなされる。よって,この土器は,移入されてきた中津式を坂の下において模造した土器,もしくは,元来阿高式系土器を製作・使用しながらも,その後中津式土器分布圏に組み込まれた集落[29]から将来された土器として理解される。しかし,いずれにせよ,坂の下遺跡における該期の主体はあくまでも坂の下Ⅱ式土器であり,中津式は客体にすぎない。また,坂の下Ⅰ式期ではあるが,同遺跡における阿高Ⅲ式土器(図22-12・13)のあり方も同様である。

以上,坂の下遺跡出土土器の再検討により,九州における中期末の現象が明らかになったものと思われる。すなわち,阿高Ⅱ式期までは,並木式土器群,あるいはさらに遡って曽畑式土器などと同じ分布圏をなしていたものが(図32),中期末の段階では,中九州と西北九州とでそれぞれ異なった型式変

化を遂げることによって，阿高Ⅲ式土器と坂の下Ⅰ式土器が成立しており（図33），阿高Ⅱ式土器分布圏は分解するに至っていたのである。

さて，このような時期は，また，南九州の一部において岩崎下層式土器が成立した頃でもあった（図28，図33）。岩崎下層式土器は，地文に貝殻条痕を有しやや狭目の凹線文を有するもので，前川氏が指摘しているように[30]，器形や口縁部文様などに，南福寺式へ移行する前の阿高式土器，すなわち阿高Ⅲ式土器からの強い影響が認められる。また，前川氏は，胴部文様について，「くつ形を呈した文様構成は必ずしも直結するものではない。おそらく今後岩崎下層式土器の分布する南九州東部において，阿高式系土器が独自の発達をとげたという証拠があがらないかぎり，新文化の到来による影響を考えなければならない」とされている。しかしながら，「新文化」として想定しうる福田Ｃ式・中津式・福田ＫⅡ式といった土器にはくつ形のモチーフは認められない。したがって，上記した器形や口縁部文様などの類似点，この地域が阿高Ⅱ式土器分布圏に含まれていたことなどを考慮に入れると，くつ形の文様にしても，やはり阿高Ⅱ・Ⅲ式の文様（例えば単位文様40・41・42・47）がこの地域において独自の型式変化を遂げたものとして理解されるべきである。そして，その時期は，文様帯のあり方などから，阿高Ⅲ式土器の時期幅の中に収まるものと考えられよう。そうすると，東九州を除く九州に展開した阿高Ⅱ式土器までの分布圏は，中期末の段階には，西北九州（坂の下Ⅰ式）・中九州（阿

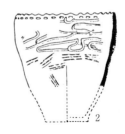
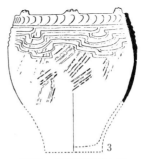

図28　岩崎下層式土器
（前川『九州縄文文化の研究』より転載）

92

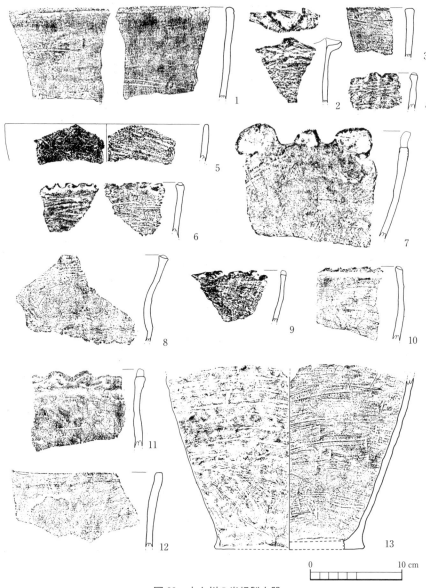

図29 中九州の半粗製土器

高Ⅲ式)・南九州東部（岩崎下層式）の三つに分解していたことがうかがえるのである。

これらは，主として文様において認められた地域性であるが，他の要素，例えば器形・胎土・器面調整などでみてみると，まず，器形においては，坂の下Ⅰ式・岩崎下層式がそれ以前と大差ないのに対して，阿高Ⅲ式は，口縁部を反転させたり口縁帯直下を削り出したりして，その文様帯を強調した器形も出現している。また，坂の下Ⅰ式においてはやや小形の鉢形土器が比較的多いことも注目される。胎土は，並木Ⅰ式以来この系統の特徴の一つでもあった滑石粉末の混入が，ほとんど坂の下Ⅰ式土器に限定されるようになり，阿高Ⅲ式にまれにみられてもごく微量しか混入されていない。これは，滑石の入手状況にかかわるものと思われ，長崎県下における原石の露頭を分布圏内にもつ坂の下Ⅰ式に対して，他の二型式は，分布圏の分解によって原産地とのコミュニケーションが疎となり，その結果原石の入手が困難となったものと理解されよう[31]。

しかし，これらの要素もさることながら，器面調整に最も良く地域差が現れているようである。よって，次に器面調整のヴァリエーションをみてみよう。

図30　器面調整拓影

5 阿高式系土器における調整技法

阿高式系土器における器面調整には次の6種類が認められる。

○二枚貝による調整（図30-1）

アナダラ属もしくはアルカ属の貝殻によって調整したもので，凹凸の比較的大きい条痕として残る。

○逆目板による調整（図30-3）

幅2cm前後の，起伏に乏しいきわめて浅い条痕を残すもので，横山浩一氏によれば「板の繊維方向にそう稜で粘土をかきならす」ことによって生じた条痕のことである[32]。すなわち，板の柾目ではなく逆目を用いた調整法である。

○柾目板による調整（図30-2）

幅5〜7mmほどの細い板状の原体で，二枚貝ほどではないが，逆目板よりも明瞭な条痕を残す。これも横山氏によれば割板の柾目を用いたものとのことである[33]。坂の下Ⅰ式においては施文具としても用いられている（図21-14）。

○ヘラケズリ（図30-4）

ヘラ状の原体によって器面を削り取ったもので，器表における砂粒の移動によって認知される。器壁を薄くするためか器表を平滑化するために行なわれたのだろうが，なお器壁薄からぬ阿高式系土器の場合は，むしろ後者を主目的としたものと考えられる。

○ナデ（図30-5）

指その他によって撫でたもので，滑らかな面をなす。

○ヘラナデ（図30-6）

ヘラ状の原体を器面に押しあててゆっくりと移動させたもので，幅1〜2cmの平滑で光沢のある面を残す。いわゆるヘラミガキと同様な効果をもつが，幅広であるためヘラナデと称することにしておきたい。

以上のうち，ヘラナデ・ナデが仕上げに用いられたものであることは言う

第3章　中期・阿高式系土器の研究　95

までもない。これらが完璧に行なわれている場合は、それ以前の調整を観察
しえないが、仕上げが不十分な個体でみてみると、二枚貝・柾目板調整は粘
土がまだ柔軟な段階に施されている。また、逆目板調整・ヘラケズリは粘土
が生乾きもしくは乾燥した時期に行なわれているようである。したがって、
調整の順序としては、荒調整（二枚貝・柾目板）ののち、これによって器表
に生じた凹凸をなくすための平滑化（逆目板・ヘラケズリ）を行ない、最後
に仕上げ（ヘラナデ・ナデ）、という三段階が想定されうる。ところが、実
際には、荒調整からいきなり仕上げ調整を行なったものも数多く、必ずしも
この三段階の工程が遵守されたとはみなし難い。よって、今のところ、仕上
げの段階とそれ以前（荒調整→平滑化）の二つに大別しておく方が無難であ
ろう[34]。

　さて、表3は小稿に図示した阿高式系土器に施された調整を示したもので
ある。仕上げ調整が施されつつもそれ以前の調整痕が残る場合は、前者が丁
寧に施されているものではナデ（もしくはヘラナデ）の項に、仕上げ調整が
雑な土器では逆にナデ（ヘラナデ）の項に○、二枚貝等の項に◎を記した。
両者ともに○を記してあるのは、いずれとも決め難いものに限った。この表
は、例数としては少ないが、その示すところは経験的に得られた認識と一致
する。

　まず、並木式土器群をみてみると、既述したように、ほとんど例外なくき
れいにナデによる仕上げが行なわれており、二枚貝調整・ヘラズリの痕跡を
わずかに残すにすぎない。また、このことは阿高Ⅰ・Ⅱ式土器においても同
様で、二枚貝・柾目板・逆目板調整にヘラズリの痕跡を若干残しながらも、
全面をナデて仕上げたものが圧倒的に多い。そして、この時期までは、きれ
いにナデてあることもあってか、地域差は認められないようである。

　ところが、阿高Ⅲ式期になると状況は変化してくる。まず、阿高Ⅲ式土器
においては、胴部以下の無文部をヘラナデによって仕上げたものが出てくる
一方では、仕上げのナデがおざなりになって、ヘラケズリや逆目板調整、ま
れに二枚貝調整の痕跡を明瞭に残したものが多くなる。次に、坂の下Ⅰ式土
器をみてみると、同様に仕上げが粗雑になり、柾目板調整・ヘラケズリなど

96

表3 阿高式系土器の器面調整

型式名	遺跡名	二枚貝		柾目板		逆目板		ヘラケズリ		ナデ		ヘラナデ		図番号
		外面	内面	外	内	外	内	外	内	外	内	外	内	
並木Ⅰ式	阿高									◎	◎			1-1
	古閑原							○		○	◎			1-2
	中ノ江									◎	◎			1-3
	法華原									◎	◎			1-4
	〃									◎	◎			1-5
	〃									◎	◎			1-6
	〃									◎	◎			1-7
	〃									◎	◎			1-8
	コウゴー松									◎	◎			1-9
	〃								○	◎				1-10
	丸林									◎	◎			1-11
	土橋									◎	◎			1-12
並木Ⅱ式	丸林									◎	◎			1-13
	古池							○	○	◎	◎			1-14
	阿高								○	◎	◎			1-15
	西岡台		◎					○		◎				1-16
	〃							○	○	○	◎			1-17
	〃									○	○			1-18
並木Ⅲ式	中ノ江									◎	◎			2-1
	西岡台							◎		◎				2-2
	〃							○		◎	○			2-3
	〃									◎	◎			2-4
	丸林									◎	◎			2-5
	コウゴー松								○	◎	○			2-6
	下桑鶴									◎	◎			2-7
	法華原									◎	◎			2-8
	〃							◎		◎				2-9
	黒橋									◎	◎			2-10
	法華原									◎	◎			2-11
	知古									◎	◎			2-12
阿高Ⅰ式	阿高					◎	○			◎	○			11-1
	〃									◎	◎			11-2
	出水								○	◎	○			11-3
	古閑原									◎	◎			11-4
	〃									◎	◎			11-5
	阿高					○	○			○	○			11-6
	〃								○	◎	○			12-1
	轟									◎	◎			12-2
	阿高									◎	◎			12-3

(1)

第3章　中期・阿高式系土器の研究　97

型式名	遺跡名	二枚貝		柾目板		逆目板		ヘラケズリ		ナデ		ヘラナデ		図番号
		外面	内面	外	内	外	内	外	内	外	内	外	内	
阿高 I 式	阿高						○			○	◎			12-4
	土野屋									◎	◎			12-5
阿 高 II 式	黒橋							○		○	◎			13-1
	阿高									◎	◎			13-2
	古閑原									◎	◎			13-3
	〃									◎	◎			13-4
	〃							○		◎	◎			13-5
	コウゴー松									◎	◎			13-6
	古閑原							○		◎	◎			13-7
	有喜									◎	◎			13-8
	阿高			○				○		◎	○			13-9
	沼山津					○		○		◎	◎			14-1
	〃							○		◎	◎			14-2
	中ノ江		○					◎		○	○			14-3
	下ノ府									◎	◎			14-4
	阿高									○	◎			14-5
	〃							◎		○				15-1
	〃									◎	◎			15-2
	〃									○	◎			15-3
	〃									○	○			15-4
	古閑原		○							○			○	15-5
	〃		○							○	○			15-6
	〃									◎	◎			15-7
阿 高 III 式	古閑原							◎		○	○			17-1
	阿高									○	◎			17-2
	〃							○	○	○	◎			17-3
	古閑原									◎	◎			17-4
	阿高									◎	◎			17-5
	〃		○					○	○	○	○			17-6
	〃		○					◎			◎			17-7
	〃					○		○		○	○			17-8
	〃									◎	◎			17-9
	コウゴー松									◎	◎			18-1
	阿高					◎		◎						18-2
	轟							◎			◎			18-3
	古閑原							○		○	◎			18-4
	阿高							○	◎	○	○			18-5
	〃							◎			◎			18-6
	黒橋							○			○	◎		18-7

(2)

型式名	遺跡名	二枚貝		桛目板		逆目板		ヘラケズリ		ナデ		ヘラナデ		図番号
		外面	内面	外	内	外	内	外	内	外	内	外	内	
阿高Ⅲ式	阿高						○	○	○	○		◎		18-8
	古閑原							◎			◎			18-9
	出水								○	◎	○			18-10
	古閑原									◎	◎			18-11
	阿高						○		○	◎	○			18-12
	〃									◎	◎			19-1
	〃								○		○	◎		19-2
	〃							◎	○		○			19-3
	〃									◎	◎			19-4
	〃								○	◎	○			19-5
	〃						○			◎	○			19-6
	〃									◎	◎	◎		19-7
	〃									◎	◎			19-8
	〃						○	◎			○			19-9
	下府							◎			◎			19-10
	阿高								○	◎	○			19-11
	〃		○				○	○		○				19-12
	〃									◎	◎			16-1
	〃									◎	◎			16-2
	古閑原									◎	◎			16-3
	阿高					◎	◎	◎		○	○			16-4
	出水									◎	◎			16-5
	古閑原								○	◎	○			16-6
	出水							◎		○	◎			16-7
	阿高							◎			◎			16-8
	坂の下							○	○	◎	○			22-12
	〃							◎	○	◎	○			22-13
中九州粗製土器	古閑原							◎		○	◎			29-1
	〃							◎	◎					29-2
	〃									◎	◎			29-3
	〃							◎			◎			29-4
	〃	◎	◎											29-5
	〃		◎					◎						29-6
	〃		○					○		◎	◎			29-7
	〃							◎		○	◎			29-8
	〃							◎			◎			29-9
	阿高	○				◎			○		○			29-10
	〃							◎	◎					29-11
	〃							◎			◎			29-12

第3章　中期・阿高式系土器の研究　99

型式名	遺跡名	二枚貝		柾目板		逆目板		ヘラケズリ		ナデ		ヘラナデ		図番号
		外面	内面	外	内	外	内	外	内	外	内	外	内	
	阿高			◎			◎			○				29-13
坂の下Ⅰ式	坂の下							◎		○	◎			20-1
								○	◎	○				20-2
										◎	◎			20-3
					○			◎		○	○			20-4
								◎			◎			20-5
					○					◎	◎			20-6
										◎	◎			20-7
								○		◎	○			20-8
								◎		○	◎			20-9
							○	◎			○			20-10
										◎	◎			20-11
										◎	◎			20-12
								◎	○					20-13
				◎	○					○				20-14
				◎							◎			20-15
								○	◎					21-1
					◎					◎				21-2
						○		◎						21-3
								◎		○	○			21-4
								◎		◎	○			21-5
					◎				○		○			21-6
					○					◎	○			21-7
										◎	○			21-8
					○					◎	○			21-9
			○				○	○		◎	○			21-10
								○	◎	◎				21-11
					◎			◎		○	○			21-12
								○		◎	◎			21-13
				○	◎			◎	○	◎	○			21-14
	古閑原									◎	◎			34-1
	〃									◎	◎			34-2
	阿高									◎	◎			34-3
坂の下Ⅱ式	坂の下							○	○	◎				22-1
								◎	○		◎			22-2
										◎	◎			22-3
										◎	◎			22-4
					◎					◎				22-5
								○		◎	◎			22-6

(4)

100

型式名	遺跡名	二枚貝		柾目板		逆目板		ヘラケズリ		ナデ		ヘラナデ		図番号
		外面	内面	外	内	外	内	外	内	外	内	外	内	
坂の下Ⅱ式	坂の下							◎			◎			22-7
								◎	○		○			22-8
										◎	◎			22-9
								◎	◎					22-10
								○	◎	○				22-11
								◎	◎		○			22-14
				◎	◎									22-15
										◎	◎			22-16
								◎			◎			22-17
						◎		◎						22-18
								◎		○	◎			22-19
					○				○					23-1
								◎		○	◎			23-2
								◎			◎			23-3
								◎	◎					23-4
								◎	○		○			23-5
								◎			◎			23-6
								◎	◎					23-7
								◎			◎			23-8
								◎	◎		○			23-9
										◎	◎			23-10
坂の下Ⅰ式	坂の下							◎	◎					24-1
								◎			◎			24-2
								◎	○		○			24-3
								◎		○	◎			24-4
								◎			◎			24-5
								◎	◎					24-6
								◎			◎			24-7
								◎			◎			24-8
								○		◎				24-9
坂の下Ⅱ式	坂の下									◎	◎			24-10
										◎	◎			24-11
										◎	◎			24-12
					○			◎	○					24-13
								◎			◎			24-14
								◎			◎			24-15
								◎			◎			24-16
坂の下粗製土器	坂の下					◎		◎						25-1
								◎			◎			25-2

(5)

型式名	遺跡名	二枚貝		柾目板		逆目板		ヘラケズリ		ナデ		ヘラナデ		図番号
		外面	内面	外	内	外	内	外	内	外	内	外	内	
坂の下粗製土器	坂の下					◎		◎	○	○	◎			25-3
				◎							◎			25-4
									◎	◎	○			25-5
				◎	◎				◎	◎	○			25-6
				◎	◎						○			25-7
				◎	◎			◎			○			25-8
					◎			◎			○			25-9
南福寺式	出水貝塚							○		◎	○			9-1
	墓上							◎			◎			9-2
	出水							◎	◎			○		9-3
	墓上							◎			◎			9-4
	黒橋							◎			○			9-5
	阿高							◎						9-6
	黒橋									◎	◎			9-7
	〃							◎	◎		○			9-8
	古閑原							◎			◎			9-9
	阿高							○		◎	◎			9-10

(6)

の痕跡が顕著となる。そして，ヘラケズリはともかくとして，逆目板調整が少なく柾目板調整が多い点は，阿高Ⅲ式土器におけるあり方と好対照をなしている。

　また，この傾向は，仕上げのナデが丁寧ではない，粗製土器においてもやはり認められる。**図29**は阿高貝塚・古閑原貝塚出土の粗製土器である。所属時期は阿高Ⅰ式期から南福寺式あるいは出水式期にまで及ぶものと思われるが，ヘラケズリを主体として二枚貝調整もみられ，まれに柾目板・逆目板調整も認められる。次に，**図25**に示したのは坂の下遺跡出土の粗製土器であり，坂の下Ⅰ・Ⅱ式土器に伴うものである。これをみると，ヘラケズリとともに柾目板調整が主体を占め，逆目板調整などごくわずかでしかない。

　この器面調整における地域差は，類例の増加を待って分布論検討を経なければならないが，精製土器における文様と同じく，中九州・西北九州といったまとまりを示す公算がきわめて大きい。また，このような地域差が，以前から潜在していたものが仕上げの簡略化とともに顕在化したものか，土器分布圏の分析とともに出現した各地域の個性なのかは，阿高Ⅱ式期以前におけ

る両地域の状況が不明瞭である今は，どちらとも決め難い。しかし，いずれにせよ，仕上げのナデがおろそかになることによって認識しえた地域色であり，土器作りの点からいえば，阿高Ⅲ式・坂の下Ⅱ式ともに，明らかに簡略化＝手抜きの方向へとむかった退化型式とすることができ，しかもこのことは文様論における両型式の段階とも矛盾しない。そして，岩崎下層式土器における「地文」の貝殻条痕が，上記二型式と同様の事情で顕在化したものであることはいうまでもないだろう。

　ところで，二枚貝による調整痕を残した阿高式系土器が東九州にも散見される。このような土器は，一部北九州にも及んでいるが，岩崎下層式同様，阿高Ⅲ式土器の流れをくむものと思われ，これらを一括出土した大分県宇佐市西和田貝塚では中津式土器を伴出したという[35]。したがって，岩崎下層式同様，後期初頭にまで下るものとも考えられるが，阿高Ⅲ式土器の存続期間内に同式の分布圏から離れていったことを考慮に入れれば，その開始期は中期末に位置づけるべきだろう。

　このように，中期末の段階には，阿高式系土器と呼べる四つの土器型式とその分布圏が成立していたのである。

6　瀬戸内地方土器型式との関係

　さて，それでは，これら諸型式は，瀬戸内地方の諸型式とどのような並行関係にあり，いかなる関係にあったのであろうか。

　まず，並行関係をみてみよう。並木Ⅰ式土器は，既述したように，轟C・D式土器にその祖形が求められる。この轟C・D式は，ともに曽畑式土器を祖形として分布圏を異にしていることから，九州北岸地方における曽畑（新）式土器と並行関係にあることが理解される。また，曽畑（新）式土器の口縁部に施された押引文から，この土器が彦崎ZⅠ式土器との折衷土器であり，この両者が並行することがうかがい知れる[36]。そして，両型式の接点であった山口県西部と北九州において後続する土器が船元式と並木Ⅰ式であることから，並木Ⅰ式土器は船元式土器と並行することが予想されるので

ある[37]。この船元式土器は、縄文に爪形文が加わった古段階のもので、間壁忠彦氏によって船元Ⅰ・Ⅱ式とされているものに相当するが[38]、北～東九州をもその分布圏に含めているようである（図31）。

　ところで、Ⅳの項でも述べたように、阿高Ⅲ式・坂の下Ⅰ式の末期は、凹点文の型式変化を介して、一部中津式土器と時期的に重なっている。したがって、阿高Ⅲ式・坂の下Ⅰ式の大部分は、瀬戸内地方における中期後葉の土器である福田C式土器に並行することは明らかである。また、福岡県久留米市北屋敷遺跡では阿高Ⅲ式土器を主体とする層の下層から船元式土器の単純層が検出されている[39]。この船元式土器は、間壁氏が船元Ⅲ式とされている新段階のものであることから、阿高Ⅲ式土器が船元式の新段階にまでは上らないことを意味している。したがって、船元式の新段階に並行するのは、阿高Ⅱ式以前で並木Ⅱ式以降ということになろう。しかし、従来「阿高式」に共伴するとされてきた縄文土器、すなわち竹崎式土器の多くはこの新段階の船元式に相当することから[40]、船元式の新段階が並木Ⅱ・Ⅲ式期にまで及ぶとするよりは、阿高Ⅰ・Ⅱ式期に並行するものと把握しておいた方が無難であろう。よって、並木Ⅱ・Ⅲ式はⅠ式とともに船元式の古段階に並行することが予想される。

　以上、阿高式系土器と瀬戸内地方の中期土器との並行関係を述べてきた。その時期的な関係は表4のように、大まかには、把握されよう。

　次に、阿高式系土器と船元式・福田C式土器との関係についてみてみよう。

　並木・阿高式土器群は、東九州を除いた九州地方に分布し、東九州は瀬戸内の船元式土器分布圏に含まれるということは既述した。ところが、並木・阿高式土器分布圏の中にも「縄文」を有する土器、すなわち竹崎式土器が存在している。この竹崎式は、船元式の系統であることが乙益氏によって指摘されており、しかも、阿高式土器の中に少量混在するのみであるという[41]。阿高式系土器と船元式土器の同時期における数量的比較をなしえる遺跡は今のところなく、感覚的な表現にとどまるものの、船元式土器はたしかに量的には少なく、阿高式系土器の中に微量が混在する観がある。しかし、その分布範囲は、熊本県天草郡五和町＊沖ノ原貝塚[42]、長崎県南松浦郡富江町＊宮

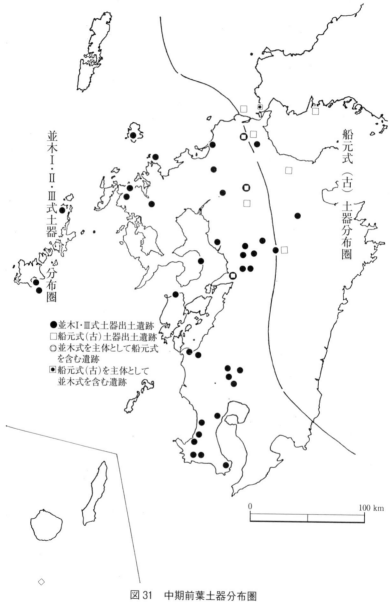

図31 中期前葉土器分布圏

第3章 中期・阿高式系土器の研究 105

図32 中期中葉土器分布圏

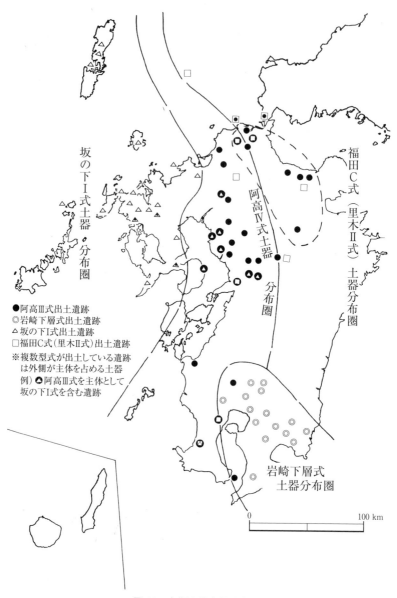

図33 中期中葉土器分布圏

第3章 中期・阿高式系土器の研究

表4 阿高式系土器並行関係及び系統関係表

下貝塚[43]などからも出土していることから、並木・阿高式土器分布圏のほぼ全域に及ぶものと思われ、中には熊本市広木遺跡[44]や北屋敷遺跡などのように船元式土器のみで一時期をなす遺跡も存在する。しかし、その一方では、山口県下関市神田遺跡[45]・大分市横尾貝塚[46]などからも少量ながらも阿高式系土器が出土しており、東九州に入った大分県日田郡天瀬町＊出口遺跡[47]や同直入郡久住町＊コウゴー松遺跡[48]などのように中期を阿高式系土器によって構成する遺跡もまれに認められるのである。

このように、両者は、九州山地および遠賀川流域において複雑な分布をなしているが、基本的には図32に示したような境界の設定が可能である。この場合、いくつかの分析を必要とするとは思われるが[49]、基本的には、北屋敷遺跡などのようなまれにみられる単純遺跡が文化的伝統を異にする他集団の領域へと例外的に侵入して居住した遺跡であり、在来型式に少量混在する他型式は上記のような性格の集落をも含めた分布圏相互の交流によってもたらされた移入土器として把握されよう。

ところで、この「交流」の内容に関しては今のところ明らかにする材料を持たないが、土器だけを比較しても相互に何ら影響を与えていないことがわかる。すなわち、縄文と幅広の凹線文、キャリパー形器形と単純な深鉢形、薄手と厚手、やや暗い色調と滑石を含んだ赤焼き、など船元式土器と阿高式

土器の対立点は中期末まで存続し、この両者が相互に影響されることなく自律的に型式変化を遂げていったことが看取されるのである[50]。また、他の文化要素でみても、石鋸・剥片鏃・鯨骨製土器製作台などに代表される諸要素が阿高式系土器分布圏から船元式土器分布圏へと流出した形跡はなく、逆に船元式に固有な文化要素が流入した事実もない。よって、これらのことから、両者の交流が相互の文化的独自性をそこなうものではなく、両者が別個の文化圏を形成していたことが理解されよう。

　ちなみに、中期後葉〜末における阿高式系各型式のあり方をみてみると、基本的には阿高式系土器と船元式土器との関係に類似している。すなわち、図34に示したのは阿高貝塚・古閑原貝塚出土の坂の下Ⅰ式土器であるが、ほんの数点の出土であり、主体をなす阿高Ⅲ式土器とは量的に比べものにならない。また、このようなあり方は、既述したような、坂の下遺跡における阿高Ⅲ式土器のそれと同様である。したがって、これらの他型式も分布圏相互の交流によってもたらされた移入土器として扱われるべきものと考えられる。ところが、これら各分布圏相互の関係をみてみると、器形・焼成はほぼ共通しており、剥片鏃・鋸歯鏃等の労働用具も、海況に規定される漁具を除いては、共有している。また、若干ではあるものの、坂の下Ⅰ式以外にも滑石を混入した土器がみられ、鯨骨製土器製作台に至ってはいずれの分布圏にも認められるようである。これらのうち、土器作りや労働用具における共通性は、各型式が阿高Ⅱ式土器文化を母胎として成立したものであることから、むしろ当然のことと思われるが、滑石や、土器製作台に用いられる鯨類の椎体は、ほぼ坂の下Ⅰ式土器分布圏に限定的に得られるものであり、他の土器

図34　阿高古閑原貝塚出土坂の下Ⅰ式土器

分布圏へと搬出されたことが看取されるのである。さらに，坂の下Ⅰ式と阿高Ⅲ式は凹点文の型式変化も共有していることなどから，阿高式系各型式間の関係は，瀬戸内系土器分布圏との関係に比して，より近いものであったことが理解される。

7 おわりに

阿高式土器の祖形は並木式土器に求められ，並木式自体は三型式に細分しうる。そして，並木Ⅰ式土器は前期後葉の轟C・D式器にその祖形が求められ，轟C・D式自体は曽畑式土器の流れをくむものであった。したがって，曽畑式土器と阿高式土器は，轟C・D式，並木Ⅰ・Ⅱ・Ⅲ式土器を間にはさむことによって，一系の土器群であることが認知されたのである。

また，阿高式土器自体も三型式に細分される。そして，阿高Ⅱ式期までは並木式土器群と同一の分布圏をなすものの，阿高Ⅲ式へと移行する過程，すなわち中期後葉～末において，西北九州では坂の下Ⅰ式土器，南九州の一部では岩崎下層式土器が成立し，阿高Ⅱ式期まで継承された土器分布圏が三つに分解してしまうのである。

このような土器分布圏の分析が何に起因したのかは，これら諸型式をも含めた阿高式系土器に伴う集落や文化要素の動向がほとんど把握しえない現状では，明らかにすることは困難であろう。しかし，これら三地域は，有明・八代海（阿高Ⅲ式），対馬海流（坂の下Ⅰ式），錦江湾・志布志湾（岩崎下層式）といった，海によってそれぞれくくられるものでもある。そして，海が，それからさらに内陸部へと連なる大小の河川とともに，当時の交通媒体として高く評価すべきものであり，さらに，土器分布圏を一定のレベルにおける情報の質と量とを共有した集団の範囲とする観点に立つならば，これら三地域はまとまるべくしてまとまったものと考えられるのである。そうすると，並木Ⅰ式期以降分布圏を拡大し維持しえた背景の方も問題としなければならないが，それはともかくとして，分布圏の分解に関しては次の二つの場合が想定される。一つは，各地域における生業活動・文化の発展等を契機として，

各地域内での結合がより強固となった結果，一つの分布圏をなすに至った場合で，もう一つは，大分布圏の「核」となった地域の活力が衰退することによって，情報伝達が円滑に行なわれないようになり，その結果，各地域ごとに型式変化を遂げた場合である。この二つのケースが相互に絡み合う事態も考えなければならないものの，この中期後葉～末の場合においては，土器作りおよび文様において粗略化・退化が認められることから考えれば，後者の場合である可能性が大きい。また，その場合，「核」となった地域は，並木Ⅰ式土器成立の状況から，中九州地方に求められることはいうまでもない。そして，このような「地盤沈下」を想定することによって，一貫して瀬戸内系土器文化の進出を拒んできた並木Ⅰ～阿高Ⅱ式土器分布圏の故地に，後期以降，磨消縄文土器をはじめとする東方からの文化伝播を受容するに至った，九州側の状況と主体性を理解することができるのである。

　以上，中期阿高式系土器について検討を行なってきた。編年案については層位学による検証が必要であろうし，土器分布圏の動向に関しては他の文化要素のあり方を含めて論を進めていく必要があるが，現在提示されている資料の分析によって一定のまとめを行なった。諸先学・諸賢の御批判を仰ぎたい。

　なお，小稿は第15回古文化研究会において発表した内容を骨子としたものである。席上御教示を賜わった方々，および発表の機会を与えていただいた小田富士雄先生に感謝したい。また，岡崎敬・横山浩一・潮見浩・西谷正・河口貞徳・下條信行・橘昌信・木村幾多郎・西健一郎・石井忠・山本一朗・富田紘一・志佐惲彦・森醇一朗・平山修一・武末純一・高橋徹・柴尾俊介・富永直樹・宮内克己・沢下孝信・山田克己の諸先生・諸氏には貴重な御指導・御教示を賜わり，かつ資料採集の便宜をはかっていただいた。さらに，杉村幸一氏をはじめ九州大学考古学研究室の諸氏には各種の御協力をいただいた。末筆ながら，記して深甚の謝意を表したい。

（1979. 6. 9 了）

第3章　中期・阿高式系土器の研究　111

註

1）　矢野寛・山崎春雄 1918「阿高貝塚」『熊本県史蹟調査報告』7

2）　小林久雄 1931「阿高貝塚及び御領貝塚の土器に就て」『地歴研究』3～8

3）　小林久雄 1935「肥後縄文土器編年の概要」『考古学評論』1-2

4）　坂本経堯 1952「古閑原貝塚発掘抄報」『熊本県文化財調査報告』6

5）　乙益重隆 1965「西北九州」『日本の考古学』2，河出書房新社

6）　前川威洋 1969「九州における縄文中期研究の現状」『古代文化』21-3・4

7）　たとえば，高木正文 1977「熊本県の円筒形土器」『考古学論叢』4

8）　宮内克己・田中良之 1977「縄文式土器」『九州縦貫道関係埋蔵文化財調査報告』XIV

9）　註6）に同じ。

10）　中村友博・柿本春次 1977『神田遺跡 '76』

11）　中村修身 1971「福岡県直方市日出橋遺跡の縄文土器」『九州考古学』41～44

12）　河口貞徳ほか 1973「永山遺跡」『鹿児島考古』8

13）　前川威洋 1972「土器からみた瀬戸内との関係」『山鹿貝塚』

14）　神田遺跡の他にも，美濃ヶ浜遺跡，黒島浜遺跡などでも出土している。

15）　松本雅明・富樫卯三郎 1961「轟式土器の編年」『考古学雑誌』47-3
　　　なお，松本氏のいわれる轟C式，D式には，他の特徴をもった土器群が含まれているが，ここにあげたC・Dは本文中に述べた特徴を有するものに限る。これらの土器は，江坂輝彌氏が轟上層式と呼ばれているものに相当すると思われるが，セット等が明示されていないため，小稿では，公表されている松本氏の分類をもとにした。

16）　轟C・D式土器は，長崎県壱岐郡郷ノ浦町*鎌崎海岸遺跡・福岡県鞍手郡鞍手町新延貝塚でも出土しており，九州北岸地方の曽畑（新）式は熊本県菊池郡大津町七野尾遺跡でも出土している。しかし，中期土器に1点のみ混入している七野尾遺跡を除いて，いずれの遺跡も該期の主体をなすのはそれぞれの地域に分布圏をもつ土器である。

17）　第III類は，古閑原貝塚出土土器などの破片をみてみると，たしかに存在するようであるが，適当な個体がみられないため図示はしなかった。

18）　表1の作成にあたっては，並木遺跡・四郎兵ヶ丘遺跡・永山遺跡・黒岩遺跡・掘川貝塚・出水貝塚・南福寺貝塚・轟貝塚・黒橋貝塚・阿高貝塚・沖ノ原貝塚・沼山津貝塚・高橋貝塚・天の岩戸岩陰・七野尾遺跡・古閑原貝塚・尾田貝

塚・若園貝塚・別辻遺跡・墓山遺跡・コウゴー松遺跡・西和田貝塚・枌洞穴・竜王遺跡・坂の下遺跡・大濠公園内遺跡・下府貝塚・下楠田貝塚・永犬丸貝塚・日出橋貝塚・正福寺遺跡・大道端遺跡・荒田比貝塚等々の出土土器のうち，公表されたものを含めて，筆者の管見に触れたものを用いた。

19) 南福寺式土器と阿高Ⅲ式土器は，同一系統における漸移的な変化であるため，明瞭な区分はつけ難い。よって，小稿では，本文中に記したように，口縁帯作出が顕在化して完成する段階をもって南福寺式土器の開始期と考えた。従来，同式のメルクマールとされていた「逆S字状文」のあり方は，この見解とは矛盾しないようである。また，もう一つの指標であった「三角形ヘラ削り文」については，E群の文様変遷過程，ならびに西北九州における展開を考えると，やや先行するようであることから，同式の決定要素とは考えないこととする。

20) 註6) に同じ。

21) 森醇一朗 1975「坂の下遺跡の研究」『佐賀県立博物館調査研究書』2

22) 厳密にいえば充塡縄文である。

23) 上下に分割した文様帯のうち，口縁部文様帯を無文化したものが一点だけ認められたが，本類に含めておいた。

24) 西健一郎 1974「西加藤遺跡」『対馬―長崎県文化財調査報告書第17集』

25) 西田道世ほか 1976『黒橋』

26) 前川威洋・木村幾多郎 1974『天神山貝塚』
転載した拓影には中央の条線が表現されていないが，明らかにbタイプの凹点文を有している。

27) あくまでも，九州に流入した中津式土器を後期初頭と認識したうえである。したがって，関東地方における称名寺式の出現期と，九州地方における「後期初頭」は，実年代において若干のズレを見込んでおく必要があろう。

28) 明らかに坂の下Ⅱ式土器の特徴を有する土器を出土している遺跡としては，今のところ，坂の下遺跡の他に，長崎県松浦市姫神社遺跡・長崎市深堀遺跡，熊本県天草郡五和町＊沖ノ原貝塚などがあげられる。

29) 天神山貝塚はその好例といえる。

30) 乙益重隆・前川威洋 1969「九州」『新版考古学講座』3，雄山閣出版

31) 中九州における轟C・D式土器およびその直前の曽畑式に滑石が混入されていないことも，おそらくは同様の事情によるものであると考えられよう。

32) 横山浩一 1979「刷毛目技法の源流に関する予備的検当」『九州文化史研究所紀要』24

第3章　中期・阿高式系土器の研究　**113**

および氏の御教示による。

33)　註32)に同じ。

34)　この場合，施文は，阿高式土器の文様が広く深い凹線文であることから，粘土が柔軟な時期に行なわれたものと思われる。図13の9は，柾目板調整による条痕を凹線文が切っており，施文の時期を知ることのできる好例である。

35)　坂本嘉弘 1976「西和田遺跡」『日本考古学年報』27。および坂本氏の御教示による。また，これらの土器群にも何らかの型式名が必要であろうが，一括出土した遺跡の分析に俟ちたい。

36)　この曽畑(新)式土器は，彦崎ZⅠ式とともに，細分が可能であると考えられる。事実，広島県帝釈峡寄倉岩陰では，9層上部から彦崎ZⅠ式が，9層下部から曽畑(新)式土器が出土しており，両者の時期幅を考慮しないと，両者並行とするにはやや不都合となってしまう。しかし，山鹿貝塚出土の折衷土器にみられる押引文はきわめてくずれたものであるし，同土器は，同型式の中でも上層から出土したことが報じられている。したがって，両型式の時期幅全てが並行するかどうかはともかくとして，少なくともそれぞれの末期においては両者が並行関係にあったことは明らかである。

37)　並木Ⅰ式土器は，数は少ないながらも，下関市神田遺跡・直方市中ノ江遺跡・壱岐鎌崎海岸遺跡などで出土しており，確実にこの地域まで分布圏を拡げているようである。また，従来の瀬戸内地方における土器編年では彦崎ZⅠ式の次には里木Ⅰ式土器がくることになっているが，山口県西部においては同式はみられないようである。このことは，註10)にも述べられているように，瀬戸内における前期土器の推移が，在来の刺突文系土器（羽島下層式・彦崎ZⅠ式）と西漸する縄文系土器（磯の森式・里木Ⅰ式）との拮抗，在来土器の消滅といった観点でとらえられ，西瀬戸内には前期末にまで，退化しつつも彦崎ZⅠ式が存続したことを示すものといえる。そうすると，並木Ⅰ式船元式は，ともに在来の土器であった曽畑(新)式・彦崎ZⅠ式を凌駕することによって，この地域に対峙することになったものと理解されよう。

38)　間壁忠彦 1971「里木貝塚」『倉敷考古館研究集報』7

39)　調査当時の新聞報道および富永直樹氏の御教示による。

40)　乙益氏は，註5)において，古段階の船元式に相当するような「竹崎式土器」の存在をあげているが，氏が示した熊本県阿蘇郡西原村別辻遺跡は，むしろ船元式土器分布圏に含まれると考えた方が妥当であり，他の「竹崎式」と同列に扱うべきではないと考える。

41) 註5) に同じ。

42) 註5) に同じ。

43) 賀川光夫ほか 1971『宮下遺跡調査報告』解説編

44) 富田紘一・西健一郎 1975「付論7―広木・水源地遺跡発見の方形周溝墓」『塚原』

45) 山本一朗 1978「神田遺跡」『山口県先史時代表採遺物集成ならびに編年的研究』

46) 賀川光夫ほか 1976『大分の歴史 (1)』

47) 註46) に同じ。

48) 賀川光夫・橘昌信 1974『コウゴー松遺跡調査報告』

49) コロニーもしくはそれに近い性格の遺跡であれば,土器の様式構造が,精製・半精製・粗製のセットを揃えたものであり,かつ,他の文化要素もその土器型式に伴うものが備わっていなければならないと考える。阿高式土器の中にまれに混在する船元式土器が,同式の様式構造は必ずしも明らにはなっていないものの,同式の同時期におけるヴァリエーションを全て備えてはおらず,むしろ装飾性の強い土器が目立つことは,移入土器であることを示しているものといえよう。

50) 福田C式土器の成立を阿高式土器の影響によるものとする説もあるが (註38)),福田C式が沈線文であり阿高式が凹線文である点が若干類似する以外は,胎土・焼成・器形・分布圏ともに両者は異なっている。また,文様構成も全く異なることから,阿高式の影響で同式が成立したなどとはとうてい考えられない。むしろ,新段階の船元式土器に認められる沈線文からの型式変化を考えるべきだろう。

　　また,福田C式土器の分布は,瀬戸内でも西に偏るようであり,加えて,この地方からは里木II式土器の出土はまれである。このことは,福田C式・里木II式の祖形を一様に船元式に求める限り,九州と同じく,土器分布圏の分解が生じていたことを示すものと思われる。そして,このような想定は,註38) において里木II式土器の一部に加曽利E式の影響が指摘されていることや,東九州への阿高式系土器が進出している事実の解釈を容易にするものと考えられる。

(1979年)

第4章　新延貝塚の所属年代と地域相

　新延貝塚からは，前期から後期に及ぶ時期を主体とする遺物が出土している。しかし，時期を最も反映した遺物である土器をみる限りでは，本遺跡が連続して営まれたとは必ずしも云えないようであるし，系統も一系ではない。よって，本項では，過去の調査分・採集品をも含めて土器の検討を行ない，新延貝塚の所属年代および地域相を考察していきたい。

1　早期

　突帯を貼り付け，その突帯上半部に縦長の刺突文を施した土器が出土している。小片のため断定はしかねるが，突帯と刺突の形状からみて，轟B式や船元式というよりは，むしろ羽島下層I式[1]の可能性が大である（図1-7）。また，図2-15は，条痕地に貼瘤文を施し，その上位に刺突文を加えたものであるが，これも，また，早期末の所産である公算が大である。このように，早期末に属すると断定しうる資料はないものの，上記の2点を以て，一応早期末を新延貝塚の第I期としておきたい。

2　前期

　前期には，まず，轟B式土器がある。轟B式と呼ばれるものの中にはいくつかのヴァリエーションがあるが[2]，新延貝塚のものは，ほとんどが，口縁部に平行して隆帯文を数条，あるいはそれに加えて胴部下半に2〜3条を有するものである。また，隆帯文の形状は，①細く低いもの②幅広で高く断面三角形をなすものに，③幅広で断面カマボコ形を呈するものの三つがある。これらのうち，①の隆帯は②・③よりもやや先行する気味があるが，新延貝

116

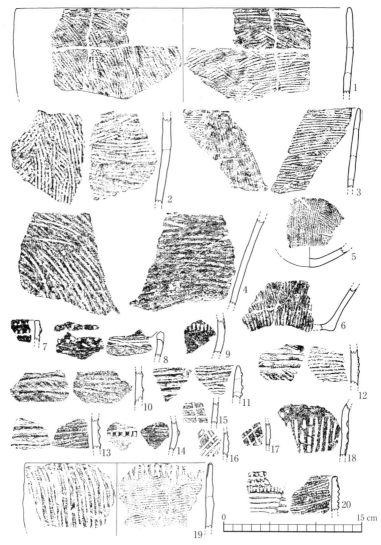

図1　第Ⅰ文化層出土土器実測図(6)・第Ⅱ文化層出土土器実測図(1)

第4章 新延貝塚の所属年代と地域相 117

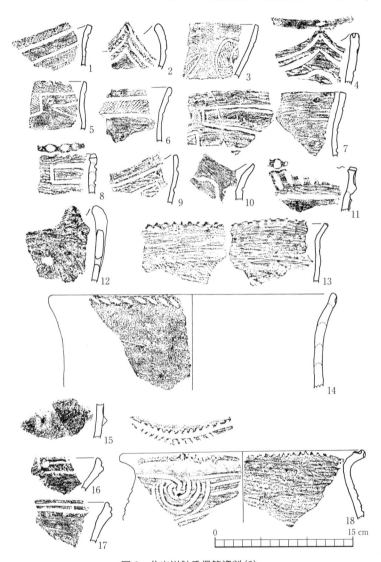

図2 井出川勉氏保管資料(3)

塚からは縦位の隆帯文を有するものなどは出土していないことから，轟B式の中でも後出するグループとして一括し，前期前葉でも古い段階と把握しておきたい。よって，この時期を新延II期とする。

さて，次に曽畑式土器をみてみよう。新延貝塚の曽畑式土器は，滑石粉末を混入したものが多くて，文様構成から見ても比較的古手と思われるもの（図1-15〜17，図3-12・16〜18，図4-10，図5-5）と，地文に条痕を残し，その上に細線の羽状文を加えた，筆者がかつて「曽畑（新）式」と仮称した土器（図1-18〜20，図3-13〜15，図4-12〜21，図5-6〜17・20，図6-1〜23，図7-1〜24，図8）との二つのグループに大別できるようである。

曽畑式土器の型式変化については諸説が提示されているが[3]，佐賀県唐津市西唐津海底遺跡の土器を古段階にもってくる説が多いようである。本稿では，古段階もしくは最古の曽畑式土器とは直接関係ないものの，口縁部に数段の刺突文列を配し，その下に複合鋸歯文や羽状文を施したものを古く考え，西唐津海底遺跡出土土器の一部と長崎県福江市*江湖貝塚出土土器を古段階の曽畑式土器として把握しておきたい。そして，胴部文様が口縁部にまで進出したものが出てきた段階を新段階としてとらえ，熊本県宇土市曽畑貝塚出土土器の多くをこれにあてたい。

さて，筆者は，前期後葉における曽畑式系の土器として轟C式・D式と呼ばれるものをあげたことがある[4]。これらは，基本的には，二本単位の施文具による斜位の沈線文に横位の沈線を加えたもので，内面にも平行沈線文等が施されている[5]。この轟C・D式における斜位の沈線文が，曽畑式土器における主要な単位文様であった複合鋸歯文が大きくくずれたものであることから，新段階の曽畑式土器が轟C・D式へと移行したことは首肯しうる。しかしながら，この両者の距離は未だ大きく，中間形態の存在を想定しなければならないのである。

佐賀県小城郡三日月町*竜王遺跡では，曽畑式土器の層が上下二層に分かれており，下層からは滑石を混入した新段階の曽畑式土器が出土している。ところが，上層からは，下層の曽畑式の文様構成がくずれたもの，二本単位の施文具によって密な複合鋸歯文を施したもの，それに上記の轟C・D式土

第4章 新延貝塚の所属年代と地域相 119

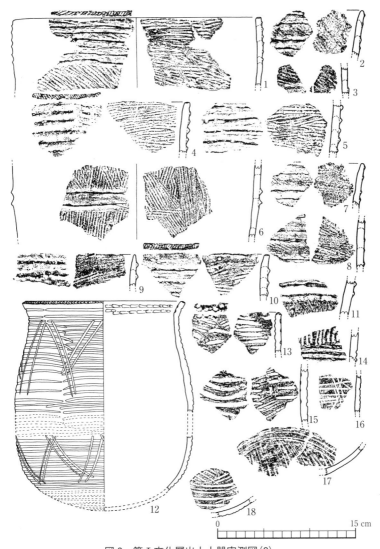

図3 第Ⅰ文化層出土土器実測図(2)

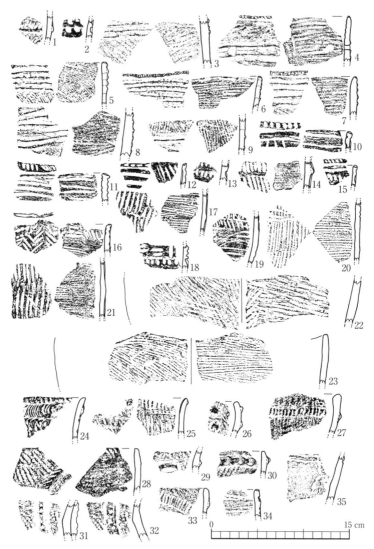

図4 出土層位不明土器実測図(1)

第4章 新延貝塚の所属年代と地域相 121

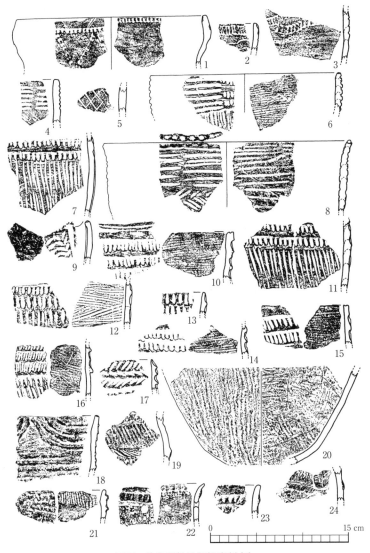

図5 井出川勉氏保管資料(1)

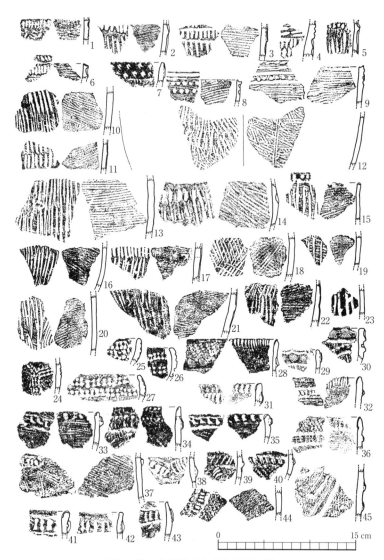

図6　第Ⅱ文化層出土土器実測図(1)

器が出土しており，いずれも滑石粉末を混入しないという[6]。これらのうち二本単位の施文具によって密な複合鋸歯文を施した土器は，沈線が二本単位であること，単位文様が複合鋸歯文であることの二点で，新段階の曽畑式土器と轟C・D式土器との中間に位置づけるべきものであるといえよう。したがって，新段階の曽畑式以後は，一方で文様構成の乱れを起こしつつも，一方では施文具を二本単位のものへと転換することによって細線化し，この後者から轟C・D式へと移行していったことが看取されるのである。また，このことは，新段階の曽畑式において単歯具を原則としつつも，すでに二本単位の沈線文を施したものが存在する[7] ことからも支持されよう。

　さて，このようにみてくると新延貝塚の曽畑式土器は，これらのうちいずれに属するものであろうか。比較的古手の曽畑式とした土器群は，細線化が進行していることや，内面に押引文を有する点などはやや新出の要素を感じさせるものの，胎土に若干ながらも滑石を含む点や，平行沈線を基調とした文様構成からみて，新段階の曽畑式土器に比定することが最も妥当であると考える。よって，この時期を新延貝塚の第Ⅲ期とする。

　ところが，「曽畑（新）式」としたグループは前述の曽畑式のいずれにも属しないものである。これらの土器群は，福岡県遠賀郡芦屋町山鹿貝塚の調査において前川威洋氏によって注意されたものであり[8]，北九州から山口県西部に分布圏を有する。その後，前川氏はこの地域における曽畑式土器の編年を試みておられる[9]。それによると，福岡県糸島郡志摩町*天神山貝塚出土土器→福岡県直方市日出橋遺跡出土土器・山口県下関市神田遺跡H区第2グリッド下層出土土器→山鹿貝塚出土土器・神田遺跡H区第2グリッド上層出土土器の順で変化していくという。これらのうち，天神山貝塚出土土器は，氏によれば，古段階の曽畑式であるが，日出橋遺跡出土土器は，滑石を含むなど，新延Ⅲ期の土器に近い。しかし，神田遺跡H区第2グリッド上・下層の土器は分離可能なものとは思えず[10]，またしっかりした文様構成のものから乱れた構成のものへ変化したとする考え方も，すでに新延Ⅲ期の段階で曽畑式の文様構成にはかなりの乱れが生じていたことを思えば，論拠としては弱く，むしろ逆の方向も考えられる有様である。このように前川氏

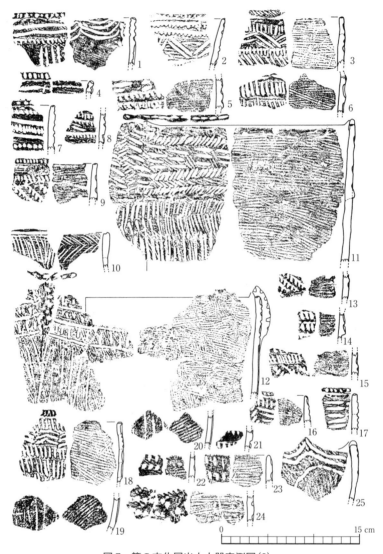

図7 第Ⅰ文化層出土土器実測図(3)

第4章　新延貝塚の所属年代と地域相　**125**

が示された，この地域における曽畑式土器の変化は，その後半部においてや
や説得力を欠くもののようである。

　そこで，図7-12に示した土器をみてみよう。この土器は，二枚貝による
条痕調整の後に口縁部から刺突を施した隆帯を垂下し，その左右に，三本の
平行沈線によって区画された空間を縦位の短線で埋め，その下に組帯文（複
合鋸歯文）がくずれたような斜位の沈線文を施している。この土器は，山鹿
貝塚の曽畑式土器に比べると，文様構成などはよほどしっかりしているよう
に思えるが，刺突を施した垂下隆帯を有する点は，曽畑式土器本来の文様要
素ではなく，全く新出の要素である。これと同じ垂下隆帯を有する土器は，
山鹿貝塚の採集品の中にもみられ（註8）文献図版5〔9〕三段目左端），このこ
とから，曽畑式土器の文様規則を逸脱して新しい型式変化を遂げつつある土
器がこの地域に分布したことが予想されるのである。そして，この土器に施
された胴部の沈線文は，細沈線で相互の間隔が比較的あいたものであるが，
これと同様な沈線文を胴部に施した土器が山鹿貝塚からも出土しており（報
告書における山鹿Ｖ[11]），さらに，これらの土器群は山鹿貝塚においては曽
畑式土器（同山鹿Ⅳ）よりも上層から出土しているのである。そして，図
1-18・20，図4-12〜16・19，図5-6〜17・20，図6-1〜9，図7-2〜3・5〜
24に挙げた土器も，その単位文様や構成などから，曽畑式の規制を脱した
ものと思われ，図7-12と同じ段階に属するものと考えられる。

　このようにみてくると，新段階の曽畑式を除いた新延貝塚の曽畑式土器は，
これらの土器群と，条痕を残すなどかなりの乱れをみせつつも曽畑式の規制
を比較的よく残した「山鹿Ⅳ」並行の段階（図3-13〜15，図4-11，図7-4，図
8-10・14・19）との二段階に分けえよう。よって，前者を新延貝塚の第Ⅳ期，
後者を同じく第Ⅴ期としたい。しかしながら，この両者は，条痕地に横位の
羽状文を基調としたものが多く，ことに胴部だけではいずれとも判じかねる
ほど，明瞭には分離し難い面がある。したがって，小稿で第Ⅴ期としたもの
の中にも本来は第Ⅳ期にまで上りうるものもあるとも思われるが，小稿では
一応このように整理してみた。

　さて，このⅣ・Ⅴ期の曽畑式土器は，北九州〜山口県西部に分布し，中九

126

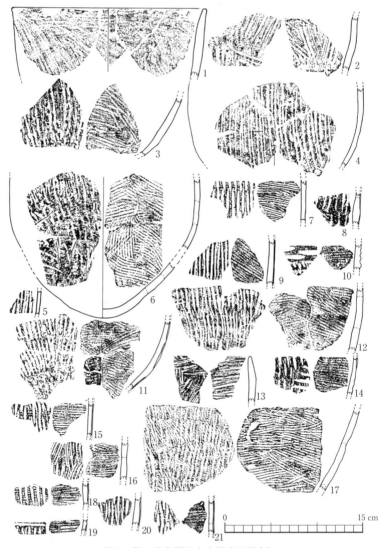

図8　第Ⅰ文化層出土土器実測図(4)

第4章　新延貝塚の所属年代と地域相　**127**

州には分布しない。したがって，中九州に分布圏をもつ竜王上層——轟C・
D式とは，分布圏を異にし，かつ新段階の曽畑式土器を共通の分母とした
同時期併存の土器である。よって，ほぼ前期後葉の土器群であることは容易
に推察しうる。また，新延V期の曽畑式土器には，例えば山鹿貝塚などで，
彦崎ZI式土器の押引文を併用したものがみられ，このV期の曽畑式と彦崎
ZI式が並行することがうかがえるのである。

　彦崎ZI式土器は，岡山県下における層位的所見では，前期中葉磯の森式
土器よりも上層から出土しており，さらに，前期末の里木I式よりは古いと
いう[12]。ところが，上記のように磯の森式→彦崎ZI式→里木I式という序
列は，藤田憲司氏らも指摘しておられるように「磯の森式から，直接に里木
I式（彦崎ZⅡ式）に移行するのであれば，縄文を施す手法とか，器形の上
などからみて，スムーズな変化の中でとらえられるのに対し，その間に縄文
のない丸底土器である彦崎ZI式が介在するのであると，形式変化の説明が
困難となる[13]」のである。しかし，このことは彦崎ZI式を磯の森式・里木
I式と同一系統の土器ととらえることから生じた混乱であるにすぎない。す
なわち，中村友博・柿本春次両氏も指摘しておられるように[14]，瀬戸内にお
ける前期土器の推移を，在来の刺突文系土器（羽島下層式・彦崎ZI式）と
西漸する縄文系土器（磯の森式・里木I式）との拮抗，在来土器の消滅と
いった観点でとらえるならば，十分説明しうることなのである。したがって，
上記の観点に立ち，岡山県下における層序関係，および山口県下に里木I式
がほとんどみられない事実などを考慮すれば，彦崎ZI式には前期後半から
末にかけての年代が与えられよう。しかし，曽畑式土器の型式変化における
新延V期の位置を考えると，より前期末に近い時期の彦崎ZI式との関係が
考えられる。このことは，また，山鹿貝塚出土曽畑式土器の押引文や新延貝
塚出土の彦崎ZI式土器（**図5-1〜3**）の押引文が同式としてはくずれたもの
であることからもうかがえよう。

　以上のように整理すると，新延V期は前期後葉のやや新しい時期に，Ⅳ期
は後葉の古い段階，そして，新延Ⅲ期は前期中葉でも若干新しい段階に位置
づけることができよう。そして，おそらくは移入土器であろうが，3点だけ

出土している彦崎ZI式土器はV期に属するものである。

3 中期

　新延貝塚の中期土器としては，阿高式系土器も出土しているが，主体を占めるのは瀬戸内系の土器群である。

　瀬戸内の中期土器については，古くは三森定男氏らの研究があるが[15]，最も新しく，かつ最も用いられているものとして間壁忠彦氏の編年案がある[16]。これは，岡山県浅口郡船穂町*里木貝塚の調査結果から，船元式を4型式に細分し，里木Ⅱ式の後にはさらに里木Ⅲ式を設定したものである。間壁氏はこれらの諸型式をさらに数類に分類している。以下，それらを瞥見してみよう。

◦船元Ⅰ式A・B類；縄文地に隆帯を貼り付け，その上に爪形文を施したもの。まれに隆帯をもたず爪形文のみのものもある。

◦船元Ⅰ式C類；縄文地に爪形文もしくは竹管文を施したもの。両者を併用したものもある。

◦船元Ⅰ式D～H類；ほとんど縄文のみで，装飾性に乏しい土器群。

◦船元Ⅱ式A類；縄文地に隆帯を貼り付け，その上に爪形文・刺突文・刻目などを施す。

◦船元Ⅱ式B類；隆帯をもたず，縄文地にじかに爪形文・刺突文を施すもの。

◦船元Ⅱ式C類；隆帯による文様のみで，縄文は頸部以下に施される。

◦船元Ⅲ式A類；縄文地に隆帯文を施し，隆帯に沿って竹管による沈線文を施したもの。

◦船元Ⅲ式B類；縄文地に竹管による沈線文を施したもの。

◦船元Ⅲ式C類；縄文の代用として縦位の条痕様竹管文を施して地文とし，それに竹管による沈線文を施したもの。

◦船元Ⅲ式D類；縄文地にヘラ描きの沈線文・刺突文を施したもの。

◦船元Ⅲ式E類；縄文をもたず，ヘラ描きの沈線文と刺突文のみを施したもので，従来福田C式と呼ばれていたものである。

。船元Ⅳ式；縄文の条が交互に深浅に押捺された特異な縄文を地文とし，竹
　管による沈線文を施したもの。
。里木Ⅱ式；撚糸文を地文とし，竹管による沈線文を施したもの。
。里木Ⅲ式；貝殻条痕を地文とし，竹管による沈線文を施したもの。

　この間壁氏の業績によって，複雑きわまりなかった瀬戸内中期土器はよく
整理され，中期研究に飛躍的な前進をもたらしたといえる。しかしながら，
型式変化の流れを子細にみてみると，例えば，Ⅲ式における隆帯文はⅡ式か
ら系統を引けるにしても，同式の主体をなす竹管文・沈線文の素地となる要
素がⅡ式にはみられないというように[17]，やや理解できない部分もあるので
ある。また，船元Ⅲ式B・C類，船元Ⅳ式，里木Ⅱ・Ⅲ式は西瀬戸内～北九
州・東九州にはあまりみられないなど，岡山から隔たった地方には不都合な
面もある。

　よって，本項では，これら瀬戸内中期土器の再検討を行ない，そのうえで
新延貝塚の中期土器を吟味することにしたい。

　さて，間壁氏は船元Ⅱ式と前後の型式を画然と分かつことは困難であると
されているが，たしかに，船元Ⅰ式とⅡ式は，爪形文と隆線文を基調とする
点は共通しており，きわめて近い土器であるといえる。しかしながら，船元
Ⅰ式A・B類には口縁端内外に爪形文を施したり貝圧文をもつものがあり，
これらが里木Ⅰ式と船元式との間に位置する平ZⅡ式（前期末～中期初頭）
から文様構成とともに引きついだ特徴であることから，内面のみに爪形文を
施したり貝圧文をもたない船元Ⅱ式などよりも船元Ⅰ式A・B類は先行する
ことが理解される。よって，これを船元式の第一段階とする。

　ところで，船元Ⅰ式C類は，Ⅰ式に含められてはいるものの，口縁端内
外の爪形文も貝圧文もみられないようである。したがって，これを前述した
船元Ⅲ式の竹管文・沈線文の素地としてとらえ，Ⅱ式B類とともに，船元
Ⅰ式A類のうち爪形文のみのものから派生した土器と考える。同じく，船
元Ⅱ式A類も，口縁端内外の爪形文と貝圧文の欠落とともに，隆帯上施文
に刻目・刺突が加わるという点で，第一段階よりも後出するものであり，か
つ施文法の類似を以てⅡ式B類と同時期とすべきである。よって，船元Ⅰ

式C類とⅡ式A・B類を第二段階の船元式とする。この段階は竹管文の出現と隆帯外への直接施文の顕在化によって特徴づけられよう。また、Ⅰ式D〜H類は、口縁部形態や貝圧文の存在などから、第一・二段階のいずれかに属するものだろう。

さて、船元Ⅰ式A類からⅡ式B類までは内面に有段施文帯をもつものが含まれていた。しかし、Ⅱ式の中でもC類にはこれがみられず、また、その文様が隆帯文のみであることからも、同類が船元Ⅱ式A類の隆帯上施文が消失したもので、後出するものであることがうかがえよう。加えて、間壁氏がⅢ式の中では先行するかもしれないとされた船元Ⅲ式A類が縄文地に隆帯文を有するという共通点をもち、かつ両者の隆帯が形態的にも似通っていることなどから、Ⅱ式C類とⅢ式A類がセットをなすものと把握されるのである。また、このⅢ式A類には、隆帯の両脇をなぞるのに竹管を用いるという点で、船元Ⅰ式C類からの流れが認められる。よってⅡ式C類とⅢ式A類の両者を船元式の第三段階とする。この段階は隆帯文と竹管文の結合を以て特徴づけられようが、これによって、第二段階（Ⅰ式C類）までは口縁部に並行に施すだけであった竹管文が、連弧をなす隆帯文をなぞることによって、第四段階から盛行する連弧状竹管文・沈線文の素地を胚胎したものといえる。

そして、船元Ⅲ式A類から隆帯文が消失して、竹管文のみが残ってⅢ式B・C類となり、一方では竹管文をヘラ描き沈線文へと転化したⅢ式D類が出現したことを想定し、この竹管文の独立と沈線文の派生を以て船元式の第四段階としたい。この段階から、九州などでは、Ⅲ式B・C類、それにⅢ式D類の一部はみられないようであるが、このことは、船元式土器分布圏内での地域色が顕著になったものと理解されよう。

さて、次に、船元Ⅲ式B類の縄文が交互に深浅に押捺する縄文へと変化して船元Ⅳ式となり、Ⅲ式D類の縄文が消失してⅢ式E類（福田C式）へと移行したものと考える。船元Ⅳ式は、竹管文そのものはⅢ式B・C類とほぼ同じであるものの、その縄文のあり方が次の里木Ⅱ式における撚糸文への移行形態ととらえられることから、この位置づけは妥当であろう。よって、

この両者を以て船元式の第五段階とする。この段階は，一方での撚糸文化＝脱縄文化の開始と，他方での脱縄文化の完成という二面性を特徴としている。この相違は，Ⅲ式Ｅ類（福田Ｃ式）の分布が西へいくに従って密となり，かつ西瀬戸内〜北九州では船元Ⅳ式がほとんどみられないという，分布圏の相違によるものと思われ，第四段階から始まった船元式土器分布圏の分解傾向に拍車がかかったことを示唆するものと考えられる。また，Ⅲ式Ｅ類（福田Ｃ式）の成立に関してはⅢ式Ｄ類からだけではその要素が不足するようであり，また，Ⅲ式Ｄ類から船元Ⅳ式へとつながる要素も少なからずあるようである。したがって，Ⅲ式Ｅ類（福田Ｃ式）の成立に際しては第四段階にさらに別の土器群を想定しなければならない。

　ところで，間壁氏は，里木貝塚の層位的所見から，Ⅲ式Ｅ類（福田Ｃ式）が里木Ⅱ式より新しくなることは不可能であると述べておられるが[18]，船元Ⅳ式並行期にⅢ式Ｅ類（福田Ｃ式）を位置づける小稿の編年案は，これと矛盾するものではない。したがって，船元Ⅳ式に古段階の加曽利Ｅ式の影響が認められるという事実から，第五段階を中期後葉の古い段階に，里木Ⅱ・Ⅲ式を後葉の新しい段階に位置づけよう。同様に，第一・二段階を中期前葉，第三・四段階は中期中葉に位置づけられよう。

　以上のように瀬戸内における中期土器を整理したうえで新延貝塚の中期土器をみていきたい。

　まず，貝圧文を有する図6-28〜30は第一段階の船元式土器とみなしていいだろう。次に，縄文地に隆帯を貼り付け，その上に爪形文等を施した図4-24〜33，図5-19・21〜24，図6-31〜45，図9-1〜5，図10-1〜23，図11-6〜9，図12-1〜4・6，縄文地に刺突文を加えた図6-24〜27，図9-7，図10-25〜32は第二段階の船元式と把握されるが，隆帯上の施文法には，押引文がみられるなど，ヴァリエーションの増加が認められる。また，これら押引文の中には彦崎ＺⅠ式のものに類似したものもみられるが，この時期まで彦崎ＺⅠ式の系統が残存したとするよりは，第二段階になって出現した竹管文（Ⅰ式Ｃ類）と同一施文具によって押し引いたもので，第二段階になってのヴァリエーションの増加に伴って出現したものと理解すべきであろう。

132

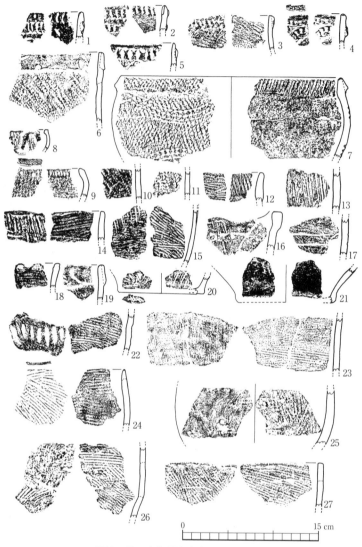

図9　第Ⅰ文化層出土土器実測図(5)

第4章 新延貝塚の所属年代と地域相 133

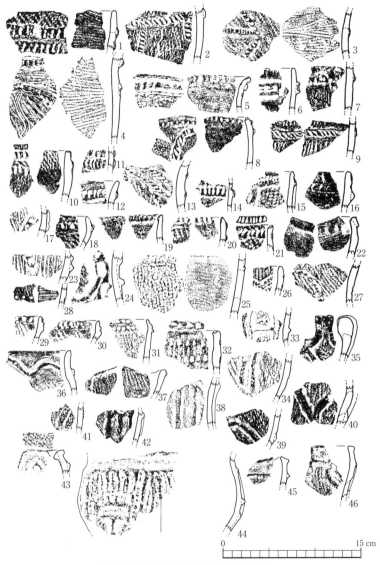

図10 第Ⅱ文化層出土土器実測図(3)

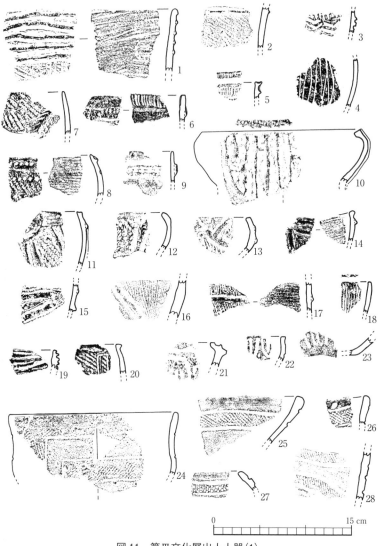

図11 第Ⅲ文化層出土土器(1)

第4章 新延貝塚の所属年代と地域相 135

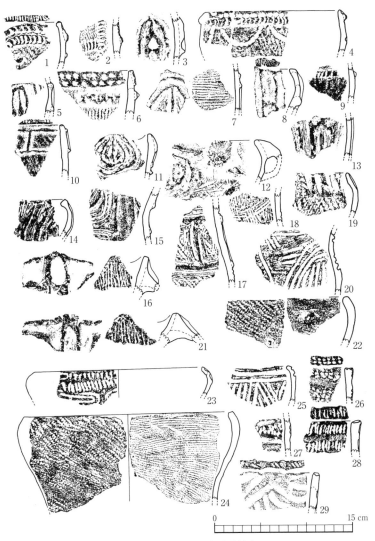

図12 井出川勉氏保管資料(2)

136

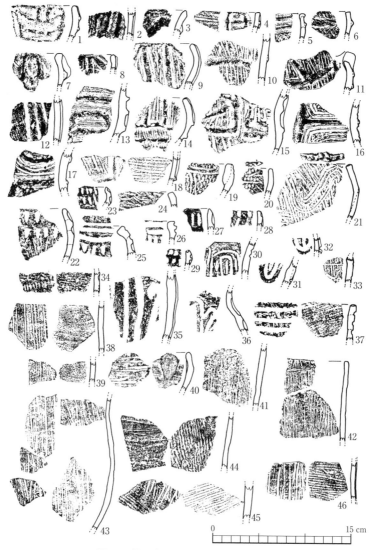

図13 第Ⅱ文化層出土土器実測図(4)

第4章　新延貝塚の所属年代と地域相　137

　ところで，これら第二段階の船元式土器の中には，隆帯上施文にくずれが
生じたり，一部にしか隆帯上に施文しないものがみられるが，（図10-34・
39・40，図11-7），これらは，隆帯に施文しない第三段階への変化途上にあ
る土器と考えられる。また，やや幅広で平坦な隆帯上に縄文を施した図
10-41は，小片ではあるものの，その特徴からみれば，山陰地方における中
期中～後葉の土器である波子式土器の可能性が大である。

　さて，図10-17・23・28に示した土器は，竹管状の原体によって条線がつ
けられたのちに，船元式第二段階の施文が行なわれている。この条線は，図
9-8・13・15，図11-16～18，図13-38・39・41～43・45・46のように土器
全面に地文として施されており，縄文の機能を代替するものである。よって，
このような条線を「代替条線」と呼ぶことにしたいが，里木貝塚の報文では
Ⅲ式C類，すなわち第四段階に属するものとされている[19]。しかし，新延
貝塚においては第二段階からすでに存在し，当地方に縄文手法が存続する第
四段階まで，各時期連続して行なわれ，かつ，その頻度も高いようである。
また，同じく船元式土器の分布圏に入る西瀬戸内や東九州においてもあまり
みられない。よって，この代替条線は，中期になるまで縄文を施す手法にな
じみのなかった西瀬戸内～北九州地方のうち，北九州において発生し，以後
一定の比率を保って存続した，当地方独特の地域色であるといえよう。

　このように，中期前葉から船元式土器が主体をなして存在するが，キャリ
パー形の器形がほとんどみられず，代替条線や押引文がみられるなど，器
形・地文・文様ともに変質が認められ，北九州＝遠賀川流域の地域色が顕著
に現れている。しかし，大きな型式変化は瀬戸内地方と歩を一にしており，
全くの別型式が成立するほどのディス・コミュニケーションは存在しなかっ
たようである。

　さて，図10-24・33・35～46，図11-10～16，図12-5・7～15，図13-9・
12・18，図14-8に示した土器は縄文地に隆帯文を基調とする第三段階の船
元式土器である。そして，これらときわめて近い特徴をもつものの，隆帯文
によってできた空白部を沈線文や竹管文で埋めた土器がみられる（図12-17，
図13-13・16・17）。これらは，第四段階（Ⅲ式B・C・D類）への移行過程を

示すものとするよりも，その文様構成から，福田C式土器における横位の区画線内短沈線文へと移行するものと考えるべきであろう。同様に，代替条線が隆帯貼り付け後に施された，すなわち，隆帯文によってできた空白部に代替条線を埋めた土器である。図11-17，図13-10・11・14・15も，すでに代替条線が文様化を開始している点や文様構成からみて，福田C式における縦位の区画線内短沈線文の祖形となるものと考えられる。これらは，隆帯文を残してはいるものの福田C式土器との型式学的な近さ，および第三段階の船元式との隔たりを考慮に入れると，Ⅲ式B・C・D類とともに第四段階に位置づけるべきである。また，同様な土器が広島県松永市*馬取貝塚からも出土していることから[20]，これらの土器群が，ほぼ西瀬戸内から北九州に展開しそれらを母胎とした福田C式土器と同じ分布圏をもつことが予想される。したがって，福田C式土器はⅢ式D類の一部とこれらの土器群との双方の流れをうけて成立したものといえよう。

　さて，新延貝塚からは船元Ⅳ式土器は1点のみ（図13-20）の出土で，ある程度まとまって出土した福田C式（図11-19～23，図12-23・25，図13-23～32・36，図14-10）と好対照をなしている。しかし，このことは，同じく少量しか出土していないⅢ式B類とともに，船元式第四段階から開始される分布圏の分解傾向を反映したものといえ，この時期における新延貝塚は瀬戸内系土器が主体を占めたことに変わりはない。ところが，中期末になると，瀬戸内系土器は里木Ⅲ式と思われるもの（図13-33）1点のみであり，中期末になって瀬戸内系土器文化が後退したことを示しているのである。よって，次に阿高式系土器のあり方をみてみよう。

　阿高式系土器の型式変化等についてはかって述べたことがあり[21]，小稿ではくり返さないが，並木Ⅰ式（図4-34・35），並木Ⅲ式（図1-9，図12-26～28，図15-6・7），阿高Ⅱ式（図13-35，図14-12，図15-1・9），阿高Ⅲ式（図12-29，図13-37，図14-11，図15-8，図16-21～24，図21-3），坂の下Ⅰ式[22]（図15-28）が出土している。しかし，いずれも主体をなすということはなく，瀬戸内系土器の中に客体として存在するのみである。ところが，図16-24，図12-29は，器壁薄く黄褐色を呈し器面に二枚貝による調整痕を残すことの多い中期

第4章 新延貝塚の所属年代と地域相 139

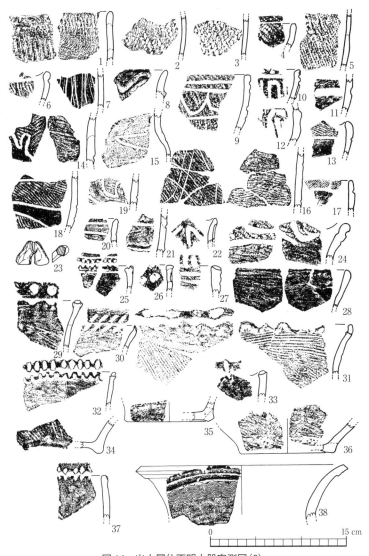

図14 出土層位不明土器実測図(2)

140

図15 井出川勉氏保管資料(4)・轟次雄氏保管資料(1)

第4章 新延貝塚の所属年代と地域相 141

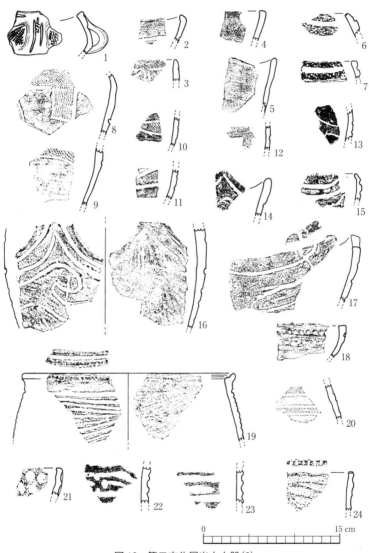

図16 第Ⅲ文化層出土土器(2)

末の土器で，図示しなかった小片も含めると，中期末においては，里木Ⅲ式
1点のみである瀬戸内系土器に対して阿高式系土器が優勢であったことがう
かがえるのである[23]。よって，この阿高式系土器を，一括して出土した大分
県宇佐市西和田貝塚[24]の名を冠して，「西和田式土器」と仮称したい。そし
てこの西和田式土器は，新延貝塚ではそれほど多くの量が出土していないが，
北九州市永犬丸貝塚[25]や直方市日出橋遺跡[26]などでは目立った存在であり，
本来瀬戸内系土器の分布圏であった北九州〜東九州に展開するのである[27]。
このことは，岡山地方を中心とした型式変化の方向から離れつつあった第四
段階以降の動きと密接に関連したものと思われ，瀬戸内を貫いて型式変化を
リードしてきた活力の衰退に伴い，同様に分布圏の分解を経験しながらも瀬
戸内系土器に対しては相対的に優位に立った阿高Ⅲ式土器が，中期末に至っ
て，かつて福田Ｃ式土器が分布していた地域へと進出し，西和田式へと転
化したものと理解されよう。この解釈は，北九州〜東九州において，後期初
頭に中津式土器の伝播をうけ，変質し，伝播要素の中に沈澱していった在来
の土器が，西和田貝塚のように，西和田式土器であって，福田Ｃ式の流れ
をくむ土器ではなかったことからも支持される。そして，新延貝塚において
も，中津式の要素である小巻貝条痕をもち，退化した凹点文を施した，後期
初頭に属する阿高式系土器の存在からみて，中期末には上記のように，西和
田式を主体としたことが想定されよう[28]。

　以上，新延貝塚の中期土器について述べてきたが，これらは次のように整
理されよう。

。新延Ⅵ期……中期前葉前半。第一段階の船元式土器。

。新延Ⅶ期……中期前葉後半。第二段階の船元式土器。

　これらⅥ・Ⅶ期にかけて，客体として並木Ⅰ・Ⅲ式土器が存在する。これ
らは，阿高Ⅱ・Ⅲ式土器とともに，おそらくは移入土器であろう。

。新延Ⅷ期……中期中葉前半。第三段階の船元式土器。

。新延Ⅸ期……中期中葉後半。第四段階の船元式土器。

　Ⅷ期からⅨ期にかけて，阿高Ⅱ式土器が客体として存在する。

。新延Ⅹ期……中期後葉前半。福田Ｃ式土器を主体とし，船元Ⅳ式・阿高

Ⅲ式が客体として存在する。ただし，阿高Ⅲ式の一部はⅪ期
にまで下るものと思われる。

。新延Ⅺ期……中期後葉後半。西和田式土器を主体とするものと考えられ，
里木Ⅲ式が客体として存在。

4　後期

　新延貝塚における後期土器は磨消縄文土器が主体を占めている。後期初頭
は中津式土器を主体とするもので，中津式土器がかなりまとまって出土して
いる（図2-1・3〜10，図11-24〜28，図14-13〜20，図15-10〜25，図16-1〜18，図
19-1，図20-19，図21-4〜6）。そして，これらに混じって凹点文土器を含めて
南福寺式土器（図9-19，図14-26，図15-26・27，図18-3・9）が出土しているが，
小巻貝条痕を施したり擬縄文をもつなど，かなりの変質ぶりをみせている。
これらは，前記したように，中津式土器の伝播を受容した阿高式系土器が，
新来の諸要素をうけ，かつ阿高式系土器分布圏との交流が疎となるにつれて
変質し，やがては磨消縄文土器の中に沈澱していく過程を示すものといえよ
う。その意味では，福岡県糸島郡志摩町*天神山貝塚[29]における後期初頭と
同様の現象を呈している。また，中津式土器は糸島半島まで分布圏を拡大し
ており，以後，東九州から北九州を経て糸島半島に至る地域には磨消縄文土
器が主体的に分布する。

　新延貝塚においては，この中津式までが確実に貝層を伴い，かつ，まと
まった量が出土しているが，その後は，磨消縄文土器では，福田KⅡ式（図
2-2，図21-12），小池原上層式（図14-24），鐘ヶ崎式（図2-18，図16-19・20），
および後期中葉に属する土器（図17-6〜18，図19-4，図20-22），さらに古段階
の三万田式土器（図2-16・17）が出土しており，阿高式系土器としては，出
水式土器と考えられるもの（図14-27，図15-5，図19-2，図20-20・21，図21-
13），および中葉にまで下ると思われる土器（図19-3）などが出土している。
これらはいずれも断片的な資料であり量的な優劣は論じえない。しかしなが
ら，前記のように，周辺遺跡のあり方から類推するならば磨消縄文土器が一

144

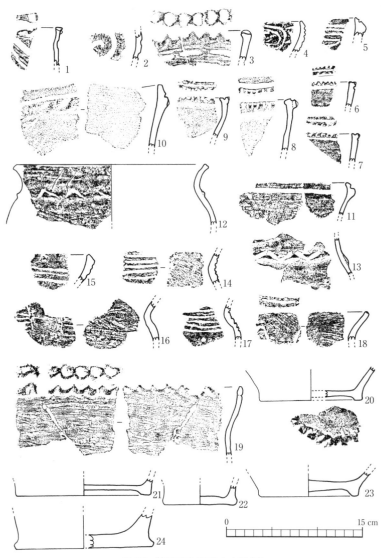

図17　第Ⅲ文化層出土土器(3)

第4章　新延貝塚の所属年代と地域相　145

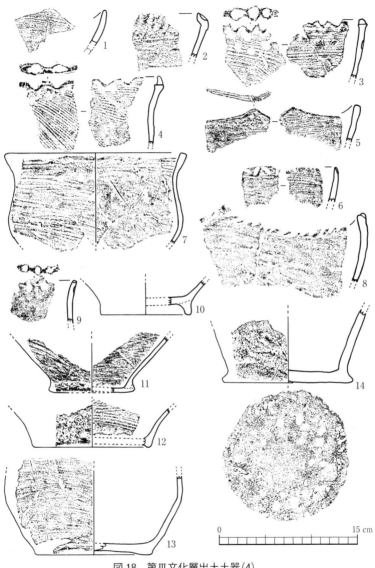

図18　第Ⅲ文化層出土土器(4)

146

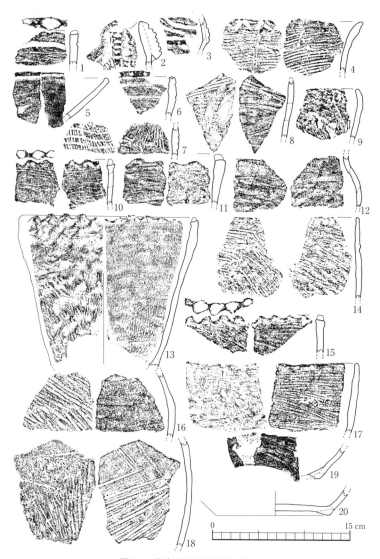

図19 轟次雄氏保管資料(2)

第4章 新延貝塚の所属年代と地域相 147

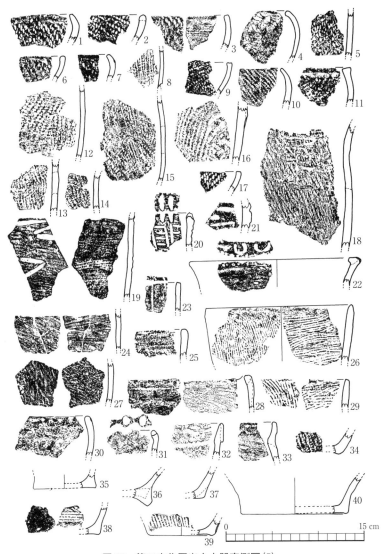

図20 第Ⅱ文化層出土土器実測図(5)

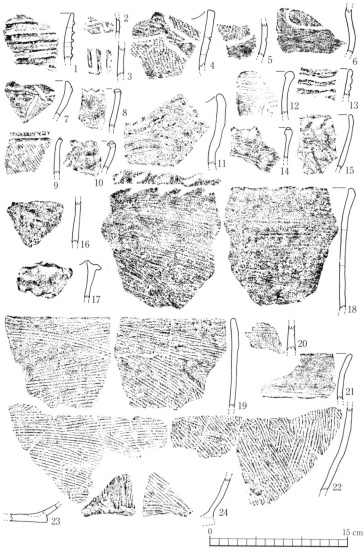

図21 栗田勝氏保管資料

貫して主体をなし，阿高式系土器は客体として断片的に混入するという状況を想定すべきであろう。

　以上，後期土器について述べたが，これらを整理すると次のようになる。

○ 新延XII期……後期前葉前半。中津式土器を主体とし，南福寺式の変質したものを内包する。

○ 新延XIII期……後期前葉後半。福田KII式と出水式土器。いずれも少量である。

○ 新延XIV期……後期中葉古段階。小池原上層式。

○ 新延XV期……後期中葉中段階。鐘ヶ崎式。

　そして，XIV期・XV期のいずれかに，中葉にまで下る阿高式系土器が伴う。

○ 新延XVI期……後期後葉古段階。古段階の三万田式土器。

　これらのうち，XIII期からXVI期までは断片的な出土であり，該期の主体は

表1　新延貝塚の所属年代と地域相

時	期	新延貝塚	西北九州	中九州	東九州	北九州	西瀬戸内	東瀬戸内
早期	末	I期		△				△
前期	前葉	II期		○			×	
	中葉	III期		○			×	
	後葉	IV期		×		○		×
		V期		×		◎		△
中期	前葉	VI期		△		○		
		VII期		△		◎		
	中葉	VIII期		△		◎		
		IX期				○		△
	後葉	X期	△	△		◎		△
		XI期				○		△
後期	前葉	XII期	×	△		◎		
		XIII期		△		△		
	中葉	XIV期		×		△		×
		XV期			△			×
	後葉	XVI期		△			×	
晩期	末	XVII期		△			×	
弥生	前期							

◎多　○一定量　△少　×なし

別の地点に存在したことが予想される。また，口唇部に刻目を有した夜臼式土器（図 14-37）が 1 片のみ出土している。夜臼式土器は，第 1 次調査時に出土したことが報じられており，後期とともに別地点に主体があったことが予想される。しかし，これらの夜臼式が確実に縄文時代に属するものとはいえず，弥生前期の甕形土器（図 21-20）も出土していることから，弥生時代前期に属する可能性も大きい。したがって，ここでは晩期終末から弥生前期にかけてを一括して新延 XVII 期としたい。新延貝塚からはさらに須恵器（図 14-38）も出土しているが，これは，本貝塚にかかわる遺物とするよりも，京場山遺跡をはじめとする近隣の遺跡から混入したものとした方が無難であろう。

　以上，新延貝塚の土器について検討を加えてきた。これらの所属時期および地域相は**表 1** に示したとおりであるが，これらはこの地域における縄文遺跡のあり方と同一であり，中九州を中心とした文化圏と瀬戸内文化圏の狭間に位置する北九州＝遠賀川流域地方の特性をよく示しているものといえよう。

註

1） 鎌木義昌 1956「各地域の縄文式土器・中国」『日本考古学講座』3，河出書房

2） 松本雅明・富樫卯三郎 1961「轟式土器の編年」『考古学雑誌』47-3

3） 例えば，杉村彰一 1965「曽畑式土器論考」『九州考古学』24
　江坂輝弥 1967「入門講座・縄文土器—九州編(6)—」『考古学ジャーナル』15
　など。

4） 田中良之 1979「中期・阿高式系土器の研究」『古文化談叢』6〔本書第 3 章〕

5） 註2）文献で松本氏が述べておられる轟 C 式・D 式には，他の特徴をもった土器群が含まれているが，ここにあげた C・D 式は本文中に記した特徴を有するものに限る。

6） 志佐輝彦 1958「竜王縄文文化遺跡調査概報」『教育佐賀』12
　および松岡史氏の御教示による。

7） 中村厚氏の御教示による。

8） 前川威洋 1972「土器からみた瀬戸内との関係について」『山鹿貝塚』

9） 前川威洋 1979「縄文土器」『宗像・沖ノ島』

第4章 新延貝塚の所属年代と地域相 151

10) このことは上下両層からそれぞれ同様な彦崎ZⅠ式土器が出土していること
   からもうかがえよう。
   山口県教育委員会 1972『神田遺跡第二次調査概報』

11) 註8)に同じ。

12) 藤田憲司・間壁葭子・間壁忠彦 1975「羽島貝塚の資料」『倉敷考古館研究集
   報』11

13) 註12)に同じ。

14) 中村友博・柿本春次 1977『神田遺跡'76』

15) 三森定男 1934「西南日本縄文土器の研究」『考古学論叢』1

16) 間壁忠彦・間壁葭子 1971「里木貝塚」『倉敷考古館研究集報』7

17) Ⅱ式B類に竹管文がないわけではないが,これら数点の土器を本類に入れる
   べきかも疑問で,主体を占めることはなく,かつ,文様構成もⅢ式につながり
   うるものではない。

18) 註16)に同じ。

19) 註16)に同じ。

20) 松崎寿和・潮見浩・木下忠・本村豪章・藤田等 1963「馬取遺跡調査報告」『広
   島県文化財報告』4

21) 註4)に同じ。

22) この坂の下Ⅰ式は,焼成がむしろ西和田式に近く,あるいはこの地方で製作
   されたのかもしれない。

23) 西瀬戸内においては福田C式土器の流れをくむ土器が中期末まで残る可能性
   は大きいと思われるが,それは,新延貝塚で出土しているような典型的な福田
   C式ではなく,ある程度の型式変化を経たものであると考える。

24) 坂本嘉弘 1979「西和田貝塚」『石原貝塚・西和田貝塚』

25) 竹中岩夫 1965「永犬丸貝塚」『ふるさと』8,八幡史郷土史会
   中村修身 1972『永犬丸遺跡』

26) 中村修身 1971「福岡県直方市日出橋遺跡の縄文土器」『九州考古学』41〜44

27) 註24)および註4)文献。

28) したがって,新延貝塚出土土器に一定量がみられる阿高式系の粗製土器はこ
   の時期に属する公算が大であるといえよう。

29) 前川威洋・木村幾多郎 1974『天神山貝塚』

（1980年）

第5章 阿高式土器

　阿高式土器は，縄文を持たずに凹線文で器面を装飾し，滑石粉末を混入したものもあるという，九州独自の縄文式土器の一つである。この阿高式土器については，小林久雄[1]をはじめ，坂本経堯[2]・乙益重隆[3]・前川威洋[4]ら諸先学の研究があり，近年になって阿高貝塚の本報告[5]も刊行されるに至っている。また，これらを踏まえて，筆者も若干の細分と系統論的検討を行ったことがある[6]。

　さて，阿高式土器は「並木式と南福寺式の間に入る土器」[7]とされているが，その前後にも，前川によって「阿高式系土器」と呼称された土器型式群が存在する。これらは，阿高式土器を認識するうえでも，中期を中心とする九州の動態を把握するうえでも，重要な土器群である。したがって，小稿では阿高式系土器に対象を拡げて述べることにしよう。

阿高式系土器の生成と展開

　阿高式土器は，暗赤褐色を呈し胎土に滑石粉末を混入させたものもあることから，同様な特徴をもつ前期の曽畑式土器との関係に古くから注目されてきた。しかし，両者の型式学的距離は大きく，また，一方では凹線文を有するということから並木式土器との関係にも注意が払われてきたのである。資料の絶対量が少なかったこの並木式土器をはっきりと阿高式の祖形として位置づけたのは前川威洋であるが[8]，いま並木式土器は三つに大別しうる。一つは，凹線文をもたず2列単位の施文具による押引文を原則とし，文様のモチーフは直線的なものに限られるもので，もう一つは，凹線文を有するが，2列単位の押引文あるいはそれに類似した刺突文を施した後に凹線文を施すもので，凹線によって押引文などがつぶされた部分もある。モチーフは直線

第5章　阿高式土器　153

的なものが主体を占め，凹線文は押引文等に規定されたモチーフを強調する
ために補助的に施されるのだが，凹線文のみをみると，押引文等の直線的モ
チーフの間に施されるため，結果的に曲線をなす。そして，最後は，逆に凹
線文を施した後に刺突文や押引文・爪形文・刻目等が施されるもので，凹線
を刺突文等が切っているものが多い。凹線文がモチーフを規定することから，
とうぜん曲線的モチーフが主体となる。これらは，東九州を除く九州のほぼ
全域に分布していることから，同一時期における地域差を示すものではなく，
時期差もしくは同時期併存のヴァリエーションを示すものとして理解される。

　そこで，これらを順にⅠ・Ⅱ・Ⅲ類として阿高式土器との関係をみてみる
と，Ⅱ・Ⅲ類は凹線文を施すという点で共通している。そして，凹線文に
よってモチーフを規定するⅢ類の方が阿高式により近い。したがって，並木
式土器群の最末期にこのⅢ類を位置づけ，凹線文をもちつつも押引文等に
よってモチーフを規定するⅡ類を介して，押引文のみのⅠ類を最古の並木式
土器と把握しうるのである。よって，Ⅰ・Ⅱ・Ⅲ類をそれぞれ並木Ⅰ・Ⅱ・
Ⅲ式とする。

　以上のように，並木式土器群内の型式変化は，2本単位の施文具による押
引文が，原体・手法ともに変容して，刺突文や爪形文・刻目などへと変化し
たものであり，一方では押引文や刺突文を補助するためネガティヴに登場し
た凹線文が主体を占めていく過程でもある。したがって，これらから，阿高
式特有の凹線文は並木式土器群の型式変化を通じて出現したことが理解され，
同時に，並木式の祖形が2列単位の押引文かそれに近い文様をもつことが予
想されるのである。

　そこで，この2列単位の押引文を施した土器を前期から中期にかけての並
木式土器分布圏内で探してみると，松本雅明らによって轟C式・D式[9]と
されているものがそれに該当する。これは，北九州を中心に分布する終末期
の曽畑式土器（型式名未設定）に併行する前期後葉〜末に位置づけられる土
器群で，有明海沿岸を中心に分布し，基本的には2本単位の施文具によって，
斜位の沈線文に横位の沈線文を加えたものや，斜位の沈線文がなくて横位の
沈線文だけのもの，さらには横位の施文が押引文となっているものがある。

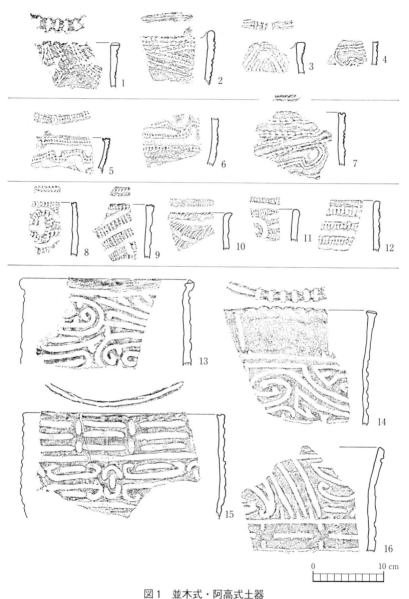

図1 並木式・阿高式土器
1～4；並木Ⅰ式　5～7；並木Ⅱ式　8～12；並木Ⅲ式　13～16；阿高Ⅰ式

第5章 阿高式土器 155

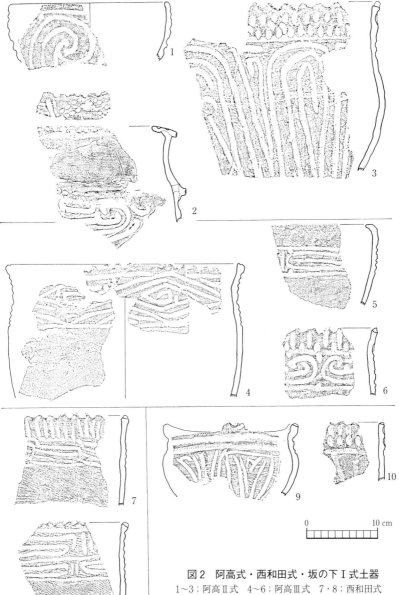

図2 阿高式・西和田式・坂の下Ⅰ式土器
1～3；阿高Ⅱ式 4～6；阿高Ⅲ式 7・8；西和田式
9・10；坂の下Ⅰ式土器

そして，斜位の沈線文が粗い組帯文をなしており，これが，いうまでもなく，曽畑式土器における代表的単位文様であることから，轟C・D式は有明海沿岸における曽畑式系統の土器であることが理解される。また，この轟C・D式の分布圏は並木式分布圏のほぼ中核をなし，くわえて，それに施された押引文も並木式のものによく類似している。したがって，並木I式は，有明海沿岸における曽畑式の型式変化から導かれ，轟C・D式の施文手法としては最新のものである2列単位の押引文をさらに発展させていく過程で分布圏をも拡大していったことが想定される。このように，型式学的に大きな距離のあった曽畑式土器と阿高式土器は，有明海沿岸の型式変化において連続していたのである。

　さて，阿高式土器は「太型凹文」と呼ばれた凹線文によって蕨手・Y字形のモチーフや入組文・渦文などを施文した土器である。これらのモチーフは，すでに並木III式の段階に醸成されており，以後発展し退化するという流れを示すようである。すなわち，密で整然としていて上下左右対称に展開する並木式の文様に近いものがある段階（I期），やや簡略化もみられ縦方向に展開させたものが加わる段階（II期），左右対称に展開する文様が登場して粗略化と直線化の傾向が強くなる段階（III期）をへて，左右対称の文様が主体となり，粗略化が進行して完成した「逆S字状文」などが用いられる南福寺式土器へと移行するようである。しかし，これらは同系統の漸移的変化であくまでも傾向にすぎず，これのみで型式設定するにはいささか心もとない。また，器形も，おそらくは並木式と同様と思われるが，ほとんど単純な深鉢形であり，ヴァリエーションは少ないようである。

　文様以外の諸属性の中で最も変異に富むのは文様帯である。いま，阿高式土器をその施文部位によって分類すると次のようになる。すなわち，口縁から胴部上半部にかけて文様を施して胴部下半は無文のまま放置するI類，同じく胴部上半部に施文されるが，上下二つに文様帯が分割されるII類。III類はII類における上部文様帯が無文となるもの。そして，器表全面が同一の文様帯をなすものをIV類，全面に施文されるものの，口縁部と胴部以下の二つに分割された文様帯をもつものをV類とし，V類の口縁部文様帯が無文化し

第5章　阿高式土器　157

たものをⅥ類とする。さらに，Ⅱ・Ⅴ類の口縁部文様帯だけとなったものを
Ⅶ類，Ⅶ類の文様帯を上下に分割したものをⅧ類とし，Ⅷ類の上部文様帯を
無文化したものをⅨ類とする。

　これらは，施文される位置でみると，胴部上半部以上に施文されるⅠ・
Ⅱ・Ⅲ類，全面に施文されるⅣ・Ⅴ・Ⅵ類，口縁部のみであるⅦ・Ⅷ・Ⅸ類
の3群にくくられる。また，文様帯の分割・非分割や無文化という点では，
非分割のⅠ・Ⅳ・Ⅶ類，上下に分割されるⅡ・Ⅴ・Ⅷ類，それに，上下に分
割されたうちの上部文様帯を無文化するⅢ・Ⅵ・Ⅸ類の3群に分けられる。
したがって，施文部位分割法の変異と施文部位幅における変異の，いずれか
が通時的であり，いずれかが共時的であることが予想されるのである。

　そこで，さきにⅠ～Ⅲ期に分類した文様とこれらⅠ～Ⅸ類との関係をみて
みると，旧稿に示したように[10]，Ⅰ～Ⅲ類はⅠ期文様と，Ⅱ期文様はⅣ～Ⅵ
類，そして，Ⅶ～Ⅸ類はⅢ期文様とそれぞれ相関する。よって，施文部位の
伸縮は文様の段階変化とよく一致しているといえる。

　さらに，これらⅠ～Ⅸ類と並木式土器とを比較してみると，並木式が胴部
上半部を施文部位とし分割をしない点で，Ⅰ類はまったく一致する。また，
阿高式に後出する後期の南福寺式土器と比較すると，施文部位が口縁部のみ
である点でⅦ・Ⅷ類が最も近い。よって，Ⅰ類は最古の，Ⅶ・Ⅷ類は最新の
段階のものとして位置づけられる。そして，さきの施文部位と文様との相関
関係から，Ⅱ・Ⅲ類をⅠ類と，Ⅸ類とⅦ・Ⅷ類とを，それぞれ同段階のもの
としえよう。したがって，Ⅳ・Ⅴ・Ⅵ類はそれらの中間に位置づけられるも
のと把握される。よって，この3群をそれぞれ阿高Ⅰ・Ⅱ・Ⅲ式とする。

　阿高Ⅰ式土器は，並木Ⅲ式から爪形文・刺突文等が消失することによって
胴部上半部に凹線文のみを施すこととなった土器で，文様帯を上下に分割し
たものや，さらに，量的にはきわめて少ないようであるが，分割した文様帯
のうちの下部文様帯だけに施文した土器も加わる。そして，文様は，上下左
右対称形に展開するモチーフや入組文・渦文，それにY字形のモチーフなど，
並木式の型式変化過程で生成された曲線文が比較的密に施されており，並木
Ⅲ式のものに近いものがある。また，文様帯の区画は凹線文のみで行ってい

る。

　阿高II式土器は，最も典型的な阿高式土器で，施文部位が胴部最下端にまで伸長したものである。文様帯の変異はI式のそれをそのまま継承しているが，文様帯の区画には凹線のほかに突帯が加わっている。文様は，施文部位が最大限に拡大したこともあって，それまで横位置のみであったモチーフを縦に展開したものが出現するが，そのぶんやや簡略化の気味もある。

　そして，阿高III式土器は，II式における上部文様帯，すなわち口縁部のみを施文部位としたもので，胴部以下は無文である。この胴部以下の文様帯を放棄した結果，II式においていったん奔放に展開したモチーフを口縁部のみの狭い文様帯に押し込めることとなり，上下に圧縮されて菱形の直線的モチーフなどが出現する。その一方では，文様の簡略化も進行し，左右に展開するモチーフが出現して一定量を占めるようになる。また，施文部位が口縁部のみとなっても分割の習慣は残存し，I・II式と同様なヴァリエーションが認められる。そして，III式の中でも新出の要素であろうが，口縁を反転気味にしたり，口縁下を削り出して肥厚気味の口縁部文様帯を作出したりして，さらに南福寺式土器に近づいているものもある。

分布圏の分解と阿高式系土器の消滅

　さて，阿高式土器の分布は，阿高II式までは並木式と同じく東九州を除いた九州全域であったが，阿高III式は，有明・八代海を中心として分布しており，南九州の一部や西北九州にはあまりみられない。そして，この南九州の一部（志布志・錦江湾沿岸）と西北九州の外海部（対馬海流域）には阿高III式とは別の阿高式系土器が分布しているのである。一つは，筆者が坂の下I式と呼んでいる土器であり[11]，西北九州の外海部に分布している。これは，施文部位・文様帯の変異ともに阿高II式のそれと同一であるが，細い丸棒状と割箸状の原体によって施され，断面U字形かコ字形を呈していずれも狭くかつ浅い。また，文様のモチーフも直線的で粗雑ではあるが，いずれも阿高II式に祖形を求めうる。したがって，坂の下I式は，阿高II式土器を母胎

として成立しつつも，胴部文様の放棄へと進んだ阿高Ⅲ式とは異なり，施文
部位を維持しつつ直線化の方向へと型式変化したものと認識されるのである。
そして，阿高Ⅱ式から坂の下Ⅰ式，さらに南福寺式に近い坂の下Ⅱ式にまで
施される凹点文の型式変化と後期初頭の中津式土器との関係，あるいは坂の
下遺跡における調査の所見[12]などから，坂の下Ⅰ式は，そのほとんどを中
津式に先行する時期，すなわち中期末以前に位置づけることができる。

　いま一つは，志布志・錦江湾沿岸に分布する岩崎下層式土器である。これ
は，地文に貝殻条痕を有し，やや狭目の凹線文を有するもので，施文部位は
阿高Ⅲ式よりもやや広い。文様は，横位置のみであり，粗略化と直線化が進
行している。よって，阿高Ⅱ式からではなく，Ⅱ式から分離した土器型式で
あるといえる。この岩崎下層式を後期初頭に編年する説[13]もあるが，文様
や施文部位からみて阿高Ⅲ式の中でもより古い時期のものから型式変化した
とみられる点や，阿高式土器分布圏の分解を分布圏全域に一貫した現象とし
てとらえるならば，その成立を中期末までに考えておく方が無難であろう。

　このように，東九州を除く九州のほぼ全域に展開してきた阿高式までの分
布圏は，中期後葉に至って，西北九州（坂の下Ⅰ式）・中～南九州（阿高Ⅲ
式）・南九州東部（岩崎下層式）の三つに分解したのである。これら分解し
た3型式は，簡略化あるいは粗略化した文様を施しており，器面調整をみて
も，岩崎下層式においては二枚貝による調整痕を器表に残したままであり，
他の2型式，とりわけ坂の下Ⅰ式にも同様に仕上げ工程の省略が多いようで
ある。また，文様をはじめとする諸属性において新たに出現した要素も少な
い。したがって，これら3型式は阿高式の退化型式として把握すべきだろう。

　このような土器分布圏の分解が何に起因したのかは，これら諸型式を含め
た阿高式系土器に伴う集落や文化要素の動向がほとんど把握しえない現状で
は，実証的に明らかにすることは困難である。しかし，これら3地域は，有
明・八代海（阿高Ⅲ式），対馬海流（坂の下Ⅰ式），錦江・志布志湾（岩崎下
層式）を中心としているように，それぞれ海によってくくられるものである。
そして，海が，その多くを照葉樹林に覆われている九州においては，それか
らさらに内陸へと連なる大小の河川とともに，当時の交通媒体として高く評

価すべきものであり，さらに，土器分布圏を一定のレベル[14]における情報の質と量とを共有した集団の範囲とするならば，これら3地域は自然環境に規定されつつまとまるべくしてまとまったものと考えられるのである。したがって，並木Ⅰ式以来の土器分布圏は，これらを超えた広域分布圏であり，ある核となる地域の活力によって確立・維持しえたコミュニケーション圏であるといえる。そうすると，このような分布圏の分解は，とりもなおさず核となってきた地域の活力が衰退することによって従来のコミュニケーション・システムの維持が不能となり，その結果進行したディスコミュニケーションによって各地域ごとに型式変化せざるをえなかったものと理解しうる。そして，分解して成立した3型式がともに退化型式であることもこれを支持するのである。その場合，核となった地域は，並木Ⅰ式成立の状況や，分解した3型式の中では最も退化の度合いが少ないのが阿高Ⅲ式であるという点からみても，有明海沿岸地域に求められることはいうまでもないだろう。

　ところで，もともと船元式土器の分布圏であった東九州から遠賀川流域にかけて，阿高Ⅲ式に類似した土器が存在する。これは，器壁薄く黄褐色を呈して，器面に二枚貝による調整痕を残すことの多い土器で，「西和田式」と仮称している土器である[15]。文様・器面調整ともに阿高Ⅲ式の退化型式と考えられ，中期後葉～末のある段階に東九州へと進出した阿高Ⅲ式が型式変化を遂げたものと理解される。この現象は阿高Ⅱ式土器分布圏分解の背景と矛盾しているようにもみえるが，中期後葉の瀬戸内地方においては，広域分布圏を形成していた船元式系土器が連弧状竹管文を主とする土器群と幾何学的沈線文を主とする土器群とに分解する傾向をみせ[16]，船元Ⅳ式・里木Ⅱ式には加曽利E式の影響が認められ[17]，土器も退化傾向を強めるなど，船元式系土器文化にも低落傾向が看取されるのである。したがって，瀬戸内地方を貫いて型式変化をリードしてきた核となる地域（おそらくは岡山地方）の活力の衰退に伴い，同様に分布圏の分解を経験しつつも，阿高Ⅲ式土器文化が相対的に優位に立った結果であると理解されよう[18]。また，この解釈は，東九州においては，福田C式から後の瀬戸内系土器が存在せず，中期末の土器として考えられるのは西和田式のみであり，後期初頭に中津式土器の伝播

第5章 阿高式土器　161

を受け，これと組合わされるのはこの西和田式であることからも支持される。

　さて，これら中期末に存在した四つの阿高式系土器は，後期に至って，南九州では岩崎上層式から指宿式へとまったく別型式への独自の展開をみせ，東九州と西北九州の一部は西漸してきた中津式土器の分布圏に組み込まれてしまう。そして，有明・八代海沿岸には阿高Ⅲ式が漸次変化した南福寺式土器が分布し，西北九州も，坂の下Ⅰ式以来の個性を強く残しながら（坂の下Ⅱ式），広い意味での南福寺式土器分布圏となっていくようである。

　すでに諸先学の説くとおり，南福寺式から出水式，そして御手洗A式という型式変化を筆者も考えている[19]。すなわち，南福寺式に至って完成された口縁帯作出のヴァリエーションが出水式にも踏襲されるが，その中で阿高Ⅱ式以来文様帯区画手法の一つであった刻目突帯が施文手法として採用され，出水式期には南福寺式の凹線文が変化したヘラ描き沈線文と新出の刻目突帯による文様をもつ土器とが併存することになる。そして，その刻目突帯が萎縮したり，さらには消滅して刻目だけとなったものが御手洗A式である。

　しかし，このような型式変化の過程は，暗赤褐色の焼成や滑石混入・鯨骨製土器製作台等を喪失していく過程でもあり，また，磨消縄文土器に象徴される「東日本的文化複合体」[20]の西漸によって分布圏縮小を余儀なくされる過程でもあった。そして，御手洗A式は分布圏も有明海沿岸に限定され，しかも単独で一遺跡をなしえないまでに至り，その後は，もはや阿高式系の精製土器はみられず，磨消縄文系土器群の中に埋没してしまう。

　以上のように，前期の曽畑式土器以来，有明海沿岸を核として脈々と続いた個性ある九州の縄文式土器の伝統は，中期後葉から後・晩期に至る再編成の流れの中で，外来の伝播要素に圧迫され変質し，文化の下層へと沈澱していったのである。

　註

1）　小林久雄 1931「阿高貝塚及び御領貝塚の土器に就て」『地歴研究』3〜8
　　　同 1935「肥後縄文土器編年の概要」『考古学評論』1-2
2）　坂本経堯 1952「古閑原貝塚発掘抄報」『熊本県文化財調査報告』6

3） 乙益重隆 1965「西北九州」『日本の考古学』2，河出書房新社

4） 前川威洋 1969「九州における縄文中期研究の現状」『古代文化』21-3

5） 西田道世ほか 1978『阿高貝塚』

6） 田中良之 1979「中期・阿高式土器の研究」『古文化談叢』6〔本書第3章〕

7） 註4）に同じ。

8） 註4）に同じ。

9） 松本雅明・富樫卯三郎 1961「轟式土器の編年」『考古学雑誌』47-3

10） 註6）田中文献18頁の表1参照。

11） 註6）に同じ。

12） 森醇一朗 1979「縄文時代中期～後期の貯蔵穴の一例」『考古学ジャーナル』170

13） 乙益重隆・前川威洋 1969「九州」『新版考古学講座』3，雄山閣出版

14） むろん女性の交換を含めたハイレベルのものと考える。

15） 坂本嘉弘 1979「西和田貝塚」『石原貝塚・西和田貝塚』
　　田中良之 1980「新延貝塚の所属年代と地域相」『新延貝塚』〔本書第4章〕

16） 註15）田中文献。

17） 間壁忠彦・間壁葭子 1971「里木貝塚」『倉敷考古館研究集報』7

18） 東九州へ進出したのが坂の下Ⅰ式や岩崎下層式ではなく，最も退化の度合い
　　が少ない阿高Ⅲ式であることは示唆的である。また，この現象は，阿高Ⅲ式土
　　器分布圏からの移住の結果である場合も考えねばならないだろうが，西和田式
　　の焼成は阿高式のそれよりはむしろ福田C式のそれに近く，東九州の集団が主
　　体的に伝播を受容した可能性が今のところ強い。

19） 宮内克己・田中良之 1977「大道端遺跡Ⅳ-E-2──縄文式土器」『九州縦貫道
　　関係埋蔵文化財調査報告』ⅩⅣ

20） 渡辺誠 1968「九州地方における抜歯風習」『帝塚山考古学』1

（1981年）

第6章　縄文時代後期初頭の北部九州
―在地文化と外来文化の複合―

はじめに

　縄文時代前期から中期にかけての九州においては，中部〜関東地方のいわゆる縄文文化とは一風変わった文化が展開することはよく知られている。これは，曽畑〜阿高式系土器に代表されるもので，土器においては縄文をもたず，中部〜関東地方を中心として盛行するキャリパー形の器形も用いていない。また，彼地において発達した土偶や石棒・打製石斧などの諸文化要素もみられない。

　しかし，このような九州縄文文化の独自性も，後期になると磨消縄文土器に代表される「東日本的文化複合体」[1]の伝播を受け，様変わりを余儀なくされるのである。

　そこで，小稿では，九州独自の文化圏の縁辺であり，東方からの文化伝播を最初に受ける地域の一つである，北部九州の変化を後期初頭に焦点をあててみていきたい。

中期の北部九州

　まず，前段階である中期の状況をみてみると，中期中葉の段階までは東九州を除く九州のほとんどに阿高式系土器が分布している。北部九州においては，遠賀川流域あたりが境界のようで，下流域の遠賀郡芦屋町山鹿貝塚[2]や鞍手郡鞍手町新延貝塚[3]は瀬戸内地方の船元式土器の分布圏内に入っている。ところが，中期も後葉から末にかけて阿高式系土器分布圏の分解が生じ，一

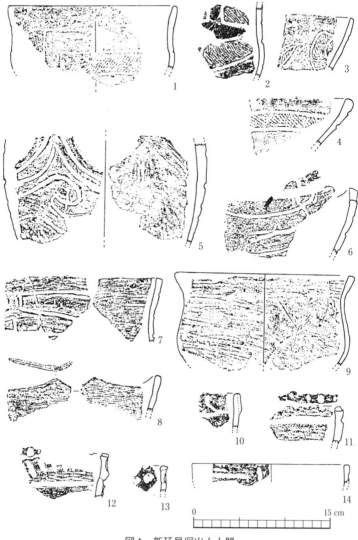

図1 新延貝塚出土土器
(註3) 文献より転載)

方では瀬戸内系土器分布圏の後退とともに東九州へも阿高式系土器が進出して，中期末の段階には阿高Ⅲ式（有明海沿岸を中心とする）・坂の下Ⅰ式（西北九州の外海部）・岩崎下層式（南九州東部）・西和田式（東九州）という四つの阿高式系土器が存在していたのである[4]。したがって，北部九州でこれをみてみると，新延貝塚や北九州市八幡西区永犬丸貝塚[5]などで西和田式土器が出土していることから，遠賀川以東は同式の分布圏に，また，福岡市東区蒲田水ケ元遺跡[6]や粕屋郡新宮町下府遺跡[7]では阿高Ⅲ式が出土しており，糸島郡志摩町*天神山貝塚[8]や福岡市西区桑原飛櫛貝塚[9]では，それぞれ一片のみではあるものの，坂の下Ⅰ式が出土しており，これらから坂の下Ⅰ式土器分布圏と阿高Ⅲ式土器分布圏の境界が現在の福岡市域にあったことがうかがえる。そして，これら三つの阿高式系土器分布圏に磨消縄文土器文化が伝播してくるのである。

磨消縄文土器の伝播

　まず，遠賀川以東をみてみると，たとえば新延貝塚にみられるように，中津式土器が主体を占めており，瀬戸内地方から磨消縄文土器が伝播したことを示している。これらは，図1-1〜4に示したような精製土器ばかりではなく，半精製土器（図1-5〜7）もあり，おそらく図1-8〜9のような粗製土器も含めた完全なセットをなしていたことが容易に想定できる。また，阿高式系土器は全くないわけではないが，瀬戸内系の器面調整である小巻貝による条痕をもっていたり擬縄文を施した南福寺式土器（図1-12）など阿高式系土器本来のあり方ではなく，かなり変質したあり方をしている（図1-12〜14）。
　次に，阿高Ⅲ式土器分布圏であった地域をみてみると，ほとんどが南福寺式土器分布圏へとそのまま移行している。しかし，新宮町の下府遺跡においては中津式土器が主体を占めており，やはりこの地域の北端にも磨消縄文土器文化が伝播していたことがうかがえるのである。
　そして，坂の下Ⅰ式土器の分布圏であった地域へも中津式土器は進出している。すなわち，桑原飛櫛貝塚や天神山貝塚でも中津式土器が主体をなして

166

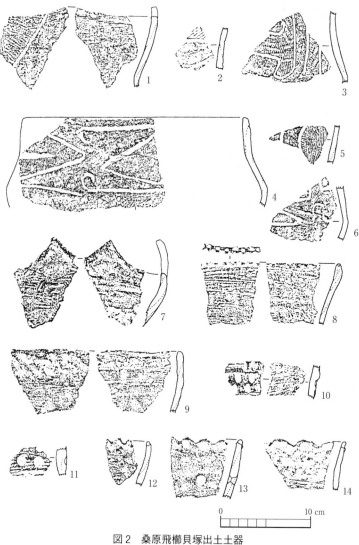

図2 桑原飛櫛貝塚出土土器
(註8) 文献より転載)

第6章　縄文時代後期初頭の北部九州　167

出土しているのである。まず，桑原飛櫛貝塚出土土器をみてみると，精製有
文の磨消縄文土器（図2-1〜6）と小巻貝による調整痕をもった粗製土器（図
2-7〜9）とがあり，中津式土器がセットをなしていたことがわかる。そして，
この遺跡からも阿高式系土器が出土してはいるものの，いわゆる精製土器は
みられず，半精製の凹点文土器（図2-10〜11）と粗製土器（図2-12〜14）があ
るにすぎない。また，図2-4・6の中津式土器は，胎土中に滑石粉末を混入
したものであり，新延貝塚における該期の阿高式系土器同様，在来の伝統と
外来のそれを折衷した土器である。

　天神山貝塚もこれと同一の土器組成をなす。すなわち，中津式土器は精製
土器（図3-1〜6）と粗製土器（図3-7〜9）のセットをなすのに対し，阿高式
系土器は，粗製土器（図3-13〜14）と凹点文を施した粗雑な土器（図3-10〜
11）のみであり，いわゆる精製土器は認められない。そして，ここでも，中
津式土器の無文部に阿高式系の凹点文を施したり（図3-1），阿高式系半精製
土器で小巻貝の条痕を残したものなど，彼我折衷の土器が認められるのであ
る。

　以上のように，後期初頭の北部九州においては外来系の中津式土器が主体
を占めていたことがうかがえる。しかし，さらに西方に位置する佐賀県西松
浦郡西有田町*坂の下遺跡[10]においては，中津式土器も少量出土しているも
のの精製土器のみであり（図4-1〜3），主体をなすのは精製（図4-4〜8）・半
精製（図4-9〜11）・粗製（図4-12〜14）とセットを揃えた坂の下II式土器であ
る。したがって，中津式土器は移入品である可能性が強い。ちなみに，図
4-1〜3の中津式土器は，胎土に滑石を混入しており，桑原飛櫛貝塚例と共
通している。坂の下遺跡において外来土器を模倣して製作したのではないな
らば，前段階までは同一の分布圏をなしていた糸島から福岡市西区あたりの
集団からの移入品と考えていいのかもしれない。

　ともあれ，坂の下遺跡にみられるように，中津式土器が主体をなす遺跡は
ほぼ糸島半島あたりまでのようである。これは南の方でも同様で，福岡市域
から南には中津式土器を主体とする遺跡は認められない。したがって，中津
式土器文化西漸はほぼ北部九州にとどまっていたといえる。

168

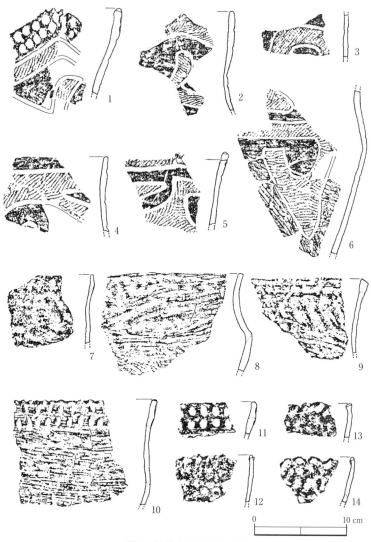

図3 天神山貝塚出土土器
(註8) 文献より転載)

第6章 縄文時代後期初頭の北部九州 169

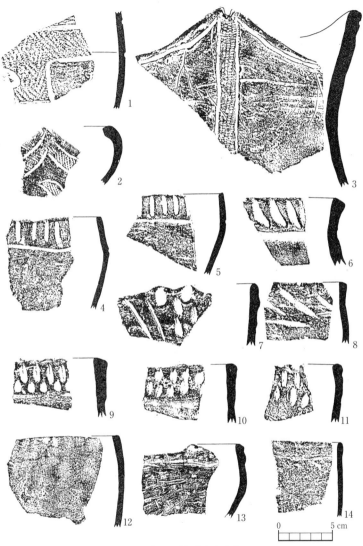

図4 坂の下遺跡出土土器
（註10）文献より転載ほか）

後期初頭の北部九州

　このように，北部九州における後期初頭は外来系の中津式土器を主体とし
たものである。そして，これらは，中期末には阿高式系土器の遺跡であり，
後期初頭にまでその系統は連続するものの，阿高式系の精製土器は製作・使
用されず中津式が主体を占めるという組成へと変わる。この変化はいかにも
唐突である。

　土器以外の文化要素をみてみると，狩猟・漁撈具は，例えば鋸歯鏃や石
鋸・結合釣針などにみられるように，在地系のものが健在である。しかし，
一方では，中九州や南九州の後期前葉の遺跡から外来系要素である土器片錘
が出土している[11] ことから考えると，この時期の北部九州にもこれら外来
系文化要素の存在を想定すべきであろう。

　これらの土器組成と文化要素のあり方からみれば，この時期の北部九州で
は在来系と外来系の二種の文化が複合しており，土器組成からみて後者が優
位を占めていたことがうかがえる。そして，土器組成が突如変化すること，
折衷土器を除けば中津式土器は精製から粗製に至るまで胎土・焼成・文様等
が瀬戸内のものと大差ないことなどからみて，外来集団が移動してきて在来
集団の上にかぶさった状態を想定する必要すらあるのである。

　以上のように，後期初頭の北部九州は，在来と外来の二系統の文化が重層
的に複合しており，外来文化が優位を占めるという状況を呈している。この
ようなあり方は，後〜晩期の九州縄文文化が表層に「東日本的文化複合体」
をもちながら，基層には前〜中期以来の伝統的文化要素をも残すといういわ
ば二重構造をなすに至る先駆けである。すなわち，この北部九州を拠点とし
て，これ以降中九州や西北九州へと磨消縄文文化の流入が開始されるのであ
る。

(1981. 11. 20 了)

第6章　縄文時代後期初頭の北部九州　171

註

1） 渡辺誠ほか 1975『桑飼下遺跡』
2） 永井昌文・前川威洋ほか 1972『山鹿貝塚』
3） 木村幾多郎編 1980『新延貝塚』
4） 田中良之 1979「中期・阿高式系土器の研究」『古文化談叢』6〔本書第3章〕
5） 竹中岩夫 1965「永犬丸貝塚」『ふるさと』8，八幡史郷土史会
　　中村修身 1972『永犬丸遺跡』
6） 折尾学 1977「蒲田水ケ元遺跡」『緊急発掘された遺跡と遺物』
7） 石井忠氏資料
8） 前川威洋ほか 1972『天神山貝塚』
9） 小池史哲 1981「糸島の縄文文化」『三雲Ⅱ』
10） 森醇一朗 1975「坂の下遺跡の研究」『佐賀県立博物館調査研究書』2
11） 西田道世ほか 1976『黒橋』
　　長野真一ほか 1981『宮之迫遺跡』

（1981 年）

第7章　曽畑式土器の展開

　曽畑式土器と総称される土器群は，九州における縄文時代前期の時期幅の大半を占めるものであり，当然これらを細分する方向でも研究が行われてきた。その研究史はここでは省略したいが，現在曽畑式土器の細分に用いられ，あるいは参照されている説として，杉村彰一，江坂輝弥，中村友博の3氏のものがあげられる。

　まず，杉村説は3期分類説であり，第1期を佐賀県唐津市西唐津海底遺跡出土の曽畑式土器に，第2期を熊本県宇土市曽畑貝塚出土土器に求めており，第3期は鹿児島県大口市＊日勝山遺跡出土土器であるとしている。そして，杉村氏は，この型式変化が整然とした規律をもっていた文様構成がくずれていく過程であり，分布においても，海岸部から山岳部へと展開し，やがて山岳部のみに孤立するという流れをみせるとしている。また，成立に関しては，条件が十分でないとしながらも，櫛目文土器の影響を考えておられる[1]。

　次に，江坂説をみてみると，杉村氏の第1期曽畑式を曽畑2式，第2期を曽畑3式とし，曽畑1式は西唐津海底遺跡出土の細沈線文や刺突文を施した土器群（唐津湾周辺遺跡調査委員会編 1982『末盧國』〔六興出版〕第21図）をあげている。また，杉村氏の第3期曽畑式土器については，曽畑4式設定の可能性を示しつつも，西南九州に分布が限定されることもありうるとして態度を保留しておられる[2]。

　中村説は5期分類である。氏は，胴部の横帯文様と区画線の変異に着目して，長崎県福江市＊江湖貝塚（I式），佐世保市下本山岩陰（II式），西唐津海底（III式），曽畑貝塚（IV式），福岡県遠賀郡芦屋町山鹿貝塚（V式）という変化を考えておられる。そして，曽畑V式は北九州から本州西端にのみ分布して中九州では別型式が成立しており，また，前者の地域に曽畑式が北上したとしている[3]。

第7章 曽畑式土器の展開 173

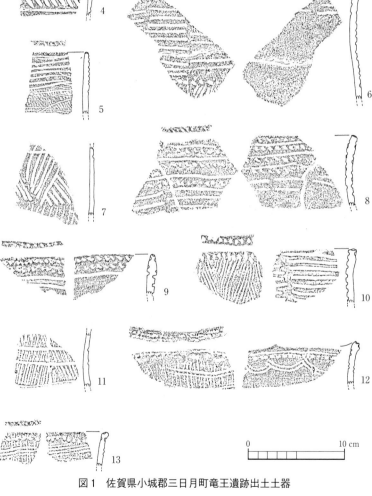

図1 佐賀県小城郡三日月町竜王遺跡出土土器

以上が現在示されている曽畑式土器細分に関する説であるが，前二者は
「くずれ」を主とした型式変化で原則として南下説であるのに対して，後者
は文様の区画に着目したもので一部北上説である。また杉村・江坂説は，層
位的な関係をつかみきれなかった段階のものではあるものの，現在でも，基
本的に用いられている。しかし，江坂説の方は，西唐津海底遺跡出土土器を
曽畑Ⅰ式として分離し，これと櫛目文土器との関係を論じた点が異なってい
る。中村説は，やや主観的なきらいもある前二者に対して客観的な分類を試
みており，この点は評価できるだろう。

　さて，これら曽畑式土器群の層位的関係を把握できた遺跡としては，佐賀
県小城郡三日月町*竜王遺跡[4]と唐津市菜畑遺跡がある。まず，竜王遺跡に
おいては，曽畑式土器が上下２層に分かれており，下層出土土器は滑石混入
の土器が多く（図1-1～5），上層からは，下層出土曽畑式土器の文様構成が
くずれたもの（図1-6・8・9），２本単位の施文具によって密な組帯文を施し
たもの（図1-10～11），それに轟Ｃ・Ｄ式土器[5]（図1-12・13）が出土しており，
いずれも滑石を含まず，色調も下層出土土器の暗赤褐色に対して暗黄褐色な
いしは黒褐色を呈している。

　次に菜畑遺跡をみてみると，本書〔『末盧國』〕「菜畑遺跡」の項に詳しいよ
うに，土壙と包含層からそれぞれ曽畑式土器が出土している。そして，これ
らを比較してみると，土壙出土の曽畑式土器が，器裏に二枚貝による調整痕
を残したまま沈線文を施したもので，「山鹿Ⅳ」[6]とか中村氏の「曽畑Ⅴ式」，
あるいは筆者が「曽畑（新）式」と仮称したもの[7]に相当する土器群である
のに対して，包含層出土土器は滑石を多量に混入したいわゆる曽畑式土器が
主体を占める（『末盧國』第15，16図）。また，包含層中でも，土壙出土土器
のような曽畑式は比較的上位の層に散見されるのみであり，轟Ｂ式土器お
よび江坂氏が「曽畑Ⅰ式」とされたものを含む土器群が最下層から出土して
いる（『末盧國』第14図）。したがって，この両遺跡で層位的関係から考える
と，轟Ｂ式土器とそれに伴うと思われる細沈線文・刺突文土器→滑石を混
入したいわゆる典型的な曽畑式土器→文様構成がくずれたり２本単位の密な
組帯文を施した曽畑式土器（竜王遺跡上層出土土器）と，二枚貝による調整

痕を残して短沈線を施したもの（菜畑遺跡土壙出土土器）という序列が想定できる。

　ところが，新しい段階に想定した竜王遺跡上層出土土器と菜畑遺跡土壙出土土器は，相互に異なる土器群であり，しかも分布地域が北部九州と有明海沿岸とに分かれるようである。このことは，竜王遺跡下層出土土器と菜畑遺跡包含層の主体を占める曽畑式土器とが器形・文様構成・胎土・色調ともに共通点をもつことから，曽畑式土器の新しい段階に至って分布圏が分解していたことを示すものといえよう。よって，以下新しい段階における曽畑式土器をみてみよう。

　まず，竜王遺跡上層出土土器をみてみると，文様構成のくずれた曽畑式土器とともに2本単位の施文具による密な組帯文を施した土器が出土していることは注目すべきである。これらの土器は，口唇部の刺突や内面の平行沈線文，器表の組帯文からみても明らかに曽畑式系の土器であり，同一層の曽畑式土器と胎土・焼成・色調とも等しく，また轟C・D式土器とも共通している。そして，これらには組帯文を施した後に横位の沈線を加えたものもみられ（図1-7〜11），轟C・D式との関係をうかがわせるものも認められるのである。

　轟C・D式土器は，2本単位の施文具による斜位の沈線文に横位の沈線文を加えたもので，内面にも平行沈線文等が施されている（図2）。また，この轟C・D式土器の中には，斜位の沈線文を省いて横位の沈線文のみを施したものや（図2-6〜8），横位の施文が沈線文ではなく押引文となっているものもかなりみられ[8]（図2-7〜8），轟C・D式内での小変化が予想される。そして，斜位の沈線文をよくみてみると，これがきわめて粗雑な組帯文をなしていることが看取されるのである。この轟C・D式土器における組帯文は，いうまでもなく，曽畑式土器における主要な単位文様の一つである。しかも，2本単位の施文具によることと，組帯文を施した後にそれを切る水平線を加える点は，竜王遺跡上層出土の曽畑式土器に共通している。したがって，組帯文の粗雑化という点から，竜王遺跡上層出土土器→轟C・D式土器という序列が得られる。また，熊本県阿蘇郡西原村桑鶴土橋遺跡からは，図1に示

176

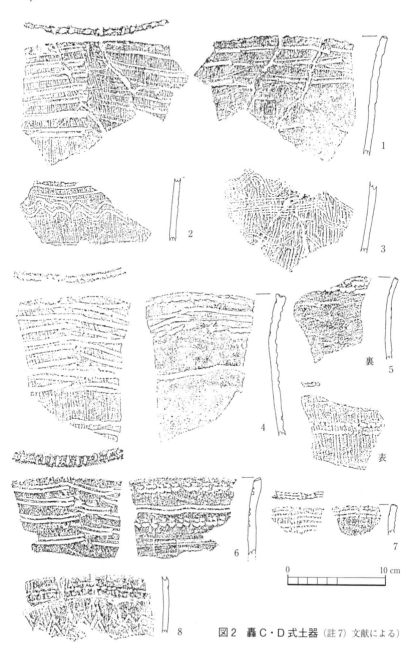

図2 轟C・D式土器 (註7) 文献による

した竜王遺跡上層出土土器同様2本単位の原体ではないものの，組帯文を施した後に水平線を加えた土器が出土している[9]（図3）。そして轟C・D式もほぼ中九州を中心として分布するようであることから，組帯文施文後に横位沈線を加えた土器群が中九州における新しい段階の曽畑式土器であると

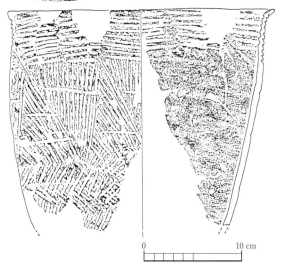

図3　熊本県桑鶴土橋遺跡出土土器（註7）文献による）

ともに，曽畑式土器の施文具がこの段階に転換されつつあったことが想定される。さらに，この型式変化の流れから，轟C・D式土器の中でも，組帯文を省略して沈線文や押引文のみを施した土器群がより新しいものであることがうかがえ，分布範囲と押引文の形状から，これらが並木式土器に最も近く，その祖形であることが看取されるのである[10]。

　次に，菜畑遺跡出土土器をみてみると，これは，前川氏によって注目され[11]，筆者が「曽畑（新）式」と仮称した[12]土器群で，北九州から本州西端に主として分布するとされてきたものであるが，菜畑遺跡例の増加によってこれらの分布圏が北部九州一帯から本州西端に及ぶことが明らかとなった。器面に二枚貝による条痕を残すことが多く，口縁部文様帯をもつもの（図4-1〜6）と口縁部から同一の文様を施したもの（図4-7〜10）の両者があるが，前者が量的に多い。また，前者は，口縁部文様帯に刺突文もしくは短直線文のみを施すもの（図4-1, 2），その下に第2文様帯として平行沈線やそれに鋸歯文を加えたもの（図4-3, 4），口縁部文様が平行沈線文のみのもの（図

178

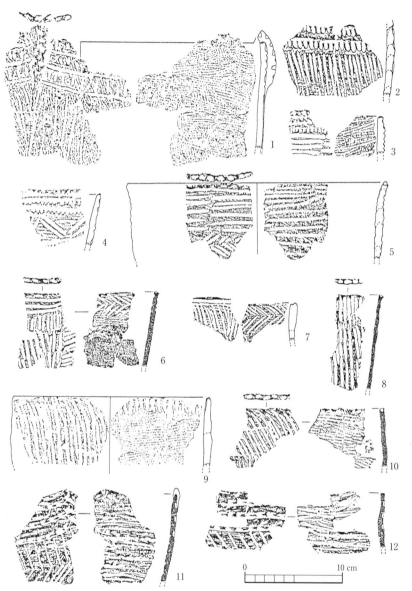

図4 北部九州第3段階曽畑式土器 (1〜5, 7, 9は註13), 6, 8, 10, 11は註6) 文献による)

第7章　曽畑式土器の展開　179

4-5, 6) の3種がある。これらに施された胴部文様のほとんどは横位の羽状文か, あるいはそれがくずれたような短直線であるが, まれに組帯文もみられる (図4-1)。そして, 明確な区分は容易ではないものの, これらの土器群は文様や規格の変化などから2小期に細分されるように思われるが[13], その中でも沈線文が細線化したより新しいと思われる土器に瀬戸内の彦崎ZI式土器の押引文を施したものが存在するのである (図4-11, 12)。この押引文は, 彦崎ZI式のなかでも比較的後出するものであり, ほぼ前期後葉～前期末に比定してよいであろう[14]。したがって, これらの曽畑式土器を前期後葉～前期末に, そして, ほぼ同時に分布圏が分解したとみられることから, 竜王遺跡上層出土土器や轟C・D式土器も同じ時期幅であると想定することができるのである。

　さて, それでは, 古い段階の曽畑式土器はどのようなものなのだろうか。ここで再び竜王・菜畑両遺跡の土器をみてみると, まず, 竜王遺跡下層からは, 滑石を混入したものを混じえ, 口縁部文様帯と胴部文様帯が区画されて, 前者には平行沈線文やそれに鋸歯文を加えたものが施されている (図1-1～5)。このような土器は, 従来「曽畑貝塚出土土器」(杉村氏の「曽畑式2期」) と称されてきた土器群のイメージにほぼ相当するといってよい。

　ところが, 菜畑遺跡包含層出土土器には, 竜王遺跡下層出土土器のようなもの (『末盧國』第15図21, 23など) とともに, 口縁部文様帯が二つあって, 口縁部第1文様帯には刺突文列を, 第2文様帯には平行沈線文やそれに鋸歯文を加えた土器がみられ〔『末盧國』第15図18, 19など〕, いずれも滑石を混入している。これらのうち, 後者の土器群は長崎県福江市*江湖貝塚からまとまって出土しており[15], 1時期をなすことが予想されてきたものである。そして, 菜畑遺跡においては, 江坂氏の「曽畑I式」を一部含む細沈線文や刺突文の土器が出土しており〔『末盧國』第14図〕, これらの時期 (轟B式期のいずれかの段階)[16] から連続して遺跡が形成されているようであることから, 口縁部文様帯に刺突文列を施したものがほとんどである江湖貝塚出土土器を最古の曽畑式土器と想定して大過ないと思われる。

　そうすると, 曽畑式には次のような序列が与えられる。まず江湖貝塚出土

土器に代表されるような口縁部文様帯に刺突文列を配したものが最も古く，これらにはさらに平行沈線文やそれに鋸歯文を配した口縁部第2文様帯をもつものもある。胴部文様には，組帯文をはじめとする幾何学文の他に曲線文もみられ，縦に展開するものもあって，ヴァリエーションが多い。

第2段階は，竜王遺跡下層出土土器に代表されるもので，曽畑貝塚出土土器（例えば図5）の多くがこの段階に相当するであろう。これは，前段階における口縁部第1文様帯が消失して第2文様帯のみとなったもので，平行沈線文等がいきなり口縁部文様となる。胴部文様は，組帯文や羽状文が主体をなし，変異数は減少するようである。

第3段階は，中九州と北部九州とでは異なっている。まず，中九州においては，竜王遺跡上層出土土器があげられる。文様構成のくずれたいわゆる「くずれ曽畑」とともに，組帯文に横位の水平線を加えたものが併存し，施文具が2本単位のものへと転換される段階であり，轟C・D式へと移行し，並木式土器群を介して阿高式土器へと変化していくものである。これらは，口縁部文様がないものが多いが，第2段階と同様の口縁部文様をもつものもあるようである。そして，北部九州においては二枚貝条痕を残した一群が分布する。これらは，組帯文もみられるものの横位の羽状文が主体をなすもので，本州西端にまで分布圏を広げるが，中期初頭になると船元式土器の伝播を受け，その系統は絶えてしまう。これらには既述のように四種の文様帯ヴァリエーションがあり，したがって，中九州の3段階曽畑式土器のそれとも考え合わせると，口縁部文様帯におけるヴァリエーションの全てが第2段階に出揃いかつ併存していたことがうかがえるのである。また，滑石混入土器が各地にみられるのも第2段階までで，少なくとも中九州以南では第3段階の滑石混入土器はみられない[17]。

これらの流れからみると，第1段階の曽畑式土器の分布は西北九州に偏るようであり，中九州から南九州に分布するものは第2段階以降のものが多いようである。また，種子島・本城遺跡[18]や渡具知東原遺跡[19]出土の曽畑式土器（図6）も基本的に第2段階もしくはそれ以降のものである。とりわけ，図6-2の本城遺跡出土土器の内面文様や図6-3の渡具知東原遺跡出土土器は，

第7章 曽畑式土器の展開 181

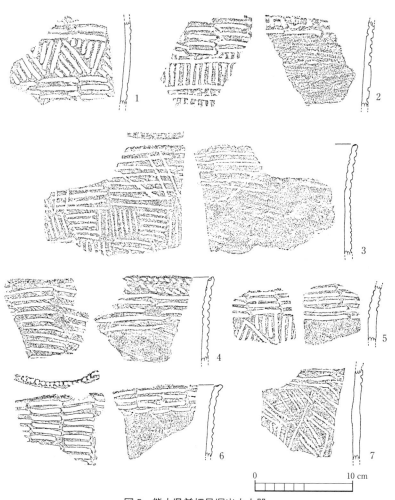

図5 熊本県曽畑貝塚出土土器

182

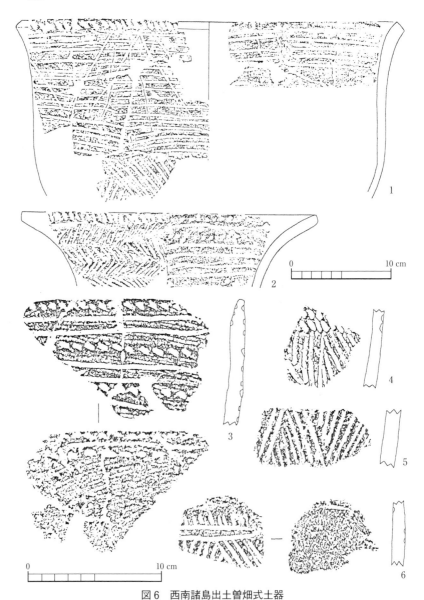

図6 西南諸島出土曽畑式土器
1~2：鹿児島県種子島本城遺跡（註18）文献による）3~6：沖縄県渡具知東原遺跡（註19）文献による）

第3段階の竜王遺跡出土土器（図1-8）に酷似しており，竜王遺跡上層出土土器に代表される第3段階曽畑式土器の分布が南西諸島にまで（あるいは南九州まで）及んでいたことを予想させるものである。

　以上のように，曽畑式土器は，従来いわれてきたとおり，南下する傾向が認められるようであり，また本州西端まで東漸していることから，西北九州を拠点として成立し，分布圏を拡大した土器群であると想定しうる。そして，第1段階からすでに多くの変異を生みつつも，これらの型式変化を通じて最も普遍的な単位文様は組帯文と羽状文であったといえよう。

　これら曽畑式土器の成立に関しては，古くから朝鮮半島における櫛目文土器との関係が指摘され続けてきたが，最近在来の土器からでも求めうるとする説も出始めている[20]。いま，曽畑式土器成立の直前，すなわち早期末から前期前葉にかけての九州において曽畑式に類似した土器を求めると，江坂氏の「曽畑I式」の一部を含む菜畑遺跡最下層出土土器がこれに該当するだろう。これらは，轟B式土器の時期幅に収まる土器群のようであるが，分布も曽畑式のそれに重なり，沈線文を施している。また，有軸羽状文をもつものもあり，横帯区画線を施すなど，器形とともに個別の要素には類似点も多い。しかしながら，これらの土器は，施文部位が口縁部のみか胴部上半部に限られており，この点で口縁部・胴部・底部と明瞭な文様帯規格をもつ第1段階の曽畑式と大きく異なっている。そして，この相違点，すなわち器表の文様帯規格においてこそ，曽畑式と櫛目文土器は類似しているのである。また，曽畑式において最も普遍的な文様が組帯文と羽状文であり，櫛目文土器においてもこのことは同様であることも見逃せない。そうすると，曽畑式と櫛目文土器は，全く別系統で無縁のものではなく，相互に共通した文様と規格をもった土器であるといえるし，その成立にあたっては，先行期の要素を残してはいるものの，櫛目文土器文化からの影響は無視できないといえよう。したがって，このような類似点と相違点をもった土器が成立しえた背景が問題となろうが，その意味で，江坂氏[21]と坂田邦洋氏[22]によって別々に指摘されている轟B式期における彼我の関係と朝鮮半島南部の該期における状況とを明らかにする必要があるであろう。

註

1) 杉村彰一 1962「曽畑式土器に関する一考察」『熊本史学』23

2) 江坂輝弥 1967「縄文土器―九州編(6)―」『考古学ジャーナル』15

3) 中村友博・柿本春次 1976『神田遺跡 '76』

4) 志佐惲彦 1958「竜王縄文文化遺跡調査概報」『教育佐賀』12。なお掲載した土器は九州大学文学部考古学研究室に保管されているものであり，調査担当者渡辺正気氏，九州大学教授岡崎敬氏の御厚意により実測，掲載を許可していただいた。

5) 型式名は，松本雅明・富樫卯三郎 1961「轟式土器の編年」『考古学雑誌』47-3，によるが，轟C・D式としたものは，両氏がC・D式としたもののうち，本文中にあげた特徴をもつものに限る。

6) 前川威洋 1972「土器からみた瀬戸内との関係」『山鹿貝塚』

7) 田中良之 1979「中期・阿高式系土器の研究」『古文化談叢』6〔本書第3章〕

8) 押引文自体は曽畑式期にすでに存在しているが，胴部文様同様この段階に2本単位の施文具へと転換し，並木式の押引文へと移行すると考えられる。註7)文献参照。

9) 熊本大学文学部考古学研究室 1979「桑鶴土橋遺跡(2)」『研究室活動報告』5

10) 註7)に同じ。

11) 註6)に同じ。

12) 註7)に同じ。

13) 田中良之 1980「新延貝塚の所属年代と地域相」『新延貝塚』〔本書第4章〕

14) 註13)文献及び足立克己氏の御教示による。

15) 坂田邦洋 1973『江湖貝塚』

16) 富永直樹ほか 1981「野口遺跡」『久留米東バイパス関係埋蔵文化財調査報告』

17) このことは，分布圏の分解によって西北九州との関係が疎遠になったことを反映すると思われる。同様な現象は同じく阿高式系土器の分布圏が分解する中期後葉においても認められる。註7)文献参照。

18) 盛園尚孝 1973『本城・田之脇遺跡調査概報』

19) 高宮広衛 1977「人口遺物―上層の土器―」『渡具知東原』

20) 緒方勉 1980「中九州における古期縄文について」『日本民族とその周辺―考古編―』

21) 江坂輝弥 1976「朝鮮半島櫛目文土器文化と西九州地方縄文文化前期の曽畑式土器文化との関連性について」『考古学ジャーナル』128

22) 坂田邦洋 1979『対馬越高尾崎における縄文前期文化の研究』

(1982年)

第8章 磨消縄文土器伝播のプロセス
—中九州を中心として—

1 はじめに

　日本列島の西端に所在する九州は，その地理的特質から，独自の文化伝統を生成しやすい位置にある。縄文時代においても，前・中期には曽畑式・阿高式系といった九州独自の土器文化が展開し，とくに中期においては，縄文をもたずキャリパー形の器形も採用しないという点で，他地方の縄文式土器に比してきわだった個性をみせている。

　ところが，後期になると外来の要素である磨消縄文土器[1]が瀬戸内地方を経て伝播してくる。そして，後期中葉には，前〜中期における在来土器文化伝統の中核をなしていた[2]中九州（有明海沿岸地方）にも，磨消縄文土器の九州普及型ともいうべき鐘ヶ崎式系土器が分布するに至るのである。

　しかしながら，後期中葉の中九州においては磨消縄文土器とともに在来の阿高式系土器も存在することは周知のとおりである[3]。すなわち，後期中葉の中九州においては異なる2系統の土器文化が並存するという事態を生じていたのである。この事態は，磨消縄文土器の伝播が，外来文化をもった集団の移住などによる一方的なものではなく，在来の伝統がある程度保持されたかたちで行なわれたことを示すものと思われる。よって，小稿では，独自の土器文化の伝統を堅持していた九州地方に外来文化が伝播・受容されていったプロセスを通して，伝播の実態を明らかにし，あわせて九州縄文文化理解の一助としたい。

　そのために，まず在来土器文化の型式変化を再検討し，外来土器文化である磨消縄文土器の型式的連続をみて，それから各遺跡における両系統土器の

複合状況を分析していきたい。この場合，精製土器のみでなく粗製土器をも含めた複合状況をみていく必要があるが，現在の資料状況においては，残念ながら両者のセットが必ずしも明確でなく，型式学的処理を以てしても一時期のセットを抽出するには困難が予想される。

さて，以上の分析の他に，両系統の要素を一つの個体に施した折衷の土器が存在しているので，この折衷土器の分析を通じて両系統の複合状況をみてみたい。というのも，この折衷土器こそ，両系統の伝統を一つの個体に封じ込めたものであり，製作者の意識中において二つの伝統が複合された結果に他ならないからである。

2 土器編年の再検討

1 中九州を中心とした後期阿高式系土器の変遷

九州の縄文後期土器編年に関しては諸先学の各説があるが，乙益重隆・前川威洋両氏の編年案[4]が最も用いられているようである。筆者も基本的にはこれを支持している[5]。しかしながら，最近この編年案にも疑義をはさむ向きもあるようである[6]。したがって，ここでは再確認の意味を含めて後期阿高式系土器の再検討を行なってみたい。

まず，後期阿高式系土器とされる南福寺式・出水式・御手洗Ａ式の諸属性のうち，鍵となりそうな属性，すなわち口縁形態・口唇部文様・主文様・文様帯ヴァリエーション等を分類する[7]。これらのうち口縁形態には二つの要素がある。一つは，いわゆる口縁部の形状であり，次の4類に大別される（図1）。

a 直口

b 弱く反転するもの

c 「く」の字状にきつく反転するもの

d 内傾して口縁部のみ直立するもの

もう一つは，器表から口縁部文様帯を区画し強調する手法であり（以下，「口縁帯作出法」と呼ぶ），次の8類に分けられる（図1）。

第8章 磨消縄文土器伝播のプロセス 187

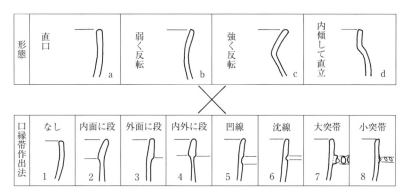

図1 後期阿高式系土器口縁形態分類図

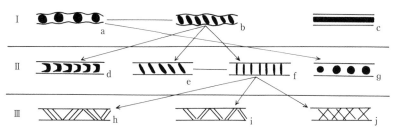

図2 後期阿高式系土器における口唇部文様の系統変化

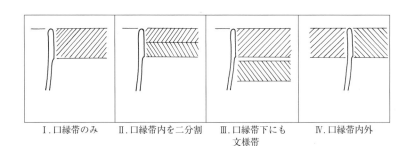

図3 後期阿高式系土器における文様帯変異

1 口縁帯作出を行なわないもの

2 口縁帯作出を行なってはいないが，内面に口縁部文様帯を意識した稜
をもつもの

3 肥厚によって口縁帯を作出したもの

4 内外を肥厚させるか，外面の肥厚に対応する内面の稜を有するもの

5 凹線によって区画したもの

6 沈線によって口縁帯を作出したもの

7 高く突出する大きな刻目突帯によって作出したもの

8 低く小さな刻目突帯によって作出したもの

そして，さらにこれらは

① 器表には口縁帯作出のない1・2類

② 外面の肥厚による3・4類

③ 線による区画の5・6類

④ 突帯による7・8類

の4群に大別される。このようなa〜dと1〜8の2要素が複合したもの
が口縁形態であり，両者の組み合わせ，例えば外面を肥厚させ強く反転させ
た土器は3cというように表示することにしたい。

次に口唇部文様をみてみよう。これには，

a 円形の大きな刻目

b 楕円の大きな刻目

c 口唇部に平行する沈線

d 押引文あるいは押引気味の刻目

e 短沈線に近くなった長楕円形の刻目

f 短沈線

g 丸い刺突

h 集線による山形文

i 2〜3本の短沈線による山形文

j 短沈線による斜格子文

の10類がある。これらは，a ←→ g，b ←→ e ←→ f ←→ h・i・jという系統

関係がたどれ，a・bが中期阿高式土器に通有のものであることから，矢印は上から下へとなる。この変化は，太い丸みのある刻目（a・b）から小型の沈線へと変わり（e・f・g），さらに細沈線文化（d・g・h・j）するというように段階づけられる。dは刻目の変質したものであり，e・f・gと同段階で大過ないだろう。cもdも同様に位置づけられうるが，口唇部に凹線を施す手法はすでに中期阿高式系土器にみられることから，a・bと同段階に凹線を施したものが想定されてよい[8]。よって以上から口唇部文様はⅠ期（a・b）・Ⅱ期（c・d・e・f・g）・Ⅲ期（h・i・j）という3期の段階変化を想定しうるのである（図2）。

　さらに主文様をみてみよう。小稿では後期阿高式系土器に施された主文様を100の単位文様に分類した。これらは，例えば2と18のように重複する場合があると思われるものも含まれているが，ほとんどの資料が破片であるためにやむをえなかった。諒とされたい。さて，これらは，凹線文（1〜38），沈線文（39〜47・56〜85），突帯文（48〜55），刺突・刻目文等（86〜100）に大別される。そして，2 ←→ 39，10 ←→ 45 ←→ 86，11 ←→ 48 ←→ 50 ←→ 91・87，20・21・22 ←→ 61・62・63，23 ←→ 67・70・71，23 ←→ 68・72，26・27 ←→ 73 ←→ 100，53・54 ←→ 87・94 ←→ 92・81・95・96・97，13 ←→ 57，14 ←→ 58 ←→ 98・99，15 ←→ 16 ←→ 59，16・17 ←→ 114，19 ←→ 60，28 ←→ 74・75 などの系統関係がたどれ，中期末までの阿高Ⅲ式土器[9]が凹線文を施したものであることから，後期阿高式系土器は凹線文をもつものが最古で，したがって，右記の矢印を下方向のみとした系統変化が想定しうる（図4）。これは，前川威洋氏が想定した[10]凹線文（南福寺式）から沈線文（出水式），刻目突帯（出水式）から低い隆帯上の刻目・刺突文（御手洗A式），さらに刻目・刺突文のみのもの（御手洗A式）という変化と基本的に同一である。

　最後に文様帯のヴァリエーションをみてみると，

　Ⅰ　口縁帯のみのもの

　Ⅱ　口縁帯内をさらに上下の文様帯に分割したもの

　Ⅲ　口縁帯に加えてその下にもさらに文様帯をもつもの

　Ⅳ　口縁帯に加えて内面にも施文したもの

190

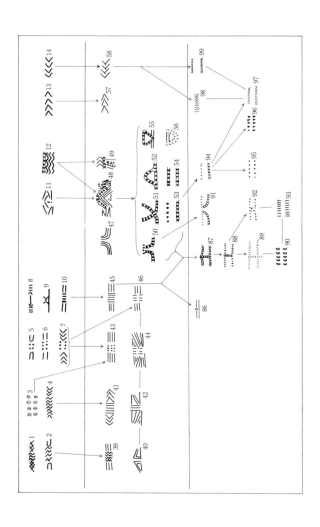

第8章　磨消縄文土器伝播のプロセス　191

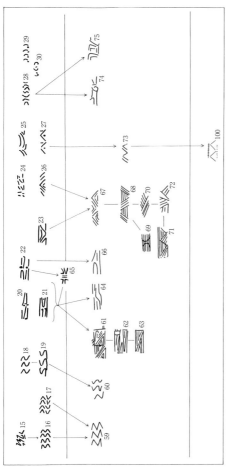
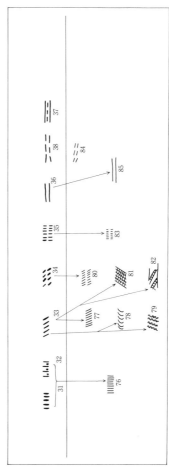

図4　後期阿高式系土器単位文様系統図

の四つがある（図3）。これらにさらに口唇部施文の有無が加わるが，これはあまり意味をもたないようなので小稿では度外視した。

さて，以上に述べてきた諸属性の分類をもとにして分析を行なう。まず，口縁形態と文様帯ヴァリエーションの組み合わせで，例えば外面肥厚によって口縁帯を作出し，直口で口縁帯の下にも文様帯をもつものはaⅢというように表示したい。そうすると，後期阿高式系土器は表1に示したように総数47のヴァリエーションに分類できる。そして，これらが口縁帯作出法によって①〜④群に大別されることは前述のとおりである。なお，これらは深鉢形土器のみの分類であり，この他にもまれに無文精製の丹塗壺様土器や浅鉢もしくは鉢形の土器がみられる[11]が，いかにも微量であることから小稿では分析の対象外とした。今後，類例の増加を待ち，一定の普遍性が予想されるに至った時点で再検討することにしたい。

さて，このように設定された変異群と単位文様群との相関関係をみてみると表1のようになる。これによると，凹線文土器群と沈線文土器群には①〜④群が基本的に認められるのに対して，突帯文土器群と刻目・刺突文土器には②群あるいは③群が欠落しており，後二者は全体の変異数も少ない。このことは，凹線文土器と沈線文土器群，突帯文土器群と刻目・刺目文土器の型式学的な近さを暗示するものである。

そこで，これらの時期的な関係を明らかにするために，同一個体における各文様の共伴間係によって，別個に段階変化を想定した口唇部文様群と主文様群との相関々係，さらに主文様における単位文様相互の関係をみてみよう（表2）。まず，口唇部文様と単位文様群の関係をみると，凹線文土器群はⅠ期口唇部文様のみが施されており，沈線文土器群はⅠ・Ⅱ期口唇部文様を主体としている。ちなみに，後者にはⅢ期のh・iもみられるが，これは単位文様83あるいは85とともに刻目・刺突文土器群の内面に施されたり刺突文と共伴したものである。そして，突帯文土器群は，Ⅰ・Ⅱ期口唇部文様のみであり，沈線文土器と基本的に同じあり方を示している。さらに，刻目・刺突文土器をみてみると，Ⅱ・Ⅲ期のみであり，Ⅰ期口唇部文様は施されていない。このように，別個に想定した口唇部文様群と単位文様群の段階変化は

よく相関しており，以上から，凹線文土器群→沈線文土器群→刻目・刺突文土器群という時期的変遷と，突帯文土器群が沈線文土器群と同時期でありそうなことが看取される。

　次に，単位文様相互の共伴関係をみてみよう。まず，凹線文をみてみると，凹線文同士はもちろんであるが，沈線文・突帯文にも共伴例がある。このうち沈線文は，単位文様117が沈線文土器群に普遍的なものであり，141は凹線文・沈線文土器群双方にまたがる単位文様である。よって，これらと単位文様の系統変化とから凹線文土器群が沈線文土器群へと漸移的に変化したことがうかがえる。また，沈線文をみてみると，沈線文同士の共伴例が圧倒的に多いが，突帯文と刻目・刺突文との共伴例もみられる。このうち刻目・刺突文との共伴は，単位文様83が刻目・刺突文土器に施されたものであり（図7-1），83は沈線がさらに細くなって萎縮したものである。このことは，沈線文土器群から刻目・刺突文土器群への漸移的変化を示すとともに，変質しつつも沈線文が刻目・刺突文土器群の段階に残存することを示唆している。それから，最後に突帯文をみてみると，1例のみ凹線文との例がある他は沈線文と共伴している。これは口唇部文様との相関々係とも一致しており，出現期はやや古くなりそうであるものの，突帯文と沈線文が時期的に併行することを示している。そして，この事実は，沈線文→刻目・刺突文，突帯文→刻目・刺突文という文様変遷と矛盾しないのである。

　以上のように**表2**から，凹線文土器群→沈線文土器群→刻目・刺突文土器群は漸次変化した一系の土器群であり，沈線文土器群と突帯文土器群は同時併存することが確認しえた。そして，このような型式変化の方向から考えれば，刻目・刺突文土器群は，刻目突帯文から小突帯＋刻目・刺突文の段階をへて刻目・刺突文のみのものへと変化するという想定は有効である。したがって，上記のヴァリエーションと単位文様群との組み合わせをタイプとして認識することにしたいが，煩雑さを避けるため，上記の変異に用いた表示法をそのままタイプの表示として用いたい[12]。

　さて，以上をふまえて再び**表1**に返って各変異の消長をみると，まず，口縁帯内に第二文様帯をもつもの（Ⅱ群）は阿高Ⅲ式以来の伝統をうけて凹

194

表1　口縁部ヴァリエーションと単位文様の相関関係

		凹線文																																
		1	2	3	4	5	6	7	8	9	10	11	12	13	14	15	16	17	18	19	20	21	22	23	24	25	26	27	28	29	30	31	32	33
①群	1a I										○		○		○																	○	○	○
	1a Ⅳ														○																			
	1b I			○																														
	1c I																		○													○	○	○
	1d I																						○									○		
	1d Ⅳ																						○											
	2a																																	
	2a Ⅲ																																	
	2b I																																	
	2c I															○																		
	2d I																																	○
②群	3a I		○			○					○		○	○			○			○			○			○						○	○	
	3a Ⅲ																																	
	3b I														○			○									○							○
	3b Ⅲ																																	
	3c I						○								○										○								○	○
	3c Ⅲ																																	
	3c Ⅳ																																	
	3d I				○													○	○															
	3d Ⅱ																		○															
	4a I			○							○			○					○										○		○			
	4b I	○																																○
	4b Ⅲ																																	
	4c I											○				○	○	○							○									
	4d I		○									○			○			○	○	○										○	○			
③群	5a I														○			○		○				○								○	○	○
	5a Ⅳ																																	
	5b I																																○	○
	5c I																○		○										○				○	○
	5c Ⅱ																		○															
	5d I						○								○																	○	○	○
	5d Ⅳ																															○		
	6a I																		○															
	6a Ⅳ																																	
	6b I																																	
	6c I																																	
	6d I																																	
④群	7a I																															○		
	7a Ⅲ																																	
	7a Ⅳ																															○		
	7b I														○																	○		
	7c I																																	
	7d I																																	
	8a I																																	
	8a Ⅳ																																	
	8d I																																	
	8c I																																	

		凹線文					沈線文																											
		34	35	36	37	38	39	40	41	42	43	44	45	46	47	56	57	58	59	60	61	62	63	64	65	66	67	68	69	70	71	72	73	74
①群	1a I			○			○			○	○		○	○			○	○			○		○		○					○				○
	1a Ⅳ																																	
	1b I									○					○																			
	1c I	○											○	○																				
	1d I												○																					
	1d Ⅳ																									○								
	2a												○																					
	2a Ⅲ																																	
	2b I																																	
	2c I							○							○				○															
	2d I																○																	
②群	3a I	○		○		○					○		○	○			○				○				○	○				○			○	
	3a Ⅲ																																	
	3b I	○	○	○		○				○							○	○	○					○		○								
	3b Ⅲ																																	
	3c I	○		○									○												○									
	3c Ⅲ																								○									
	3c Ⅳ																																	
	3d I		○																															
	3d Ⅱ																																	
	4a I				○												○	○					○											
	4b I				○														○															
	4b Ⅲ																																	
	4c I	○											○									○	○											
	4d I			○													○						○											
③群	5a I		○	○																							○							
	5a Ⅳ				○																													
	5b I																																	
	5c I			○																														
	5c Ⅱ																																	
	5d I	○		○																														
	5d Ⅳ	○																																
	6a I							○	○	○							○				○		○											
	6a Ⅳ																																	
	6b I																		○									○						
	6c I				○				○																			○						
	6d I																																	
④群	7a I				○					○							○															○		
	7a Ⅲ				○																													
	7a Ⅳ																																	
	7b I																																	
	7c I																																	
	7d I																																	
	8a I										○																							○
	8a Ⅳ																																	
	8d I																																	
	8c I																																	

196

											突帯文								刻目・刺突文														
75	76	77	78	79	80	81	82	83	84	85	48	49	50	51	52	53	54	55	86	87	88	89	90	91	92	93	94	95	96	97	98	99	100
	○	○						○												○	○								○				
	○							○													○												
○																											○						
		○			○																												
		○	○																														
		○																															
	○																																
	○	○		○		○		○		○																	○		○			○	
		○				○																											
	○	○	○	○		○				○																	○		○				
			○	○	○																												
																															○		
		○																															
		○																															
		○								○																							
○	○																																
	○	○																															
	○	○																															
	○	○																															
○					○	○																											
			○																														
○	○					○			○			○		○	○	○																	
												○		○																			
							○					○		○		○																	
												○	○			○		○															
																○				○	○								○		○		○
							○		○							○				○													
																												○					
		○																															

線文土器群にはみられるが，沈線文土器群以降にはみられなくなる。そのか
わり，口縁帯下に施文するもの（Ⅲ群）が凹線文土器群に初現し沈線文・突
帯文土器群に盛行する。このⅢ群は，あるいはⅡ群の系統をうけたものかも
しれないが，口縁帯下文様帯に施される単位文様が77を主体として68・
71・81などに限られていることがⅡ群と異なっており，凹線文土器群から
沈線文・突帯文土器群にかけて出現した新出のタイプ群と考えた方がよかろ
う。また，内面施文のタイプは，凹線文土器群に出現し，刻目・刺突文土器
群にまで継承されるようである。さて，凹線文土器群と沈線・突帯文土器群
には基本的に①〜④群の口縁帯作出法があり各タイプがみられるが，内面に
段をもつタイプは突帯文土器群にはみられないようである。さらに，突帯文
土器群には②・③群もみられず，従来いわれてきた御手洗A式土器と共通
したあり方を示し，両者の近さ，すなわち前者が後者の祖形であることを如
実に示している。ところが，刻目・刺突文土器群には，従来御手洗A式と
いわれてきた①・④群だけでなく，②群，すなわち肥厚口縁帯のタイプ群も
含まれており，また，本来御手洗A式である8aⅠ・8cⅠタイプに沈線文が
施されたものもあって，刻目・刺突文土器群の時期に，従来出水式土器ある
いは出水式的とされてきた②群，そしておそらくは③群の土器が存在するこ
とを示しているのである。よって，刻目・刺突文土器群にタイプ数が激減す
るようにみえるのは，事実そうではあろうが，少しは割り増して考える必要
があろう。これらは，後期中葉の遺跡から出土して「出水式系」[13]，「在地
系」[14]，「市来式（御手洗C式）」[15]と呼ばれ処理されてきたものであり，い
わゆる出水式土器に比して，焼成が黄褐色を呈するものが多かったり，文様
の硬直化・萎縮がみられるものの，出水式と峻別し難いものも多い（図18-1
〜4など）。しかし，また，このことは，沈線文・突帯文土器群での新出タイ
プ群が突帯文土器群であり，次期への型式変化の中心がこの突帯文土器群で
あることと関連している。すなわち，出水式期から御手洗A式期にかけて
の土器に払われた関心は突帯文土器群に集中していたといえようし，後期中
葉に至って②・③群が相対的にレベルダウンしていたことが想定される。ま
た，この想定は，いわゆる御手洗A式土器のほとんどが精製品であり，②・

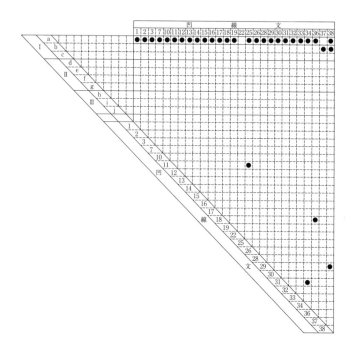

表2　口唇部文様・主文様相関関係及び主文様の同一個体内共伴関係

第8章 磨消縄文土器伝播のプロセス 199

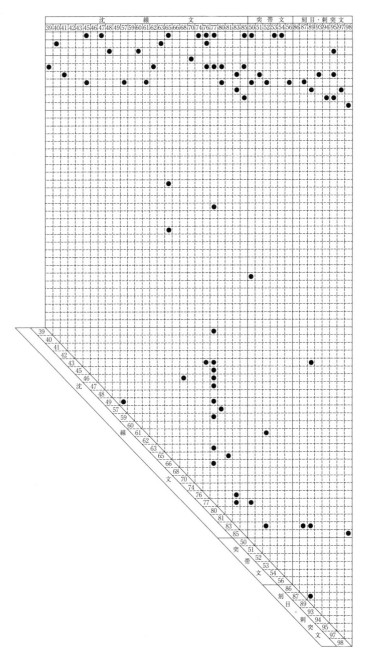

③群は条痕調整を残したいわば半精製品が多いことからも支持される。

したがって，以上から次のように後期阿高式系土器を認識したい。

南福寺式土器（図5）

凹線文を施した土器群であり，Ⅰ期口唇部文様と口縁帯内文様帯2分割は阿高Ⅲ式から引きつがれたものである。口縁帯作出法は①～④群全てをもっているが，これらも阿高Ⅲ式にその萌芽がある。口縁帯下施文のタイプや内面施文のタイプ，突帯文土器は南福寺式期に出現のきざしがある。分布は阿高Ⅲ式土器と大差ないようであるが北部九州にはまれである。

出水式土器（図6）

南福寺式土器における凹線文が沈線文へと変化し，新出の突帯文土器群が一定量を占めるようになる。口唇部文様はⅠ・Ⅱ期が主体をなし，口縁帯下施文のタイプと内面施文のタイプが増加する。口縁帯作出法は，①～④群全てがそろっていて，南福寺式土器に共通している。分布圏は，いまひとつ明らかでないが，南福寺式土器と同様かそれよりも南に後退した分布圏が考えられ，むしろ後者の可能性が大きい。また，突帯文土器は有明海沿岸に多く[16]，口縁帯下施文のタイプは，熊本以南，とりわけ南西九州に多く分布しており[17]，出水式における新出かつ重要な要素が分布圏の南北で異なっている。このことは，出水式期前後の型式変化をめぐるコミュニケーションが分布圏全体を貫徹していなかったことを物語っている。この現象は次の段階における分布圏分解の予兆ともいえるものである。

御手洗A・C式土器

南福寺以式来の①～④群の口縁帯作出法のうち，④群から型式変化したタイプ群および刻目・刺突文のみを施した①群を御手洗A式とする。そして，前者が後者に先行するが，これらに出水式土器における沈線文が萎縮・退化したものを施したものも含まれる。このA式の他に出水式における②・③群の口縁帯作出法タイプ群の流れをくむ土器群がこの時期に存在する。本来ならこのタイプ群をも含めて様式設定すべきなのだが[18]，この土器群の方がA式よりも分布圏が広いようであることと時期幅も長いことから，小林久雄氏がつけられた名称をとって御手洗C式と呼びたい。そして，様式名と

第8章 磨消縄文土器伝播のプロセス 201

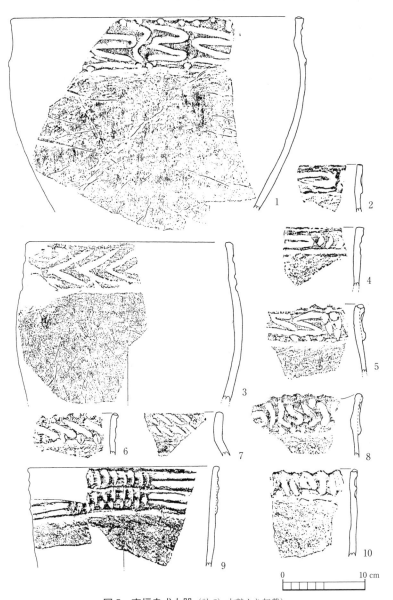

図5 南福寺式土器（註2）文献より転載）

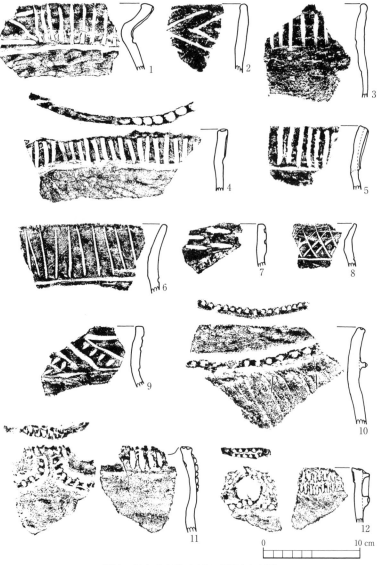

図6 出水式土器(下楠田貝塚出土土器)

しては御手洗Ａ・Ｃ式土器とする。したがって，御手洗Ａ・Ｃ式においては
Ａ式・Ｃ式ともにタイプ群の名称である。さて，この御手洗Ｃ式に出水式
土器との弁別が困難なものが含まれるのは前述した通りだが，同時に市来式
土器とも類似しており，中間的な土器すら指摘されている[19]。このことは，
市来式土器が，出水式土器分布圏の南部を中核とした南九州において，御手
洗Ｃ式同様，出水式土器（②群）が型式変化を遂げたことを考えればむし
ろ当然のことであり，後述するように，御手洗Ａ・Ｃ式と市来式は相互に排
他的な分布圏をなさないようである[20]。ただ，市来式土器においては②群の
口縁帯作出法がますます発達・強調されていくのに対して，御手洗Ｃ式に
はレベルダウンが認められ，より精製品であるＡ式に対してより半精製品
であり，この点で両者は異なる。

　さて，これら後期阿高式系の各様式を構成する一方のタイプ群である粗製
土器は，各時期のセット関係を示す良好な一括資料に恵まれない現状では必
ずしも明確にはしえないものの，熊本県八代郡鏡町＊有佐貝塚[21]等若干の例
からみれば，出水式期までは阿高式土器群において想定した粗製土器[22]と
大差ないようである。また，御手洗Ａ・Ｃ式期もしくはそれ以降は粗製土器
にも変化が定められるが，これについては後に述べたい。

2　九州における磨消縄文土器の変遷

　西日本における後期中葉までの磨消縄文土器編年は，中津式→福田ＫⅡ式
→縁帯文土器（津雲Ａ式・彦崎ＫⅠ式など）という大綱で基本的に合意を
みていると思われ，中津式・福田ＫⅡ式（小池原下層式）→小池原上層式→
鐘ヶ崎式→北久根山式という前川威洋氏の編年が最も良く整理されている[23]。
しかしながら，時間的な序列はともかくとして，その系統関係には判然とし
ない点もあり，その後良好な新資料も出土している。小稿は，もとより阿高
式系土器文化の主体性に主眼をおいたものであり，ここで磨消縄文土器の分
析を行なう余裕もないが，一応の概略だけは把握しておきたい。

　まず，後期初頭に中津式土器が位置づけられ，福田ＫⅡ式が中津式をうけ
て成立することはいいとして，それから小池原上層への変化や，小池原上層

式から鐘ヶ崎式への型式変化などがいまひとつ判然としないようである。す
なわち，これらを胴部文様でみてみると，3本沈線内縄文帯（福田KⅡ式）
→2本沈線内幅広縄文帯・入組文・鉤手モチーフ（小池原上層式）→集線化
した幅狭の縄文帯・渦文・入組渦文（鐘ヶ崎式）ということになるが，縄文
帯あるいは沈線間の幅が整合的な連続をなしていない。従来いわれてきたよ
うに，小池原上層式の祖型として幅広の縄文帯をもつ宿毛式土器をおいてみ
ても，中津式から通して考えると，中津式（幅広縄文帯）→福田KⅡ式（幅
狭3本沈線）→宿毛式（幅広縄文帯）→小池原上層式（幅広縄文帯）→鐘ヶ
崎式（幅狭縄文帯）となり，やはり整合性をもたなくなるのである。

　さて，ここで，この時期における良好な一括資料と思われる大分県直入郡
荻町*寺の前遺跡Ⅸ〜Ⅹ地区方形竪穴状遺構出土土器をみてみよう[24]（図7）。
この遺構からは福田KⅡ式（図7-4），小池原上層式（同5〜11）口唇部に沈線
を施した鐘ヶ崎式とされるもの（12），御手洗A・C式（1〜3）に加えて，3
本沈線を基調とした2段の集線渦文や入組文の縁帯文土器[25]が出土してお
り（15・16）小池原上層式が量的に最も多い。これらのうち，16の集線渦文
は，鐘ヶ崎式土器における胴部文様の一つであり，完全に胴部の文様帯に収
められたものであるが，口縁形態および縁帯文自体は京都大学植物園内縄文
遺跡[26]等でみられる福田KⅡ式に並行する縁帯文土器のそれに最も近い。
さらに，1点のみではあるが福田KⅡ式も出土していることなどから，この
鐘ヶ崎式の胴部文様をもつ縁帯文土器の時期は，福田KⅡ式期の直後に連続
するものと考えられ，小池原上層式の時期より下げて考えることはできない。
したがって，この遺構から出土した一括資料全体も福田KⅡ式期の直後を中
心とした時期に位置づけられているのである。

　ところで，鐘ヶ崎式土器の胴部文様には大きく二つの系統が指摘できる。
一つは入組渦文であり，もう一つは渦文である。しかし，この渦文は，上記
のように，小池原上層式期にも存在することが明らかとなった。そして，渦
文自体は福田KⅡ式土器の中からたどりうるのである（図8）。これは，福田
KⅡ式特有の3本沈線による2段の渦文が，3本沈線を基調にして集線化し，
縁帯文土器の胴部文様帯の中に収められ，それがくずれていく過程としてと

らえることができる。よって、これから、いわゆる小池原上層式の幅広縄文帯を介せずして、福田KⅡ式から鐘ヶ崎式の集線化した幅狭縄文帯の系統が1本引けるのである。

一方、福田KⅡ式から小池原上層式への型式変化はどのようなものであったろうか。前述のように、3本沈線の縄文帯からいわゆる小池原上層式の縄文帯への型式変化は考えにくい。むしろ、これまで小池原上層式（あるいは平城式）の祖形であると考えられてきた[27]宿毛式土器の方が、幅広の縄文帯や入組文をもつという点で、型式学的には近いといえよう。そうすると、3本沈線の磨消縄文土器の系統が鐘ヶ崎式にまで継承されることは前述のとおりであることから、従来宿毛式とされてきたタイプ群と福田KⅡ式は同時期に併存したことが想定されるのである。もともと2本沈線による幅広の縄文帯は中津式土器特有のものであり、同式から宿毛式への系統を引いた方が考えやすいことや、広島県福山市洗谷貝塚[28]における両者の出土状況などはこの想定を支持している。

次に、鐘ヶ崎式におけるもう一つの胴部文様である入組渦文の成立をみてみよう（図8）。これは、渦文化・集線化という点ではいわゆる福田KⅡ式土器からの流れが認められ、3本沈線を基調とした入組渦文も存在するものの（図8-6）、モチーフ自体はやはり小池原上層式からの流れをくむものである。すなわち、胴部文様帯における上下の区画となる2本の横位縄文帯間に逆三角形となるよう斜位の縄文帯を加え、頸部との区画をなす横位縄文帯から基部に入組文をもった鉤手文を上下に出すものが基本である（図8-5）。そして、鐘ヶ崎式土器をみてみると、集線化し縦方向に圧縮され、逆三角形の区画にくずれが認められるものの、上下に施す鉤手モチーフはそのまま残されており、この鉤手文の基部における入組文が大きく入り込んで鐘ヶ崎式特有の入組渦文となっているのである（図8-7・8）。また、この入組渦文には、横位縄文帯からの線が鉤手文と同一方向へと向かう小池原上層式同様のものと（図8-7）、鉤手文とは逆方向へと線を出して入組文をなすもの（図8-8）との両者が認められる。ところが、鐘ヶ崎式には小池原上層式における横位縄文帯・逆三角形区画・上下鉤手モチーフといった規格が完全に崩壊した土器群

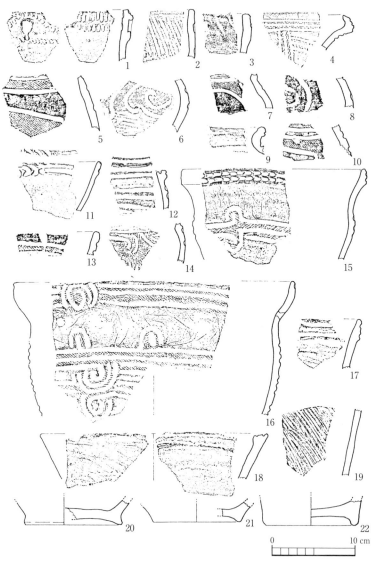

図7 寺の前遺跡方形竪穴状遺構出土土器（註24）文献より転載）

第 8 章 磨消縄文土器伝播のプロセス 207

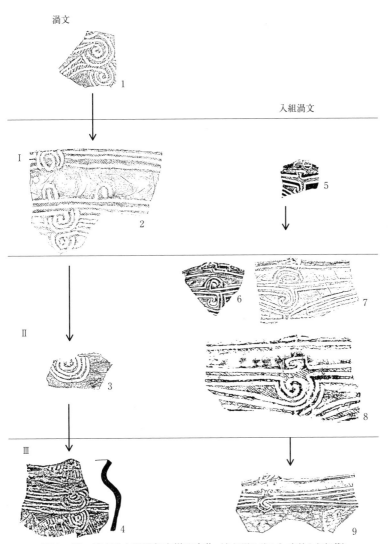

図 8 鐘ヶ崎式系土器胴部文様の変化（各拓影は註 14）文献より転載）

もみられる（図8-9），これらの土器群は，各要素を一応は持ったものがある
ものの，2本の沈線によって囲まれる空間をたどってみると別の沈線間空間
へと開いたりして，すでに縄文帯を意識したものではないことがわかる。ま
た，頸部文様にも退化が認められる。したがって，鐘ヶ崎式系土器における
胴部文様のうち入組渦文には前記の3段階が設定されよう[29]（図8）。

　さて，再び前川氏の編年案をみてみると，瀬戸内地方の津雲A式を，鐘ヶ
崎式の次に位置づけられる北久根山式土器に併行させている。津雲A式の
カテゴリーは，いまひとつ判然としないものの，瀬戸内地方における縁帯文
土器と理解するならば，鐘ヶ崎式土器は縁帯文土器とは無縁ということに
なってしまう。そして，この見解は現在でも支持されているようである[30]。
ところが，近畿地方においてはすでに後期前葉の福田KⅡ式期に縁帯文土器
が存在することが知られており，また，寺の前遺跡においてはいわゆる小池
原上層式と縁帯文土器が共存していることから，瀬戸内地方の縁帯文土器
（津雲A式）を全て北久根山式期に併行させて考えるわけにはいかなくなる。
そもそも縁帯文土器として総称される土器群は，口縁部・頸部・胴部（上半
部）の文様帯がはっきりと区画されたものを中心とするが，胴部文様や頸部
文様，とりわけ口縁形態には地域色が強いようである。しかしながら，これ
らには口縁部文様が同心円状に展開するものを基調とするという共通点があ
る[31]。よってここで鐘ヶ崎式系土器をみてみると，口縁部・頸部・胴部（上
半部）という文様帯の規格がみられ，口縁部文様は同心円状に展開しており，
これらから縁帯文土器と基本的には何ら変わりのないことがわかるのである。

　それでは，今まで述べてきた磨消縄文土器と後期阿高式系土器との併行関
係をみてみると，まず中津式が阿高Ⅲ式（あるいは坂の下Ⅰ式）の最末期か
ら南福寺式（あるいは坂の下Ⅱ式）と併行する[32]。そして，寺の前遺跡の一
括資料からみて，Ⅰ期の鐘ヶ崎式系土器と御手洗A・C式が併行し，しかも，
この御手洗A式が比較的古い段階のものであり，熊本市渡鹿貝塚ではⅢ期
の鐘ヶ崎式系土器と御手洗C式のみが伴いA式はみられないことから[33]，
Ⅱ期の鐘ヶ崎系土器と御手洗A・C式の比較的新しい段階のものが併行する
と考える。

第8章 磨消縄文土器伝播のプロセス　**209**

　ちなみに，磨消縄文土器における粗製土器は，はっきりとしたセットを示
す例がほとんどないが，阿高式系の粗製土器との対比において，例えば小巻
貝による器面調整をもつものや大きな山形口縁をもつものなど，抽出が可能
なものも多い。

3　磨消縄文土器の伝播

1　両系統の複合状況

　前・中期において曽畑・阿高式系土器は自律的な型式変化を行ない，隣接
する他の土器文化と文様等の交換も原則として行なっていない[34]。しかし，
このような曽畑・阿高式系土器文化も後期になって磨消縄文土器文化の伝播
を受けることになる。伝播は後期初頭に分布圏の外縁に起こり，後期中葉に
はもはや阿高式系土器のみでは存在しえなくなるのである。よって，以下各
遺跡における両系統の複合状況をみてみよう。

　まず，瀬戸内地方に対する北部の門戸である北部九州における状況をみて
みる。福岡県糸島郡志摩町＊天神山貝塚は，早期末から後期前葉までの時期
幅が確認されている遺跡であるが，後期前葉前半，すなわち中津式期の土器
がまとまって出土している[35]。まず中津式土器をみてみると，磨消縄文を施
した精製有文の深鉢形土器（図9-1〜4）と小巻貝による条痕調整の粗製無文
深鉢形土器（図9-5〜8）とがあり，精製土器から粗製土器まで一応は中津式
土器のセットが揃っていることがわかる。ところが阿高式系土器（坂の下II
式あるいは南福寺式[36]）をみてみると，有文土器は凹点文を施したもののみ
であり（図9-9〜10），あとは口唇部の特徴などから粗製土器の存在を指摘で
きるだけである（図9-11〜14）。そして，この凹点文土器は，後期初頭の阿高
式系土器においてはより粗製土器に近いもので，半精製土器ともいうべきも
のであることは旧稿に述べたとおりである[37]。したがって，阿高式系の土器
は半精製土器と粗製土器のみであり，いわゆる精製有文の土器は認められな
いことになる。また，同貝塚からはこれらに加えて両系統の同一個体に施し
た折衷の土器も出土している。まず，**図9-2**にあげた土器は，器形・主文様

等は中津式土器であるが，口縁直下に阿高式系土器における凹点文を施した
もので，阿高式系の要素を加えた中津式土器とすることができる。次に，図
9-9 は，器形・文様ともに阿高式系の半精製土器であるが，器面調整だけは
磨消縄文土器系の小巻貝によるものである。さらに粗製土器をみてみると，
阿高式系土器特有の口唇部をもちつつ小巻貝による調整痕を残したものがみ
られる（図9-12）。しかし，粗製土器の場合，両系統の器形や調整法に共通
点も多く，双方の峻別が困難な個体も多い。

　さて，この天神山貝塚と同時期・同地域における土器の複合状況がうかが
える遺跡としては福岡市桑原飛櫛貝塚がある[38]。この遺跡も中津式土器を主
体としたもので，これには精製有文の磨消縄文土器（図10-1〜6）と小巻貝に
よる調整痕をもった粗製土器（図10-7〜9）とがある。ところが，阿高式系土
器にはいわゆる精製土器はみられず，半精製の凹点文土器（図10-10〜12）と
粗製土器（図10-13〜15）のみとなっている。そして，ここからも両系統を折
衷した土器が出土している。すなわち，図10-1・2 は胎土中に滑石粉末を混
入するという阿高式系独特の伝統によって製作された中津式の精製土器であ
る。

　このように，北部九州における後期前葉でも古い時期の土器組成は，中津
式土器と阿高式系土器が複合したものであり，かつ中津式が優位を占めるこ
とが看取されるのである。

　ちなみに，同時期で阿高式系土器を主体とする遺跡である佐賀県西松浦郡
西有田町＊坂の下遺跡における土器組成をみてみると，坂の下II式の精製土
器・半精製凹点文土器・粗製土器が圧倒的多数を占め，中津式は精製土器が
少数みられるので移入品としての性格が強い[39]。すなわち，移入品として少
量の中津式土器は存在しても，坂の下II式の独自性は全く損なわれておらず，
北部九州の土器組成と大きく異なっているのである。それでは，後期前葉か
ら中葉にかけての中九州における土器組成はどのようなものだったのだろう
か。

　福岡県山門郡瀬高町＊大道端遺跡[40] は，阿高III式から御手洗A・C式まで
阿高式系土器が連続し，かつ主体を占める遺跡である。磨消縄文土器は，後

第8章 磨消縄文土器伝播のプロセス 211

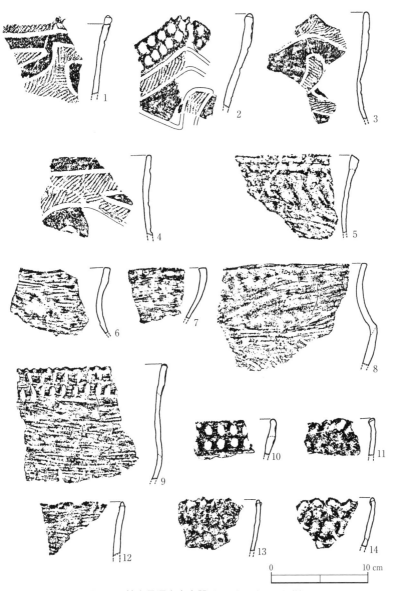

図9 天神山貝塚出土土器（註35）文献より転載）

212

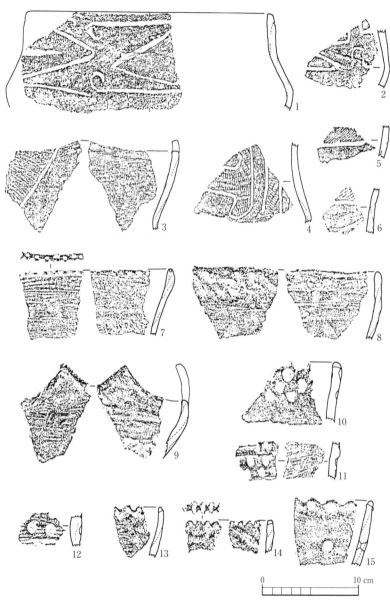

図10　桑原飛櫛貝塚出土土器（註38）文献より転載

第8章 磨消縄文土器伝播のプロセス 213

期前葉においては中津式・福田KⅡ式が少量存在するが，いずれも精製品で鉢形のものが多いようである。しかし，後期中葉になると，Ⅰ期の鐘ヶ崎式系土器がやや多くなり，器形は御手洗A・C式的であるが，文様は同式と磨消縄文系と思われる渦文を対等に施した土器も認められる（図11）。また，大牟田市荒田比貝塚[41]は，大道端遺跡同様南筑後地方に位置し，阿高Ⅲ式から御手洗A・C式までの阿高式系土器を主体とする遺跡である。ここからは，中津式土器こそ出土していないが，福田KⅡ式とⅠ期の鐘ヶ崎式系土器は出土している。しかし，福田KⅡ式は精製の鉢形土器がほとんどであり（図12-1〜7），有文土器でも粗製品に近いものが出てくるのは鐘ヶ崎式系のⅠ期からのようである（図12-17〜19）。また，小巻貝条痕をもつ粗製土器も存在するが，いずれの時期かは判別しがたい。

以上のような後期前・中葉における土器組成は荒田比貝塚と同じ時期幅を有する福岡県三池郡高田町＊下楠田貝塚においても認められる。そして，後期中葉におけるこのような土器組成は中九州に共通したものなのである。

熊本県菊池郡合志町＊御手洗遺跡は，前期から後期に及ぶ時期幅をもつ遺跡で，表採資料ではあるものの，後期中葉でも古い段階を主体とする遺跡である[42]。該期の土器としては御手洗A・C式土器，鐘ヶ崎式系土器，市来式

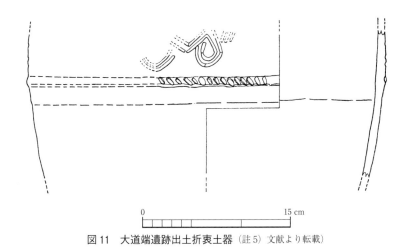

図11 大道端遺跡出土折衷土器（註5）文献より転載）

214

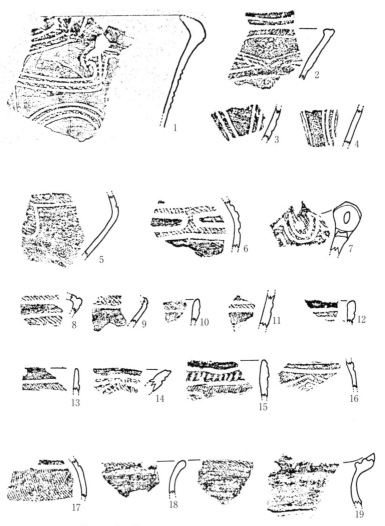

図 12　荒田比貝塚出土土器 (註 41) 文献より転載)

第8章 磨消縄文土器伝播のプロセス 215

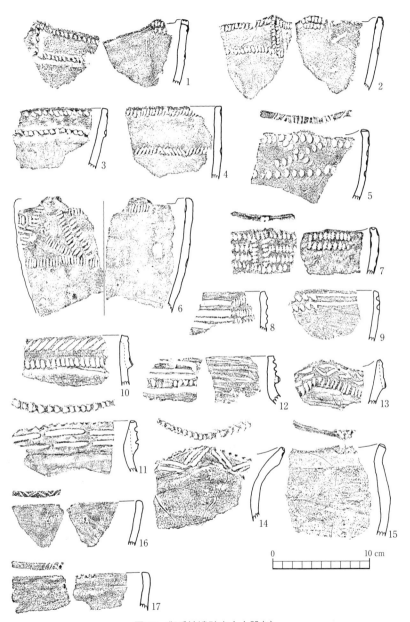

図13 御手洗遺跡出土土器(1)

216

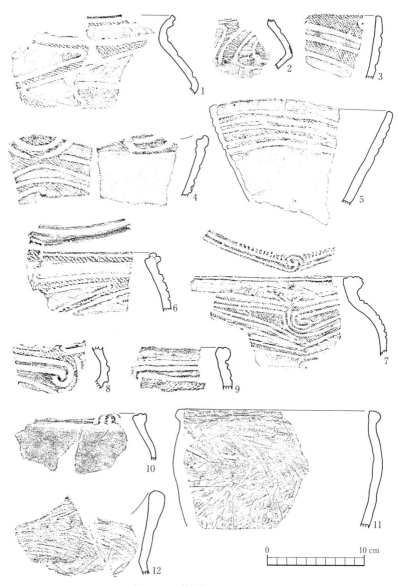

図14 御手洗遺跡出土土器(2)

第8章 磨消縄文土器伝播のプロセス 217

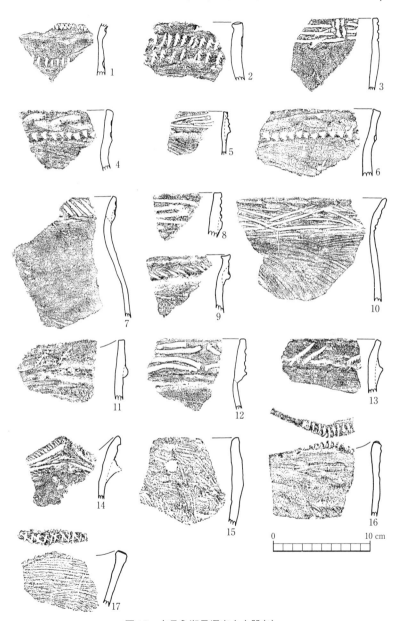

図15 水月永瀬貝塚出土土器(1)

218

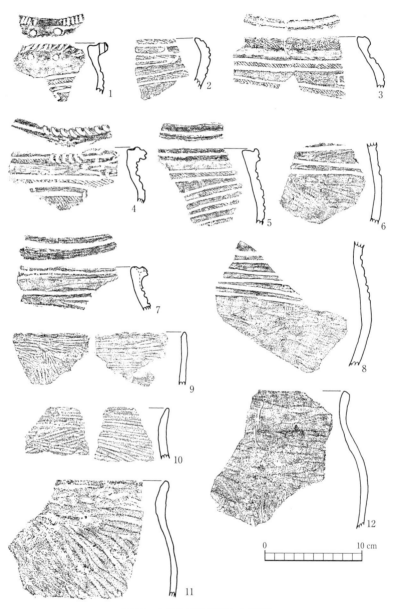

図16 水月永瀬貝塚出土土器(2)

第8章 磨消縄文土器伝播のプロセス 219

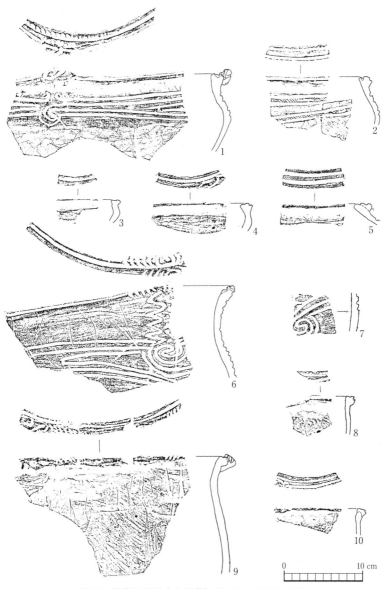

図17 渡鹿貝塚出土土器(1) (註44) 文献より転載)

220

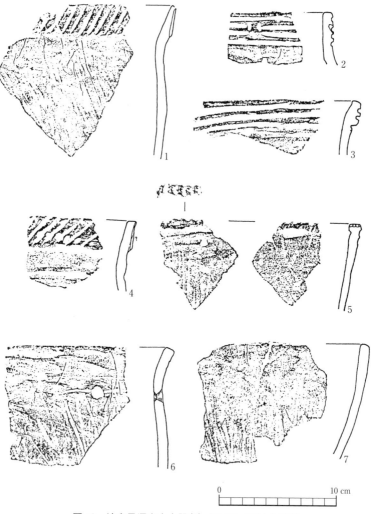

図18 渡鹿貝塚出土土器(2) (註44) 文献より転載)

土器が出土しているが，これらはさらに2小期に細分される。すなわち，鐘ヶ崎式系土器は，図14-1〜6に示したⅠ期の土器群と，Ⅱ期に属する7〜9に分けられ，御手洗A・C式土器（図13）は，A式において，突帯をもった より古いもの（図13-1〜3），突帯をもたず直接刻目・刺突文を施したより新しいもの（図13-4〜7）の二者に分けられるのである。そして，これら両系統の2小期はそれぞれ対応するものと考える。この想定は，さきの筑後地方における3遺跡で鐘ヶ崎式系土器（Ⅰ期）とより古い御手洗A・C式が対応することや，寺の前遺跡方形竪穴状遺跡出土一括資料のあり方と矛盾するものではない。

この御手洗遺跡においては磨消縄文土器も量的に多く，精製土器は鉢形土器（図14-1〜9）に加えて，半精製土器（図14-10）も存在する。したがって，おそらくは図14-11〜12に示したような粗製土器をも含めた完全なセットをなしていたと思われる。また，市来式土器（図13-13〜14）については，量的にも少なく，もともと出水式土器を母胎とした土器であり，御手洗C式との中間形態を示すような土器も存在することから（図13-10〜11），この遺跡で製作・使用されたと考えていいだろう。このようなあり方はさきの南筑後地方においても同様であり，市来式成立（あるいは分離）後も南九州と御手洗A・C式土器分布圏とのコミュニケーションが継続されていたことを物語っている。

これらと全く同様の組成は，有明海を隔てた長崎県南高来郡加津佐町*水月永瀬貝塚においてもみられる[43]。これは，採集資料ではあるものの，後期中葉に時期が限られており，鉢形・深鉢形のⅡ期鐘ヶ崎式系土器（図16-1〜8），御手洗A・C式土器（図15-1〜12），市来式（図15-13〜14）が主体を占め，両系統の粗製土器（図15-15〜17・図16-9〜12）が出土している。御手洗A・C式の中には（C式）胴部の器面調整を小巻貝で行なったものが存在する（図15-10）。また，この時期から器面を指先で削り取ったような調整法が出現するようである（図16-11・12）。以上のように，後期中葉の古い段階には，阿高式系土器文化の中核であった中九州においても磨消縄文土器がセットをなして存在し，同一遺跡内で異なる2系統の土器が相互に独自性を保ちつつ

完全なセットをなして製作使用されていたのである。そして，この段階まで
は阿高式系土器も主体的に存在しているが，次の熊本市渡鹿貝塚の時期にな
ると磨消縄文土器が主体を占めるようになってくるのである。

　渡鹿貝塚はⅢ期の鐘ヶ崎系土器を出土する遺跡であり，竪穴住居跡と包含
層から多量の土器が出土しているが，ごく少量混入する三万田式・黒川式を
除けば，ほぼⅢ期鐘ヶ崎系土器の時期幅に収まると考えていいだろう[44]。
さて，渡鹿貝塚出土土器をみてみると，まず，鐘ヶ崎式系土器は，鉢形土器
の精製品（図17-1～2）・やや装飾性に乏しく粗製品に近いいわば半精製品と
いうべきもの（図17-3～5），深鉢形土器の精製品（図17-6～7），半精製品（図
17-8～10）がみられ，量的にこれらが主体をなすようである。また，粗製土
器は，阿高式系・磨消縄文土器系双方の手法も存在するものの，粗雑な研磨
を行なったものが目立つようであり，しかもこの研磨は阿高式系土器に施さ
れた幅広のもの[45]ではなく，磨消縄文土器にみられる幅の狭い原体[46]によ
るものである（図18-5～7）。そして，このような器面調整法は磨消縄文土器
の伝統から二次的に派生したものと考えていいだろう。一方，阿高式系土器
は，御手洗A・C式におけるC式のみであり，A式はみられない（図17-1～
4）。このC式は，既述のとおり，出水式期およびそれから御手洗A・C式
へと移行する過程において，型式変化に停滞がみられ，硬直化し，今までみ
てきた御手洗A・C式期のC式をみてもわかるように，器面調整にも粗略
化が認められるもので，A・C式期の阿高式系土器の中では半精製品として
位置づけられるものである。これは，この渡鹿貝塚においても同様で，鐘ヶ
崎系土器の半精製もしくは粗製土器における粗雑な研磨が多くこのC式に
施されている。したがって，この渡鹿貝塚の段階，すなわち鐘ヶ崎式系土器
のⅢ期には，磨消縄文土器が主体を占め，阿高式系の精製土器はもはや製作
されなくなっていたことが看取されるのである。

　以上述べてきたことを整理すると次のようになる。すなわち，後期初頭の
北部九州においては，すでに磨消縄文系土器が主体を占めており，中津式の
セットに阿高式系の半精製・粗製土器が加わるという土器組成をなす。ちな
みに，これから後の北部九州は，よくわからないが，おそらくは福田KⅡ式

土器の分布圏となるものと思われる。さて，同じく後期前葉であっても中九州においては中津式・福田KⅡ式の精製品が南福寺式・出水式土器のセットに移入品のかたちで少量混入する。ただし，福田KⅡ式土器は中津式よりもやや量的に多くなるようである。そして，後期中葉になるとⅠ・Ⅱ期の鐘ヶ崎式系土器と御手洗A・C式の両系統ともに完全なセットをなして併存するようになり，次の時期（鐘ヶ崎系土器のⅢ期）には，阿高式系の精製土器はもはや製作されず，磨消縄文系土器が主体を占めてしまうこととなったのである。

2　土器様式の構造とレベル

　前節までに述べてきたことから次のことがうかがえる。このケースの伝播は，すぐに両系統が融合してしまうものではなく，数時期にわたって双方の伝統が存続するものの，精製・半精製・粗製土器の組成は伝播の段階ごとに変化し，最終的には外来伝統による精製土器の独占というかたちで完了するものである。そして，土器様式に構造があることはもちろんのことであるが，この構造をなす要素には従来いわれてきたようなタイプとフォームの他にさらに精製から粗製までのレベルがあり[47]，前二者とからみ合いながら構造をなしている。また，伝播の過程における各レベル組成の変化からみて，土器製作にあたって集団の（あるいは伝統による）規制が働き，しかも，この規制は精製土器に強く，レベルダウンするにつれて弱く寛容になるようである。したがって，このケースにおける伝播は，双方の伝統・規制の拮抗，外来伝統・規制のハイレベルにおける優越・独占というかたちで示され，また，これらのレベルは土器の社会的・文化的機能を反映しているものといえよう。いっぽう，土器1個体は，その様式における規制をうけ，文様の配列等にも規格があるが，別様式の要素を変換させた折衷土器も存在する。この折衷土器には，2系統の文様などがほぼ対等にミックスされたもの（例えば図7-16）や，一方の規格が優性で他方が劣性というあり方をするもの（例えば図9-2），器形・文様等表現型は一方の規格のままで外観はその様式そのままだが器面調整等に他系統の技法を施したもの（例えば図10-1）など各種あるようであ

るが，この伝播のケースでは後二者が多いようである。

　さて，このような伝播に関しては関東地方を中心とした縄文土器型式の伝播を情報の流れとして分析された上野佳也氏の論攷がある[48]。これは，関東地方を中心とした土器の動態をふまえて情報処理の面からモデル化を行なったもので，集団の移動を除いた土器型式[49]伝播には婚姻と交易の2要因があり，前者は複製をくり返して伝わるもので，後者は遠距離になるほどアナログ型情報のみとなりデジタル型情報は欠落していく，とされる。そして，土器の分布圏は，従来通婚圏であるとされていたのに対して，通婚に交易が加わったものとし，これらの情報系は他の文化要素とは異なる独自のものであるとされている。また，上野氏は，両型式の混合・融合型式，すなわち小稿で折衷土器と称している土器の製作についてもふれ，その要因として「社会から斉一性への圧力」をはじめとして四つをあげている[50]。しかし，上野氏は，この斉一性への圧力については，遠隔地にまで土器が搬出されていることなどから，「土器型式斉一化への圧力があったことは当然であるが，それもあくまでも他型式の存在を認めた上でのことである」とされている。

　ところが，この斉一化への圧力＝規制は小稿の扱う伝播ケースにおいては既述のようにかなり強いようであるし，遠隔地から異系統の土器を移入する際に「他型式の土器に求めたものは，他文化の土器文様についての情報である」[51]とはいえないケースもあるのである。すなわち，中期の阿高式系土器分布圏には各時期の船元式土器が搬入されているが，船元式を模倣したり両者を折衷した土器は製作されておらず，逆もそうである。しかし，その一方では，御手洗A・C式土器の分布圏内において，すでに別様式として独立した市来式土器が搬入・製作され，中間形態ともいえる土器も作られていることや，津雲A式・彦崎KⅠ式・鐘ヶ崎式などには縁帯文土器という大きな製作上の共通した規格が存在して，その規格内で別様式の要素と交換が行なわれている寺の前遺跡出土土器（図7-16）[52]などのように，上野氏が述べられておられるようなケースもあるのである。したがって，これらから，土器様式間の関係には2種類あることがわかる。まず，全く異なった規格・構造をもった土器様式間で，別様式の存在は知りつつも，自らの自律性は全く損

第8章　磨消縄文土器伝播のプロセス　225

われず，別様式からの情報はほとんど導入されずに拒絶されるもの。そして，二つめは，類似した規格・構造をもった様式間で，類似する他様式からの情報には比較的寛容なものである。小林達雄氏が「様式」と呼んでいるのはこのうち前者にはほぼ相当するようであり[53]，これらが小地域ごとに細分されたり時期をへて小地域に分解したもの[54]など，類似した様式が隣接して広域土器分布圏をなすものが後者に相当するのだろう。そうすると，様式あるいは従来の縄文時代研究における型式という用語は，異なる二つのレベルを表すことになってしまうのである。よって，小稿では，便宜的に前者をハイレベル，後者をローレベルの様式としておこう[55]。

　さて，土器分布圏の解釈には，通婚圏であるとする都出比呂志氏[56]や小林達雄氏[57]，通婚圏に交易を加えたものであるとする上野氏の説[58]などがあるが，これらは，基本的に，小林行雄氏のいわれる「描かれざる設計図」[59]，J・ディーツのいうメンタル・テンプレイト[60]，小林達雄氏のいわれる範型[61]などといった土器の製作にかかわる情報と観念が，及びかつ受容されることが保証されたコミュニケーション・システムの範囲であると換言することができようし，集団間のあるレベルにおける社会的関係を反映したものと考えられる。そして，このように考えると，前記の様式間関係は，相互にこのシステムを閉鎖しているのがハイレベルのものであり，ある程度は相互に開放しているのがローレベルの関係ということになる。したがって，いわゆる移入土器も含めてハイレベルの様式間を超えて行なわれる「交易」のコミュニケーションと，土器様式を現出させたコミュニケーション・システムとはレベルと密度が異なるという予測が成り立つだろう。

　小稿で扱ったケースは，独自性が高かった阿高式系土器分布圏に磨消縄文系土器文化が伝播していった過程であり，ハイレベルの様式間に起った伝播の1例である。そして，それは両系統の伝統・規制の拮抗をへて一方が他方を凌駕するという過程でもある。その意味で，両系統の段階を一つの個体に複合させた折衷土器は伝播の段階や実態を知るうえで有効な資料といえる。というのも，折衷土器の製作自体は個人的な営為であっても[62]，その製作にあたっての観念や規制が投影されたものであり，それゆえ社会的な意味を有

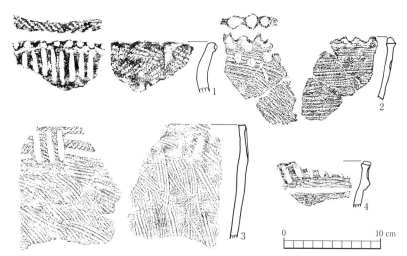

図19 新延貝塚，轟貝塚，下楠田貝塚出土折衷土器

するからである。

　この折衷土器としては，すでに述べたものの他にも，福岡県鞍手郡鞍手町新延貝塚[63]・下楠田貝塚[64]・熊本県宇土市轟貝塚[65]からも出土している。新延貝塚例では南福寺式に小巻貝による擬縄文を加えたもの（図19-4）と小巻貝による条痕をもった阿高式系の半精製土器（図19-2）の2種がある。下楠田貝塚例は南福寺式の口唇部と内面に縄文を施したもので（図19-1），轟貝塚例も同様に出水式土器に縄文を加えたものであるが（図19-3），後者は器面調整を小巻貝で行なっている。また，熊本県天草郡五和町＊沖ノ原貝塚でも坂の下Ⅰ式（あるいは南福寺式）もしくはそれよりも下りそうな鉢形土器の文様帯に縄文を加えたものが出土している[66]。

　さて，このような折衷土器の多くは双方の要素に優劣が認められることは既述のとおりである。よって，阿高式系をA・a，磨消縄文系をS・sとし，優性を大文字，劣性を小文字で表記することにする。そして，これらを土器組成の変化と比較してみると，よく対応しており，とりわけ精製土器は土器組成を反映しているといってもよい（図20）。折衷土器の制作にあたっては，在来伝統と外来伝統の優劣やその規制の強弱，制作者の出自などによって，

さまざまな事情が考えられようが，右のようなあり方は，レベルが高いほど規制が強く働くことによるものと考えられよう。

3 伝播のプロセス

さて，図20に示した土器組成の変化と折衷土器のあり方から伝播の実態をみていこう。まず，中九州からみていくと，南福寺式はセットをなしているのに対し，中津式は移入品と考えられるごく少量の精製品の

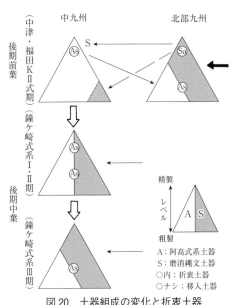

図20 土器組成の変化と折衷土器

みであり，中津式期（南福寺式期）の中九州は阿高式系土器のセットで占められていたことがわかる。しかし，中期まで阿高式系土器分布圏に入っていながらすでに中津式土器の伝播を受けていた北部九州とのコミュニケーション[67]や，おそらくは同地域からの移入土器の存在から，中津式土器とその集団の存在は当然知っていたはずである。そして，下楠田貝塚出土のAs型折衷土器や，やや時期は下りそうであるが，沖ノ原貝塚出土As型折衷土器の存在から，中津式土器文化の伝播とは決して無縁でなかったことがわかる。すなわち，これらの土器が在来者の製作ならば南福寺式土器（もしくは坂の下Ⅱ式）をなす観念・規制の動揺であり，中津式土器分布圏からの転入者（外来者）の製作ならば，南福寺式土器文化の規制の下でネガティヴなかたちでしか自らの伝統を表現しえなかったものではあるものの，すでにこの段階から，少数ではあり，かつ精製土器などは製作しえなくとも，中津式土器分布圏から転入者を迎え入れていたことになるからである。

このあり方は次の福田KⅡ式期（出水式期）にも同様であるが，轟貝塚採

集の As 型折衷土器は，器形・主文様は出水式のものであるが，縄文に加え
て器面調整までが外来の要素（小巻貝条痕）であり，在来者というよりは，
外来者の製作である可能性が強い。また，かりに在来者の製作であるとした
ら，すでに熊本地方において磨消縄文土器における粗製土器の調整法と原体
を知っていたことになるが，周知のように遠隔地との交易の際に搬出される
土器はまずほとんど精製土器であることから[68]，この時期には熊本地方に磨
消縄文土器の観念と情報体系をもった転入者が入っていたことになるのであ
る。また，このことは，中九州において福田 KⅡ 式の精製品が，全体の中で
はいまだ少量ではあるものの中津式に比してわずかながら量的に増加し，か
つ分布圏も拡げていることと一致するだろう。したがって，中九州の後期前
葉は，ある段階に至って磨消縄文土器分布圏からの転入者を受容することと
なったが，いまだ阿高式系土器の伝統が強く，転入者は磨消縄文土器のセッ
トを製作しえなかった段階と考えられる。ちなみに，轟貝塚の折衷土器から
みて，磨消縄文系の粗製土器が製作されていた可能性は高い。

　さて，後期中葉になると，阿高式系の御手洗 A・C 式とともに，鐘ヶ崎式
系土器もセットをなして併存するようになる。これは，両系統が拮抗してい
る状態であり，量的にもほぼ対等に近い。既述のように，出水式土器から御
手洗 A・C 式へと移行する段階で阿高式系土器のタイプ数が減少するのは，
磨消縄文土器がセットをなして製作・使用され，本来阿高式系土器によって
占められていた機能・レベルへと進出したためであろう。また，この時期に
なると，阿高式系土器本来の暗赤褐色を呈する焼成の土器が減り，黄褐色の
焼成のものが増加するようで，鯨骨製土器製作台を使用したものもまずみら
れない。このように，精製から粗製までのセットをもちながらも，阿高式系
土器の伝統には変質が認められるのである。大道端遺跡の As 型折衷土器や
水月永瀬貝塚の As 型折衷の半精製土器は，このような状況の下で，在来伝
統の動揺あるいは両系統融合への動きとしてとらえることができよう。また，
この時期には御手洗 A・C 式と同一の祖型をもつ市来式土器も少数ながら製
作されていたようである。

　そしてさらに次の段階（鐘ヶ崎式系土器のⅢ期）になると，阿高式系土器

は半精製土器と粗製土器のみであり，精製土器は全て鐘ヶ崎系土器となる。また，阿高式系の半精製土器にも磨消縄文系の粗雑な研磨が施され，純然たる阿高式系土器とはいえない観もある。そして，この段階になると，もはや市来式土器はみられなくなり，分布圏は分かれつつも御手洗A・C式期までは南に向かって一定程度開放していたコミュニケーション・システムを閉じてしまったことがわかる。

　以上のように，中九州における磨消縄文土器の伝播は，転入者等によって徐々に外来情報が蓄積され，伝統の拮抗から逆転という過程をたどって土器様式の構造が変革されていったものと考えられ，大規模な人の移動を伴うものではない。そして，この中九州における伝播は，その時期にはすでに磨消縄文土器分布圏に入っていた東九州および北部九州を介して生じたものである。それでは，この両地域，とりわけ中期においては明らかに阿高式系土器分布圏であった北部九州における伝播はどのようなものだったのだろうか。

　伝播は大規模な人の移動を伴うものとそうでないもの（小稿の中九州における伝播もその1例）の二つに大別されるだろうが，北部九州における現象をみてみると，中期末までは阿高式系土器分布圏であったのが，後期初頭にはいきなり中津式土器が主体を占めるようになっている。すなわち，後期初頭の土器組成をみると，阿高式系土器は半精製，粗製土器のみであり，精製土器は製作されていない。また，桑原飛櫛貝塚のSa型の精製折衷土器は，滑石混入の中津式土器であり，在来者の製作である可能性が強い。天神山貝塚のSa型精製折衷土器や他のAs型半精製土器もおそらくは同様であろう。したがって，このような土器組成がいきなり変化したようなあり方は，あたかも大規模な人の移動があったかのような印象を与えるものである。

　ところで，先史時代における土器の製作は女性が行なったというのが一般的な考え方のようである[69]。小稿でもこれに従いたいが，文化要素には，その製作・使用が土器のように女性にかかわる要素だけでなく，狩猟・漁撈具などのような男性にかかわる要素も当然存在する[70]。そこで，後期初頭に北部九州における他の文化要素をみてみると，男性の要素である狩猟・漁撈具（鋸歯鏃・鋸歯銛先・石鋸・結合釣針）や女性の要素と思われる汁器（貝製

片口汁器）など，男女とも在来の要素が存在する。また，外来系の要素も男女ともに当然存在したと思われるが，中津式土器に伴う文化要素の実態が今のところ明らかでないため，単式釣針がその可能性を保有するのみである[71]。

　このような文化要素のあり方をみてみると，大規模な人の移動の中でも，誰も占地していない空間へと集団が移動したものとはまず考えられない。大規模な人の移動を伴わない伝播である場合，中九州におけるのと同様に段階的な土器組成の変化がみられるべきであろうが，既述のように土器組成は突如変化する。また，大規模な人の移動を伴う伝播でも，外来集団が在来集団の占地空間へと侵入し社会的・文化的に後者を凌駕した場合ならば，在来者と外来者が1集落に混在し，外来伝統の規制下で生活していたことになり，天神山貝塚や桑原飛櫨貝塚の土器組成は十分説明しうる。しかし，その一方では新延貝塚の As 型精製折衷土器[72]（南福寺式）の例もあり，徐々にかつ段階的に伝播した可能性もないわけではない。したがって，現状ではある程度の大規模な人の移動があったように思えるものの，双方の伝播パターンが錯綜していたというのが実態なのかもしれない。

　さて，それでは中九州における土器を除いた文化要素の伝播状況をみてみると，はっきりした例はきわめて少ないものの，熊本県下益城郡城南町＊黒橋貝塚[73]からは出水式もしくは御手洗A・C式を用いた土器片錘が出土している。また，中九州よりもさらに南下した鹿児島県曽於郡末吉町＊宮之迫遺跡[74]でも南福寺式かあるいは出水式土器を用いた土器片錘が出土していることから，後期前葉の少なくとも出水式期までに土器片錘が伝播していたことは疑いない。そして，この土器片錘は漁網錘とされているものであり[75]，男性の要素と考えられる。したがって土器組成においては阿高式系土器が主体を占めていた後期前葉の段階で，在来の，しかも男性の労働用具群の一角にすでに外来要素が伝播していたことになるのである。このようなあり方は，集団の大規模移動の可能性をもつ天神山貝塚や桑原飛櫨貝塚において，土器は外来糸が主体をなすにもかかわらず，漁撈具のほとんどが在来系であることと同一である。したがって，漁撈などの生業活動にかかわる要素のうち，その地域における自然環境において採用可能なものは，集団の伝統による規

第8章　磨消縄文土器伝播のプロセス　231

制をさほど強く受けることなく用いられるようであることが看取される。そして，これらは土器におけるローレベル（粗製土器等）に相当する動きをしていることになるのである。

　それでは，ハイレベルの文化要素はどのような動きをしているのであろうか。これには精神生活にかかわる呪術具や装身具などがあげられようが，中九州において外来系であり該期に相当しそうなものに大珠がある。すなわち，鹿児島県出水市出水貝塚からは阿高式から鐘ヶ崎式系土器（Ⅰ～Ⅱ期）に及ぶ貝層から出土しており[76]，熊本県下益城郡城南町*阿高貝塚からも中期から後期中葉にかけての土器を伴って出土しているし，同県阿蘇郡西原村小森土橋からも早・前・後期の土器とともに採集されているという[77]。これらの大珠は，中期から後期初頭にかけて中部・関東地方を中心に分布した鰹節形大珠の流れをくむもので，明らかに阿高式系土器文化に伴うものではない。そして，今のところ所属時期が明らかで上限をなすものは，福岡県遠賀郡芦屋町山鹿貝塚2号人骨伴出の例である。これは，後期中葉（Ⅰ～Ⅱ期の鐘ヶ崎式系土器）に属するものであり，森貞次郎氏の指摘のように[78]，長崎県西彼杵郡大瀬戸町雪ノ浦産出の「長崎ヒスイ」である可能性が最も強い。よって，在地産の石材を用いて大珠を製作・供給する体制が長崎地方までを含んだかたちでできていたことがうかがえるが，この後期中葉は，土器組成の変化等は不明な点が多いものの，長崎地方において磨消縄文土器が一定量を占めるようになる時期である。したがって，西北九州におけるこのような状況を考えると，詳細の不明な土橋例はともかくとして，出水・阿高両貝塚例は後期中葉と考えるのが妥当だろう。また，この大珠は，山鹿貝塚2号人骨においては同じく東日本に出自をもち呪術的性格をもつとされる鹿角製叉状垂飾品とともに装着されており，「その集団の指導者ないし司祭者的意味をもつものであろう」[79]とされているものであって，きわめてハイレベルの要素であるといえる。したがって，中九州における大珠の所属時期が妥当であるならば，大珠のようなハイレベルの文化要素は土器における精製土器とほぼ同じ動きをしているといえるのである。そうすると，伝播によって生じる文化構造の変化は土器組成の構造変化とよく対応していることになるだろう。

しかしながら，土器にも増して貧弱なこれら文化要素群の資料状況におい
ては，右記のことを十分に実証することは不可能に近いといわざるをえない。
可能性を示すとともに今後の資料増加を待つことにしたい。

4　おわりに

　以上のように，中九州を中心として磨消縄文土器の伝播過程を述べてきた。
これらを簡単に述べると次のようになるだろう。
　まず伝播は阿高式系土器分布圏の周縁部において生じ，北部九州において
は後期初頭にいきなり磨消縄文土器を主体とする土器組成へと変化する。こ
の変化は，今のところ，在来集団の占地空間へ外来集団が侵入し，後者が前
者を凌駕したという大規模な人の移動がある程度は行なわれた可能性を示す
ものである。そして，中期以来の中九州とのコミュニケーション・システム
は維持され，それを介して中九州へと転入者をも含めて情報が流れていく。
しかし，後期前葉の段階では，外来系土器が作られるのはローレベルのみの
ようであり，阿高式系土器のセットは堅持されている。ところが，後期中葉
（鐘ヶ崎式系土器のⅠ期）になると，南福寺式期から出水式期にかけて進行
していった外来情報の蓄積と在来伝統の動揺の結果として，阿高式系土器
（御手洗A・C式）と磨消縄文土器（鐘ヶ崎式系土器）の両者が完全なセッ
トをなして併存することになる。また，土器を除いた文化要素のうちレベル
の高いものは，前葉からすでに採用されていたローレベルのものと異なり，
この時期になって伝播した可能性が強い。そして，次の段階（鐘ヶ崎式系土
器のⅢ期）になると，磨消縄文土器がハイレベルを独占し，阿高式系土器は
レベルダウンすることになるのである。
　このような伝播の過程は，とりわけ中九州においては，相互に独自のコ
ミュニケーション・システムをもっていたハイレベルの土器様式間において
徐々に行なわれたものであり，段階をへて土器様式の構造が変化していく過
程でもある。そして，また，文化構造の変化過程も同様であった可能性を示
している。

中九州においては，このようなプロセスをへて西日本のほぼ全域に展開した縁帯文土器の広域分布圏に入ることとなり，それ以降も，時期によって程度の差こそあれ，西日本における広域分布圏の西端としてその位置は変わることがない。しかしながら，その一方では，レベルダウンと淘汰をへながらも，例えば石鋸や鋸歯鏃，結合釣針や剥片鏃など，前～中期の曽畑～阿高式系土器に伴った伝統的文化要素群は，それ以降も九州の後～晩期縄文文化の基層をなしつつ，一部は弥生時代にまで継承されることになるのである。

小稿をなすにあたって，構想の初段階から武末純一・岩永省三・沢下孝信・杉村幸一・松永幸男の諸氏にはさまざまな御教示と御援助を賜わり，また，永井昌文教援をはじめとする九州大学医学部解剖学教室の諸先生諸兄から得たところは多い。さらに，以下に記す方々には，各種の御教示を賜わり，かつ資料調査等にあたって大変お世話になった。末筆ながら記して，感謝のしるしとしたい。

石井忠・伊東照雄・岡崎敬・小田富士雄・折尾学・賀川光夫・河口貞徳・木村幾多郎・甲元真之・坂本嘉弘・志佐惲彦・柴尾俊介・島津義昭・白木原和美・新東晃一・高橋徹・橘昌信・垂水康・富田紘一・富永直樹・長野真一・中村恩・西健一郎・西谷正・東光彦・平川敬治・松本健郎・三島格・水島稔夫・宮内克己・森醇一朗・横山浩一（五十音順）　　　　　　　　　　　　　　　　　　　　　　　　　　　（1981. 10）

註

1) 　小稿では充塡縄文・擬縄文をも含めて磨消縄文と称している。また，これらと本来的にセットをなす粗製土器等をも含めている。

2) 　田中良之 1979「中期・阿高式系土器の研究」『古文化談叢』6〔本書第3章〕

3) 　乙益重隆・前川威洋 1969「九州」『新版考古学講座』3，雄山閣出版

4) 　註3) 文献

5) 　宮内克己・田中良之 1977「縄文式土器」『九州縦貫道関係埋蔵文化財調査報告』XIV

6) 　例えば，西田道世ほか 1976『黒橋』
　　　西健一郎 1980「鐘崎式土器について」『九州文化史研究所紀要』25，など。

7) 　これには，福岡県下楠田貝塚・荒田比貝塚・大道端遺跡・上八坂貝塚・下府遺跡・元松原遺跡・山鹿貝塚・長崎県水月永瀬貝塚・鎌崎海岸遺跡・有喜貝塚・

大分県寺の前遺跡・コウゴー松遺跡・立石貝塚・熊本県天岩戸岩陰・古閑原貝塚・御手洗遺跡・森貝塚・桑鶴土橋遺跡・上ノ原遺跡・桑鶴墓上遺跡・黒橋貝塚・曽畑貝塚・阿高貝塚・有佐貝塚・七野尾遺跡・頭地下手遺跡・南福寺貝塚・鹿児島県出水貝塚・春日町遺跡の資料のうち公表されているものを主体として用いた。

8） また，大道端遺跡には山状隆起部に沈線による単線山形文を施した阿高Ⅲ式土器がみられる。これは今のところ例外的であるので度外視しているが，一般的なものであった場合は，単線・沈線→複線・細沈線という変化を想定しうる。

9） 註2）に同じ。

10） 註3）に同じ。

11） 荒田比貝塚や黒橋貝塚に出土例がある。

12） これらのタイプは筆者が本文中の操作により任意に設定したものである。したがって，実際の土器製作・使用者によって認識されていたタイプとは必ずしもいえないものである。しかし，これらのタイプやタイプ群が時間的・空間的に別個の動きをみせることから，彼らが認識したタイプをある程度は反映していると考えていいだろう。

13） 前川威洋 1979『九州縄文文化の研究』

14） 西健一郎 1980「鐘崎式土器について」『九州文化史研究所紀要』25

15） 小林久雄 1940「九州の縄文土器」『人類学・先史学講座』8，雄山閣出版

16） 註13）文献

17） 西田道世ほか 1976『黒橋』

18） 小稿では同時代のタイプを総合した概念として「様式」を用い，山内清男氏以来の「型式」は用いていない。また，この用い方は小林行雄氏の「様式」概念に依っており，小林達雄氏の「様式」とは異なる。したがって，小稿における「～式」は特にことわらないかぎり～様式のことである。

19） 高野啓一・柴尾俊介 1978『頭地下手遺跡』

20） 註13）文献

21） 三島格 1963「熊本県八代郡有佐貝塚」『日本考古学年報』16

22） 註2）文献

23） 註3）・13）文献

24） 田中良之・松永幸男 1981「後期土器について」『荻台地の遺跡』Ⅵ

25） これ自体も折衷土器である。

26） 中村徹也 1974『京都大学理学部ノートバイオトロン実験装置室新営工事に伴

第 8 章　磨消縄文土器伝播のプロセス　235

う埋蔵文化財発掘調査の概要』

27)　岡本健児 1966「宿毛貝塚出土縄文土器の再検討」『高知小津高校研究誌』5

28)　福山市教育委員会 1976『洗谷貝塚』

29)　小稿に述べた磨消縄文土器の型式変化はあくまでも概略である。いずれ詳細な分析を行ないたい。

30)　註14）文献

31)　このような共通点をもちつつも胴部文様や口縁形態などに地域色が強くみられるということは，縁帯文土器の広域伝播（東から西への）が「縁帯文土器化」という規格のみの伝播であったことを示していると思われる。すなわち，中津式期に成立した広域コミュニケーション圏が，堀之内 I 式や福田 K II 式あるいはそれらの分布圏内におけるタイプ群の偏りなどに示されるように，ある程度各地域で閉鎖しつつあった段階に，磨消縄文土器文化伝播の第二波として縁帯文土器化概念が西漸したため，各小地域のタイプ群の特色（地域性）を強く保持したまま器形や規格のみが伝播したと考えられるのである。福田 K II 式における「宿毛式土器」からの流れをくむいわゆる小池原上層式や，福田 K II 式特有の三本沈線をもったまま縁帯文土器化した岡山県福田貝塚出土土器（鎌木義昌・高橋護 1965「瀬戸内」『日本の考古学』2，河出書房新社，77 図 3）などはこのことを示す好資料である。

32)　註2）文献

33)　富田紘一 1974『渡鹿貝塚発掘調査』

34)　ただし，前期後葉に彦崎 Z I 式土器分布圏であった山口県西部へと進出した北部九州の曽畑式土器には彦崎 Z I 式における押引文が施された例がある。また，相互のテリトリー内に侵入してコロニーをなし，孤立化して，次第に在地化していったような例は今後出土する可能性をもっている。

35)　前川威洋・木村幾太郎 1974『天神山貝塚』

36)　本来は坂の下 II 式土器の分布圏であるべき地域であったと思われる。

37)　註2）文献。

38)　小池史哲 1981「糸島の縄文文化」『三雲遺跡』 II

39)　移入品であるとすれば桑原飛櫛貝塚のような性格の遺跡からのものであろう。移入品でなく坂の下遺跡での製作とするならば，在来伝統の動揺によるものと考えられるが，この時期におけるこの地方の土器文化はあくまでも坂の下 II 式が主体をなす。

40)　註5）文献

41) 永井昌文ほか 1972『荒田比貝塚』

42) 註 15) 文献

43) 註 13) 文献

44) 註 33) 文献および富田紘一氏の御教示による。

45) 註 2) 文献で「ヘラナデ」と呼称したもの。

46) おそらく円礫であると思われる。

47) このレベルは，土器製作にあたってその用途・文化的・社会的機能を考慮しつつ投入された価値によって設定すべきであり，一般的には，有文＝仕上げ良好な精製品＝ハイレベル，無文＝仕上げ省略もしくは粗略な粗製品＝ローレベルというあり方をすると思われるが，精製品の中には，その機能を全うして転用され，レベルダウンしたものも考える必要がある。また，それらのレベルは，あくまでも様式や地域ごとの相対的なものであり，その設定はそれらごとに行なうべきである。

48) 上野佳也 1980「情報の流れとしての縄文土器型式の伝播」『民俗学研究』44-4

49) この「型式」は小稿における「様式（あるいは～式）」にあたる。

50) a 社会からの斉一性への圧力

　　b 型式に対する認知構造の内在的変化方則

　　c 創造的思考

　　d 偶然の介入。雑音（ゆらぎ）

の四つをあげている。

51) 註 48) 文献 355 頁

52) 図示した土器とともに，同遺跡の包含層中からは註 24) 文献第 18 図 21 に示した彦崎 KI 式と鐘ヶ崎式の折衷土器も出土している。

53) 小林達雄 1977「縄文土器の世界」『日本原始美術大系』1，講談社

この小林氏によってなされた試みは縄文時代研究に型式→様式という階級的分類概念を導入した点で大きく評価されるべきである。しかし，鈴木公雄氏の指摘（鈴木 1981「型式・様式」『縄文土器大成』4，講談社）のように，小林氏の「様式」は同一の文化伝統を表したもので，通時的側面がより強い。そして，これは，同系統で分布圏を異にする土器群や，小稿におけるような，ある系統をひきつつも主体は他の系統が占める場合には，相当する概念をもたないといううらみがある。よって，小稿では，このような便宜のために，註 18) に述べたような用い方をしている。したがって，小林氏の「様式」は小稿の「～式系」

第8章　磨消縄文土器伝播のプロセス　237

に相当することにもなる。とはいえ，本文中にも示したように，型式→様式と
いった分類単位だけでは実情を把握しきれないというのが現状であり，空間
的・時間的かつ階級的な分類単位を増加する必要があると思われる。

54) 　例えば，縁帯文土器における津雲Ａ式・彦崎ＫⅠ式・鐘ヶ崎式の各様式や，
阿高Ⅲ式・坂の下Ⅰ式・岩崎下層式などの阿高式系土器がこれにあたる。

55) 　これはＤ.Ｌ.クラークのいう culture と regional subculture あるいは culture
group との関係に相当するものと思われる。
Clarke, David L. 1968. *Analytical Archaology*, London: Methuen & Co. Ltd.

56) 　都出比呂志 1974「古墳出現前後の集団関係」『考古学研究』20-4
ただし弥生時代に関しての説である。

57) 　註 53) 文献

58) 　註 48) 文献

59) 　小林行雄 1933「先史考古学に於ける様式問題」『考古学』4-8

60) 　Deetz, James. 1967. *Invitation to Archaeology*, New York: The Natural History
Press.

61) 　註 53) 文献

62) 　折衷土器の存在は一般的なものでなくごく少数であることから，製作者個人
は，その集団における規制に時をへずして順応していったものと考える。

63) 　木村幾多郎ほか 1980『新延貝塚』

64) 　九州大学文学部考古学研究室蔵。岡崎敬氏の御厚意により実測・掲載を許可
していただいた。

65) 　平川敬治氏資料。氏の御厚意によって実測・掲載を許可していただいた。

66) 　佐野県立博物館 1977『九州の原始文様展』

67) 　この地域には鐘ヶ崎式系土器のⅠ・Ⅱ期にも御手洗Ｃ式土器が存在する。こ
のことから，半精製以下のレベルでは阿高式系土器の型式変化を共有するだけ
のコミュニケーションを保っていたことがうかがえる.

68) 　註 48) 文献および，今村啓爾 1977「称名寺式土器の研究」上・下『考古学雑
誌』63-1・2

69) 　佐原真 1979「土器」『世界考古学事典』上，平凡社
また，そうすると，婚後居住規定によって状況が異なってくる。すなわち，妻
方居住婚の場合は，転入者は男であり，転入者のもたらした情報とサンプルを
もとにして配偶者とその周辺が外来系土器を製作するということになる。しか
し，この伝播のケースでは，初期から土器の器形・文様だけでなく巻目条痕調

整などの技術体系をも伴った伝播であり，やはり一連の土器製作技術をもった
人間すなわち女が転入者であると考えておきたい。

70) これを，J.ディーツは male template, female template（註60）文献），D.ク
ラークは sex subculture（註55）文献），甲元真之氏は「男の仕事・女の仕事」
と呼んでいる（甲元1978「弥生文化の系譜」『歴史公論』3）

71) 渡辺誠 1973『縄文時代の漁業』雄山閣出版
しかし，中期以前に在地系単式釣針が存在した可能性を主張するむきもある。
前川威洋ほか 1972『山鹿貝塚』

72) 精製土器にしてはかなり粗雑な土器ではある。

73) 註17）文献

74) 長野真一ほか 1981『宮之迫遺跡』

75) 註71）文献

76) 河口貞徳 1958「出水貝塚」『鹿児島県文化財調査報告書』5

77) 前川威洋 1972「山鹿貝塚人骨装着品とその考察」『山鹿貝塚』

78) 森貞次郎 1976『北部九州の古代文化』明文社

79) 註77）文献

（1984年）

第9章　広域土器分布圏の諸相
—縄文時代後期西日本における類似様式の並立—

はじめに

　縄文時代後期前葉の西日本には中津式・福田KⅡ式土器と呼ばれる磨消縄文土器が広範に分布し，九州の一部にまで展開する。それを受けて中葉に至ると，北白川上層式・津雲Ａ式・彦崎KⅠ式などと呼ばれ，かつ縁帯文土器として総称される磨消縄文土器群が，東海・近畿地方から中・四国地方にまで広く分布するとされている。そして，前期以来曽畑・阿高式系土器の伝統が根強い九州地方の大部分にも鐘崎式系土器と呼ばれる磨消縄文土器が出現する。すなわち，後期中葉の段階に至って，西日本のほぼ全域に磨消縄文土器という点では一致する土器群が展開することになるのである。

　小稿は，後期中葉の西日本に並立するこれら土器群相互の関係を明らかにし，それから派生する諸問題について論及するものである。

1　問題の所在

　「縁帯文土器」は，一般的には口縁部に明瞭な文様帯を形成している土器を指す用語であり，したがって，定義自体は漠然たるもので，他時期・他地域のタイプにも該当するものは多々あるはずである。よって，ここで縁帯文土器と呼ぶのは，小稿の便宜上，既述したような縄文時代後期中葉に西日本に広く分布した土器群に限るものであることを，前もって述べておきたい。しかし，この小稿における縁帯文土器にしても地域によって認識のされ方は異なっている。すなわち，瀬戸内地方においては津雲Ａ式・彦崎KⅠ式と

いう二つの名称で，近畿地方では北白川上層式として認識されているものの，その中には堀之内Ⅰ・Ⅱ式も含まれており，東海地方にいたっては堀之内Ⅰ・Ⅱ式に伴う土器というマイナーな評価が与えられているのである[1]。

　これらを研究史的にみていくと，まず津雲A式は，1938年に三森定男氏が，京都大学によって調査された[2]岡山県笠岡市津雲貝塚上層出土の土器群に対して命名したものである[3]。このとき三森氏は，津雲A式をくの字口縁と貼り付けによる口縁の二者に分類し，後者は文様帯が漸次縮小される傾向が強く，津雲A式は東海地方以西に分布することなどを指摘している。また，これに先だつ1935年には梅原末治氏が北白川上層式を設定している[4]。その内容は既述のように関東地方の堀之内Ⅰ・Ⅱ式と縁帯文土器であり，すでに1919年以来三次にわたって調査され，三森氏が津雲A式設定の材料とした津雲貝塚出土土器との類似を梅原氏は指摘している。津雲A式と同様に瀬戸内地方の縁帯文土器を代表する彦崎KⅠ式土器については，山内清男氏による設定であるものの[5]，明確な定義が公表されていないため，研究者によって微妙に認識が異なっているようである[6]。しかし，岡山県児島郡灘崎町*彦崎貝塚の報告[7]をみてみても，三森氏が津雲A式の内容としてあげていない口縁部上面（口唇）・内面に文様帯をもつ縁帯文土器が含まれており，両様式名が包含する土器のタイプにはやはり相違があることを示している。

　このような様式設定期の後，瀬戸内地方を除いては資料の増加もさほどなく，そのためか，縁帯文土器について言及される場合は常に瀬戸内地方を中心として語られ，他地域におけるそれは津雲A式の影響もしくはその類似品という形で処理されてきたし[8]，東海地方においては現在でもその傾向が強い[9]。

　ところが，このような状況の下で近年になって近畿地方の該期遺跡が相次いで調査された。京都大学植物園内遺跡や東大阪市縄手遺跡などがそれで，それぞれの報文中に調査成果とともに新しい見解を呈示している。まず，京大植物園内遺跡の報文中で中村徹也氏は，同遺跡で堀之内Ⅰ・Ⅱ式及び縁帯文土器が大量に出土し，それらには若干の時期幅はありえてもほぼ同一時期として考えることができ，また中津式・称名寺式が同遺跡から出土していな

いのに対して近隣の京都大学農学部遺跡からは中津式並行の土器が出土していることなどから，京大植物園内遺跡の堀之内Ⅰ・Ⅱ式といわゆる縁帯文土器とが共存するものと考えている。さらに，四ツ池式と呼ばれる福田KⅡ式並行の土器が出土していることから，堀之内Ⅰ・Ⅱ式，縁帯文土器，福田KⅡ式という並行関係を示した[10]。すなわち，近畿地方における縁帯文土器の出現が瀬戸内地方より一時期早くなる可能性が指摘され，同時に，縁帯文土器が二時期に細分されることも予想されるようになったのである。

　また，縄手遺跡出土土器の分析を行なった中村友博氏は，縁帯文土器を後期Ⅳ群土器として，A：頸部を垂下条線以外の文様で飾ったもの，B：頸部が無文帯もしくは垂下条線をもつものに二大別し，このⅣ群土器の時間的な幅と将来における細別の可能性を示唆している。さらに，氏は，胴部，文様・口縁部形態の観察から，瀬戸内地方の津雲A式と近畿地方のそれとの違いを指摘している[11]。そして，報告書執筆者全員の討論によって記された「まとめ」の項には，瀬戸内地方の縁帯文土器と縄手遺跡を含む近畿地方の縁帯文土器との関係は，「畿内の縁帯文が瀬戸内の縁帯文土器の影響を受けたものではなく，むしろその逆か，もしくは，ある種のもととなる土器から両地方の土器が派生して出来あがったことを意味しているものとみられる。もし，そうであるとすれば，畿内の縁帯文土器はいわゆる瀬戸内地方で編年されている縁帯文土器の時期よりも古くさかのぼる可能性が十分考えられる所である」としている[12]。

　また，泉拓良氏は，京大植物園・北白川小倉町・京大教養部構内AO24区という北白川扇状地上に立地する3遺跡から出土した土器を比較し，器種の組合わせはみな同じであるがそれぞれの器種ごとに文様や器形が若干異なる点と，これら3遺跡が同一扇状地に立地する点からこれらの相違を時期差としてとらえている[13]。

　このように縁帯文土器にも時期差や地域差が指摘され，かつ瀬戸内の津雲A式の先行性に疑問がもたれているのが現状である。しかし，このような動向も，近畿地方を中心としたものであり，縁帯文土器分布圏全体を通観したものではない。

一方，これら縁帯文土器とは別個に，九州の個性的な土器として鐘崎式系土器は評価されてきた。これは，古くから鐘崎式[14]・御手洗B式等[15]の名称で呼ばれてきたもので，入組文や渦文の存在から同じく九州の代表的縄文式土器であった阿高式土器との関係も指摘され，それに対する賛否が当時すでに論じられている。その後，長い資料の蓄積期を経て，前川威洋氏は，鐘崎式系土器を含めた九州の縄文後期土器の多くが瀬戸内地方からの影響によって成立したものであるという，系統的編年研究を行なった[16]。これは，従来鐘崎式土器と一括されてきた土器群のうち，大分市小池原貝塚[17]の調査所見をもとに同貝塚上層出土の土器群をより古式とし，愛媛県南宇和郡御荘町*平城貝塚や島根県八束郡美保関町*崎ケ鼻洞穴出土の土器群との類似を指摘したものである。また，氏は，具体例こそ示していないものの，この最古の鐘崎式系土器＝小池原上層式土器が福田KⅡ式の系譜を引くものであることを同時に述べている。しかし，それまで漠然と鐘崎式に併行すると考えられていた津雲A式との関係については，九州において鐘崎式系土器の次に出現する北久根山式土器の影響源であるとされた。そして，このような編年観は，鐘崎式系土器の細かな比較分析から3期に細分できるのではないかという指摘を行なった西健一郎氏にも踏襲されている[18]。

このように，九州側から鐘崎式系土器を通して行なったアプローチでは，結果的に，縁帯文土器である津雲A式が鐘崎式系土器よりも後出し，かつ無関係であるということになってしまった。これは，既述のように，前川氏の段階までは瀬戸内地方の縁帯文土器をめぐる研究が停滞したままであったという事情によるものである。ところが，その後の近畿地方における調査例から，縁帯文土器が堀之内Ⅰ・Ⅱ式や福田KⅡ式土器の時期にはすでに出現していた可能性が指摘されているのは前述のとおりであり，少なくとも鐘崎式系土器に先行する縁帯文土器が存在することが想定可能となってきた。

従来，鐘崎式系土器は胴部の入組渦文が特徴的であるとされ，この文様自体は前川氏や岡本健児氏[19]らによって宿毛式とも呼ばれる福田KⅡ式土器からの系譜が考えられてきた。しかし，鐘崎式系土器の器形は口縁部（あるいは口唇部）・頸部・胴部が明瞭に区分けされており，文様もそれに応じて

口縁部（口唇部）文様・頸部文様・胴部文様の三者がそれぞれの部位に施されており，これらは縁帯文土器における規格と基本的に同一のものである。このような事実を指摘しつつ，われわれは，鐘崎式土器と縁帯文土器を一括して分析した結果，前者が大枠としては後者の中に包括されるものであることを示してきた[20]。小稿は，われわれの旧稿における不十分な点を補いつつ，再度分析・検討を行なうものである。また，九州地方における該期は，中津式・福田KⅡ式という外来の磨消縄文土器[21]の伝播を受け，在来の阿高式系土器との拮抗をへて鐘崎式系土器の段階に至ってこれを凌駕するという過程でもある。田中はこの間の文化的構造変化についても論及したことがあるが[22]，九州側からみても鐘崎式系土器の成立は大きな画期であり，縁帯文土器の動向と連動したものであるとするならば，そこに何らかの意義を見出すことになろう。さらに，鐘崎式系土器が縁帯文土器に包摂されるのならば，西日本のほぼ全域に類似する土器群が並立することとなり，このあり方についても問題としなければならないだろう。

　よって，小稿では，再び縁帯文土器と鐘崎式系土器を一括して分析・検討し，その結果をもとに上記の問題についても論及してみたい。

2　分析対象と方法

　今回，縁帯文土器群を分析するにあたっては，何らかの形で既に報告がなされている精製鉢形土器のみをその対象としてとりあげた[23]。その結果，近畿地方以西の47遺跡から出土している約1200点の土器について検討することになった。これらはすべていわゆる精製土器をとりあげたものであり，粗製土器は含んでいない。これは，確実な時期比定をなしうる粗製土器が少ないことによる。また小稿では資料調査の不備のため東海地方については除外した。この地域については後論する機会をもちたい。

　さて，小稿で扱った資料は，良好な一括資料は少なく，また，完形品もごくわずかであり，したがって，分析方法にもこれらの制約を受けることになったが，大略以下のような方法によった。

まず，縁帯文土器の特徴をよく表わし，かつ量的にも多く観察しうる7項目の属性についてヴァリエーションを抽出する。そして，各属性において型式学的なグルーピングや系統変化の想定が可能なものについてはこれを行なう。しかし，そのような単一属性における系統変化や段階設定を行なうだけでは，蓋然性や分類単位としての有効性も低いと思われるので，それらを高めるために各属性相互の関係を多元的に連鎖させる必要がある。よって，小稿では，具体的には，縦軸（列）と横軸（行）にそれぞれ異なる1属性を置いて，同一個体内における各属性変異の共伴関係の存否をみるという操作を行ない，これを全属性について試みた。また，一括資料内共伴例ではなく同一個体内共伴例による相関を求めたのは，良好な一括資料を欠いていることにもよるが，主として，属性レベルにおいては同一個体内の共伴という動かし難い同時性の証左が得られること，遺構内出土等の一括資料にしてもその一括性・同時性が全ての出土遺物について保証されるわけではなく，時期幅が広い場合や混入によって生じる属性レベルでのノイズを排除するためという二つの理由による。

さて，上記のようにして2属性における変異間の相関をみる場合，各属性ごとにヴァリエーション間で同じ特徴を共有すると認められるものは1群としてまとめておいた。というのは，分析の対象たりうる土器の例数が未だ少なく，各変異を全て対等に扱うと相関表に共伴が示されない変異のうち，その存在が当然予想されるものまでが共伴しなかったことになってしまう危険があることによる。これは，個々の属性変異間の共伴をみる際に，あらかじめ数個の属性変異ごとにまとめておくという一種の重みづけであるが，方法論的にはサンプル数の増加によって解消しうる問題であると考える。

次に，2属性ごと，すなわち2次元の連鎖を反復することによって得られた各属性変異群の相関から変異群のグループを抽出して，各変異群グループ間の相互比較を行なう。この段階で，乏しい層位的出土例や一括資料の例を参照することになろうし，一部属性において設定可能な系統変化や段階変化を用いることになるだろう。そして，各属性変異群の空間的な分布をも検討して様式設定もしくは従来の土器様式との対比を行ない，さらに，各属性変

異の時間的・空間的出現頻度を検討し，時間的・空間的な連続性と断続性を
みる。したがって，これら一連の分析の中で，縁帯文土器の時間的・地域的
変化を得ることができようし，鐘崎式系土器が，他の土器群に対して著しい
排他性をみせた場合には別系統，そうでない場合は同一カテゴリーに包摂さ
れるということもいえるわけである。

3　分析に用いた属性とその変異

　さて，以下では，口縁部形態・口縁部主文様・口縁部従文様・施文部位と
いった7項目の属性に注目し分析を行なってゆく。ここでは，まず，各項目
ごとにヴァリエーションを抽出し，それらに解説を加えていきたい。

口縁部形態（図1）

① カラーが内弯するもの。

②「く」の字形に屈曲し，口縁部（カラーの部分）が内弯するもの。

③ 内弯しながら外方へ開くもの。

④「く」の字形に屈曲しカラーの部分が内傾するもの。

⑤「く」の字形に屈曲し外開きになるもの。

⑥ 粘土帯を貼り付けて文様帯を作出したもの。内傾する。

⑦ 断面形が三角形を呈するもの。

⑧ 粘土帯を貼りつけて文様帯を作出したもの。外傾する。

⑨ 頸部を削ることにより口縁部文様帯を作出したもの。ゆるやかに外反
　する。

⑩「く」の字形に屈曲し，口縁部文様帯を下方に拡張する垂れ下がり口縁。

⑪ 粘土帯を貼り付けて文様帯を作出したもの。頸部との間に段を有さな
　い点で⑥・⑧と区別される。

⑫ 口縁部を肥厚させないもの。

⑬ 断面「コ」の字状に文様帯を肥厚させるもの。

⑭ 口縁部上面に幅広の水平で平担な文様帯を形成したもの。いわゆる「鋤
　先状」の口縁部。

⑮ 内面に粘土帯を貼り付け幅広の文様帯を作出したもの。
⑯ 口縁部上面に形成された文様帯が、やや外方へ向かって傾斜するもの。
⑰ 外傾する頸部に、やや外方へ張り出した幅狭水平の口唇部文様帯を形成するもの。
⑱ 短い頸部に、外方へ張り出した幅狭・水平の口唇部文様帯を作出するもの。
⑲ 無頸内傾の水平口縁で、外方へ拡張することにより口唇部文様帯を作出する。
⑳ 直口する口縁部上面にわずかに両側へ張り出す水平な口唇部文様帯を形成しているもの。
㉑ 内外両面に段を形成するもの。
㉒ 外面に形成された肥厚部が断面「カマボコ」状を呈し内傾するもの。
㉓ 外面に形成された肥厚が「カマボコ」状の断面形を呈し、直口するもの。
㉔ 胴部屈曲部から直線的に内傾するもの。
㉕ 外傾して直線的にのびるもの。
㉖ 短頸で外反するもの。頸部以下は内傾する。
㉗ 「く」字形に外反するもの。頸部は短く、頸部以下は直立する。
㉘ ほぼ水平方向に張り出すように外反するもの。頸部は短く、頸部以下は内傾する。
㉙ 内面を肥厚させ、断面形が内方へ頂部を向けた三角形状を呈するもの。
㉚ 外開きの内弯口縁で頸部が短いもの。

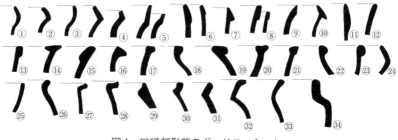

図1　口縁部形態のヴァリエーション

第 9 章　広域土器分布圏の諸相　247

㉛「く」の字形を呈するもの。短頸。
㉜「く」の字口縁に粘土帯を貼りつけ平担幅狭の文様帯を作出したもの。
㉝ ゆるやかに外反するやや長い頸部を有するもの。
㉞ 短い頸部が直立し，そのまま口縁部へと至るもの。

口縁部主文様（図 2）
① 多重の同心円文。
② 一重の円文（円文の中心部に凹点ないし透孔を施すのもこれに含める）。
③ 小さくまとまった円文。
④ 多重の下開き半同心円文。
⑤ 一重の下開き半円文。
⑥ 小さくまとまった下開き半円文。
⑦ 下方へ向かって放射状へ広がる短沈線群。
⑧ 多重の上開き半同心円文。
⑨ 一重の上開き半円文。
⑩ 小さくまとまった上開き半円文。
⑪ 入組渦文。
⑫ 入組渦文をなす沈線の一端が上方へ伸び山形部に巻きつくもの（⑬〜⑮は⑫から派生した文様と考えられる）。
⑯ 横位の長方形。
⑰ 短沈線あるいは点列。
⑱ 小さくまとまった入組渦文。
⑲ 多重の渦文。
⑳ 一重の渦文。
㉑ 小さくまとまった渦文。

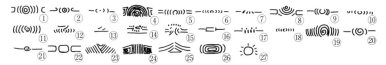

図 2　口縁部主文様のヴァリエーション

㉒ 凹文。

㉓ 複合鋸歯文。

㉔ 垂下沈線束。

㉕ 三角形窓枠状モチーフ。

㉖ 多重の同心長楕円文。

㉗ 透孔。

従文様（図3）

a 複線山形文。

b 短沈線列。

c 短沈線列の上方に横走沈線を一列めぐらせる。

d 内部に横走沈線を加えた窓枠状文様。

e 二重の窓枠状文様。

f 窓枠状文様。

g 多条の横走沈線（3条以上）。

h 2条の横走沈線。

i 2条の横走沈線の間に点列を加えたもの。

j 1条の横走沈線。

k 横走する破線と横走沈線を1条ずつ上下に配したもの。

l 横走列突列。

m 羽状文。

n 横走する縦位刺突列。

口唇部文様（図4）

① 入組渦文の左右に弧線が展開する。

② 入組渦文上半部の左右に弧線が展開する。

③ 一重の渦文。

④ 凹文。

図3　口縁部従文様のヴァリエーション

⑤ 多重の同心円文。
⑥ 多重の渦文。
⑦ 半同心円文。
⑧ 半円文。
⑨ 縦位の短沈線束の両側に対向する斜沈線群を配するもの。
⑩ 直角に折れ曲がる沈線束を左右に展開するもの。
⑪ 縦位短沈線の両側に横走沈線を配するもの。
⑫ 2条の平行沈線を上下に一方ずつの沈線を屈曲させることによって中断させたもの。
⑬ 横走する沈線を中断し、そこに刺突に近い凹点を施したもの。
⑭ 階段状に屈曲するもの。

頸部文様（図5）
① 沈線束による連続山形文様。
② 一定間隔をおいて沈線束を垂下させるもの。
③ 縄文帯による連続山形文様。
④ 一定間隔をおいて縄文帯を垂下させるもの。
⑤ 縄文帯によって曲線的なモチーフを描くもの。
⑥ 垂下沈線を全面に施すもの。
⑦ 口縁部文様帯から垂下された逆三角形状の枠内に一重の渦文を配したもの。
⑧・⑨・⑭・⑮・⑯・⑰・⑱
　胴部文様から上方へ伸びる渦文。縄文帯開放部の有無・渦文の渦の巻き方の度合・屈曲部の形状（曲線を描くか、角を形成するか）等に相違がみられる。
⑩ 波頂部から垂下され、口縁部文様帯と胴部文様帯とを連結する縦位沈

図4　口唇部文様のヴァリエーション

線束。
⑪ 口縁部文様帯から下方へ突出した逆三角形モチーフ。
⑫ 波頂部から垂下され，口縁部文様帯と胴部文様帯とを連結する縦位の波線。
⑬ 頸部と胴部とを画する沈線が中断され，頸部に向かって逆「ハ」の字形に開放しているもの。

胴部文様（図6）
① 入組文とそこから斜め下方に向かう沈線を多重に囲んだもの。
② 一定間隔をおいて配された渦文を複線山形文によってつないだもの。
③ 沈線束による連続山形文。
④ 一定間隔をおいて沈線束を垂下させたもの。
⑤ 垂下条線を全面に施したもの。
⑥ 沈線束によって下方へ展開する弧を描いたもの。
⑦ 下方へ開く弧線を重ねその下部に沈線を二本横走させるもの。
⑧ 縄文地に下方へ開く弧線を多重に施し，その上部を横走沈線で画するもの。
⑨ 縄文帯を縦位に展開するもの。入組文を施す。
⑩ 袋状に集結する縄文帯を展開するもの。
⑪ 縄文地に直線的沈線文を描き加えたもの。
⑫ 縄文帯を環状に展開するもの。縄文帯の結節する部分に入組文をもつ。
⑬・⑭ 鉤手文もしくは入組文をもち，横位に展開するもの。
⑮ 二重の同心円を中心に，その両側に幅狭の窓枠状文様を二段配する。同心円の中心には，逆「U」字状文を配する。
⑯ 頸部と胴部とを画す二段の横走沈線の下に，下方に頂部を向けた二重

図5　頸部文様のヴァリエーション

第 9 章　広域土器分布圏の諸相　251

の山形文が配されたもの，内側の山形文は，一方の裾部を内方へ巻き込んでいる。

⑰　頸部と胴部とを画す横走沈線下に，下方へ伸びる半同心楕円文を配するもの。

⑱　入組文を半円で多重に囲んだもの。多条の横走沈線と組合う。

⑲　半同心円文と多条の横走沈線との組合せ。

⑳　多重の長方形を，さらに逆台形状に沈線で囲んだもの。

㉓　上位の並行沈線と入組をなして鉤手モチーフを形成した後，下位の沈線が㉛とは逆方向に反転したもの。

㉔　半円で多重に囲まれた入組文を中心に斜め上下方に沈線束が配されたもの。

㉕　㉔の入組文をなす沈線が連結し，その結果ステッキ状モチーフがネガティヴに生じたもの。

㉖　横位のステッキ状モチーフ。

㉗　横に伸びる鉤手状モチーフを中心に配し，のびやかに文様を展開するもの。縄文帯の幅も広い。

㉘　横に伸びる鉤手状モチーフを中心に文様を展開するもの。沈線間の幅

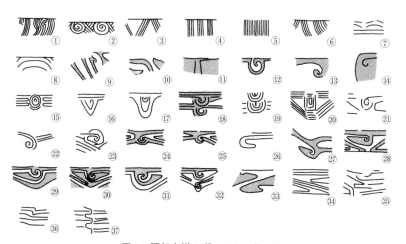

図 6　胴部文様のヴァリエーション

は狭い。

㉙ 横に伸びる鉤手状モチーフの中心をなす入組部が，多重であるもの。

㉚ ㉘における入組部をなす沈線が連結したもの。その結果，横位のステッキ状モチーフがネガティヴに表現されることとなる。

㉛ ㉙における入組部をなす沈線が連結したもの。

㉜ ステッキ状モチーフがポジティヴに表現され，その結果横位に伸びる鉤手状モチーフがネガティヴに表現されたもの。

㉝～㊲ 中心文様をはずれた部分である。㉝は幅広の縄文帯，㉞は幅の狭い縄文帯，㉟～㊲は沈線の走行に規則のないもの。

　以上，各属性にみうけられるヴァリエーションを呈示してきた。これらのヴァリエーションは，共通する特徴によって数群に分類することができる。

　口縁部主文様は，同心円・半同心円・入組渦文等のモチーフでくくられるとともに，それぞれを横断して，複線によるもの（①・③・⑦・⑰・㉒・㉓・㉖・㉗）・単線によるもの（②・④・⑩・⑱・㉙[1]）・小さくまとまったもの（⑤・⑥・⑧・⑭・⑮・⑯・⑲）といった三つのグループにまとめることができる。そこで，これら二つの分類結果を，口縁部主文様を描くキャンバスとも言うべき口縁帯との関係で検討してみたい。

　図7は，口縁帯の幅を0.2cmごとにグループ分けし，その頻度分布を示したヒストグラムである。このグラフの作成にあたっては，波頂部の確認できるサンプル124点を用いた。その結果，口縁部の幅の頻度分布は正規分布を示さず，1.0～1.2・2.0～2.2・4.2～4.4cmをそれぞれピークとする三つのモードがあるように見うけられる。さらに，図8は，上述した口縁部主文様に看取された3群について各群ごとに口縁帯幅の頻度分布を検討したもので[2]，グラフ下には，各群に属する文様の出現幅を併記している。これら3群は，出現の幅とピークについてそれぞれまとまりを示し，同時に各群相互間においては相違をみせている。一方，各モチーフごとにみた場合，それらがそれぞれ全ての幅をカバーしており，モチーフごとで出現幅に相違があるような様相は看取されない。

　以上のことから，口縁部主文様にみられるヴァリエーションを分析に用い

第9章 広域土器分布圏の諸相 253

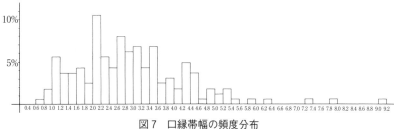

図7 口縁帯幅の頻度分布

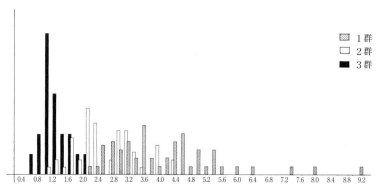

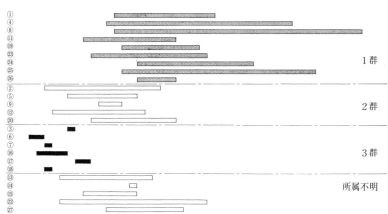

図8 口縁帯幅の度数分布並びに口縁帯幅に対する口縁部主文様の出現状況

るにあたっては，1群（複線によるもの）・2群（単線によるもの）・3群（小さくまとまったもの）という3分類を，他の属性との相関関係を考える際の有効な分類単位として採用する。⑪・⑬・⑭・⑮・㉒・㉗は文様自体からは，上記3群のいずれに属せしめるべきものであるか決定できないが，図8の示すところに従えば，⑪・⑬・⑭・⑮・㉗は第2群に，㉒は第1〜2群に包括させて処理していくことができよう。

なお，1群と2群にはそれぞれ二つのモードがあり，双方の一方が重複しているが，これは該土器群に完形土器が少ないため，口縁帯幅を絶対値で示したことによって生じた現象と考えられる。つまり，1群・2群には土器自体のサイズに大小があり，1群の小型品と2群の大型品とが，口縁帯幅の絶対値において重複することが予想されるからである。

口唇部文様も口縁部主文様に準じて，複線大柄（①・⑥・⑨・⑩）・単純簡素（③・⑤・⑦・⑧・⑪）の2群に分けることができる。また，④・⑫・⑬・⑭については2群いずれにも含めえない。

以上，口縁部主文様を3群に，口唇部文様を2群に分類した。これらの変異がそれぞれ時間差を示すものであるならば，大柄←→小さくまとまったもの，複線←→単線等の型式変化を考えた場合，口縁部主文様については1群←→2群←→3群という3段階の変化を，口唇部については1群←→2群という2段階の変化をそれぞれ想定できる。

口縁部従文様については群の抽出は困難である。これはまた，口縁部形態についても同様である。

頸部文様としては，口縁部文様あるいは胴部文様から頸部へと展開しているものも含めて提示している。これらはその表現法から，集線によるもの（①・②・⑥・⑩・⑫）と縄文帯によるもの（③・④・⑤・⑦・⑧・⑨・⑪・⑬・⑭・⑮・⑯・⑰・⑱）とに二分される。また，同時に，これらの頸部文様については，口縁部文様帯と胴部文様帯とをつなぐもの（①・②・③・④・⑤・⑥・⑩・⑯）・口縁部文様帯から下方へ突出したもの（⑦・⑪）・胴部文様帯から上方へ突出したもの（⑧・⑨・⑬・⑭・⑮・⑯・⑰・⑱）といった二者を認めることもできる。

胴部文様についても，頸部文様と同様な観点から，集線によるもの（①・②・③・④・⑤・⑥ —以下 1 群）と縄文帯によるもの（⑦・⑧・⑨・⑩・⑪・⑫・⑬・⑮・⑯・⑰・⑱〜㊲ —以下 2 群）との二者を認めることができる。後者のうち，⑲〜㉖・㉘〜㉜・㉞〜㊲（2B 群。それ以外の 2 群を 2A 群とする）は従来鐘崎式の胴部文様として認識されてきたもので，縄文系文様群中の⑱・㉗・㉝等との関係が考えられるものである。この鐘崎式の胴部文様は中心文様をつなぐ文様（㉞〜㊲）は別として，入組部のあり方から，入組部を半同心円で囲むもの（㉑・㉔・㉕）と入組部が鉤手状モチーフの一部を構成するもの（㉓・㉘・㉙・㉚・㉛・㉜）とにほぼ二分される。入組をもたない⑲・⑳についても，そのモチーフの一部の類似から前者に包括させることができる。この入組部を半円で囲む類には，多重に囲むもの（⑲・㉔）と一重に囲むもの（㉑・㉕）との二者が認められる。また，鉤手状モチーフの類は入組部をなす沈線が連結しないもの（㉘・㉙）と連結するもの（㉚・㉛・㉜）という二者に分類される。このうち後者には，入組部の連結の結果として，ステッキ状モチーフがネガティヴに，もしくはポジティヴに生じており，㉖をこの群に含めることが可能である。ここで以上の小群を，縄文帯系文様中，これらと関係が深いと考えられる⑱・㉗との関係において検討した場合，それら文様からの型式学的距離が大きい文様群（㉑・㉓・㉕・㉖・㉚・㉜ —以下 2Bb）と型式学的にこれらの文様群と⑱・㉗との間に介在させうる文様群（⑲・㉔・㉘・㉙ —以下 2Ba）との 2 群に大別される。⑳は⑱からのかなりの変容を示しており，2Bb に含まれる。非中心文様もこのような観点から㉞を 2Ba に，㉜〜㊲を 2Bb に含めることができる。

　以上の鐘崎式に認められた 2 群（2Ba，2Bb）は，型式学的に考えて⑱・㉗・㉝←→2Ba ←→2Bb という系統関係を想定しうる。

4　縁帯文土器の時期差と地域差

　以上のように，各属性ごとに分類を行ない，群としてまとめうるものは一括し，系統変化が追えるものはそれを示した。しかし，その系統変化にして

256

も方向性は定まっておらず，また，各属性においてみられたグループがどのような意義をもつのか，相互にどのような関係をもつのかもこの段階では不明である。ここでは，これら各属性における変異群の時間的・空間的意義を検討する前に，2属性ごとに各変異群の同一個体内における共伴関係をみて，それを全属性において反復することによって，結果的には各変異群の多元的相互関係を求め，これら変異群の分類における有効性をより高めることにしたい。

　そこで，まず，口縁部文様と口縁形態の同一個体内共伴関係をみてみよう。表1に○印と空欄によって示された共伴関係の存否は以下のとおりである。口縁部主文様1群が施されるのは口縁にカラーを作出するものがほとんどで（1・2・3・4・5・6・8・9・11），そうでないのは12のみである。口縁部主文様2群は，1群の口縁形態と重複するものの，7・14・18・25という幅狭の口縁帯をもつものや口縁帯非作出のものが加わり，主体をなす口縁形態が1

表1　口縁部主文様と口縁部形態の相関

		口縁部主文様																									
		1	4	8	19	23	24	25	26	27	11	22	2	5	9	12	13	15	20	26	3	6	10	16	17	18	21
口縁部形態	1	○	○	○	○	○					○																
	2			○	○								○	○													
	3	○	○	○			○												○								
	4	○	○	○	○			○		○	○			○		○	○		○								
	5	○	○	○	○	○	○	○	○	○	○	○	○	○		○	○	○	○		○	○	○				
	6	○		○							○	○	○	○													
	8			○			○				○	○	○			○	○	○	○		○	○					
	9										○	○		○			○										
	10										○																
	11	○									○								○								
	12			○							○	○				○		○			○		○				
	7										○	○															
	20										○					○											
	25										○																
	14											○															
	33										○	○										○		○	○		
	18										○			○								○		○	○		○
	19																					○	○		○		
	20																						○	○			
	22																							○			
	26										○								○			○					

第9章　広域土器分布圏の諸相　**257**

群と異なる。そして，口縁部主文様3群は，5・8・12が1・2群と重複する
ものの18・19・20・22・26・33といった口縁にカラーを作出しないものに
集中する傾向が認められる。また，口縁部主文様11・23・27は，1〜3群の
判断が不能なものであるが，それを示すかのように1〜3群を施した口縁形
態の欄に広範な分布を示している。さらに，口縁形態4・5・6・8は口縁帯
の幅に変異があり，**図8**をみても明らかなように，幅広のものに口縁部主文
様1群，幅狭のものに口縁部主文様2群が施される傾向が認められる。

　したがって，以上をややシンボリックなまとめ方をすると，口縁部主文様
1群と幅広の口縁帯をもつ口縁形態，口縁部主文様2群と幅狭の口縁帯をも
つ口縁形態と非カラーの口縁形態，口縁部主文様3群とカラーを作出しない
口縁形態という対応をなすということになろう。また口縁部従文様について
は，表示はしていないものの，口縁部主文様1・2群と共伴するものにa〜f
が多く，口縁部主文様3群と共伴するのはg〜jとoのみという関係が認め
られた。

　口唇部主文様と口縁形態の相関関係（**表2**）は，口唇部文様1群が明瞭な
口唇帯作出を行なった口縁形態14・15・18・21に施されるのに対して，口
唇部主文様2群は，14・15・18が重複するものの，明瞭な口唇部を作出し
ない5・8・13・16・17・19・20・27・28が主体をなすという関係が認めら
れる。

　口縁部主文様と口唇部文様においては，例数が少ないためはっきりとした
相関とは云い難いものの，口縁部主文様1群と口唇部文様との同一個体内共
伴例は今のところみられない（**表3**）。また，口縁部主文様2群と3群にはそ
れぞれ3と8という2群の口唇部文様が共伴しており，口縁部主文様2，3
群と口唇部主文様2群とが対応するようである。

　口縁部主文様と胴部文様の関係は，以下のとおりである（**表4**）。すなわち，
口縁部主文様1・3・5（1群）と9・15（2A群），口縁部主文様2群は2・
3・5（1群）と9・15・17・18・27・33（2A群），そして，口縁部主文様3
群は27（2A群）と19・28・34（2Ba群）および21・30・31・35・36（2Bb
群）とそれぞれ共伴している。したがって，口縁部主文様1・2群と胴部文

表2　口唇部文様と口縁部形態の相関

						口	唇	部	文	様					
		1	4	6	9	10	2	3	5	7	8	11	12	13	14
口	13	○	○					○		○		○	○	○	
	14	○	○	○	○	○		○		○					
	18							○	○						
縁	21	○													
	15							○		○	○	○	○	○	
	27							○							
部	19						○	○							
	28							○							
形	13							○							
	5							○							○
	8									○					
態	17						○			○					
	20									○					

表3　口縁部文様と口唇部文様の相関

		口縁部主文様					口縁部従文様	
		2	13	6	16	17	j	o
	1							○
	12	○				○	○	○
口	13		○				○	
唇	2						○	
部	3	○	○					
文	5						○	
様	7		○					
	8			○			○	
	14				○	○	○	
	11						○	

表4　口縁部主文様と胴部文様の相関

							口	縁	部	主	文	様				
		1	8	19	11	22	2	5	12	20	3	6	16	17	18	21
	1		○		○											
	2									○						
	3			○						○						
	5	○														
胴	9	○				○										
	15		○				○									
	17						○									
部	18							○	○							
	19												○			○
	22										○		○			
文	27								○				○			
	28												○			
	30											○		○		
様	31												○			
	33							○								
	34												○		○	
	35												○			
	36												○			

表5 胴部文様と口唇部文様の相関

		胴 部 文 様										
		3	5	33	24	34	20	21	22	30	35	36
口縁部文様	4	○										
	9		○									
	3			○		○						
	5					○						
	11											○
	8								○	○		
	14				○	○				○	○	

表6 口縁部文様と頸部文様の相関

		口 縁 部 主 文 様																				口縁部従文様							
		1	4	11	9	23	24	25	27	2	5	12	13	15	20	3	6	7	16	17	21	a	b	d	f	g	h	j	o
頸部文様	1	○		○					○						○							○	○		○				○
	2		○		○								○									○	○			○	○	○	
	6	○		○			○	○							○								○	○	○			○	
	10							○		○	○				○													○	
	12						○						○				○										○	○	
	4	○																								○	○		○
	5					○																			○				
	3																												○
	18											○		○													○		
	8											○	○															○	○
	11											○																○	
	9								○			○	○					○									○	○	
	7								○					○														○	
	16																		○	○								○	
	17																	○	○									○	
	13																								○			○	
	14																											○	
	15														○													○	

表7 口唇部文様と頸部文様の相関

		口 唇 部 文 様											
		1	6	4	9	3	7	11	2	8	14	12	13
頸部文様	1	○	○	○									○
	2				○		○						
	6			○	○								
	10				○								
	12									○			
	3	○											
	4						○						
	5										○		
	9						○						
	8							○	○				
	16					○				○	○		
	13								○				

様1・2A群が，口縁部主文様3群と胴部文様2Ba・b群がそれぞれ対応関係にあるといえる。ただし，口縁部主文様2群においては2A群の胴部文様が胴部文様1群に比して多くなっている。また，口縁部従文様はa〜fが胴部文様1群に主体的である。

　口唇部文様と胴部文様との関係は（表5），例数も少なく，あまりはっきりした相関を示さない。しかし，傾向としては，口唇部文様1群が胴部文様1群（3・5）と，口唇部文様2群が胴部文様2A群と2Ba・b群と，それぞれ対応するようにみえる。

　口縁部主文様と頸部文様2群との関係は以下のとおりである（表6）。口縁部主文様1群に共伴する頸部文様は1・2・6・10・12・（1A群）と4・5（1B群）で，口縁部主文様2群は1・6・10（1A群）と11（2A群）に8・9・18（2B群），口縁部主文様3群とは12（1A群）と7（2A群）に9・13・15・16・17（2B群）が共伴している。したがって，口縁部主文様1群には頸部文様1A・B群のみであるのに対して，口縁部主文様2群は頸部文様1A群に2A・B群が加わったもの，口縁部主文様3群とはほとんど頸部文様2B群がそれぞれ対応するようである。

　最後に，口唇部文様と頸部文様の関係については（表7），例数も少なく不明瞭ではあるものの，口唇部文様1群が1・2・6（1A群）と3（1B群），口唇部文様2群が2・10・12（1A群）と4（1B群）12・8・9・13・16（2B群）という対応を示した（表7）。したがって，口唇部文様1群が頸部文様1A群と1B群で前者が主体，口唇部文様2群ではこれらに2B群が加わり，しかも多いという傾向が看取される。

　以上，各属性変異群間の同一個体内共伴関係をみてきたが，ほとんどの属性間で変異群に相関が認められた。これらを，口縁部文様・口唇部主文様ごとに整理すると表8のようになる。そして，いわば多元的なこれら属性変異群の組合わせは，単一属性においてよりも，時間的・空間的な分類単位としてさらに高い有効性をもつといえる。そこで，これら属性変異群の属位的出土例や遺構内出土一括資料，あるいは先行・後出する土器様式の特徴を併せ持った過渡的形態などを求めてみると，以下の事例が得られる。

第9章　広域土器分布圏の諸相　261

表8　属性変異群の対応関係

| | 外　面　表　示　型 | | | | | 内　面　表　示　型 | | |
	口縁部主文様	胴部文様	頸部文様	口縁部形態	口唇部形態	胴部文様	頸部文様	口縁部形態
I群	1	1+2A	1A・B	幅広カラー	1群	1	1A・1B (1A主体)	明瞭な口唇帯作出
II群	2	1+2A (2A主体)	1A+2A・B	幅狭カラー				
III群	3	2Ba	2B主体	非カラー	2群	2A・B	2b主体	口唇帯非作出主体
IV群		2Bb	2b主体					

1. 口縁部主文様1群＋胴部文様1・2A群＋頸部文様1A・B群＋幅広のカラーをもつ口縁形態という組合わせの縁帯文土器を主体とする京大植物園内遺跡では堀之内Ⅰ・Ⅱ式と四ツ池式土器を伴っている[24]。なお，泉拓良氏によればこの堀之内式は堀之内Ⅰ式土器であるという[25]。

2. 藤井寺市林遺跡80-10区内住居址内一括資料でも口縁部主文様1群やそれとセットをなす他属性に堀之内Ⅰ・Ⅱ式土器が伴っている[26]。

3. 大阪市森の宮遺跡[27]・鳥取市布勢遺跡[28]・倉敷市福田貝塚[29]からは口縁部主文様1群をもつ土器の頸部から胴部にかけて福田KⅡ式の三本沈線縄文帯による文様が施されている（図9）。

4. 福山市洗谷貝塚においては福田KⅡ式土器よりも上の層から口縁部主文様2群＋胴部文様1・2A群の土器群が出土している[30]。

5. 京大植物園内遺跡では上面表示型の縁帯文土器はほとんどないのに対して，口縁部主文様1・2群と胴部文様1・2A群，頸部文様1A群，幅広と幅狭のカラーをもつ口縁形態というように，二大別されるべき属性変異群が混在している東大阪市縄手遺跡では上面表面型の縁帯文土器が一定量出土している[31]。

6. 広島県芦品郡新市町*芋平遺跡[32]・岡山県邑久郡邑久町*大橋貝塚[33]では小稿における縁帯文土器口縁形態15をもつ土器の外面に福田KⅡ式

262

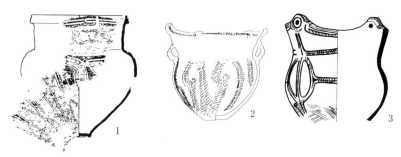

図9　福田KⅡ式の胴部文様を施す縁帯文土器
1;森の宮遺跡　2;布勢遺跡　3;福田貝塚

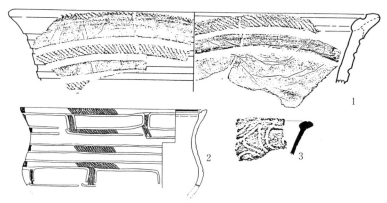

図10　口縁形態15をもつ福田KⅡ式土器（縮尺不統一）
1, 2;大橋貝塚　3;芋平遺跡

図11　西和田貝塚出土土器

図12　天岩戸岩陰出土土器

土器の文様を施したものが出土している（図10）。

7. 大分県宇佐市西和田貝塚では口縁帯作出明瞭な上面表示型縁帯文土器との中間形態と思われる福田KⅡ式土器と縁帯文土器が出土している[34]（図11）。

8. 胴部入組渦文21は三本沈線の福田KⅡ式土器（図12）からの系譜がたどれ、胴部文様2A群の9・12・13・14・27にみられる小さな入組文も、先学の指摘するように[35]、宿毛式土器（福田KⅡ式）からの系譜がたどれるものである。

9. 胴部文様26は大分県東国東郡国東町*ワラミノ遺跡では後続の北久根山式土器とともに出土し[36]、熊本県下益城郡城南町*阿高貝塚からは胴部文様30がさらに圧縮・変形されたものが北久根山式土器の胴部に施されている[37]（図13）。

よって以上の事例から以下の関係が得られる。

ア．事例1〜4から口縁部主文様1群→2群の時間的関係が得られる。

イ．事例1〜4・8・9から胴部文様1・2A・2Ba・bであり、2Aのうちのあるものは福田KⅡ式土器の文様から系譜をたどりうる。

ウ．事例5・6・7から、上面表示型縁帯文土器が、口縁形態において福田KⅡ式土器の系統をひくものもあることと、福田KⅡ式との関係を介して、口縁部主文様1群よりも後出することが看取される。

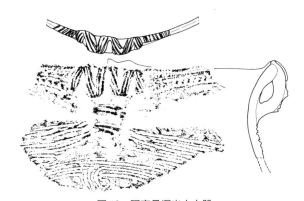

図13 阿高貝塚出土土器

そして，表1とア・イから，口縁部主文様は，1群→2群→3群という関係となり，また，胴部文様内の系統変化とイから，胴部文様1・2A群→2Ba群→2Bb群という関係が得られる。さらに，イと表2から口唇部文様も1群→2群という関係にあることがわかる。したがって，以上のことを整理すると，小稿で扱った土器群は最大限四つの時期差をもつ群に分けることができるのである（表8，Ⅰ～Ⅳ群）。

次に，これらⅠ～Ⅳ群の有する各属性変異群の分布を，量的な面にも留意しながら，同定可能な資料をもとに概観してみよう。図14～16はそれぞれ口縁部主文様・頸部文様・胴部文様にみられる変異群の分布を示したものであるが，これらの図を順に検討していきたい。まず，図14をみると，口縁部主文様において，1が近畿～東瀬戸内地方を主に，2が近畿以西のほぼ全域に，そして3が九州地方を中心に分布していることが看取される。図15からは，頸部文様1Aが近畿～東瀬戸内地方を主に分布し，2A・2Bが九州地方を中心に分布していることが知られる。また，1Bについては例数が稀少であるためその分布を明確に知り得ない。胴部文様については，図16か

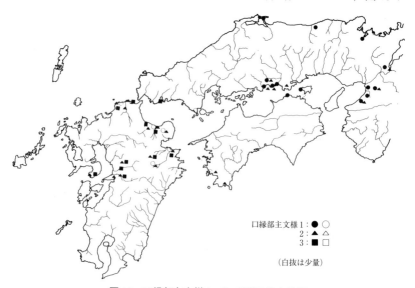

図14　口縁部主文様1・2・3群の分布状況

第 9 章　広域土器分布圏の諸相　265

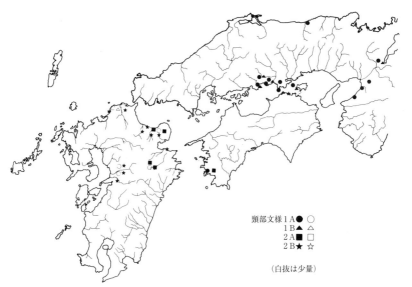

頸部文様 1A ● ○
　　　　 1B ▲ △
　　　　 2A ■ □
　　　　 2B ★ ☆

（白抜は少量）

図 15　頸部文様 1A・1B・2A・2B 群の分布状況

胴部文様 1　 ●
　　　　 2A 　▲
　　　　 2Ba ■
　　　　 2Bb ★

図 16　胴部文様 1・2A・2Ba・2Bb 群の分布状況

表9　I～IV群と従来の様式

	北白川上層I	北白川上層II	津雲A	彦崎I	平城	鐘崎I	鐘崎II	鐘崎III
I群	○		○					
II群		○	○	○	○	○		
III群							○	
IV群								○

ら，1が近畿地方に主な分布を示すこと，2Aが近畿地方以西に広範に分布すること，及び2Ba・2Bbが主として九州地方に分布していること等が看取される[38]。よって，以上の観察結果をまとめると以下のようになる。

〔近畿～東瀬戸内地方に主に分布するもの〕

口縁部主文様1・頸部文様1A・1B・胴部文様1

〔近畿地方以西に広範に分布するもの〕

口縁部主文様2・胴部文様2A

〔九州地方に主に分布するもの〕

口縁部主文様3・頸部文様2A・2B・胴部文様2Ba・2Bb

したがって，これらの結果と表8とから，先に設定した各土器群の分布状況について次のような状況が看取されることになる。

　I群：近畿～東瀬戸内に多く，それより西には稀薄である。

　II群：近畿地方以西に広範に分布する。ただし，胴部文様に1群文様をもつものは東瀬戸内以東に偏る傾向がある。

　III・IV群：主として九州地方に分布する。

　これらの土器群を従来の様式名と対比させたものが表9である。I群は北白川上層式・津雲A式の一部に，II群は北白川上層式・津雲A式の一部，及び彦崎KI式・平城式・鐘崎I式（小池原上層式）に相当する。そして，ここで3・4群としたものは，筆者等が以前に鐘崎II式・III式とした土器群にあたる[39]。

　この表からわかるように北白川上層式に2段階の変遷が認められることとなったが，このような編年観は，泉拓良氏によって北白川上層式の細分という形ですでに提示されている[40]（図17参照）。しかし，図17から看取されるように，小稿における編年案と泉氏のそれとはおおよその傾向は同じくする

第9章 広域土器分布圏の諸相 267

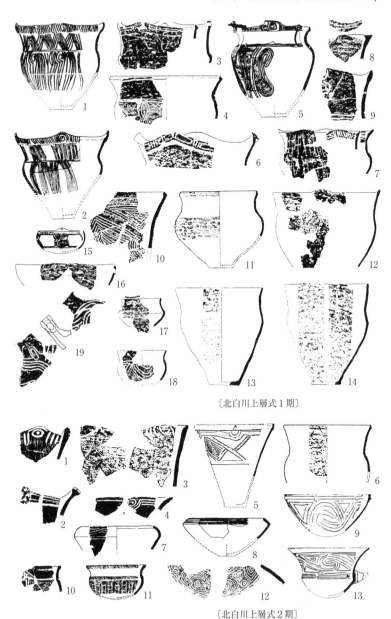

〔北白川上層式1期〕

〔北白川上層式2期〕

図17 泉拓良氏による北白川上層式の細分

ものの，見解を異にする部分も少なくない。泉氏は，先述したように，北白川扇状上に位置する3遺跡から出土した土器群を比較検討することによって北白川上層式を3期に細分したが，さらに進んでこの細分案を近畿地方全域で適用可能なものとしてとらえ，あわせて他地域の土器群との並行関係についても言及している。その結果，北白川上層式I期は堀之内I式と並行し瀬戸内地方においては広島県福山市洗谷貝塚出土の洗谷IX類土器（図18）に相当すること，北白川上層式II期は堀之内II式に並行し瀬戸内地方における彦崎KI式に相当すること等の見解を示している。これを小稿の編年観と比較した場合，泉氏が古段階に位置づけた洗谷IX類が小稿では新段階に位置づけられること，小稿においては2群の段階に福田KII式から成立したと考える上面表示型土器が，すでに古段階の早い時期に，やはり福田KII式を祖型として成立していると考えられていること等の相違点が指摘されるのである。つまり，泉氏の見解と小稿のそれとの間には，福田KII式と縁帯文土器との時間的関係や縁帯文土器自体に対する認識に相違があるのである。

　泉氏は，氏の論をトレースしていく限りにおいては，福田KII式を縁帯文土器出現以前に位置づけているようであり，この編年観は今村啓爾氏のそれに[41]通じるものであろう。しかし，京都大学植物園内縄文遺跡の調査を通して中村徹也氏によって示された「福田KII式・津雲A式―縁帯文土器―堀之内I・II式」という所見や，京大植物園内縄文遺跡と縄手遺跡における上面表示型土器の存在比の差異等を考えた場合，北白川上層式の古段階が福田KII式に並行すると考えるべきであろう。また，福田KII式の分布が近畿地方においては稀薄であることを考えると，泉氏の編年観に従った場合，福田KII式並行期の近畿地方の様相は不明のまま残されてしまうことになる。よって，図9に示したような縁帯文土器と福田KII式との折衷土器は上記のような状況から考えた場合，両土器分布圏の中間地帯において生じた縁帯文土器化した福田KII式土器としてとらえることができるのである。

　ここで再び表8に立ち戻りたい。縁帯文土器I～IV群は先述したようにI・II・III・IV群の順に出現したことが考えられる（各群土器の終焉の時間的関係は別として）。ところが，上述したようにIII・IV群土器は主として九

第9章 広域土器分布圏の諸相 269

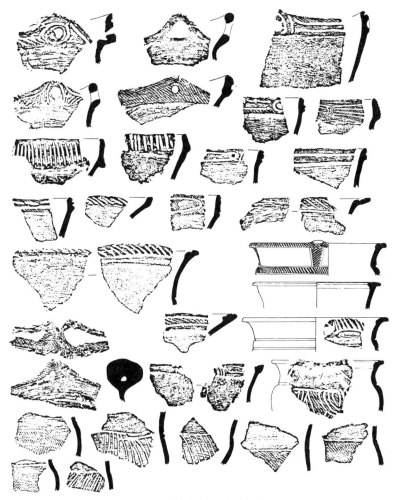

図18 洗谷貝塚Ⅸ類土器

州地方に分布するものであり，当該土器群並行期における近畿〜瀬戸内地方の土器群について，この表8から知ることはできない。これについては，近畿地方の現行の編年では北白川上層式Ⅱ期とⅢ期の間に器形や文様について若干のギャップがあると思われるので，Ⅲ・Ⅳ群土器並行期に相当する土器

群が未発見である可能性がある。また，あるいはⅡ群土器が該期まで近畿〜瀬戸内地方で存続していた可能性，逆に言えば，Ⅲ・Ⅳ群土器の存続幅がそれほど長期にわたるものではなかったこと等が考えられる。ともあれ，以上のような各属性変異群の分布状況は，西日本における縁帯文土器群の出現や展開についていくつかのことを語ってくれよう。まず，時間的にもっとも先行して出現したと考えられるⅠ群土器の分布が西日本東半部に偏ることや，Ⅰ群土器が集線文系の文様群（頸部文様ⅠA・胴部文様Ⅰ）と強い相関を示すことから，西日本に縁帯文土器が出現するに際しては，堀之内Ⅰ式との密接な関係が考えられる。そして，先述したように，このⅠ群土器並行期の瀬戸内地方には，福田KⅡ式が主体的に分布しており，したがって東方からの影響で縁帯文土器群が成立したことが知られる。瀬戸内地方東半部に認められる外面表示型縁帯文土器の口縁部を有し，胴部に福田KⅡ式的文様を施した土器（図9）の存在は，いわば，福田KⅡ式が縁帯文土器化したものといえ，このⅠ群土器並行期の様相を如実に示すものであろう。

　このような観点から考えるとき，これまで福田KⅡ式からの型式変化が想定されてきた，主として九州地方に分布する鐘崎式（筆者等の鐘崎Ⅱ・Ⅲ式）の成立も該期の西日本における一連の縁帯文土器化過程の中でとらえ直すことが可能になってくるのである。そこで，次にこの鐘崎式をも含めて，各属性ごとにそれぞれの変異の地域別出現率を検討することによって，縁帯文土器の地域的な連続性もしくは断続性をみることにしよう。

5　属性変異に反映された縁帯文土器の変化

　ここでは，顕著な地域差を示す鐘崎Ⅱ・Ⅲ式（Ⅲ・Ⅵ群土器）はとりあえず除いて，Ⅰ・Ⅱ群土器について各属性変異の各地域における出現頻度を検討する。これは，先に掲げた分布図から看取されたような，各タイプ群が広範な重複地域をもち，排他的分布圏を示さないという状況を具体的に把握するために行なうものである。また，以下で用いた地域設定は，属性変異の分布図に示された傾向，及び遺跡分布のまとまりをもとにしている。

この場合，厳密にいえば，時期的にも古く分布が近畿地方に偏るⅠ群を除外して，西日本に広く分布するⅡ群土器のみで比較するのが理想的である。しかし，ここでは，数量的比較をするのに必要な量を確保するため，Ⅰ～Ⅱ群土器を一括して処理している。これは，小片の資料が多く，口縁部以外ではⅠ・Ⅱ群土器のいずれに相当するか判別不能な個体が多いことにもよる。このため，ここで示したセリエーショングラフから看取される東から西への「傾斜」には，結果的に時間的要因も若干含まれている。また，属性によっては，このグラフに使用可能な個体数が不充分なものも少なくないので，J.Ford が経験的にセリエーションに有効であるとする「50 個体」を一応の目安とし[43]，それを大きく下回るものは参考とするにとどめている。

　　。口縁部主文様（図 19）
　西瀬戸内におけるサンプル数が 19 と少ないながらも，1・20 以外はほぼ紡錘形もしくは東西どちらか一方に開いた形を示している。また，多くの属性変異が，近畿地方から九州地方にかけて共有されていることもあわせて看取される。

　　。胴部文様（図 20）
　九州地方を除けば，サンプル数は少ない。しかし，参考までにみてみると，各属性変異のあり方はそのほとんどが東西いずれか一方に傾斜していることが認められる。また，他方，各属性変異のあり方については，瀬戸内地方を境にして途切れるものが多く，近畿地方から九州地方にかけて広範に分布するものはほとんどない。これは，サンプル数が少ないことによって生じた結果かもしれないが，先掲の分布図とあわせ検討すると，集線文系が近畿・瀬戸内地方に多く，縄文帯系が西瀬戸内に多いという傾向を示すものと考えられる。この見解が妥当なものであれば，胴部文様には在地色・地域色が強いということを指摘することができる。

　　。口唇部文様（図 21）
　西瀬戸内地方におけるサンプル数が極端に少なく参考にならないが，多くの属性変異が全地域で共有されていることは指摘しうる。

　　。頸部文様（図 22）

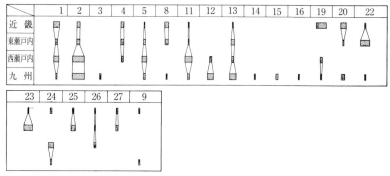

図19 口縁部主文様のセリエーショングラフ

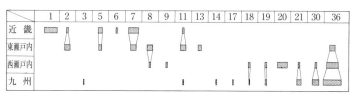

図20 胴部文様のセリエーショングラフ

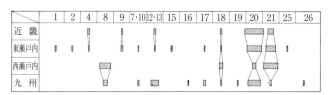

図21 口唇部文様のセリエーショングラフ

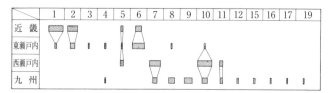

図22 頸部文様のセリエーショングラフ

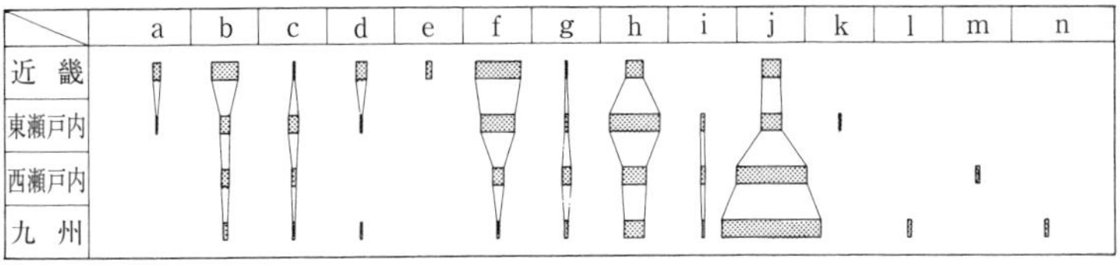

第9章　広域土器分布圏の諸相　**273**

	a	b	c	d	e	f	g	h	i	j	k	l	m	n
近畿														
東瀬戸内														
西瀬戸内														
九州														

図23　口縁部従文様のセリエーショングラフ

　これも全体的にサンプル数が少なく，とりわけ西瀬戸内地方におけるサンプル数の不足が目立つ。しかし，胴部文様と同じく，集線系が近畿・東瀬戸内地方に多いという傾向は指摘できるようである。ただ，集線系文様中，⑩・⑪は西瀬戸内地方から九州地方にかけて多く，集線系文様の中で地域差を示す可能性がある。

　。口縁部従文様（図23）

　西瀬戸内地方は他と比べてサンプル数が少ないが，参考にならないというほど微量ではない。この属性については，まず多くの変異が全地域で共有されていることが指摘しうる。そして，それらの各変異の各地域での存在比をセリエーショングラフにおいては，紡錘形もしくは東西いずれかに開く半裁された紡錘形が多く認められ，明瞭な地域的遷移を示している。

　。施文部位（図24・図25）

　この属性については，当初，**図24**に示したように，文様帯を6分割し，施文の有無を○×によって表示することによって分析を行なった。しかし，小片が多く，全文様帯を通じて情報を得られる個体はほとんどなく，3文様帯以上の情報について十分なサンプルが得られたのは口縁部（Ⅰ～Ⅲ）の文様帯のみであった。したがって，ここでは口縁部の3文様帯への施文パターンのセリエーション・グラフのみを示したが，これだけをみても，そのあり方は，各地域でほとんど変わらず，文様帯区画法が西日本一帯で共通していることを示している。

　以上のセリエーショングラフに対する観察から次の諸点が指摘されよう。まず，各属性について，西日本各地域が多くの変異を共有していることが認められた。したがって北白川上層式・津雲A式・彦崎KⅠ式・鐘崎Ⅰ式と

もに一定の類縁性をもってひとくくりにされる土器群であることが明らかとなった。また，各属性変異のあり方が，ある地域を頂点としてそこから離れるほど漸次減少するというなめらかな地域的遷移を示すものが少なくないことも看取された。この点については，サンプル数の少ない属性においてやや不規則なあり方が認められたが，一方，分析に耐えうると考えられる量を確保しえた口縁部従文様においては，変異のあり方を示す紡錘形が非常になめらかな形状を呈している。よって前者についてもサンプル数が増加すれば，後者のような結果が得られる可能性は高いと考えられよう。次に，胴部文様・頸部文様について，それらが東西瀬戸内地方間を境としてより強い地域差を持っていた可能性が指摘される。しかし，その一方において，文様帯規格が西日本一帯に共通していることは注目されるべき事実である。

小稿においては，西日本縄文時代後期に位置づけられる北白川上層式・津雲A式・彦崎KI式等の土器をとりあげ検討を加えてきた。これらの土器群は一括して「縁帯文土器群」と総称される一方，各地域において上記のような別の様式名によって呼称されてきた。われわれは，このようなとらえられ方をしてきた縁帯文土器群の様相を知るために，その属性を8項目にわたってとりあげ，そのヴァリエーションの時間的空間的分布状況を検討した。その結果，まず，これらの土器群は多くの属性を共有しつつも空間的距離の増大にともなって，それ

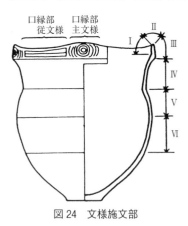

図24 文様施文部

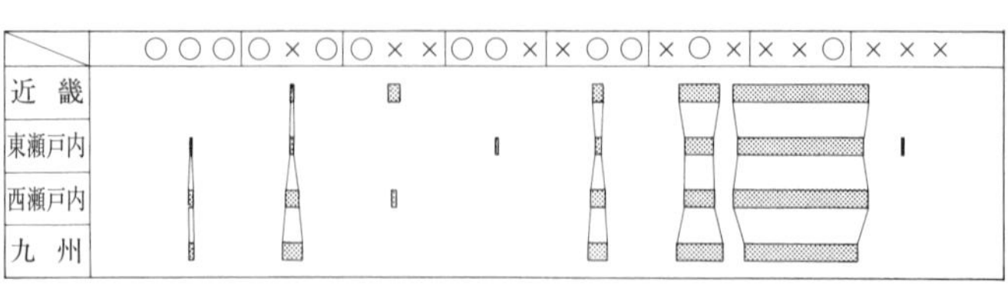

図25 施文部位のセリエーショングラフ

第9章　広域土器分布圏の諸相　275

ら属性の存在比に漸移的変化を示していることを知ることができた。また，
該期に九州地方を中心に分布する鐘崎式系土器も，文様帯規格をはじめとす
る多くの属性を上記の縁帯文土器諸様式と共有しており，それが縁帯文土器
群の中に包括してとらえられるものであることを示した。また，時間的には
縁帯文土器群が新古の2段階に大きく二分できることを示した。

　縁帯文土器群の起源については，ここでは言及することができなかったが，
これらの土器群のうち古段階のものの分布が東瀬戸内地方以東に偏ることか
ら考えて，より東方からの影響を想定することができる。これは，この古段
階の縁帯文土器群に，西日本在来の文様からの系譜を想定しえない集線系文
様が多用されていることから考えても，妥当な見解といえよう。

　縁帯文土器は，その新段階に至って西日本一帯に拡がり，各地域において，
現在，北白川上層式・彦崎KⅠ式・平城式・鐘崎式として認識されている土
器様式を成立させた（図27）。これらの各土器群は，先述したように，その
属性の存在比に漸移的変化を示すとともに，その様式内容にも相違をみせる。
まず，近畿地方において北白川上層式と認識される土器群は，この縁帯文土
器群が堀之内式とセットをなして1様式を形成したものである。しかし，東
瀬戸内以西においてはこの堀之内式が様式構造から欠落し，さらに西瀬戸内
地方においては縄文帯系文様を多用する在来的色彩の濃厚な縁帯文土器群が
分布する。西瀬戸内地方から九州地方にかけて分布する鐘崎式系土器は，こ
のような在来的要素を色濃く残す縁帯文土器の典型例であり，特に九州地方
においては急速に在地化を遂げる。この鐘崎式土器は，東九州においては津
雲A式・彦崎KⅠ式と，西北九州においては九州在来の阿高式系土器であ
る御手洗A・C式とともに同一様式をそれぞれ構成する。このような鐘崎式
土器とのセット関係に認められる地域差は，鐘崎式土器自体にも看取される。
すなわち，鐘崎式系土器は鐘崎Ⅰ式（小池原上層式）として九州地方に出現
し，南九州を除く九州のほぼ一円に分布した後，急速に在地化を遂げたもの
と思われ，鐘崎Ⅱ式の段階に至ると，既に東九州と中九州とでは土器の器
形・文様において相違を認めることができる[44]。以後，両地域において鐘崎
式系土器は型式変化の方向を異にして時間的変化が進行し，鐘崎Ⅲ式期に至

図26 古段階縁帯文土器（Ⅰ群）期の西日本

り，東九州においては退化縮小・粗雑化した文様が，中九州においては退化しつつも文様構成に比較的乱れの少ない文様が施されるという状況が出現する。蛇足ながら，この鐘崎式系土器に認められた地域差が，中期以来の阿高式系土器分布圏である中九州地方と，中期以来瀬戸内地方の文化圏に含まれてきた東九州地方とに相当することは興味深い様相である。

　以上に述べてきたような縁帯文土器群の地域差は，粗製土器を中心として各地域における器面調整技法を概観した場合にも認められる。すなわち，近畿地方においては板状工具による調整が，瀬戸内地方においては小巻貝による調整，また，九州地方においてはケズリ・粗研磨といった調整がそれぞれ特徴的に認められる。ただし，この場合にも互いに排他的な分布状況を呈しているものではないことには留意しておくべきであろう。このように，個々の土器について検討した場合のみでなく，土器組成全体を通じて概観した場合にも，該期の土器群には漸移的な変化と一定の地域性とを同時に看取する

ことができる。ただし，調整技法等に認められたように，土器組成の下位レベルに行くほど在地色を強める傾向は指摘できる。

6　広域土器分布圏の意義

このように，縁帯文土器と総称されてきた土器群と鐘崎式系土器とは，文様・器形をはじめとする多くの要素を共有し，地域的に漸移的変換を経ながら，西日本一帯に排他的な分布圏を有することなく存在していたのである。

このような広域土器分布圏のあり方に対して，田中は，九州の伝統的土器様式であった阿高式系土器が，後期初頭以来の磨消縄文土器の伝播を受け，いくつかの段階を経て構造変化していったプロセスを示す中から，土器様式間の関係には「全く異なった規格・構造をもった土器様式間で，別様式の存在は知りつつも，自らの自律性は全く損なわれず，別様式からの情報はほとんど導入されずに拒絶されるもの」と，「類似した規格・構造をもった様式間で，類似する他様式からの情報には比較的寛容なもの」の二者があるとし，便宜的に前者をハイレベルの様式，後者をローレベルの様式としたことがある。そして，土器分布圏を「土器の製作にかかわる情報と観念が，及びかつ受容されることが保証されたコミュニケーション・システムの範囲」で「集団間のあるレベルにおける社会的関係を反映したものと」と考えて，ハイレベルの様式間関係は相互にこのシステムを閉鎖しているもの，ローレベルのそれはある程度相互にシステムを開放しているものであるとした[45]。

その後，都出比呂志氏は，以前からテーマとされてきた弥生時代近畿地方の集団関係について，さらに発展させた形で同様な問題に論及されている。すなわち，土器様式には時間的側面とともに地域的側面も存在することを強調しつつ，土器作りの技法において類似点をもちながらもわずかな差異を示す近畿地方内部の小地域の存在を指摘し，これが，土器製作技法の接触・伝播が日常的にたえずくりかえされた「接触頻度の最も高い地域単位」であり，通婚圏の主要な範囲であろうとしている。また，これら小地域が統合された「畿内地方」については，人の移動・接触を通じて土器製作技法の接触・伝

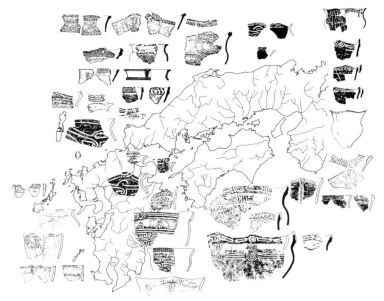

図27　新段階縁帯文土器（II群）期の西日本

播が「あり得た」範囲であるとしている。そして，畿内を単位とするものを「様式」とすると，前述の小地域を単位とするものは（地域的）「小様式」であるとしている[46]。

　この両者の指摘は，土器様式において，類似性の大・小，分布域の広・狭という対照をみせつつも，排他性をもたず，漸移的に移行する2レベルを提示しているという点で，分類の上での現象面では類似するものである。そして，広い範囲をもつ上位の様式概念（「ハイレベル」「様式」）は小林達雄氏が縄文式土器の大別に使用する「様式」[47]とも重なりをもつものである。

　これらと小稿における縁帯文土器における様相と対比してみると，北白川上層式・津雲A式・彦崎KI式・平城式・小池原上層式（鐘崎I式）などという各地域ごとの名称は，文様・器形に共通したものをもち，規格をも共有しながら，属性変異の出現率の相違や要素の変換による地域的な漸移変化を背景としているという点で，「ローレベル」や「小様式」に相当する。ま

た，共通の規格や文様・器形によって緑帯文土器としてこれらを統合したものは「ハイレベル」「様式」に相当するようである。ただし，都出氏の「小様式」は近畿地方内部の小地域を分布域とするものであり，さらに小さな分類単位である可能性がある。これには，縄文時代と弥生時代のセトルメント・システムの相違や緑帯文土器の遺跡・資料数が今のところ過少であるといった理由が考えられようが，現状での類似度のイメージからみる限り，そのレベルには大差ないように思われる。また，都出氏は上位概念である「様式」の範囲を「畿内」として九州や東日本と対置されているが，その中間地帯としての東海・瀬戸内地方については論及されていない。しかし，「ハイレベル」のように，要素の変遷を経ながらも土器製作における規格・手法が主体として最大限及ぶ範囲とするならば，むしろ都出氏の扱った弥生時代中期の場合は，櫛描文土器の主体的分布範囲としての東海から瀬戸内地方の多くを含む地域がそれに該当することになろう[48]。したがって，「畿内」はむしろ中間的単位となるのである。これに関しては，都出氏は，1979 年に，瀬戸内との類似性については「政治的同盟」によるものであるとしている[49]。解釈はともかくとして，型式学的な類縁性からみて，「畿内」と瀬戸内・東海に明瞭な線引きが可能なのか，それとも「畿内内部」の小地域間における漸移的変化が東海・瀬戸内地方にまで及ぶのかは筆者らには知りえないが，このような中間的単位の設定が妥当ならば，小稿の場合には近畿・東瀬戸内地方と西瀬戸内・九州地方の二つがそれに当たるだろう。しかし，純粋に型式学的な類縁性のみでこの中間レベルを設定する基準をわれわれは持っていないことから[50]，最大の単位としての「ハイレベル」とその中に包摂される小単位である「ローレベル」の 2 レベルのみを認めておきたい。

　これら土器分布圏の意義については，前述のように，田中は，あるレベルにおける社会関係を背景としたコミュニケーション・システムの範囲で，このシステムの開放の程度が土器様式におけるレベルの上下に結果するとし，背景となる社会関係については何ら触れていない。これに対して都出氏の与えた概念は「小様式」が，土器製作技法の接触・伝播が日常的に行なわれた地域単位で通婚圏の主要な範囲，「様式」＝「畿内」は土器製作技法の伝播・

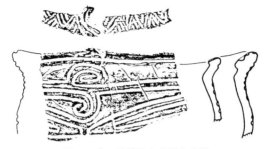

図28 寺の前遺跡出土折衷土器

接触があり得た範囲，そして，瀬戸内地方をも含めた地域は「政治的同盟」の範囲という階層をなしている。また，上野佳也氏も土器分布圏の意味について触れ，通婚圏に交易が加わったものという理解をしている[51]。ところが，佐原真氏は，北部九州と長崎市深堀遺跡の弥生式土器がほとんど型式学的な差をもたないという小田富士雄氏の指摘と[52]，北部九州と西北九州における弥生人の形質が異なるという内藤芳篤氏らの研究[53] とを対照しつつ，土器分布圏を，人骨資料を欠き考古学的資料のみをとどめた場合に，安易には同一の「種族」なり「部族」なりの分布の結果と考えることはできないという注意を行なっている[54]。

土器製作に関する情報の流れが製作者（女性）の移動＝通婚を基盤とするという考え方は，婚姻形態が外婚制であり，かつ夫方居住婚 matrilocal もしくは選択居住婚 bilocal であることを条件とし，都出氏も弥生時代近畿地方が妻方居住婚ではなかったことを前提としている[55]。ところが，小稿で弥生時代中期との現象の類似性を示した縄文時代西日本は，晩期を主とした研究ではあるものの，春成秀爾氏によって妻方居住婚が優勢であったと推定されており[56]，氏の説が正しい場合にはやや不都合なことになってしまうのである。

しかし，土器製作に関する情報の伝達系において，製作者＝女性の移動は重要な機能をもっていたのであろうか。土器の型式学的分析と婚後居住規定との関係を示した J. ディーツの研究は[57]，この点に関して興味深い示唆を与えてくれる。すなわち，彼が分析したアリカラ土器における 19 の属性中で，

第9章　広域土器分布圏の諸相　**281**

その変異間で強いパターン化を示して妻方居住婚と関係づけられている場合においても，強いパターン化を示した8属性29の変異中で，より重要な役割をはたした属性は通常該地方該期の土器編年においては型式学的基準としては用いられないものであることを述べているのである。このことは，逆にいえば，妻方居住婚の場合でも通常の型式学的方法による土器の分析で時間的・地域的単位がくくれることを意味している。したがって，このような単位を現出させた情報伝達系は心ずしも通婚（女性の移動）によるものである必要はなく，それ以外の情報伝達系による土器様式が成立することを示しているといえよう。

　そもそも，日常的な通婚は，それが拒絶されない集団間においてなされるものであり，集団間の社会関係を背景とするものと考えられる[58]。そして土器製作をめぐる情報の伝達システムも，このような社会システムにおけるサブシステムであり，通婚によって規定されるものではなく，むしろ類似した動態を示す同レベルのサブシステムと考えた方がより適切であろう。したがって，土器製作に関する情報の伝達は，通婚がある程度の役割をはたすことは十分想定しうるとしても，これら以外のさまざまな伝達手段[59]を包括したコミュニケーション・システムによって行なわれたと考えられるのである。このようにみてくると，土器分布圏が示すものは，上記のようなコミュニケーション・システムの範囲であり，都出氏の示した例や小稿における土器様式におけるレベルの差は，このようなコミュニケーション・システムが開放された程度を示すものである。そして，その背景には一定の社会システムが存在することが考えられる。この社会システムには，例えば「部族」や「語族」などの社会的単位が想起されるが，各レベルの土器様式との対比は困難であり[60]，したがって，土器様式やその中におけるレベルはあくまでも考古学における社会関係を反映した単位であるに止まるものである。しかし，これらが血縁的紐帯を媒体とする社会的単位と，そのレベルの如何はともかくとして，ある程度の相関をみせることは，前述の佐原氏の注意に用いられたケースにおいても認められる。すなわち，北部九州と西北九州の中間地帯にあたる佐賀県下において，両地域における人骨のタイプが混在している

例[61]）や計測値の平均値が両地域の中間の値を示す例[62]）が得られており，地域は若干ずれるが縄文時代後期の関東から東瀬戸内にかけての人骨においてもいくつかの計測項目での値に地理的勾配が認められるという[63]）。つまり，広域圏の両端においては全く別の形態を示したとしても，近接する地域をリンクしていくことによって広域圏を現出しているのである。

　以上，土器様式におけるレベルとその意味について述べてきたが，社会発展段階が異なり，婚後居住規定も異にする可能性のある弥生時代と縄文時代の例において，土器様式のあり方に類似した現象が認められるという問題も，上記のように考えることによって，すなわちコミュニケーション・システムにおける類似とすることによって理解することができるのである[64]）。

　さて，このような概念的操作をふまえて小稿における縁帯文土器をめぐる事象をみてみよう。まず，当該期は，南九州を除くものの，西日本という広域土器分布圏が確立した時期である。また，この現象は，近畿地方以東を中心として，東から西へと傾斜をもった伝播といってよいものでもある。その成因としては，まず集団の移動が想起されようが，すでに示してきたように，西日本を西へ行くほど在来の福田KⅡ式における要素が色濃く残っており，また，発信源と考えられる堀之内式の特徴的な深鉢も近畿地方までしか分布しない。つまり，セットとしての移動を示す明瞭な例が見当たらないのである。したがって，小規模な移動はあったかもしれないが，大規模な集団の移動というものは認められないようであり，すでに成立していた称名寺・中津式土器の広域分布圏を基調として情報伝達が行なわれたとみるべきであろう[65]）。

　称名寺・中津式土器の広域分布圏は，中期末からの加曽利Ｅ式土器群の西漸傾向を受けた形で成立した，関東から九州の一部を含む広域土器分布圏である。これも東から西へと流れた伝播現象で，結果として，中期以来の船元式土器の伝統を一掃した形となったものである。型式学的には西へ行くほど新しく，また，ある程度の人の移動があったことも想定されている[66]）。その成因については小稿では触れる余地がないが，中期末以来の伝播現象の結果成立した磨消縄文土器の広域分布圏は，その後，瀬戸内地方では，福田

KⅡ式という異なる土器様式を生み出すものの，コミュニケーション・システム自体は完全に閉じてはおらず，小稿において示したように，堀之内式土器の影響を選択的に受容するという形で再び広域コミュニケーション圏を形成したのである。この縁帯文土器と総称される広域土器分布圏は，その後，九州地方における鐘崎Ⅱ・Ⅲ式への型式変化にみられるように，一定の在地化，すなわちシステムの閉鎖傾向が認められる。しかし，例えば大分県直入郡荻町*寺の前遺跡出土の鐘崎Ⅱ式土器に彦崎ＫⅠ式土器の口唇部文様が施された土器（図28）が示すように，その閉鎖は完全なものではなく，システムとしてはセミ・オープンの状態であったことがうかがえるのである。そして，後出する北久根山式〜西平式に至ると，再び近畿地方の桑飼下式（泉氏のいう北白川上層式3段階）や元住吉山式との類似をみせてくるのである。

このような，西日本における土器の類縁度の上昇と低下のくり返しは，前川威洋氏が波状的伝播[67]として指摘した現象の一側面であり，渡辺誠氏が古くから主張されている「東日本的文化複合体」の西漸は[68]，このような広域コミュニケーション・システムを通して段階的に行なわれたものである。そして，このような西日本の土器分布圏のあり方は，後期を通して認められ，いわゆる突帯文土器分布圏として弥生時代を迎えるまで，基本的には変わることがなかったのである。　　　　　　　　　　　　　　（1984. 6. 17稿了）

[謝辞]

小稿は第39回古文化研究会において発表した内容を骨子としたものである。席上御教示を賜わった方々，および発表の機会を与えていただいた小田富士雄先生・武末純一氏に感謝したい。また，大分県教育委員会芝徹氏（旧姓高橋）には寺の前遺跡出土土器を整理する機会を賜わったが，このことが小稿をまとめる直接のきっかけとなった。記して，氏の御厚意に感謝したい。さらに，小稿をなすにあたっては，構想の初期の段階から，岩永省三・沢下孝信・杉村幸一の諸氏にはさまざまな御教示と御援助を賜わり，また永井昌文教授をはじめとする九州大学医学部解剖学教室土肥直美・船越公威・中橋孝博の諸先生・諸氏から得たところは大きい。そして，以下に記す方々には，各種の御教示を賜わり，かつ資料調査等にあたって大変御世話になった。末筆ながら芳名を記して感謝のしるしとしたい。

なお，小稿の執筆は，田中・松永両名の討論を基礎として分担し，さらに，相互に検討しなおすという過程を経て行なわれた。したがって，小稿の文責は両名が等しく共同して負うことを明記しておきたい。

足立克己・泉拓良・宇野隆夫・梅崎恵司・岡内三真・岡崎敬・岡崎正雄・賀川光夫・川村浩司・木村幾多郎・久保寿一郎・後藤一重・坂本嘉弘・佐藤浩司・潮見浩・柴尾俊介・島津義昭・清水芳裕・下村晴文・高橋信武・垂水康・富田紘一・西健一郎・西谷正・馬場昌一・原俊一・松本健郎・溝口孝司・宮内克己・村上久和・家根祥多・山口信義・山本三郎・横山浩一・吉留秀敏・渡辺正気（敬称略・五十音順）

註

1)　久永春男 1969「縄文後期文化　中部地方」『新版考古学講座』3，雄山閣出版

2)　島田貞彦・清野謙次・梅原末治 1920「備中国浅口郡大島村津雲貝塚発掘報告」『京都帝国大学文学考古学研究報告』5

3)　三森定男 1938「先史時代の西部日本（下）」『人類学・先史学講座』8，雄山閣出版

4)　梅原末治 1935「京都北白川小倉町石器時代遺跡調査報告」『京都府史蹟名勝天然記念物調査報告』16

5)　鎌木義昌・高橋護 1965「縄文文化の発展と地域性　瀬戸内」『日本の考古学』2，河出書房の註11)・12)による。

6)　「津雲Ａ式」・「彦崎ＫⅠ式」という様式名が具体的にはどのような内容の土器群を示す様式名として用いられてきたか，2～3の具体例をあげてみたい。
　　　木村幹雄・鎌木義昌両氏は，彦崎ＫⅠ式土器と「津雲Ａ式土器との関係は包括内容の比重（口縁部外面表示型土器と上面表示型土器との比率—カッコ内筆者）が変わるだけで，他の点ではほとんど一致した内容を持っている」と述べ（木村・鎌木 1956「各地域の縄文式土器　中国」『日本考古学講座』3，河出書房），さらに鎌木氏は高橋護氏とともに両型式土器について触れ，縁帯文に主として幾何学的な文様を用いているものを彦崎ＫⅠ式，曲線的な文様を用いているものを津雲Ａ式としている（鎌木・高橋 1965「縄文文化の発展と地域性　瀬戸内」『日本の考古学』2，河出書房新社）。また，松崎寿和・間壁忠彦両氏は津雲Ａ式と彦崎ＫⅠ式とを島根県崎ケ鼻遺跡における崎ケ鼻式・京都府北白川遺跡における北白川上層式・奈良県稲口遺跡における稲口式等とともに同一内容を示

す様式名として用いているが，それは口縁部外面表示型土器と上面表示型土器とをともに含んでいるものである（松崎・間壁 1969「縄文後期文化　西日本」『新版考古学講座』3，雄山閣出版）。

7）　池葉須藤樹 1971『岡山県児島郡灘崎町彦崎貝塚調査報告』

8）　例えば，市原寿文・大参義一 1965「縄文文化の発展と地域性　東海」『日本の考古学』2，河出書房

　　　岡田茂弘 1965「縄文文化の発展と地域性　近畿」『日本の考古学』2，河出書房新社，及び註 1）の文献等。

9）　例えば，浜松市遺跡調査会 1982『蜆塚遺跡発掘調査概報―公園園路建設工事に伴う発掘調査―』

　　　この中で，後期の縁帯文土器に説明を加える際に，「これらは，瀬戸内沿岸地方の縁帯文土器を祖として，この地域に成したローカル色の強い土器といえよう」と述べている。

10）　中村徹也 1974『京都大学理学部ノートバイオトロン実験装置室新営工事に伴う埋蔵文化財発掘調査の概要』

11）　中村友博 1976「出土遺物について」『縄手 2』東大阪市遺跡保護調査会

12）　藤井直正ほか 1976「まとめ」『縄手 2』東大阪市遺跡保護調査会

13）　泉拓良 1979「北白川上層式土器の細分」『京都大学構内遺跡調査研究報告昭和 54 年度』

14）　田中幸夫 1936「北九州の縄文土器」『考古学雑誌』26-7

15）　小林久雄 1939「九州の縄文土器」『人類学・先史学講座』10，雄山閣出版

16）　乙益重隆・前川威洋 1969「縄文後期文化　九州」『新版考古学講座』3，雄山閣出版

17）　賀川光夫・橘昌信 1967「小池原貝塚」『大分県文化財調査報告』13

18）　西健一郎 1980「鐘崎式土器について」『九州文化研究所紀要』20

19）　岡本健児 1966「宿毛貝塚出土縄文土器の再検討」『高知小津高校研究誌』5

20）　田中・松永 1981「後期土器について」『荻台地の遺跡』Ⅵ

　　　同 1983「寺の前遺跡縄文後期土器について」『荻台地の遺跡』〔本書第 12 章〕

21）　小稿では充塡縄文・擬縄文をも含めて磨消縄文と称している。また，これらと本来的にセットをなす粗製土器等をも含めている。

　　　田中良之 1982「磨消縄文土器伝播のプロセス―中九州を中心として―」『森貞次郎博士古稀記念古文化論集』〔本書第 8 章〕

22）　註 21）文献に同じ。

23) 縁帯文土器の分布は東海地方以西に認められるが，今回は筆者らの資料収集の不備のため，分析対象資料として近畿地方以西のものしか取り上げ得なかった。いずれ稿を改めて不備を補いたい。

ここでは，以下の遺跡から出土した資料を分析の対象として取り上げた。

京都府	桑飼下遺跡，京都大学植物園内縄文遺跡，北白川小倉町遺跡
奈良県	布留遺跡
大阪府	縄手遺跡，森の宮遺跡，四ツ池遺跡，林遺跡
岡山県	津雲貝塚，笠岡工業高校グラウンド遺跡，広江・浜遺跡，大殿洲遺跡
鳥取県	布勢遺跡
島根県	大平山遺跡，崎ケ鼻遺跡
広島県	芋平遺跡，洗谷貝塚
山口県	月崎遺跡，岩田遺跡
香川県	ナカンダ浜遺跡，神子ケ浜遺跡
愛媛県	平城貝塚
高知県	片粕遺跡
福岡県	上八貝塚，山鹿貝塚，新延貝塚，稗田川遺跡，元松原遺跡，垂水遺跡，入道ケ池遺跡，寿命貝塚，黒崎貝塚
大分県	森貝塚，寺の前遺跡，西和田貝塚，コウゴー松遺跡，立石貝塚，小池原貝塚，入垣貝塚，棒垣貝塚
熊本県	御手洗遺跡，轟貝塚，頭地下手遺跡，渡鹿遺跡，若園貝塚，阿高貝塚，天岩戸遺跡
長崎県	水月永瀬遺跡

24) 註 10) に同じ。

25) 註 13) に同じ。なお，筆者らは堀之内Ⅰ・Ⅱ式を識別し得ないため，小稿においては便宜的にこれらを一括して「堀之内式」として処理している。

26) 大阪府教育委員会 1981『林遺跡発掘調査概要・Ⅲ』

27) 難波宮址顕彰会 1978『森の宮遺跡3・4次調査報告書』

28) 財団法人鳥取県教育文化財団 1981『鳥取市布勢布勢遺跡発掘調査報告書』鎌木義昌・高橋護 1965「縄文文化の発展と地域性　瀬戸内」『日本の考古学』2，河出書房新社

30) 福山市教育委員会 1976『洗谷貝塚』

31) 東大阪市教育委員会 1971『縄手 1』東大阪市遺跡保護調査会 1976『縄手 2』

32) 小都隆 1976「芦品郡新市町芋平遺跡について」『芸備』4
33) 大橋貝塚出土土器実測図の掲載にあたっては，邑久町教育委員会馬場昌一氏の御快諾を賜った。記して深謝致します。
34) 坂本嘉弘 1979『石原貝塚・西和田貝塚』宇佐市教育委員会・大分県教育委員会
35) 註16)・19) など。
36) 賀川光夫 1960「大分県東国東郡国東町ワラミノ遺跡調査報告」『大分県文化財調査報告』6，大分県教育委員会
37) 西田道世編 1978『阿高貝塚』城南町教育委員会
38) この他，瀬戸内地方以西においては，頸部無文の縁帯文土器の占める比率が近畿地方より高くなるという傾向も指摘できる。
39) 註20) に同じ。
40) 泉拓良 1981「近畿地方の土器」『縄文文化の研究』4，雄山閣出版
41) 今村啓爾 1977「称名寺式土器の研究」『考古学雑誌』63-1・2
42) ここでは遠隔地からの移入土器も含めて一括して検討の対象としている。しかし，単位地域を広くとっているために，分析結果に及ぼす影響は小さいと考える。また，山陰地方については数量的に少ないので，便宜的に東瀬戸内地方に含めている。将来，資料が増加した場合，別の地域として独立して扱う必要が生じる可能性もあろう。[※3]
43) Ford, James A, 1962, *A Quantitative Method for Derving Cultural Chronology*, Pan American Union.
44) 松永幸男 1983「垂水遺跡出土の鐘崎式系土器について」『古文化談叢』11
45) 註21) 文献。
46) 都出比呂志 1983「弥生土器における地域色の性格」『信濃』35-4
47) 小林達雄 1977「縄文土器の世界」『日本原始美術大系』I，講談社
48) 佐原真 1964「土器製作技術の変遷」『紫雲出』
49) 都出比呂志 1974「古墳出現前夜の集団関係」『考古学研究』20-4
50) このような土器様式におけるレベル差は，D.L.Clarke

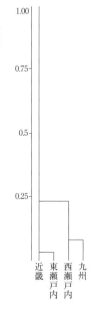

のいう Culture group-Culture-Regional subculture といった階層構造とも対応するものと思われる。しかし，Clarke の操作は，土器だけでなく他の文化要素を含めた全体の要素群を，各分類単位ごとに何を共有しているかによって分けていくもので，ここでは厳密な対応関係を求めるのは不可能である。(Clarke, David L. 1968, *Analytical Archaeology*, London：Methuen & Co. Ltd.)

　　また，試みに，本文中セリエーション・グラフ作製に用いたパーセンテージ・マトリックスを入力データとしてクラスター分析（Complete Linkage 法）を行なったものが右の図である。これをみると，全体が距離係数 0.228 という近い価を示しており，近畿と東瀬戸内，九州と西瀬戸内はそれぞれさらに近い 2 集団にまとまっている。しかし，これも，粗製土器や他の器種，堀之内式土器・御手洗Ａ式土器との共伴の有無等を加味すれば，近畿と東瀬戸内，九州と西瀬戸内とのそれぞれの距離はもっと大きくなることが予想される。しかし，今後はこれらの方法による，より客観的な地域・集団間の距離計測も必要となろう。

51)　上野佳也 1980「情報の流れとしての縄文土器型式の伝播」『民族学研究』44-4

52)　小田富士雄 1967「土器（弥生土器)」『深堀遺跡』長崎大学医学部解剖学第二教室

53)　内藤芳篤・栄田和行 1967「人骨」『深堀遺跡』長崎大学医学部解剖学第二教室

54)　佐原真 1982「考古学からみた日本人の地域性」『日本人の地域性に関する研究方策の検討』

55)　都出比呂志 1982「原始土器と女性」『日本女性史』1，東京大学出版会
　　また，田中も註 21) 文献においては夫方居住婚を想定している。
　　さらに，これらの論は土器の製作者が女性であることを前提にしているが，男性が製作する場合には，同様に，夫方居住婚の場合が問題となる。また，土器製作が性的分業の対象外ならば，婚後居住規定との関係を考える必要はなくなる。

56)　春成秀爾 1979「縄文晩期の婚後居住規定」『岡山大学法学部学術紀要』40

57)　Deetz, James. 1965, *The Dynamics of Stylystic Change of Arikara Cermics*, The University of Illinois Press.

58)　この点は，都出比呂志 1979「ムラとムラとの交流」『図説日本文化の歴史』1，小学館，に触れられている。

59)　その実態については明らかにしたいが，祭礼や交易・生業活動を通じた日常

第 9 章　広域土器分布圏の諸相　**289**

的な接触による伝達が想定しうる。また，ニューギニアにおける 2 部族間の儀礼的戦闘と停戦儀礼，及び対立した 2 部族の女性同士の関係は，情報伝達の場と集団関係を考えるうえで有意義と思われる。

・Orme,Bryony, 1981, *Anthoropology for Archaelolgists*, New York: Cornell U.P.

・Rappaport, Roy A., 1968, *Pigs for The Ancestors*, New Haven and London: Yale U.P.

60)　註 50) Clarke 文献。

61)　松下孝幸・内藤芳篤ほか 1984「佐賀県千代田町詫田西分貝塚出土の弥生時代人骨」『第 89 回日本解剖学会プログラム・予稿集』東北大学医学部歯学部

62)　内藤芳篤・松下孝幸 1981「骨からみた日本人の起源（弥生時代人骨）」『季刊人類学』12-1

63)　山口敏 1981「骨からみた日本人の起源（縄文時代人骨）」『季刊人類学』12-1

64)　これは，あくまでもコミュニケーション・システムの類似であって，背景となる社会システムの類似を示すものではない。小稿では都出氏の論を引きあいにしてきたが，縄文時代まで通した土器様式と分布圏の意義について論じるためであり，都出氏の畿内を中心とした弥生時代集団関係論について云々する意図も力量も我々にはない。

65)　I 期縁帯文土器の胴部に福田 KII 式の三本線縄文帯そのものを施した土器が東瀬戸内より西へは分布しない点は，東からの情報伝達の過程でこのような土器が生じた可能性を示している。

66)　註 20) 田中文献。
　　沢下孝信 1983「中津式土器ついて」『野多目拈渡遺跡』福岡市教育委員会

67)　註 16) 文献。

68)　渡辺誠 1968「九州地方における抜歯風習」『帝塚山考古学』1

※小稿に用いた図・表の作製にあたっては，以下の文献を参照した。

中村徹也 1974『京都大学理学部ノートバイオトロン実験装置室新営工事に伴う埋蔵文化財発掘調査の概要』

梅原末治編 1935「京都北白川小倉町土器時代遺跡調査報告」『京都府史蹟名勝天然記念物調査報告』16

島田暁・小島俊次 1958「布留遺跡」『奈良県史蹟名勝天然記念物抄報』10

第 2 阪和国道内遺跡調査会 1969〜1971『池上・四ッ池遺跡』9〜12・16・17

東大阪市教育委員 1971『縄手 1』

東大阪市遺跡保護調査会 1976『縄手2』

難波宮址顕彰会 1978『森の宮遺跡第3・4次調査報告書』

大阪府教育委員会 1981『林遺跡発掘調査概要・Ⅲ』

島田貞彦・清野謙治・梅原末治 1920「備中国浅口郡大島村津雲貝塚発掘報告」『京都帝国大学文学部考古学研究報告』5

間壁葭子 1966「笠岡市笠岡工業高校グラウンド遺跡」『倉敷考古館研究集報』1

間壁忠彦・間壁葭子・藤岡憲司 1976「笠岡市大殿洲の縄文時代遺跡」『倉敷考古館研究集報』12

間壁忠彦 1979「広江・浜遺跡」『倉敷考古館研究集報』14

中野知照編 1981『鳥取市布勢布勢遺跡発掘調査報告書』財団法人鳥取県教育文化財団

佐々木謙・小林行雄 1937「出雲国森山村崎ケ鼻洞窟及び権現山洞窟遺跡」『考古学』8-10

宍道正年 1974『島根県の縄文式土器集成Ⅰ』

小都　隆 1976「芦品郡新市町芋平遺跡について」『芸備』4

小都　隆編 1976『洗谷貝塚』福山市教育委員会

潮見　浩 1968「月崎遺跡」『宇部の遺跡』

潮見　浩 1960「山口県岩田遺跡出土縄文時代遺物の研究」『広島大学文学部紀要』18

大平　要 1977「香川県豊島神子ケ浜遺跡の縄文土器」『瀬戸内海歴史民俗資料博物館々報』

大平　要編 1978『考古資料収蔵目録』1，瀬戸内海歴史民俗資料館

木村剛朗編 1982『平城貝塚』御荘町教育委員会

黒野　肇ほか 1970「福岡県・寿命貝塚調査報告」『九州考古学』39・40

永井昌文・前川威洋・橋口達也 1972『山鹿貝塚』山鹿貝塚調査団

九州大学考古学研究室編 1980『新延貝塚』鞍手町埋蔵文化財調査会

木下　修編 1981『元松原遺跡』岡垣町教育委員会

橘　昌信編 1981『黒崎貝塚』黒崎貝塚調査会

前田義人・川上秀秋 1982『稗田川』財団法人北九州市教育文化事業団埋蔵文化財調査室

渡辺正気 1983「福岡県築上郡新吉富村垂水遺跡調査報告」『古文化談叢』11

賀川光夫 1960「大分県東国東郡国東町ワラミノ遺跡調査報告」『大分県文化財調査報告』6

第9章　広域土器分布圏の諸相　291

賀川光夫・橘昌信 1967「小池原貝塚」『大分県文化財調査報告』13，大分県教育委
　員会
賀川光夫・橘昌信 1974『コウゴー松遺跡調査報告』久住町教育委員会
坂本嘉弘 1983『荻台地の遺跡』荻町教育委員会
真野和夫編 1978『宇佐地区圃場整備関係発掘調査概報』宇佐市教育委員会
坂本嘉弘 1979『石原貝塚・西和田貝塚』宇佐市教育委員会・大分県教育委員会
富田紘一ほか 1974『渡鹿遺跡群発掘調査概要』熊本市文化財調査会
西田道世ほか 1976『黒橋』熊本県文化財保護協会
高木恭二ほか 1977『宇土城跡（西岡台）』宇土市教育委員会
松本健郎 1978『菊池川流域文化財調査報告書』熊本県教育委員会
熊本大学法文学部考古学研究室編 1978『頭地下手遺跡』
池田道也 1981『若園』菊水町教育委員会
この他，大分県中津市棒垣遺跡出土土器については，大分県教育委員会文化課村上
久和氏の御教示を賜った。記して感謝したい。

（1984年　松永幸男との共著）

編註

※1　図2の口縁部主文様のヴァリエーションの中には㉙は存在しない。当時の校
　　正ミスと思われるが，原文通り掲載している。
※2　上述している口縁部主文様の三つのグループ（「複線によるもの：①・③・
　　⑦・⑰・㉒・㉓・㉖・㉗」，「単線によるもの：②・④・⑩・⑱・㉙」，「小さく
　　まとまったもの：⑤・⑥・⑧・⑭・⑮・⑯・⑲」）と，図8の三つの群（「1群：
　　①・④・⑧・⑪・⑲・㉓・㉔・㉕・㉖」，「2群：②・⑤・⑨・⑫・⑳」，「3群：
　　③・⑥・⑦・⑯・⑰・⑱」，「所属不明：⑬・⑭・⑮・㉒・㉗」）はきちんと対
　　応していないものがある。原文通り掲載した。
※3　この註は本文中に該当箇所がないが原文通りとした。

第10章　モチーフにおけるポジ・ネガ転写
―「太形凹文」の成立過程―

1　はじめに

　九州地方の代表的な縄文式土器として知られる阿高式土器は，指頭によると思われる太い，断面U字形の凹線文をもつものが多く，その文様は古くから「太形凹文」と呼ばれてきた [小林 1935]。

　そして，この「太形凹文」を施した阿高式土器は，胎土に滑石粉末を混入する赤焼きの土器であることから，古くより前期の曽畑式土器との系統関係が考えられてきた [小林 1935]。しかし，曽畑式土器は幾何学的直線文をもつのに対して，阿高式土器は鈍い曲線的モチーフで装飾されていてあまりにも対照的であり，両者を系統的に結びつけようとする研究者を悩ませてきた。

　この両者には系統関係はないとする説もあるが [前川 1969]，筆者は，曽畑式土器の型式変化の中から幾何学文に押引文が加わったものが登場し，それが押引文のみで器表を飾る土器（並木式土器）へと変化して，この並木式土器を介して阿高式土器が成立するという説を示している [田中 1979, 1982]。つまり，曽畑式土器と阿高式土器は一系の土器様式であるとしたわけである。

　この説をとると，曽畑式土器の型式変化の過程で幾何学的直線文は消滅し，その過程で出現した押引文による直線的モチーフが阿高式土器のいわゆる「太形凹文」の祖形であったことになる。つまり，ここでもまた直線文から曲線文へという問題が残されるのである。

　したがって，小文では，これまで説明が不十分であったこの問題について，再検討するものである。

2 並木式と阿高式

並木式土器と阿高式土器の関係については，乙益重隆氏が注意して［乙益 1965］以降，前川威洋氏が，両者ともに胎土に滑石粉末を混入すること，分布範囲が同じであること，並木式土器の中には押引文[1]のみのものと，押引文に凹線文が加わるものがあることなどから，押引文のみのもの→押引文に凹線文が加わるもの→阿高式土器，という組列を提示した［前川 1969］。また，中村友博・柿本春次両氏は，並木式土器の中に凹線文を施した後に押引文を加えたものと，押引文を施した後に凹線文を加えたものの二者があることを指摘した［中村・柿本 1976］。

これらに導かれて，筆者は，押引文のみのもの（並木Ⅰ式土器）→押引文を施した後に凹線文を加えたもの（並木Ⅱ式土器）→凹線文を施した後に押引文を加えたもの（並木Ⅲ式土器）→阿高Ⅰ式土器以降という組列を示した［田中 1979］。

さて，試みに並木Ⅰ式土器（図1-1・2）といわゆる阿高式土器（Ⅱ式，図1-3）を比較してみると，直線的モチーフと曲線文の対照が顕著であることがわかる。それでは，どのような過程をへて「太形凹文」は成立したのだろうか。

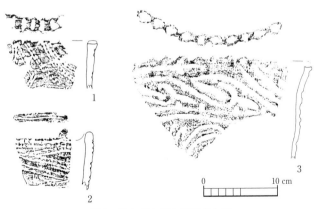

図1　並木式土器と阿高式土器

3 ポジ・ネガの逆転

並木Ⅰ式土器は，小片が多く，文様全体が把握できるものがないため，熊本県沖ノ原貝塚出土の並木Ⅱ式土器をもとに押引文のみの並木Ⅰ式土器の文様を模式化すると，図2-1が得られる。そして，このような土器は，押引文と押引文の間の空白部位はナデて仕上げるのが通常である。

この押引文間の空白部位のナデがより強くなって，凹線と化したものが並木Ⅱ式土器である。Ⅱ式では，押引文が先に施され，凹線文はその後に補助的に加えられる。したがって，両者が重複する部位では図2-3のように明瞭な切合関係を示す。このように並木Ⅱ式土器では，押引文による直線的モチーフが装飾の基礎をなしており，凹線文に対して優先する。そして，凹線文を有することから，並木Ⅰ式土器と阿高式土器の中間に位置づけられる。

並木Ⅲ式土器は，凹線文が先に施され，押引文の方が後で加えられる。（図2-4）。したがって，図2-5のように，押引文と凹線文の切合関係は逆転する。すなわち，凹線分がモチーフの主役であり，押引文は凹線文に対して補助的な機能を果たす。このように，凹線文が優先するあり方は，並木Ⅱ式土器よりもさらに阿高式土器に近いと考えられ，並木Ⅱ式土器と阿高Ⅰ式土器の間に位置づけられる。

そして，並木Ⅲ式土器の押引文が消滅すると，そこには凹線文のみによる阿高Ⅰ式土器の文様が現れるわけである（図2-6）。阿高Ⅰ式土器にはまだ直線的モチーフの影が残るものの，その制約を逃れた後は，阿高式土器は図1-3のような，奔放ともいえる曲線的モチーフを展開していくことになる。

このように，並木Ⅱ式土器と並木Ⅲ式土器の間において，押引文と凹線文の優劣関係が逆転することで，換言すれば，当初は押引文による直線的モチーフに対して，ネガティブな要素として登場した凹線文がポジティブに転化することで，曲線的凹線文，いわゆる「太形凹文」が成立したと考えられるのである。

以上に示した組列は，その全てが層位や一括遺物によって検証されている

第10章　モチーフにおけるポジ・ネガ転写　295

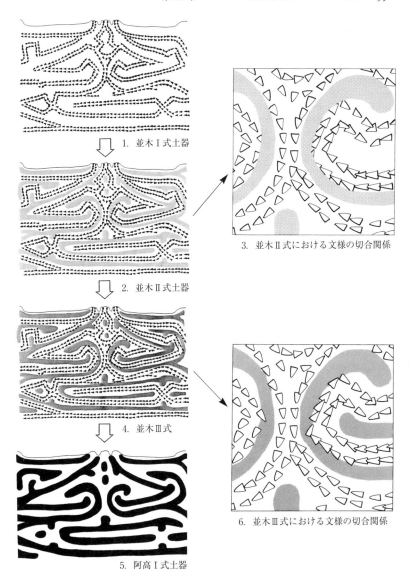

1. 並木Ⅰ式土器
2. 並木Ⅱ式土器
3. 並木Ⅱ式における文様の切合関係
4. 並木Ⅲ式
5. 阿高Ⅰ式土器
6. 並木Ⅲ式における文様の切合関係

図2　凹線文の成立過程

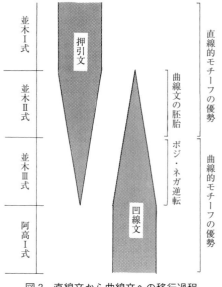

図3 直線文から曲線文への移行過程

わけではない。しかし，この組列がゆるされるならば，この型式変化は，押引文と凹線文という二つの文様要素の漸移的交代という形でモデル化することができる。そして，それを簡単に図化すると図3のようになろう。この図では，モチーフを規定する文様要素を相対的に幅広く表現してあるが，並木Ⅱ式土器においては押引文が優勢であり，並木Ⅲ式土器では逆に凹線文が優勢となる。

並木Ⅰ式土器の文様は，やや具象性を想わせる直線的モチーフであるが，この押引文の間の空白部位を指頭で凹線をつけていけば，必然的に鈍い曲線が得られることになる。つまり，曲線的凹線文は並木Ⅱ式の段階に既に胚胎していたわけである。そして，並木Ⅲ式土器の段階で凹線文がモチーフを規定するようになるが，この過程で，モチーフのポジ・ネガが逆転し，直線的モチーフから曲線的モチーフへの転写が行なわれ，「太形凹文」の成立が準備されたのである。

4 おわりに

三島格先生は熊本県荒尾市の中学校でかつて教鞭をとられ，現在も同市に居住しておられる。そして，筆者はその荒尾市で生まれ，市内の中学校を卒業した。筆者の姉たちは先生の授業を受け，長姉にいたっては担任までしていただいた。ところが，先生が転勤されたこともあって，筆者が初めて先生にお会いしたのは，九州大学文学部の学生として先生の講義を受講した時で

あった。講義の後の雑談で「なんだあの田中か」とおっしゃった時の笑顔は今でも印象深く残っている。爾来，九州大学医学部解剖学教室在籍中から今日まで，さまざまなかたちで叱咤激励していただいた。先生の学恩に報いるにはあまりにも拙い文とは思うものの，先生の古稀をお祝いして小文を捧げ，益々の御健勝をお祈りしたい。

(1989. 12. 29)

註

1） 並木式土器における文様は，押引文と凹線文のみでなく，刺突文や爪形文などもあるが，基本的には押引文と同じ用いられ方であるため，煩雑さを避けるため本文中では押引文のみを表記した。

参考文献

乙益重隆 1965「西北九州」『日本の考古学』2，河出書房新社

小林久雄 1935「肥後縄文土器編年の概要」『考古学評論』1-2

田中良之 1979「中期・阿高式土器の研究」『古文化談叢』6〔本書第3章〕

田中良之 1982「曽畑式土器の展開」『末盧國』六興出版〔本書第7章〕

中村友博・柿本春次 1977『神田遺跡 '76』山口県教育委員会

前川威洋 1969「九州における縄文中期研究の現状」『古代文化』21-3・4

(1991年)

第11章　土器文様の伝播と位相差

はじめに

　今から約1万2千年ほど前に始まったと考えられる縄文時代は，約1万年間という長期にわたり続いたが，その間には人間の生活のあらゆる面で変化・発展が生じている。これらには人間をとりまく自然環境の変化といったような外的要因に促されたものもあれば，長期にわたり徐々に蓄積されてきた知識・情報を内的に発展させてきたものもあろう。そして，縄文時代を旧石器時代から画するメルクマールの一つである土器も，縄文時代において顕著な時間的な変化を示すものの一つなのである。

　縄文土器はその長い存続期間において，各地で程度の差はあるものの，地域色を発現しつつ時間的な変化を遂げている。そして，このような縄文土器の時間的・空間的変化を鋭敏に示す特徴の一つとして，その器面を飾る文様を挙げることができる。縄文土器は，縄文・沈線文の他，貝殻をはじめとする多様な施文具を用いた多彩な文様によって飾られるが，その文様は決してランダムに組合わさるものではなく，ある一定の相関をもちながら各個体に施されている。このことが，考古学研究者がその研究上用いる「形式」・「様式」といった概念のもとにまとめ得る土器群をはじめとした，様々なレベルにおいて同一範疇にまとめ得る土器群を認識することを可能にしている。

　これらの同一範疇にくくることができる土器群は，それぞれ広狭の差はあるもののある広がりをもつ分布圏を成立させており，その空間的な広がりは土器製作に関する情報の伝達を含むコミュニケーションシステム[1]の範囲を示すものとして考えることも可能なのである。それではこのコミュニケーションシステムの背景として存在し，これを成立させた社会システムの実態

はいかなるものであろうか。これについては多くの研究者によって「部族」・「語族」をはじめとするさまざまな社会単位が想定されているが，土器群を同一範疇としてくくるレベルが必ずしも同じであるとは限らない以上，この問題については，各事例に即して個々に検討を加えることが必要であろう。今回は，縄文時代後期中葉の西日本において広域土器分布圏を形成する「縁帯文土器」と総称される土器群を取り上げ，その文様に関わる諸属性の空間的様相の検討を通して，土器分布圏のもつ性格の一端にアプローチしたい。それは，広域に分布する土器群を同一範疇の土器群であると認識させる土器文様の空間的あり方には，このような分布圏を成立させたコミュニケーションシステムの性格がある程度反映されていると考えられるからである。

「縁帯文土器」について

縄文時代後期の西日本には東方からの各種の文化要素の伝播がみられるようになるが，このような動きは土器群の展開においても認められ，縄文時代後期には西日本への土器に関する情報の波状的な伝播が生じている。この結果，後期中葉に至り，「縁帯文土器」と総称される磨消縄文土器群が，東海・近畿地方から中・四国地方にまで広く分布することとなる。これらの土器群は縁帯文土器と総称されつつも，それぞれの地域では地域色を示しつつ，互いに独立の型式として扱われてきた土器群であり，近畿地方で北白川上層式，中四国地方で津雲Ａ式あるいは彦崎ＫⅠ式，九州地方で鐘崎式と呼称されてきた。今回はこの縁帯文土器のもつ諸属性の中から文様に関連する属性を取り上げ，その空間的な動態を検討することを通して，広域に及ぶ分布圏を形成する土器群の地域的な連続性もしくは断続性について検討し，さらに属性ごとの空間的変異の意味についても考えていくこととする。

図1に縁帯文土器の概念図を掲げている。上段に大阪府東大阪市縄手遺跡出土縁帯文土器を，そして，その下段にはこれをもとに作成した縁帯文土器文様帯構成図を示している。縁帯文土器の最も大きな特徴は，その名が示すように，「く」字形に屈曲させたり，肥厚させたりすることによって作出さ

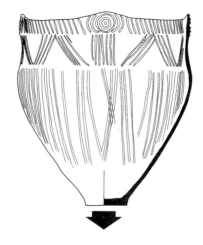

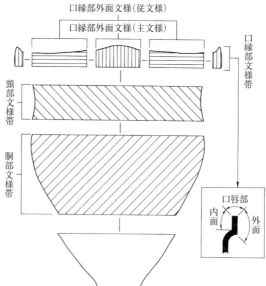

図1 縁帯文土器文様帯構成図
(上段の実測図は,東大阪市遺跡保護調査会1976『縄手2』の第15図1を,一部改変し再トレースしたものである)

第11章　土器文様の伝播と位相差　**301**

れる口縁部文様帯であるが，頸部で若干くびれた器形を利用して口縁部・頸部・胴部という3部位に文様帯が大別されていることも，その大きな特徴の一つと言えよう。なお，口縁部文様帯はさらに，内面・口唇部・外面（主・従）の3部位に分かれており，縁帯文土器には都合六つの文様帯を認めることができる。

　各文様帯にはそれぞれに特徴的な文様が描かれるが，これらの文様は他の文様帯との関係において無秩序に存在するのではないようである。このようなことを考えるとき，各地域において独立の型式として認識されてきたことが端的に示すように，かなりの空間的変化を示す縁帯文土器群が，それでもある一定のまとまりをもつ土器群として認識され得るその背景を，その文様の検討を通して知ることができると考えられるのである。

　以上の理由から，先述のように，縁帯文土器の空間的様相を分析するにあたっては，縁帯文土器文様と密接に関わる属性を取り上げることとした。その結果，縁帯文土器がもつ諸属性の中から，口縁部形態・口縁部外面文様（これには主文様と従文様とがある）・口唇部文様といった口縁部に関連する属性，それから頸部文様・胴部文様，そして文様施文パターンといった属性が取り上げられることとなった。口縁部形態は，口縁部文様帯の作出に密接に関連することから，これもやはり縁帯文土器文様に関わる属性とみなされるものである。各属性の変異については，図2に示している。以下，属性ごとに簡単に説明を加える。

A. 口縁部形態

　全部で27のヴァリエーションを抽出しているが，内湾させるもの（1・3），「く」字形に屈曲させるもの（2・4・5），外面を肥厚させるもの（6〜8・11・13），口唇部を内外に拡張するもの（14），内面を肥厚させるもの（15）等が量的に多数を占めるようである。いずれの形態も口縁部文様帯の作出に密接に関連している。

B. 口縁部外面文様（主文様）

　同心円ないし渦文を基調とした文様の他，隅丸方形（16），垂下沈線束（19）複合鋸歯文（18）等もみられる。同心円文や渦文には多重のもの（1・14）と

A. 口縁部形態

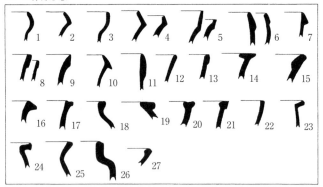

B. 口縁部外面文様（主文様）

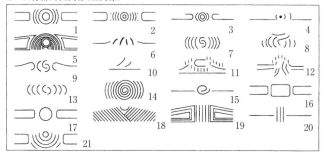

C. 口縁部外面文様（従文様）

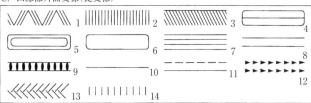

D. 口唇部文様

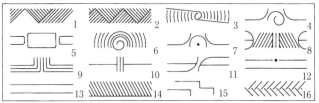

図2　縁帯文土器各属性変異

第11章　土器文様の伝播と位相差　303

E. 頸部文様

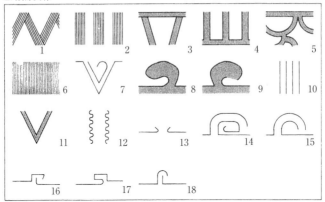

F. 胴部文様

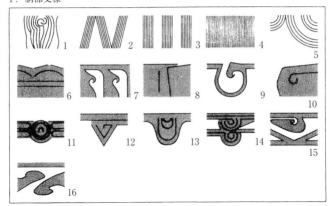

G. 口縁部文様施文パターン

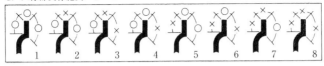

小さくまとまったもの（2〜4・15）とがみられる。また，同心円文のヴァリエーションの一つとして半同心円文もみられるが，これには上下に開く二者（5・21）がみられる。渦文には，7〜9・13のように入り組み部を持つものもあり，これについても多重のものと小さくまとまったものとがみられる。ほとんどのタイプについて，〈大形・複雑〉・〈小形・簡素〉という2タイプが認められるようである。

C. 口縁部外面文様（従文様）

短沈線列（2），横走沈線からなるもの（7・8・10・11），窓枠状モチーフによるもの（4〜6），刺突列からなるもの（12・14）等がみられるが，どのタイプの文様も極めて単純な文様によって構成されている。

D. 口唇部文様

口縁部外面文様と同様に渦文（4・6），入り組み渦文（3），簡素な半同心円文（7），数本の短沈線束を中心としたもの（8〜10）の他，複合鋸歯文（1・2），横走沈線を基調とするもの（11〜14），階段状に屈曲する文様（15），矢羽状文様（16）等がみられる。

E. 頸部文様

口縁部文様と胴部文様との間に位置し，独立した文様として存在するほか，上下の文様帯に付随するものとして，あるいは両者を繋ぐものとして存在するものもみられる。施文法からみた場合，後述の胴部文様と同様，沈線束によって描かれる文様（1・2），条線によるもの（6），縄文帯によって描かれる文様（3〜5・8・9・11），沈線文（7・10・12〜18）等がみられる。前二者については関東地方の堀之内式土器の系統を引く文様として，後二者は在来の磨消縄文土器からの型式変化として，位置づけることのできる文様である（以下，文様の特徴から前者を「集線文系文様」，後者を「縄文系文様」と呼ぶ）。

　文様モチーフには，複線山形文（1），縦位の沈線束を一定間隔をおいて施すもの（2），口縁部文様帯と胴部文様帯とを斜位や縦位の直線的（3・4）ないし曲線的（5）な縄文帯で繋ぐもの，あるいは対向波線文（12）や，垂下沈線束（10）で繋ぐもの，口縁部文様帯から垂下させた逆三角形文（7・11）等がみられる。この他，8・9・14〜18のような，胴部文様から上方へ伸びる

渦文がみられるが，これらには縄文帯開放部の有無・渦文の渦の巻き方の度合い・屈曲部の形状等に相違がみられる。

F. 胴部文様

頸部文様と同様に，集線系文様（1〜5）と縄文系文様（6〜16）とがみられる。2〜4・12といった，頸部文様に同種のものがみられるヴァリエーションの他，入り組み文を縦位の沈線で幾重にも囲むもの（1），沈線束によって下方へ展開する弧文を描くもの（5），縄文地に横に連続する上向きの弧線（6）・直線文（8）・横位の鈎手文（10）・同心円（11）・半同心楕円文（13）を施すもの，入り組み文を配した縄文帯を縦位に展開したり（7）環状に展開するもの（9），入り組み部を半円で多重に囲むもの（14），鈎手状入り組み文（15），雲形状文様（16）等がみられる。

G. 口縁部文様施文パターン

本来ならば，縁帯文土器の全文様帯についての施文パターンを取り上げるべきであるが，全文様帯を通じて情報を得られる個体がほとんどないことから，ここでは口縁部の三文様帯（内面・上面・外面，図1参照）についてのみ取り上げている。各文様帯における施文の有無から，**図2-G** に示したような8パターンが認められる。

縁帯文土器の空間的様相

以上において，縁帯文土器の諸属性にみられる変異を紹介してきたが，それでは次に，これらの属性変異の地域別出現頻度を検討することによって，縁帯文土器の空間的様相を検討してみよう。なお，その際の地域設定にあたっては，西日本を近畿・東瀬戸内・西瀬戸内・九州の4地域に区分している。瀬戸内地方は鳥取県・岡山県・香川県・徳島県を東瀬戸内に，これより西の地域を西瀬戸内としている。

ここでは地域的な出現頻度のあり方を表現する方法として，セリエーショングラフを採用するが，これは長さが頻度の大きさに比例して大きくなるバーを，その中心点を揃えて配列したもので，ここで目的とする空間的連続

性や地理的勾配を示す手段としても適する方法と言えよう。このグラフにおいて，バーの各地域を通しての外郭線の形状が紡錘形をなす場合，あるいはどちらか一方に開いている場合，各属性変異のあり方にある傾斜をもった極めて漸移的かつ連続的なあり方が認められることとなるのである。

図3は，各属性変異の地域別出現頻度を，セリエーショングラフとして示したものである。このグラフを用いて，各属性ごとに空間的様相を検討してみよう。

A. 口縁部形態

まず，近畿地方から九州地方にかけて多くの変異を共有していることが看取される。次に，各変異のあり方をバー外郭線の形状によって観察すれば，その多くが紡錘形もしくは東西どちらかに開いた形を呈していることがわかる。このような状況は，近畿地方から九州地方にかけて，各変異の出現状況に連続性が認められることを示すものであり，ある地域を境にして，全く異なるあり方をしているというような様相は認められないのである。

B. 口縁部外面文様（主文様）

全体的にやや資料数が少ないが，多くの属性が近畿地方から九州地方にかけて共有されていることがわかる。バー外郭線の形状も，紡錘形もしくは東西いずれかに開いた形を呈するものが多い。このように変異のあり方には近畿地方から九州地方にかけて連続的な様相を認めることができるが，九州地方については本地域のみに認められる変異の数が多く，他の地域と比べヴァリエーションが豊富である。

C. 口縁部外面文様（従文様）

多くの変異が各地域で共有されており，バー外郭線の形状に示される各変異のあり方も，紡錘形もしくは東西に開く形が連続的な様相を示している。

D. 口唇部文様

西瀬戸内の資料数が極端に少ないため，はっきりした傾向を指摘することは困難であるが，多くの変異が各地域で共有されていることは言えそうである。

E. 頸部文様

本属性についても西瀬戸内地方の資料数が少ないが，バー外郭線の形状か

ら，変異の多くが東西いずれか一方に傾斜したあり方を示していることがわかる。また，変異の共存のあり方には漸移的な変化が伺え，ここに空間的な連続性を看取することができる。口縁部外面文様（主文様）と同様に，他地域と比べ九州地方においては変異数がかなり豊富である。

F. 胴部文様

九州地方を除き，全体に資料数が少ないが，次のような傾向が指摘できよう。まず，変異の多くが東西いずれか一方に傾斜したあり方を示している。また，変異の共存のあり方には，漸移的な変化が認められる。以上のことから，この属性についても，空間的なあり方に連続性が認められるのである。

G. 口縁部文様施文パターン

各変異のあり方は西日本の各地域においてほとんど変わらず，西日本一帯でほぼ共通の施文パターンを示すことがわかる。

以上，各属性ごとに行ってきた空間的様相の検討結果から，まず，近畿地方から九州地方にかけて，多くの変異を共有していることが看取された。さらに，バー外郭線の形状をみた場合，その多くが紡錘形ないし東西どちらかに開いた形を呈しており，各地域でほぼ同じあり方を示す文様施文パターンも含めて，近畿地方から九州地方にかけて，属性変異出現の状況に連続性を認めることができる。また，**図3**の**B・E**等のグラフからは，分布の西端に位置する九州地方において，変異数が他の地域に比べ多い状況もあわせて看取された。

これらの観察結果は，西日本各地域において個別に設定され，北白川上層式・津雲A式・彦崎KⅠ式・鐘崎式と呼称されてきた土器群が，ある一定の類縁性をもって一くくりにされる土器群であることを明確に示すものである。また，その一方で**図3**に掲げたセリエーショングラフは，これらの土器群が多くの属性変異を共有しつつも，空間的距離の増大に伴って，それら属性変異の存在比に漸移的変化を示していることも良く表現しており，これらの観察結果から，各属性変異のあり方には，土器分布圏全体に共通するものと，ある地域を頂点としてそこから離れるにつれて漸次減少するというなめ

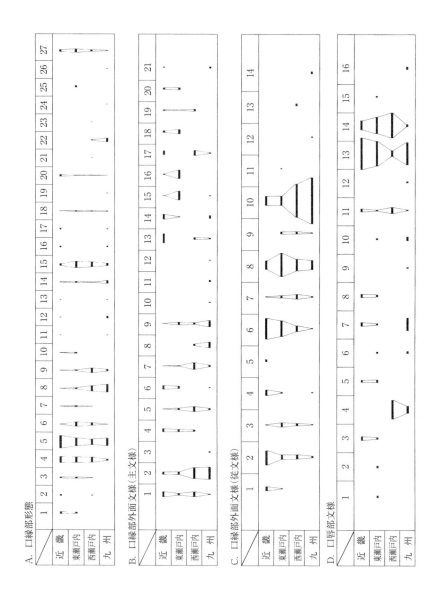

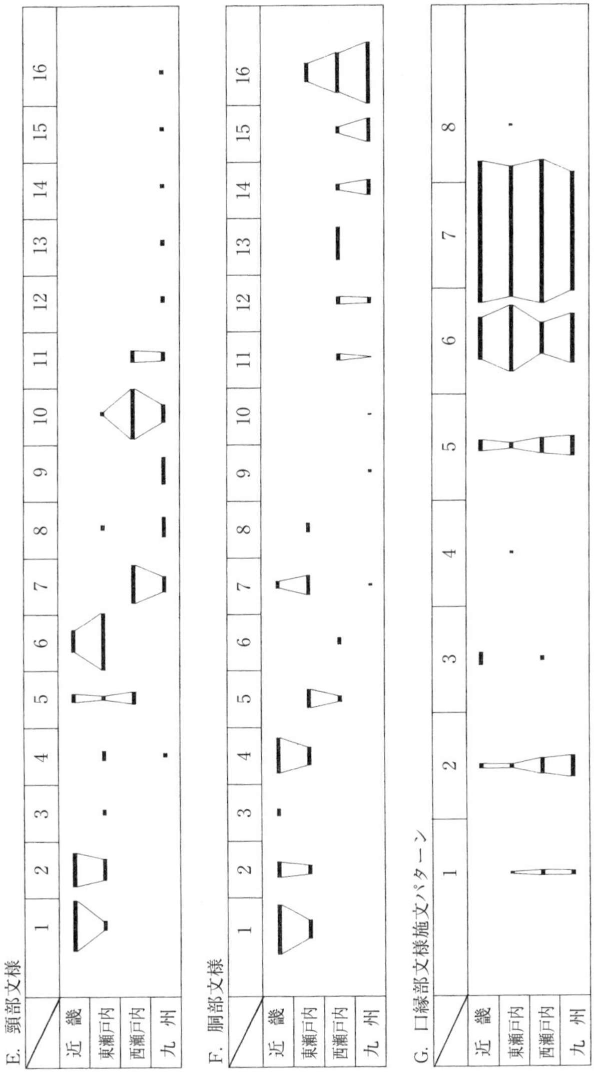

第11章　土器文様の伝播と位相差　309

図3　セリエーショングラフによる各属性変異要地域別出現頻度の提示

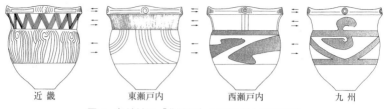

図4 各地域に「典型的」な縁帯文土器概念図

らかな地域的遷移を示すものとの二様のあり方が存在することがとりあえず知られるのである。

　図4はそれぞれの属性について各地域で最も高い頻度で見られる変異を用い，概念的に各地域を代表する縁帯文土器を表現したものである。これらのいわば「典型的」な土器を直接比較した場合，全くとは言わないまでもかなり異なる印象を受ける。しかし，各属性の変異間に互換性が存在することは，セリエーショングラフにおいて，属性ごとに繰り返し示された通りである。また，この図においても，頸部文様や胴部文様において，近畿・東瀬戸内地方の土器には集線文形の文様が，西瀬戸内・九州地方の土器には縄文系の文様が施されることとなり，両属性の変異がセリエーショングラフにおいて東西いずれか一方に傾斜したあり方を示していたことが表現されることとなっている。また，口縁部外面文様についても，東半部が渦文を描くのに対し，西半部においては同心円文が用いられており，さらにそれぞれについて，複雑なものと簡素なものという空間的な相違が存在し，全体を通して漸移的な変遷を遂げていることが辛うじて表現されている。このように図4は縁帯文土器が空間的な変化を多分に示しながらも，間を繋ぐ土器を介在させることによって，ある一定の類縁性によって同一範疇にくくることができる土器であること，しかしながら，その少なからぬ地域色が，この土器群を各地の研究者によって個別に認識させることとなってきたことをよく物語るものと言えよう。

土器文様情報伝播の諸相

　セリエーショングラフを用いた検討結果から，広域に分布する縁帯文土器諸属性の空間的分布状況には地理的勾配が存在することが知られた。しかも，各属性のクラインのあり方には空間的距離の増大に比例して，その属性変異の存在比に漸移的な変化が認められるものの他に，口縁部文様施文パターンのように，各地域においてほぼ同様な存在比を示す属性も存在するなど，異なるあり方がみられた。このことは言い換えるならば，縁帯文土器が広域に伝播する際，その各属性が全て同様な伝播の仕方をしたのではないことを示すものであり，属性ごとにその情報の質に何らかの差が存在したことを推測させるものである。

　事象の伝播と距離との関係については，集団遺伝学や地理学を始めとする多くの分野でモデルが提出されている。それは通常の状態においては，ある事象の数量が距離の増大とともに，図5のようななだらかなカーブを描きながら減少していくというものである。そこで，ここでも，距離と属性との関係を検討することによって，情報としての各属性の伝播のあり方を検討することとしたい。そ

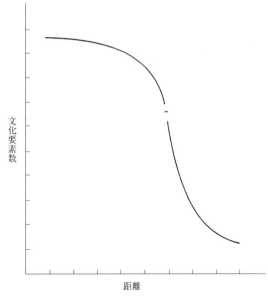

図5　事象の伝播と距離との関係についてのモデル
（David L. 1968, Clarke, *Analytical Archaeology*, による）

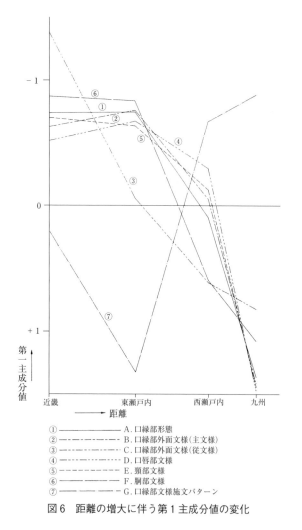

図6 距離の増大に伴う第1主成分値の変化

のためには，各地域における各属性の全体的な傾向を表現する適当な指標が必要となるが，ここでは各属性の各地域における出現頻度をデータとして各属性ごとに主成分分析を行い，その結果抽出された主成分スコアをこれに用いる。主成分分析は多くの変数によって表現されている情報を少数の成分の変数によって代表させ全体的な情報を把握するものであり，主成分スコアはここで必要とする多数の変異からなる複合した実態を結合的に表現する指標として最適なものの一つと言えよう。

　図6のグラフは，各属性ごとに行った主成分分析の結果得られた第1主成分のスコアの地域的変化を地理的距離との関係において示したものである。第1主成分のスコアを縦軸（＋側に九州的要素が，－側に近畿的要素が抽出されている）にとり，便宜的に大阪市を起点とした各地域の各遺跡までのお

およその平均距離を横軸にとっている。また，縁帯文土器が東方から西日本へと伝播してきたことを考慮し，東から西への傾斜を表現できるように，図6のグラフ縦軸においては，上方にマイナスの得点を，下方にプラスの得点を示すように作図している。それでは，このグラフをもとに，各属性の描くカーブを検討してみよう。

A. 口縁部形態

近畿地方から東瀬戸内地方にかけて高いスコアを示し，西瀬戸内地方へと若干下降した後，西瀬戸内地方から九州地方にかけては急激な下降線をたどる。

B. 口縁部外面文様（主文様）

近畿地方から東瀬戸内地方にかけて高いスコアを示し，西瀬戸内地方へと緩やかに傾斜する。西瀬戸内地方から九州地方にかけては急激な下降線をたどるが，これにはセリエーショングラフに認められたように，九州地方における変異の増加が関連しているものと考えられる。

C. 口縁部外面文様（従文様）

近畿地方から九州地方にかけて，各地域間でほぼ同様な傾斜で下降していく。

D. 口唇部文様

近畿地方から西瀬戸内地方にかけて高いスコアを示し，九州地方へと急激に下降する。

E. 頸部文様

近畿地方から西瀬戸内地方へかけてきわめて緩やかな傾斜を示すが，西瀬戸内地方から九州地方へと急激に下降する。これについても，九州における変異数の増加と関連するものと考えられる。

F. 胴部文様

裾広がりのきわめてなだらかな下降線を描き，図5のモデルとほぼ一致する。

G. 口縁部文様施文パターン

先にセリエーショングラフでみたように，本属性は各地域でほぼ同一の様

相を示す。しかし，主成分分析においては4・8といった変異が東瀬戸内地方の相違を際立たせる様に働き，その結果，図にみるような距離関数にのらないグラフが描かれることとなったと考えられる。

　以上を簡単にまとめれば，次のようになろう。まず，口縁部文様施文パターンは別として，全体を通していずれの属性も距離関数にのっていることが指摘できる。これら口縁部文様施文パターンを除く六つの属性については，大きく二つの動きを読みとることができる。一つは近畿地方から東瀬戸内地方にかけて高いスコアを示し，西瀬戸内地方へと若干下降した後，西瀬戸内地方から九州地方へと急激な下降線をたどるものである。口縁部形態・口縁部主文様・口唇部文様・頸部文様といった4属性がこれに相当する。これに対し，残る口縁部従文様及び胴部文様は，傾斜の度合いが若干異なるものの，ともに裾広がりのなだらかなカーブを描きつつ，近畿地方から九州地方にかけて下降する。

土器文様の伝播における位相差

　これまでに行ったセリエーショングラフと主成分分析を用いた分析結果から，以下の3類型を見いだすことができる。一つは口縁部文様施文パターンに見られた，広範な分布圏全域においてほぼ同一のあり方を示す，という類型である。いわば縁帯文土器を縁帯文土器たらしめている属性とも言うことができよう。口縁部形態・口縁部外面文様（主文様）・口唇部文様・頸部文様といった属性についても西日本一帯においてきわめて高い類似性を示すことが図6から指摘できる。しかし，これらの属性は，九州地方において若干類似度が低くなること，またセリエーショングラフの比較からわかるように，これらの属性においては属性変異のあり方が空間的に漸移的変化を示している点で第1の類型として取り上げたものと異なる。ここでは，これを第2の類型としよう。これらの属性は，縁帯文土器群全体に強い画一性をもって広がる口縁部文様施文パターンに伴って広がったと考えられるもので，そのあり方に東からの伝播力の強さと，さらには当時の瀬戸内地方の回廊的性格と

を伺うことができよう。ちなみに，これらの属性の描くカーブにみられた西瀬戸内地方と九州地方との間の開きは，これらの属性に関する情報が九州に入る際にかなりのロスを生じ，修正された形で九州地方に受け入れられたことを示すものであろう。このような様相は**図4**のセリエーショングラフにおいても九州地方における変異の増加という形で表現されており，当時の九州地方の自立性の高さ，及び潜在力の高さを示すものと言えるであろう。

　それでは，残る胴部文様と口縁部従文様が描くカーブの形は，両属性のいかなる性格を反映したものであろうか。両者は**図6**においてその傾斜を若干異にするものの，近畿地方から九州地方にかけて各地域間でほぼ同様な傾斜を示しながら下降することで共通する。これを3番目の類型とする。胴部文様については**図4-F**のセリエーショングラフから，その変異に東からの傾斜と西からの傾斜が存在することが看取される。このことは本属性が地域性をかなり明瞭に示す属性であることを物語っており，胴部文様について描かれたカーブの形状はこのことを反映したものであることがまず推測される。口縁部従文様についても，これが伝播力の強いと考えられる主文様と連動していないこと，また，文様構成上，あくまでも従的なものであること等から地域性が発現しやすい属性であることが考えられ，その結果，胴部文様と同様な下降線を描くものと考えられるのである。

　これまでの分析を通じて，土器文様の伝播において，これに関わる各属性の伝播のあり方が一様ではないことが明らかとなった。たとえば，ここで取り上げた縁帯文土器については，空間的な伝播のあり方に3類型を見いだすことができたのである。これは土器文様の情報に位相差が存在することを示すものであり，また，各属性間に意味のある構成がなされていたことを示すものでもあろう。各属性変異の選択にあたって，広域情報と在地情報との選択が行われていることも，文様を描くキャンバスとしての文様帯がそれぞれに異なる意味をもちながら全体を構成していたことを示唆するものであろう。

　土器に施された装飾が社会構造の背景として存在する価値観や世界観を象徴する例を，民族事例において見出すことができる。例えば，ケニアのEndo族においては，男性が儀礼的場面で，女性が実際的日常的な場面で主

要な役割を果たしているが，Endo 族の土器使用秩序のフレームワークには，この社会的秩序が投影されていると考えられるのである。一例をあげれば，女性が用いる Cooking Pot 上の垂直突起と，男性が用いる Beer pot 上の水平突起とについて，男性はそれぞれを重いイヤリングをつけた女性の長く伸びた耳と男性の木製の飾り釘になぞらえるのに対し，女性はこれらに機能的な説明を与えるのである。つまり，男性と女性が，それぞれの社会的地位に応じた価値観に基づいて，各装飾に象徴的な意味を付与しているのである。

　縁帯文土器が，具体的に，このような分節化された世界観を象徴しているか否かについてはここでは明らかにできないが，少なくともその文様帯がそれぞれ異なる象徴的意味を与えられていたことは言えるであろう。従って，縄文時代後期中葉の西日本に広域に分布した縁帯文土器は，共通の文様帯区画，すなわち同じキャンバス構成をもつという点で，あるレベルにおいて当時の人々の意識においても同一範疇の土器であると認識された土器群であったことが，改めて確認されるのである。

　通常，土器の伝播を言う場合には，もちろん文様の伝播も生じている。ところが，実際の伝播のあり方と言うものは，土器を構成する要素ごとにそのあり方が異なっている。その理由は，それぞれの要素が使われる使われ方において，意味の違いというものが存在することによるものと思われる。このような質的な差異は，静的な状態ではなく，動的な様態を観察することによって初めて知ることができるのである。このような観点から「文様の伝播様態」のズレをもとに，各要素のレベル差を抽出することができ，これらが伝播する際の受容のされ方を比較することによって各地域の自立性等についても検討することが可能となろう。

（1992 年　松永幸男との共著）

編註

※1　本章では，「コミュニケーションシステム」となっているが，本書第 8 章・第 9 章の論考では「コミュニケーション・システム」となっている。その真意については確認できないため，原文通りとした。

第12章 寺の前遺跡縄文後期土器について

縄文後期土器をめぐる諸問題

　寺の前遺跡出土縄文後期土器の内容は，図版21〜33図および表（大分県教育委員会 1983『萩台地の遺跡』32〜67頁）に示したとおりである。本稿では，これらについて若干のまとめを行ない，その提起するいくつかの問題について論じることにしたいが，その前に観察表について補足を行なっておきたい。まず，今回，縄文時代後期土器の解説を行なうにあたっては，解説項目として時期または様式・器種・部位・色調・胎土・外面調整・内面調整をとりあげ，それらを表の形で呈示した。これらの項目のうち，「色調」は外面のそれを主にとりあげ，「胎土」は特に角閃石・ウンモの存否に注目した。器面調整の項において「ヘラナデ」はヘラ状の原体を器面に押しあててゆっくりと移動させ幅1〜2cmの平滑で光沢のある面を残すものを，「巻貝」はヘタナリ類による調整を，「二枚貝」はアルカ属もしくはアナダラ属による調整をそれぞれ示している。また，今回，「板目」としたものは，以前「逆目板」と称していたものを訂正したものである[1]。調整の順序は矢印によって，また，調整部位の相異は左から右へと並記することにより示した。「様式名」については，田中「磨消縄文土器伝播のプロセス」（『森貞次郎博士古稀記念古文化論集』1982〔本書第8章〕）および，田中・松永「後期土器について」（『荻台地の遺跡』Ⅵ，1981）を参照されたい。ただし鐘ケ崎式系土器については，それらの中でⅠ〜Ⅲ段階としたものをそれぞれⅠ〜Ⅲ式として記している。この鐘ケ崎Ⅰ〜Ⅲ式の設定については後論することにしたい。また，粗製土器のうち，後期「中葉」としたものは，一部に西平式に伴う粗製土器を含む可能性もあるが，大半は後期中葉の時期幅に収まると考えてよいであろう。

さて，これら土器観察表に示したように，本遺跡出土の縄文後晩期土器としては，福田KⅡ式，宿毛式，縁帯文土器[2]，彦崎KⅠ式，鐘ケ崎Ⅰ・Ⅱ・Ⅲ式，御手洗A・C式，北久根山式，西平式が知られる。このうち鐘ケ崎Ⅰ式の出土量が最も多く，鐘ケ崎Ⅱ式がこれに次ぐ。他に，縁帯文土器，彦崎KⅠ式，御手洗A・C式，西平式も鐘ケ崎Ⅰ・Ⅱ式にははるかに及ばないものの，量的にややまとまって出土している。これに対して，福田KⅡ式・宿毛式・北久根山式はごく少量しか出土しておらず，しかも小片が多い。

次に，縄文後期竪穴状遺構出土土器（表1）をみてみると，鐘ケ崎Ⅰ・Ⅱ式，及びそれと時間的に並行すると考えられる縁帯文土器・彦崎KⅠ式・御手洗A・C式が大部分を占めている。さらに，鐘ケ崎Ⅱ式については出土点数こそ5点とやや多いが，図示しえたものは1点のみで，そのほとんどが小片であり混入の可能性も考えられる。同様に，西平式・北久根山式も存在するが，これらもまたごく少量かつ小片である。しかも，鐘ケ崎Ⅲ式が存在しておらず，時間的にも鐘ケ崎Ⅰ・Ⅱ式との間に断絶がみられるのである。したがって，これらは，遺構上面の攪乱等によって混入したと考えた方が無難であろう。よって，以上から考えて，竪穴状遺構出土土器は鐘ケ崎Ⅰ式を主

表1　縄文後期竪穴状遺構出土土器　　　　　　　　( )内半精製

	総計	精製	半精製	粗製	鉢	深鉢	不明
福田KⅡ式	2	2			2		
宿毛式	1	1			1		
縁帯文土器	1	1					
鐘ケ崎Ⅰ式	14	13	1		13		
鐘ケ崎Ⅰ～Ⅱ式	3	2	1		3 (1)		
鐘ケ崎Ⅱ式	5	3	2		6 (3)		
鐘ケ崎Ⅱ～Ⅲ式	1		1			1 (1)	
鐘ケ崎Ⅰ～Ⅲ式	1	1			1		
彦崎KⅠ式	2	1			2 (1)		
北久根山式	1	1					
西平式	1	1					
御手洗A式	1	1				1	
御手洗C式	3	3			1	2	
後期中葉（精製）	30	30			25	2	
〃（半精製）	11		11		10	1	
〃（粗製）	185			185	30	102	53
〃（精粗不明）	3				1	1	1

体とするもので，包含層の時期幅におけるより古い段階の一括資料としてと
らえ得るものである。

　このように本遺跡からは，鐘ケ崎Ⅰ・Ⅱ式を中心として，後期前葉～中葉
の土器が連続的に出土している。しかし，その出土のあり方には，時間的に
かなりの濃淡がみられ，量的なまとまりをみせるのは，ほぼ後期中葉の土器
群に限られている。そして，系統が異なるとされていたいくつかの土器群が
混在した形で出土していることも注目される。よって，以下，後期中葉のこ
のような状況に焦点を絞って検討していきたい。

　さて，鐘ケ崎式系土器は，従来，九州にはじめて定着した磨消縄文土器と
して評価され[3]，福田KⅡ式土器[4] あるいは平城式土器[5] との関係が指摘さ
れつつも，鐘ケ崎式土器がもついわゆる縁帯文土器的な特徴（口縁部文様帯
の作出，口縁部・頸部・胴部という三文様帯区画）の出自についてはこれま
でふれられることがなかった。これは，津雲A式（瀬戸内地方における縁
帯文土器の総称）を，鐘ケ崎式系土器よりも一時期新しい北久根山式土器に
並行すると位置づけてきた従来の編年観[6] によるものでもあった。ところが，
この数年来，京大植物園内縄文遺跡[7]・縄手遺跡[8]・林遺跡[9] といった近畿
地方の諸遺跡において，福田KⅡ式土器と並行する古相の縁帯文土器が知ら
れるに至り，縁帯文土器の編年的位置づけを再検討する必要が生じているの
である。

　われわれは，このような状況をふまえ，本遺跡の概報において，鐘ケ崎式
土器の成立は，在来の要素を含みつつも，大枠としては縁帯文土器群の西漸
現象の中に包括されるものではないか，という簡単な提唱を行なったが[10]，
ここでは，近畿地方以西の縁帯文土器と鐘ケ崎式系土器の，主要な口縁部文
様（図1）・頸部文様（図2）・口唇部文様（図3）・胴部文様を（図4）一括して
比較してみる[11] ことにしたい。以下，各文様のバリエーションを簡単に示
すと，口縁部文様には，同心円文（①・②・③・④），下方に開放する半同心
円文（⑤・⑥・⑦・⑧），上方に開放する半同心円文（⑨・⑩・⑪）・巴文及び
それから派生したと考えられる文様（⑫・⑬・⑭・⑮・⑯・⑰・⑱・⑲・⑳），
渦文（㉑・㉒・㉓）等がみられる。頸部文様は，集線文系（①～⑤）と縄文帯

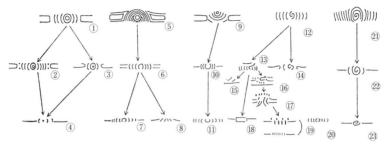

図1 主要口縁部文様

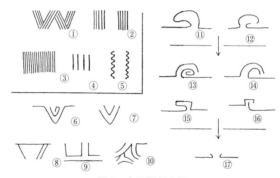

図2 主要頸部文様

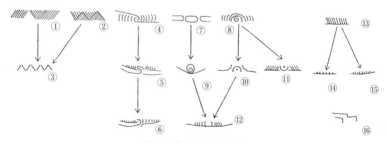

図3 主要口唇部文様

系（⑥〜⑰）とに大きく二分される。前者には，連続山形文（①），一定間隔をおいて集線を垂下させるもの（②）等が，後者には連続山形文（⑧）等の他に，鐘ケ崎式系土器特有の返り文（⑪・⑫・⑬・⑭・⑮・⑯）もみられる。口唇部文様は，組帯文（①・②），連続山形文（③），入組文（④・⑤・⑥），同心円文（⑦・⑨），半同心円文（⑧・⑩・⑪・⑫），短線文列（⑬・⑭・⑮）の他に⑯のように口縁部文様⑬・⑮・⑯等から派生したと考えられる文様もある。胴部文様も頸部文様と同様に集線文系（①〜⑧）と縄文帯系（⑨〜㊵）とに二大別される。鐘ケ崎式系土器に特徴的な入組文を基調とした胴部文様は縄文帯系に包含される。

　次に口縁部・口唇部文様のそれぞれについて，文様間の関係を検討してみたい。口縁部文様は，縮小化（肥大化）・簡略化（複雑化）という変化の方向のもとに，（①←→②・③←→④），（⑤←→⑥←→⑦・⑧），（⑨←→⑩←→⑪），（⑫←→⑬・⑭・⑮・⑯・⑰←→⑱・⑲・⑳），（㉑←→㉒←→㉓），という三段階の変遷を考えることができる。口唇部文様もやはり，縮小化（肥大化）・簡略化（複雑化）という変化の方向を考えることにより，（①・②←→③），（④←→⑤←→⑥），（⑦・⑧←→⑨・⑩・⑪←→⑫），（⑬←→⑭・⑮），という変遷を考え得る。これらの文様のうち，口縁部文様①・⑤・⑨・⑫・㉑は，京大植物園内縄文遺跡で堀之内Ⅰ式に伴う縁帯文土器に施されているもので，福田KⅡ式並行期に位置づけられる。また，口縁部文様④・⑦・⑧・⑪・⑱・⑲・⑳・㉓は鐘ケ崎式のそれであり，渡鹿遺跡ではこの種の口縁部文様とステッキ状の胴部文様（例えば図4-2-㉟）をあわせもつ土器が出土している。この種の胴部文様は後述するように鐘ケ崎式系土器の最新段階の土器に施されるもので，さらにこれが崩れたものが北久根山式に施された例も存在する。以上のことより，口縁部文様は縮小化・簡略化という変化の方向のもとに，（①・⑤・⑨・⑫・㉑）←→（②・③・⑥・⑬〜⑰・㉒）←→（④・⑦・⑧・⑪・⑱〜⑳・㉓），という三段階の時間的変遷をたどったと考えられる。さらに，口唇部文様についても，この縮小化・簡略化という変化の方向性をあてはめることにより，（①・②・④・⑦・⑧・⑬）←→（③・⑤・⑨〜⑪・⑭・⑮）←→（⑥・⑫・⑯），という変遷を考えうる。このとき，

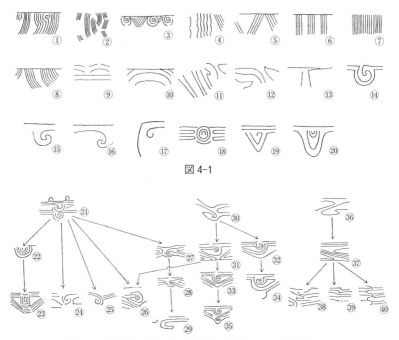

図 4-2　縁帯文土器および鐘ケ崎式系土器の主要胴部文様

　第Ⅰ期口唇部文様は彦崎KⅠ式に，第Ⅱ・Ⅲ期口唇部文様は上面表示型の鐘ケ崎式にそれぞれ施されるものであることから考えて，前者は第Ⅱ期口縁部文様と，後者は第Ⅲ期口縁部文様とそれぞれ時間的に並行することが看取される。ここで，口縁部文様④・⑦・⑧・⑪・⑱～⑳・㉓，及び口唇部文様⑤・⑥・⑨・⑫は鐘ケ崎式系土器に施される文様であるが，これらが縁帯文土器群の文様の系譜をひいていることもまた看取されるのである。

　頸部文様と胴部文様とは，先に集線系及び縄文帯系の二者に大別したが，このうち前者は堀之内式系に，後者は福田KⅡ式系にその出自をもつものとして整理される。このうち福田KⅡ式系には三本沈線幅狭縄文帯系と二本沈線幅広縄文帯系との二系統が存在することは，既に本遺跡の概報[13]において述べた通りである。

　このように，縁帯文土器は福田KⅡ式系と堀之内式の両者が複合したもの

第12章 寺の前遺跡縄文後期土器について　323

としてとらえることができる。しかし，個別には在来の要素をもつとはいえ，器形・文様帯区画等の全体的規格は堀之内式の系統であり，中期末から継続された東日本からの文化伝播現象の一環としてとらえられるべきものである。そして，縁帯文土器自体は，近畿・瀬戸内地方においては，外面表示型・内面表示型・上面表示型ともに口縁・口唇部文様帯の縮小という型式変化をたどって後期中葉の前半期を終えるようである。

　それでは，縁帯文土器分布圏の西端にあたる九州地方の状況をみてみることにしよう。鐘ケ崎式系土器における口縁・口唇部文様は，前述のように，縁帯文土器の系譜をひくものであった。そこで，鐘ケ崎式系土器における主要な胴部文様をみてみると，大きく二つの系列が存在することがわかる（図4）。その一つは，入り組み・同心円文系とでも呼ぶべきもので（②〜㉕・㉗〜㉙），もう一つは入り組み鉤手モチーフ（㉚〜㊴・㉖）である。前者は，入り組み・同心円文の簡略化・変形（あるいは複雑化）という観点から，㉑←→㉓〜㉕という関係が看取され，さらに，入り組み同心円文から完全な同心円文化，その変形・簡略化（あるいはその逆方向）という点から，㉑←→㉓の中間に位置させることができる。また，後者の入り組み鉤手モチーフは，奔放な幅広縄文帯から伸びた鉤手の基部に小さく入り組み文をもつもの（㉚）と，文様全体が上下に圧縮され，入り組み文が渦文となるもの（㉛・㉜），入り組み渦文の部分が結合して，鉤手モチーフに対してネガティヴなステッキ状のモチーフをもつもの（㉝・㉞），ステッキ状モチーフがポジティヴとなるもの（㉟）の4者が認められる。そして，これらは，相互の類縁度の強弱から，㉚←→㉛・㉜←→㉝・㉞←→㉟という関係を看取しうる。また，入り組み部分の接合を境にするという点で，㉑←→㉗←→㉘←→㉙という関係が得られる。さらに，鉤手モチーフ＋横位縄文帯の崩壊という視点からは㉛←→㉖が求められるが，㉖については，㉑←→㉖という類縁関係も成り立つ。

　さて，それでは，これら鐘ケ崎式系土器胴部文様群の先後関係をみてみると，㉑は熊本県鹿本郡菊鹿町*天の岩戸岩陰遺跡出土の3本沈線を単位とする福田KⅡ式土器（図5）に最も類似しており，入り組み鉤手モチーフの㉚も，奔放な幅広の縄文帯に小さな入り組み文が加わるという点では，福田KⅡ式

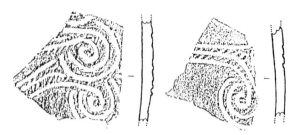

図5 (松本健郎編 1978『菊池川流域文化財調査報告書』熊本県文化財調査報告書 第31集より転載)

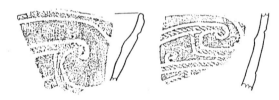

図6 (木村剛朗 1978『高知県檮原の縄文遺跡と遺物』土佐考古学叢書1より転載)

を構成するタイプ群の一つである幅広縄文帯のグループ(従来「宿毛式」と呼ばれたりしたもの)(図6)に関係を求めうる。すなわち,胴部文様二系統の一方の極をなす㉑と㉚は,ともに福田KⅡ式土器と強い関係をもつといえるのである。そして,㉝のステッキ状モチーフをさらに上下に圧縮した文様が,熊本県下益城郡城南町＊阿高貝塚出土の北久根山式土器に施されている事実から,これら胴部文様群の先後関係を決定し,段階設定を行なうことができる。すなわち,福田KⅡ式から継承し胴部文様帯に定着させたⅠ期(㉑・㉚),モチーフはそのまま継承しつつ上下に圧縮され集線化・渦文化するⅡ期(㉒・㉗・㉛・㉜),圧縮・変形が進行するⅢ期(㉓・㉔・㉕・㉖・㉘・㉙・㉝・㉟・㉞)という3段階が得られるのである。

以上の三期に細分された鐘ケ崎式系土器は,それぞれ一定の時間的・空間的位置を占めるものである。よって,ここでⅠ～Ⅲ期に細分した鐘ケ崎式系土器を,それぞれ鐘ケ崎Ⅰ～Ⅲ式と呼びたい。鐘ケ崎Ⅰ式は従来の「小池原上層式」に,鐘ケ崎Ⅱ・Ⅲ式はこれまで「鐘ケ崎式」と呼ばれてきたものに

第 12 章 寺の前遺跡縄文後期土器について　325

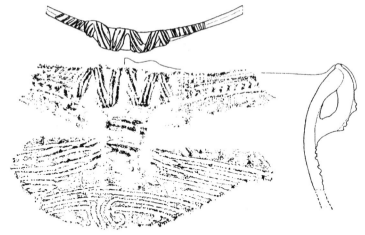

図 7　（西田道世 1978『阿高貝塚』城南町文化財調査報告書より転載）

それぞれ相当するが，ここでは「鐘ケ崎式」という様式名の研究史的位置を考慮して「鐘ケ崎Ⅰ・Ⅱ・Ⅲ式」という名称を用い，これら一連の系統の土器をあらためて「鐘ケ崎式系土器」と呼びたい。

　鐘ケ崎Ⅰ式は口縁部外面・頸部・胴部の三部位に文様帯をもち，総じて長頸で器高も高い。口縁部文様としては図 1-⑬～⑰等を，頸部文様としては図 2-⑪・⑫等を，胴部文様としては図 4-2-㉑・㉚・㊱等を施されている。この鐘ケ崎Ⅰ式は，東九州と西北九州とでは，その分布密度にやや濃淡を示すものの，南九州を除いた，ほぼ九州地方一円に分布していたと考えられる。鐘ケ崎Ⅱ式は鐘ケ崎Ⅰ式に比べ器高が低くなり，それに伴って短頸化，及び胴部文様帯の圧縮がすすむ。また，鐘ケ崎Ⅱ式になると口縁部外面のほかに，口唇部にも図 3-⑤・⑭・⑮・⑯等の文様が施されるようになるがこれらの口唇部文様は彦崎ＫⅠ式のそれからの系譜を引くものが多い。また，地域的な差異はあるものの，鐘ケ崎Ⅰ式には上面表示型の彦崎ＫⅠ式が伴っており，縁帯文土器群の本来のあり方を示している。これらのことから考えて，鐘ケ崎Ⅱ式において口唇部文様が加わる現象は，鐘ケ崎式系土器が在地化をすすめる際に，縁帯文土器群に本来備わっている文様帯上面表示法を継承した結

果ととらえられる。この鐘ケ崎Ⅱ式は，口縁部文様としては図1-⑱等を，頸部文様としては図2-⑬～⑯等を，胴部文様としては図4-2-㉒・㉗・㉛・㉜・㊲等が施されており，ほぼ均一な様相を示しながら南九州を除いた九州一円に分布している。ついで，鐘ケ崎Ⅲ式期になるとそれまでの均一な様相は崩れ，東九州と西北九州とでそれぞれの地域色が鮮明になってくる。東九州では頸部文様は無文化し，胴部文様も文様帯の胴部上半への圧縮に伴い簡略化及び文様の乱れがすすむ。これに対して，西北九州では，前段階と比べて文様の簡略化はすすんでいるものの，文様の規制は依然として乱れておらず精緻な文様が施されている。特に中九州では文様の崩れが少なく，これらの胴部文様が北久根山式に施された例もみられる。また，本地域の鐘ケ崎Ⅲ式には，退化してはいるものの図2-⑰のような頸部文様もみられる。

　さて竪穴状遺構一括資料中には，一点ではあるが，彦崎ＫⅠ式〔『萩台地の遺跡』1983〕第22図①）が含まれている。この鐘ケ崎Ⅰ式に伴うと考えられる彦崎ＫⅠ式は，口唇部文様帯の幅がやや広い上面表示型の土器である。ところが，これに対して，第29図③〔『萩台地の遺跡』1983〕の鐘ケ崎Ⅱ式と彦崎ＫⅠ式との折衷土器における口唇部文様帯は幅狭のものとなっている。これは，前述した瀬戸内地方における彦崎ＫⅠ式土器の型式変化，すなわち口唇部文様帯の縮小化の傾向に対応するものである。したがって，鐘ケ崎Ⅰ・Ⅱ式は彦崎ＫⅠ式の古相・新相とに大まかには対応するものと考えていいだろう。そして，さらに，九州地方における北久根山式土器が，近畿地方の「桑飼下式」と器形・文様等の類縁性から，時期的に並行する位置におかれることを考慮すれば，鐘ケ崎Ⅲ式土器の時期もおのずと明らかであろう。

　このように，後期中葉の西日本には，広義の縁帯文土器ともいうべき土器群が展開し，南九州を除けば九州地方にも定着していたのである。これは，中期末以降続いた東日本から西日本への文化伝播における一つの到達点であり，この過程は九州側からみるならば，在来の伝統と外来文化との拮抗を経て，結果的には磨消縄文土器を受容していく過程でもあった。ともあれ，この後期中葉になると，南九州を除く九州地方でも磨消縄文系の精製土器が製作されるようになり，西日本を貫く広域土器分布圏に包摂されることになる。

第12章 寺の前遺跡縄文後期土器について　327

この広域土器分布圏においては，東から北白川上層式[13]・津雲A式（彦崎
KI式)・鐘ケ崎式とそれぞれ呼称され認識されてきた土器群が分布するが，
そのあり方は相互に排他的なものではなく，明瞭な境界線を引くことは困難
である。九州のほぼ中央部に位置する寺の前遺跡における包含層あるいは竪
穴状遺構一括資料[14]中に，近畿・瀬戸内地方の縁帯文土器が含まれるとい
う現象は，上記のような状況を如実に物語るものである。しかし，傾向とし
ては，東から西へと行くにつれて，頸部の短縮化，胴部文様帯の上下方向へ
の圧縮という変換が行なわれており，胴部文様の地域的変異も大きい。そし
て，同じ鐘ケ崎I式の分布圏においても，周防灘に面する宇佐市西和田貝
塚[15]では彦崎KI式土器が目立つのに対して，阿蘇・九重山系の東麓に位
置する大分県直入郡久住町*コウゴー松遺跡[16]や寺の前遺跡においてはその
比率が低下し，阿蘇を越えた熊本県下に入るとごくまれにしかみられない。
また，後期に入って磨消縄文土器の伝播により分布圏の縮小を余儀なくされ
た阿高式系土器は，後期中葉には御手洗A・C式という形で有明海沿岸に分
布しているが，コウゴー松遺跡や寺の前遺跡はこの御手洗A・C土器の分布
圏にも入っているのである。

　このように，寺の前遺跡における該期は，広義の縁帯文土器である鐘ケ崎
I・II式土器を主体としながらも，御手洗A・C式と複合するという点では
有明海沿岸と共通しており，近畿・瀬戸内的要素の量的な面では，有明海沿
岸に勝り，より瀬戸内地方に近い周防灘沿岸には劣るというあり方を示して
おり，寺の前遺跡の地理的条件を如実に反映しているのである。

　最後に小稿をなすにあたっては，高橋徹氏をはじめ大分県文化課諸氏に格
別のご配慮を賜った。末尾ながら記して謝意を表したい。

　なお，小稿の執筆は，田中・松永両名の討論に基づいて分担し，相互に検
討しなおすという形で行なった。したがって，文責は両名が共同して負うこ
とを付記しておく。

註

1) これは，田中良之 1979「中期・阿高式系土器の研究」『古文化談叢』6〔本書第3章〕，において「逆目板調整」と呼称したものであるが，その後，「逆目」とは「順目」と対照をなす語であり，不適当であるとの指摘を横山浩一氏から賜わった。それから機会を持たぬまま数年を経てしまったが，ここで「逆目板調整」なる用語を撤回し，仮に「板目」の語をあてることにしたい。御教示下さった横山氏に感謝する次第である。

2) 小稿では，いわゆる「縁帯文土器」という意味で，関東地方の堀之内Ⅰ・Ⅱ式土器に並行する近畿，瀬戸内地方の外面表示型縁帯文土器を，「縁帯文土器」と呼んでいる。

3) 小林久雄 1940「九州の縄文土器」『人類学・先史学講座』8，雄山閣出版

4) 乙益重隆・前川威洋 1969「九州」『新版考古学講座』3，雄山閣出版

5) 西健一郎 1980「鐘崎式土器について」『九州文化史研究所紀要』25

6) たとえば註4) 文献。

7) 中村徹也 1974『京都大学理学部ノートバイオトロン実験装置室新営工事に伴う埋蔵文化財発掘調査の概要』

8) 東大阪市教育委員会 1971『縄手遺跡1』
    東大阪市遺跡保護調査会 1976『縄手遺跡2』

9) 大阪府教育委員会 1981『林遺跡発掘調査概要Ⅲ』

10) 田中良之・松永幸男 1981「後期土器について」『荻台地の遺跡』Ⅵ

11) 図1〜4の作製にあたっては，以下の文献を参照した。
    中村徹也 1974『京都大学理学部ノートバイオトロン実験装置室新営工事に伴う埋蔵文化財発掘調査の概要』
    渡辺　誠編 1975『京都府舞鶴市桑飼下遺跡発掘調査報告書』
    梅原末治編 1935「京都北白川小倉町石器時代遺跡調査報告」『京都府史蹟名勝天然記念物調査報告　第16冊』
    島田暁・小島俊次 1958「布留遺跡」『奈良県史蹟名勝天然記念物抄報10』
    第2阪和国道内遺跡調査会 1969〜1971『池上・四ツ池遺跡9〜12・16・17』
    東大阪教育委員会 1971『縄手遺跡1』
    東大阪市遺跡保護調査会 1976『縄手遺跡2』
    難波宮址顕彰会 1978『森の宮遺跡第3・4次調査報告書』
    大阪府教育委員会 1981『林遺跡発掘調査概要・Ⅲ』

第 12 章　寺の前遺跡縄文後期土器について　329

島田貞彦・清野謙次・梅原末治 1920「備中国浅口郡大島村津雲貝塚発掘報告」
　『京都帝国大学文学部考古学研究報告』5

間壁葭子 1966「笠岡市笠岡工業高校グラウンド遺跡」『倉敷考古館研究集報』1

間壁忠彦・間壁葭子・藤田憲司 1976「笠岡市大殿洲の縄文時代遺跡」『倉敷
　考古館研究集報』12

間壁忠彦 1979「広江・浜遺跡」『倉敷考古館研究集報』14

中野知照編 1981『鳥取市布勢布勢遺跡発掘調査報告書』財団法人鳥取県教育
　文化財団

宍道正年 1974『島根県の縄文式土器集成 I』

小都　隆編 1976『洗谷貝塚』

小都　隆 1976「芦品郡新市町芋平遺跡について」『芸備』4

潮見　浩 1968「月崎遺跡」『宇部の遺跡』

潮見　浩 1960「山口県岩田遺跡出土縄文時代遺物の研究」『広島大学文学部
　紀要』第 18 号

大平　要 1977「香川県豊島神子ケ浜遺跡の縄文土器」『瀬戸内海歴史民俗資
　料館々報』

大平　要編 1978『考古資料収蔵目録』1，瀬戸内海歴史民俗資料館

木村剛朗編 1982『平城貝塚』御荘町教育委員会

黒野　肇ほか 1970「福岡県・寿命貝塚調査報告」『九州考古学』39・40

永井昌文・前川威洋・橋口達也 1972『山鹿貝塚』山鹿貝塚調査団

九州大学考古学研究室編 1980『新延貝塚』鞍手町埋蔵文化財調査会

木下　修編 1981『元松原遺跡』岡垣町教育委員会

橘　昌信編 1981『黒崎貝塚』黒崎貝塚調査会

前田義人・川上秀秋 1982『稗田川』財団法人北九州市教育文化事業団埋蔵文
　化財調査室

賀川光夫 1960「大分県東国東郡国東町ワラミノ遺跡調査報告」『大分県文化
　財調査報告』6，大分県教育委員会

賀川光夫・橘昌信 1967「小池原貝塚」『大分県文化財調査報告』13，大分県
　教育委員会

賀川光夫・橘昌信 1974『コウゴー松遺跡調査報告』久住町教育委員会

坂本嘉弘 1977『荻台地の遺跡』II，荻町教育委員会

真野和夫編 1978『宇佐地区圃場整備関係発掘調査概報』宇佐市教育委員会

坂本嘉弘編 1979『石原貝塚・西和田貝塚』宇佐市教育委員会・大分県教育委

員会

富田紘一ほか 1974『渡鹿遺跡群発掘調査概要』熊本市文化財調査会

西田道世ほか 1976「黒橋」『熊本県文化財調査報告』20，熊本県文化財保護
協会

高木恭二ほか 1977「宇土城跡（西岡台）」『宇土市埋蔵文化財調査報告』1，
熊本県宇土市教育委員会

松本健郎 1978「菊池川流域文化財調査報告書」『熊本県文化財調査報告』熊
本県文化財調査報告書第 31 集

富田紘一 1978「旧石器・縄文時代の熊本」『新・熊本の歴史』1，熊本日日新
聞社

熊本大学法文学部考古学研究室編 1978『頭地下手遺跡』

池田道也 1981「若園」『菊水町文化財調査報告』3，菊水町教育委員会

　　この他，大分県中津市棒垣遺跡出土土器について，大分県文化課村上久和
氏の御教示を得た。記して深謝したい。さらに，九州大学考古学研究室所蔵
の福岡県築上郡吉富町垂水遺跡出土土器も参照した。また，口縁部文様帯の
作出・表現法には，基本的に，外面表示型・上面表示型・内面表示型の 3 型
があるが（註 10）文献参照），ここでは上面表示型・内面表示型の口縁部に
施されたものを一括して口唇部文様として扱った。

12)　註 10）文献[1]。

13)　泉拓良 1981「近畿地方の土器」『縄文文化の研究』4，雄山閣出版

14)　これらの中には近畿・瀬戸内地方から移入された土器が含まれている可能性
もあるが，胎土・焼成等の観察からみる限り，他の寺の前遺跡跡出土土器と何
ら変わるところはない。また，胴部に鐘ケ崎式土器の胴部文様をもつ第 21 図
④，第 26 図⑤〔『萩台地の遺跡』1983〕などは，寺の前遺跡もしくは鐘ケ崎式
土器分布圏内のどこかで製作されたと考えるべきであろう。

15)　坂本嘉弘編 1979『石原貝塚・西和田貝塚』宇佐市教育委員会・大分県教育委
員会

16)　賀川光夫・橘昌信 1974『コウゴー松遺跡調査報告』久住町教育委員会

　　　　　　　　　　　　　　　　　　　（1983 年　松永幸男との共著）

編註

※1　この註は本文中に該当箇所がないが，原文通りとした。

第 2 部
縄文時代の終焉／弥生時代開始のプロセス

第13章　長崎県山の寺遺跡
—晩期山の寺式土器—

遺跡の調査と遺物

遺跡の位置と調査

山の寺遺跡は長崎県南高来郡深江町梶木*開場に所在し，雲仙山系から有明海に向かってのびる扇状地の頂部付近，海抜約170メートルに位置する。国道57号線のバス停「山の寺」からは西約400メートルの距離にある。

調査は，1958年の古田正隆氏・森貞次郎氏らによる1・2次調査（A～F

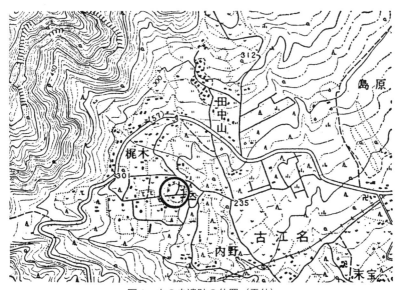

図1　山の寺遺跡の位置（雲仙）

地点）の後，日本考古学協会西北九州総合調査特別委員会により 1960・61
年におこなわれた（A～C 地点）。このうち 1・2 次調査分は 1970 年に古田
正隆氏によって報告されているが，考古学協会調査分は未報告で，わずかに
概報されているにすぎず，全体としては不明な部分も多い。

出土遺物

　これらの報告によれば，出土土器は黒川式土器と刻み目突帯文土器に二大
別されるが，包含層自体は 1 枚のみで，前者を主体とする A 地点などにた
いして B 地点は後者を主体とする，というように地点によって時期差があ
るという。古田氏報告の出土土器をみても，基本的にはこの両者が主体をな
しているが，少量ながらも古閑式あるいは浦久保式と呼ばれる土器も出土し
ており，遺跡の上限が晩期前葉にまで上ることを示している。したがって，
山の寺遺跡出土土器は，図2のように，少なくとも 3 時期には分けられよう。
　つぎに，石器をみてみると，扁平打製石斧・磨石・円盤状石器・磨製石斧
などが出土しており，九州縄文後～晩期の石器組成に共通している。また，
この組成は本遺跡の 3 時期を通して変化はないようである。
　これらのほかに，平織りの布や蓆などの圧痕をもついわゆる組織痕土器や
紡錘車，籾痕土器も出土している。とくに籾痕土器は，古田氏によれば，1
点は山の寺式，もう 1 点は黒川式の可能性があるという。

山の寺式土器

山の寺式の設定

　山の寺式土器は，この遺跡に早くから関係してきた森貞次郎氏が，板付 I
式土器と共伴する突帯文土器（夜臼式）よりも古相を呈する土器として設定
したものであるが，それをまとまった形で明文化したのは乙益重隆氏であっ
た。これには，山の寺式が壺・甕・高坏という弥生土器の基本形態をもちつ
つ，浅鉢・甕（深鉢）の器形は黒川式を踏襲し，甕にはヘラ・指頭・巻貝に
よる刻み目を施した 2 条の突帯をもつことなどが記されている。1 年後に出

第13章 長崎県山の寺遺跡 335

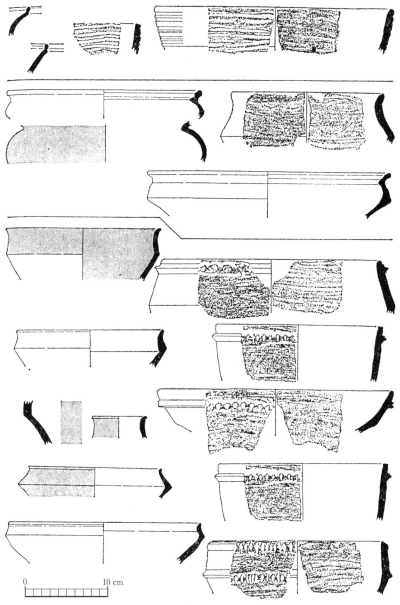

図2 山の寺遺跡出土の土器（網目部分は丹塗り）

された森貞次郎氏の論攷における記載も同様であるが，それに加えて夜臼式
との比較をおこない，山の寺式の突帯が口縁下にあるのにたいして夜臼式で
は口縁端に上がり，胴部の屈曲も後者にあっては突帯で覆われてわかりにく
いなどの相違点をあげている。また，さらに森氏は，両者の相違は小さいも
のであるとし，様式として区別することは難しいとされている。

　このように，この段階においては，壺・甕・高坏・浅鉢のセットをもち，
甕に2条の刻み目突帯文を施した土器群のうち，弥生土器と共伴するものを
夜臼式，縄文時代に属するものを山の寺式とし，後者の特徴として甕におけ
る口縁下の突帯や粗剛な刻み目の手法などがあげられたのである。

概念の変質

　ところが，1966年の唐津市宇木汲田貝塚の調査で刻み目突帯文土器の単
純層が発見され，この土器群がむしろ夜臼式に近いこともあってか，「夜臼
単純期」という概念が生じた。そして，これ以降は，山の寺式→夜臼単純→
夜臼式＋板付Ⅰ式という序列で語られるようになり，それまでの山の寺式の
領域がやや狭まる結果となった。

　さらに，1978年の福岡市板付遺跡の調査では，水田遺構とともに板付Ⅰ
式＋夜臼式，その下に夜臼単純層，さらに下層から刻み目突帯文土器が出土
した。この最下層の土器については当初，山の寺式と呼んだ研究者もあった
が，調査者の山崎純男氏は，これらを夜臼Ⅰ式→夜臼Ⅱa式→夜臼Ⅱb式
＋板付Ⅰ式として刻み目突帯文土器を再編し，山の寺式については，その特
徴の一つである粗大な刻み目をもつ土器が北部九州には分布しないとして，
島原半島における夜臼Ⅰ・Ⅱa式並行のローカルな土器であるとした。ここ
に，山の寺式は，その一方の特徴によって，弥生文化発生地における位置を
失うことになってしまった。

山の寺式の復活

　ところが，その後，唐津市菜畑遺跡でも同様な水田遺跡が発見され，しか
も，調査者の中島直幸氏はその9〜12層の土器を山の寺式と呼び，以降，夜

第13章　長崎県山の寺遺跡　337

臼単純期→夜臼式＋板付Ⅰ式という変遷を示した。この菜畑9～12層出土土
器は，かつて乙益・森両氏によって列記された山の寺式の諸特徴を備えてお
り，ふたたび山の寺式の名称が宇木汲田遺跡調査の段階にまで復活したので
ある。しかしながら，すでに設定されてしまった夜臼Ⅰ式と山の寺式の関係
が時期差なのか地域差なのかは解決されているとはいえず，水稲耕作開始の
上限ともからむ課題として残されたままである。

晩期中葉の突帯文土器

　ところで，北九州市長行遺跡では，黒川式の浅鉢・深鉢とともに1条の刻
み目突帯文をもつ土器が出土している（山口信義ほか 1983『長行遺跡』）。また，
大分県下でも黒川式期の突帯文土器が多く知られており（高橋徹 1980「大分
県考古学の諸問題Ⅰ」『大分県地方史』98），すでにこの時期には東北九州に突帯
文土器が存在したことがうかがえる。そして，これらは，家根祥多氏が指摘
するように（家根祥多 1981「近畿地方の土器」『縄文文化の研究』4, 雄山閣出版），
浅鉢の類似からみて瀬戸内の中山B式や原下層式とつながるものであり，
近畿地方でかつて丹治式と呼ばれた複合口縁深鉢の口縁部屈曲部に刺突や刻
み目を施した土器に祖形を求めうると考えられるものである。この黒川式期
の突帯文は，1条の突帯を口縁下に施すという点で共通しており，大分のも
のは刻み目をもたず，北九州では刻み目突帯やそれに口縁部刺突を加えた個
体があり，無刻突帯も一定量を占める。刻み目は，中山B式のような小ぶ
りのものから粗大なものまで大小各種が認められ，また，これらの深鉢には
胴部屈曲を削り出して突帯状にした個体も存在する。

山の寺式の位置

　これらを母胎として，従来いわれてきた突帯文土器，すなわち2条の刻み
目突帯文をもつ深鉢が出現したものと考えられる。この段階になると，浅鉢
の型式変化が緩慢になって粗製化を開始し，新たな精製土器として壺が加わ
るという一つの画期をなして，一部には水田が出現する。また，この様相は
板付Ⅰ式土器の成立という新たな画期まで基本的には変わらないことから，

一つの大枠に収めうるものと考えられる。そうすると，かつて山の寺式の名であらわそうとした時期は，この2条刻み目突帯文土器を示標とする時期の古段階に相当することになる。その特徴としては，①2条刻み目突帯文甕・壺の出現，②1条刻み目突帯文やより古式の浅鉢の比率が後続の段階よりも高い，③浅鉢の粗製化が後続期ほど進行していない，④口縁部突帯は口縁端から下がった位置につくものが多い，⑤無突帯の伝統的粗製深鉢の比率が後続期よりも高い，などがあげられよう。また，これまで山の寺式の一方の特徴とされてきた粗大な刻み目については，黒川式期にはすでに大小のタイプが存在することから，粗大な刻み目のみが古式であると保証されているとはいえず，地域によって卓越する刻み目のタイプが異なることが想定される。しかし，これらの特徴はいずれも時間的・空間的に相対的なものと思われ，属性の存否によって区切られることは少ないだろう。

さて，このようにみてくると，森貞次郎氏が，菜畑9〜12層出土深鉢の相対的な古相は認めつつも，浅鉢などは大差ないことから，これらを広義の夜臼I式としてまとめ，かつて山の寺遺跡で新旧に二分したうちの古段階に当たる黒川式を山の寺式と呼ぼうとしているのは，前述のようなあり方に対応したものと思われる。しかし，2条刻み目突帯文土器を夜臼式の名で再編することは整理上望ましいとしても，名称として定着している黒川式をあえて山の寺式と改称する必要はないだろう。また，夜臼式として再編するにしても，各特徴の時間的・空間的なあり方を型式学的に吟味したうえでおこなわれるべきである。したがって，現在多くの研究者によっておこなわれているこの再編成への諸論が収拾し，再編した新概念が確立するまでは，山の寺式の名は有効でありつづけることになるだろう。

参考文献

古田正隆 1970 『山の寺梶木遺跡』百人委員会

日本考古学協会特別委員会 1960 「島原半島」『九州考古学』10

乙益重隆 1965 「縄文文化の発展と地域性—九州西北部—」『日本の考古学』2，河
　　出書房新社

森貞次郎 1966「弥生文化の発展と地域性―九州―」『日本の考古学』3，河出書房新社

山崎純男 1980「弥生文化成立期における土器の編年的研究」『鏡山猛先生古稀記念古文化論攷』

中島直幸 1982「初期稲作期の凸帯文土器」『森貞次郎博士古稀記念古文化論集』

森貞次郎ほか 1982「シンポジウム　縄文から弥生へ」『歴史公論』74

(1985 年)

第14章 縄紋土器と弥生土器

1 西日本

　土器は，一般的には最も小刻みな時間的変化を示す考古遺物の一つとされ，時間軸の表徴として多用されている。しかし，土器が本来備えている属性がタイム・スケールとしてのそればかりでないことはもちろんである。すなわち，土器様式やそれを構成する器種・タイプ，さらにそれらを特徴づけている属性の地理的分布をみることによって，その時期における地域相を知ることもできる。加えて，土器は文化伝統をよく反映する遺物の一つでもある。そして，土器における精粗の差が，単に器としての機能差や製作手法の差のみならず，文化構造におけるレベルの差を反映している点をも考慮する必要があろう [田中 1982]。小稿は，以上の諸点をふまえて，縄紋土器から弥生土器への移行について論じるものである。

　この問題については，今日までに多くの研究者がさまざまな資料・視点によって論じており，やや混乱した状況を呈していることは否めない。したがって，小稿では上記の諸点に留意しつつ諸研究の論点を整理し，このテーマにおける到達点と問題点とを抽出しつつ，あわせて私見をも述べることにしたい。なお，すべての研究について触れうるものでもなく，また地域についても北部九州地方が中心となることを諒とされたい。

A. 研究略史と編年序列

　今日まで，最後の縄紋土器と認識されてきたのは夜臼式土器であり，最古の弥生土器を板付Ⅰ式土器と呼んできた。しかし，近年，夜臼式期に本格的な水田が存在し，生産用具等も弥生時代のそれと変わるところがないことか

第14章　縄紋土器と弥生土器　341

ら，この時期を弥生時代の最古期と考える研究者も多い［佐原 1983］。した
がって，縄紋土器から弥生土器への移行を問題とするには夜臼式以前から問
題にする必要がある。よって，以下，これらに関する土器様式の概念形成史
を瞥見するが，小稿では実測図を含めた詳説が不能であるため，引用文献を
参照されたい。

a　夜臼式土器と板付I式土器

　さて，夜臼式土器と板付I式土器に関する論議は，1950 年，福岡市板付
遺跡で二者の共存が確認されたことに始まる。すなわち，この遺跡の調査に
よって，刻目突帯紋甕・壺・浅鉢・高坏のセットをなす，縄紋土器に通有な
灰褐色の焼成による土器（夜臼式土器）と，それ以前から東菰田式土器と呼
ばれ，最古の弥生土器と推定されていた土器（板付I式土器）とが共存する
ことが知られ，縄紋土器から弥生土器への移行期の1点が確認されたのであ
る［森・岡崎 1961］。そして，当時の関心は，板付I式土器に共伴する夜臼式
土器よりもさらに古い刻目突帯紋土器の追究へと向かい，より古相の刻目突
帯紋土器として山の寺式土器が設定された［森 1966］。

　このように，この段階においては，壺・甕・浅鉢・高坏のセットをもち，
その甕に2条の刻目突帯を施した土器のうち，弥生土器と共伴する新式のも
のを夜臼式土器，それに先行するものを縄紋時代に属する山の寺式土器とし
て概念化したのであった。しかし，これら一連の作業を荷った森貞次郎は，
同時に，両者の差は小さいものであり，様式として区別することは難しいと
された。また，全器種が黒川式土器から漸移的に変化したものとしながらも，
壺における丹塗磨研の手法と朝鮮無紋土器との類似を指摘された点も注目さ
れよう。

　ところが，その後佐賀県唐津市宇木汲田貝塚の調査で刻目突帯紋土器が検
出され，この土器がむしろ従来の夜臼式土器に近いこともあってか，「夜臼
式単純期」という概念が生じ，それ以降は山の寺式→夜臼式単純→夜臼式＋
板付I式という序列で示されることになった［九大考古学研究室 1966］。した
がって，それまで山の寺式土器の名で表してきた時期幅はやや狭められるこ
とになり，その文化史的意義は大きく変質することとなった。

その後，この編年的序列は多くの研究者に受容され，安定したかにみえたが，春成秀爾が板付Ⅰ式土器に先行する刻目突帯紋土器（山の寺式・夜臼式）の単純期の存在に疑問を投げかけたことによって［春成 1973］，再び議論は高まった。春成の疑義自体は，福岡市板付遺跡をはじめとする層位的調査例の増加によって解消されたものの，これらは新たな編年案をもたらしたのである。まず，板付遺跡の調査者である山崎純男は，調査時の層位的所見に基づいて，夜臼Ⅰ式→夜臼Ⅱa式→夜臼Ⅱb式＋板付Ⅰ式という序列を示し，山の寺式土器については，その特徴の一つである粗大な刻目をもつ土器が北部九州には分布しないとして，島原半島における夜臼Ⅰ・Ⅱa式土器併行のローカルな土器であるとした［山崎 1981］。ここに，山の寺式土器は，該期における北部九州の土器という位置をも失ってしまったのである。

ところが，その後，佐賀県唐津市菜畑遺跡でも刻目突帯紋土器期の水田遺跡が発見され，しかも調査者の中島直幸はその9～12層出土土器を山の寺式土器と呼び，以後夜臼式単純期→夜臼式＋板付Ⅰ式という序列で表現した［中島 1983］。この菜畑遺跡9～12層出土土器はかつて森らによって列記された山の寺式土器の諸特徴を備えており，これらの土器の分布が島原半島に限られたものでないことを再確認する形となった。また，橋口達也は，福岡県二丈町*石崎曲り田遺跡出土土器の分析から，刻目突帯紋単純期を「曲り田（古）」と「曲り田（新）」の2段階に分期しているが［橋口 1985］，それらの中にも山の寺式土器とされた刻目突帯紋土器が含まれているのである。

このように，板付Ⅰ式土器成立以前の刻目突帯紋土器については，稲作開始期への関心もあってか，各氏によってさまざまな編年案が提出されている。そして，刻目突帯紋土器単純期を2期に細分しうるという点では各説共通するものの，それぞれの示す内容はかつて山の寺式土器の名で呼ばれた諸特徴の評価をめぐって微妙なズレをみせている。

b 刻目突帯紋土器の分布

ところで，刻目突帯紋土器の成立については，器形等は先行する黒川式土器からたどれるとしながらも，刻目突帯の由来については不明のままであった。しかし，近年，大分県下で黒川式の浅鉢とセットをなす突帯紋甕が確認

された［高橋 1980］のを皮切りとして，北九州市長行遺跡［山口 1983］・春日台遺跡［上村 1984］・山口県防府市奥正権寺遺跡［山本・三戸田 1984］等で黒川式の浅鉢に伴う刻目突帯紋土器の例が続々と得られている。家根祥多は，これら黒川式期の突帯紋土器を西日本的視野でとらえる中から，近畿地方の滋賀里Ⅲ a 式土器から突帯紋が発生し，瀬戸内地方の中山 B 式・原下層式土器を介して九州にまで波及したという見解を示した［家根 1981］。すなわち，近畿地方晩期前半の複合口縁深鉢（甕）の口縁部屈曲部に刺突や刻目を施した土器を祖形として，口縁下に 1 条の突帯紋を施す土器が成立したとするものである。この家根説は，外見上は複合口縁・突帯紋ともに口縁帯を形成することには変わりがなく，前者から後者への派生もしくは要素変換が型式論的に無理がないこと，西日本は後期から近縁度の上昇と低下をくり返しながらも基本的には一つの大枠でくくられる広域土器分布圏であり［田中・松永 1984］，しかも滋賀里Ⅲ a・Ⅲ b 式土器と中山 B 式・原下層式土器や黒川式土器の浅鉢は相互に類似していて，この時期における諸地域間の関係も疎遠ではなかったろうことなどから考えて首肯しうるものである。

　この黒川式土器は，浅鉢こそ九州全域に分布するものの，深鉢（甕）は在地色が強く，1 条刻目突帯紋深鉢（甕）の分布も九州東北部に限られる。そして，北九州や瀬戸内地方では刻目突帯紋やそれに口唇部刺突を加えた個体が多いのに対して，大分県の山間部では刻目を加えない突帯紋が多い。また，器形にも口縁部がやや外反するのみの単純な深鉢（甕）形から反転口縁で肩部を屈曲させたものまで認められる。刻目は中山 B 式土器のような小ぶりのものから粗大なものまで大小各種が既に存在する。さらに，これらの深鉢（甕）形土器の中には肩部屈曲部を削り出して突帯状にした個体も存在し，2 条刻目突帯紋土器への移行をうかがわせるものもみられる。

c 夜臼式土器の特徴

　したがって，これらを母胎として 2 条刻目突帯紋甕が成立したものと考えられるが，黒川式土器までは深鉢（甕）と浅鉢という縄紋土器の伝統的組成であったのに対して，この時期には壺の出現をみる。そして，壺・浅鉢・高坏（台付浅鉢）・2 条刻目を主体とした突帯紋甕・粗製無紋甕という器種構

成は板付Ⅰ式土器の成立まで基本的に変わらず，器形・紋様等にも著差はないことなどから，これらは一様式の枠内でとらえられるものである。既述したように，この時期を2小期に細分する編年案がいくつか提示されているが，これらは主として刻目の形状と突帯の位置を論拠とするものである。たしかに菜畑遺跡をはじめとする層位的調査例や一括資料をみると，1条刻目突帯紋甕の比が大から小へ，口縁端を強調した浅鉢から単純な反転口縁浅鉢へ，それに伴って高坏（台付浅鉢）が増加し丹塗りの浅鉢が減少して浅鉢の粗製化も進行する，甕の口縁部突帯が口縁端から下がった位置につくタイプ主体から口縁端につくタイプ主体への移行，無突帯無紋の伝統的粗製深鉢（甕）の比率がしだいに小さくなる，などの古・新の傾向は指摘される［田中1985a］。しかし，これらはあくまでも漸移的に連続する傾向であり，属性の存否によって区切られることはない。これまで山の寺式土器の特徴とされてきた粗大な刻目にしても，先行する黒川式期にはすでに大小の刻目が存在することから，粗大な刻目のみが古式であると保証されているとはいえず，地域によって卓越するタイプが異なることが想定されるのである。したがって，今のところ時間的・空間的に明瞭に区分しうる分類案が提示されているとはいえないことから，無用の混乱を避けるため小稿ではこの時期を一括して取り扱いたい。また，様式名は，学史を尊重するならば「山の寺式」を用いるべきであろうが，今や広く定着し，かつ誤解のより少ない「夜臼式」を用いる。諒とされたい。

d　板付Ⅰ式土器の広域伝播

さて，概念の変質もみられた刻目突帯紋土器の研究史に対して，板付Ⅰ・Ⅱ式においては，Ⅱ式が細分された以外には大きな改変はない。しかし，近年板付Ⅰ式土器の概念を狭義化する傾向がみられるようである。従来，板付Ⅰ式土器は夜臼式土器を伴う例がほとんどであったのに対し，福岡県津屋崎町*今川遺跡のV字溝からは夜臼式土器を伴わない板付Ⅰ式土器が一括して得られている［酒井1981］。これは，板付Ⅰ式＋夜臼式→板付Ⅱa式という図式からいえば，まさに過渡的なものである。そして，甕に板付Ⅱa式土器的な個体が少量含まれるなど新しい傾向をも示している。板付Ⅰ式土器を狭

第14章　縄紋土器と弥生土器　**345**

義化する立場からは，この今川遺跡V字溝出土土器を板付Ⅱa式土器にまで下げて考えることになる [橋口 1985]。しかし，壺・甕ともに形態的には従来通りの板付Ⅰ式土器の特徴を備えており，明らかに板付Ⅱa式とされてきた土器よりは古相を呈することから，やはり板付Ⅰ式土器のカテゴリーに含められるべきであろう。

　したがって，以上から北部九州における土器様式の推移は，黒川式→夜臼式→板付Ⅰ式＋夜臼式（→板付Ⅰ式）→板付Ⅱa式という序列で表現することができる。

　ところで，家根は，2条刻目突帯紋土器の成立を1条刻目突帯紋土器の伝播を受けた北部九州地方におけるものと想定し，逆方向の伝播ルートによって近畿地方の船橋式土器が成立したとしている [家根 1981]。2条刻目突帯紋土器の発生地を小稿で判断することはできないが，黒川式期における深鉢（甕）が地域色が強く，突帯紋も九州東北部までに限られていたことからみると，夜臼式期における西日本諸地域間の関係はより密となっていたことがうかがえよう。

　これまで，西日本に広く伝播した弥生土器は板付Ⅱa式土器とされ，北部九州との間に若干のタイム・ラグが想定されてきた [田辺・佐原 1966]。しかし，今日では岡山市津島遺跡 [藤田 1982] や島根県大社町*原山遺跡 [村上・川原 1979] をはじめとして山陰・中部瀬戸内地方までは板付Ⅰ式土器が散見される。これらは，刻目突帯紋を伴出せず，板付Ⅱa式土器も一部含み，形態的にも今川遺跡V字溝出土土器や遠賀川流域の板付Ⅰ式土器に近い。これらは今のところ点的な分布を示すにすぎないものの，一過性のものではなく，西日本各地における弥生土器の母胎となったものと思われる。中国・近畿地方の前期土器における甕の口縁部刻目が，口縁の上端か下端に偏る板付Ⅱa式土器的なものでなく，板付Ⅰ式土器と同じく端部全面に施されたものである点からも，上記の想定は支持される。したがって，北部九州と中国・近畿地方の弥生土器における時間的懸隔はこれまでの推定よりも小さいものと考えられよう。

　このような板付Ⅰ式土器の広域伝播は，それまでに形成され機能していた

コミュニケーション・システムを背景としたことは疑いない。しかし，原山遺跡や津島遺跡の板付Ⅰ式土器は壺・甕ともに今川遺跡や遠賀川流域の板付Ⅰ式土器にきわめて類似していることから，あるいは九州からの移住者を想定すべきかもしれない（図1）。その場合は，通常の情報伝達にさらに拍車がかかる効果をもたらしたことになるだろう。

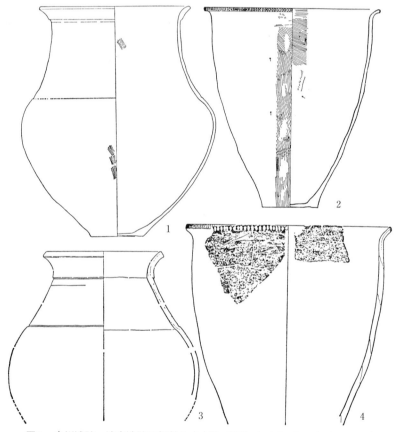

図1　今川遺跡・津島遺跡の板付Ⅰ式土器 (縮尺＝1 : 1/9　2 : 1/6　3, 4 : 2/9)
　　 1, 2：今川遺跡［酒井 1981］3, 4：津島遺跡［藤田 1982］

B. 縄紋から弥生へ

a 渡来説の問題点

以上のように，北部九州を中心とした研究の成果は，縄紋土器から弥生土器への移行が漸移的かつ連続的であったことを示している。したがって，それを荷った集団の連続性もまた同時に示しているわけである。しかし，その一方では，1950年代から北部九州を中心に収集した，弥生人骨の分析をふまえた金関丈夫の渡来・混血説が存在する［金関 1955］。この金関の仮説は，北部九州と本州の一部において，縄紋人と弥生人の形質に著差が認められることから，弥生時代（水稲耕作）の開始にあたっては朝鮮半島から稲作農耕文化をもった人びとが渡来し，在来の縄紋人との間に混血が行われて弥生人が形成されたとするものである［金関 1955］。そして，渡来者の大部分は男性であり，縄紋人の女性と婚姻していったために，女性の仕事である土器製作には何ら影響を及ぼさなかったとして，自説に整合性をもたせている［金関 1971］。

この有名な金関の渡来説は，今日では人類学会においても広く承認されつつあり［池田 1982；埴原 1984］，血液型等を用いた分析によっても追試が相次いでいる［尾本 1978］。また，考古学においても渡来説に基いた論攷は少なくない［春成 1973；甲元 1982］。

しかしながら，ここで我々が注意しなければならないのは，金関説が人類学的に成立したとしても，それは，縄紋人と弥生人との著差の原因として，朝鮮無紋土器文化人の渡来があったということを立証したにすぎず，渡来の時期やその性構成までもが認められたことを意味するものではないことである。すなわち，一連の比較に用いられた資料はいずれも前期末から中期後半にかけての人骨であり，水稲耕作開始期における人骨の形質が明らかとなっているわけではない。また，渡来者の大多数は男性であったという想定にしても，北部九州の土器が漸移的連続性をもつという実証的研究の成果をふまえて，なおかつ渡来は生じえたという説明に用いられたものであり，形質人類学的分析を経て主張されたものではない。したがって，小稿の問題とする時期において，渡来の存否やそのあり方および土器様式との関連についての

議論は，上記の点に留意し，ア・プリオリズムに陥る危険を避ける必要がある。そこで，以下，黒川式土器から板付Ⅰ式土器への移行過程を再度検討してみよう。

　b　土器にみられる渡来要素

　まず，黒川式期から板付Ⅰ式期までの時期における渡来的要素の一つとして壺の出現があげられよう［沈奉謹 1980］。壺は夜臼式期になって出現し，黒川式期までの西日本縄紋土器にはみられない器種である。そして，器形的にも朝鮮無紋土器における丹塗磨研の小壺との類似度が高く，丹塗りの精製品も多い。また，曲り田遺跡からは胴部を縦方向に研磨した，無紋土器そのものといえる個体すら出土している。したがって，夜臼式土器における壺の起源は在来の伝統にではなく，朝鮮無紋土器に求められよう。とはいえ，無紋土器との類似度が高いのはいわゆる小壺のみであり，夜臼式の他器種は在来の伝統を踏襲していて，むしろ従来の器種構成に壺が導入されたという様相を呈する。

　壺の他に朝鮮無紋土器の要素として考えられるものに，甕における口縁下の焼成前穿孔と，土器形成時の外傾接合手法があげられる。前者は，口縁下2〜3cmの位置に焼成前の孔列を施すもので，無紋土器の甕における手法に類似する（図2）。そして，これらは北部九州を中心に散見され，

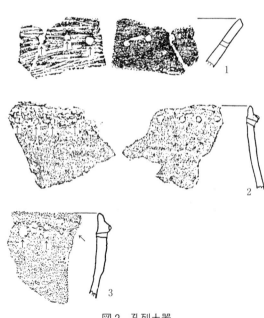

図2　孔列土器
1：福岡県長行［山口 1983］　2：山口県吉母浜［田中 1985b］
3：福岡県小竹町内［小田ほか 1985］

その時期は黒川式期から板付Ⅰ式期に及んでいるが，甕のみに施される点も無紋土器における孔列と共通している。後者は，土器製作にあたって粘土帯を積み上げる際に，粘土帯のつぎ目が縄紋土器では内側へと傾斜するのに対して，板付Ⅰ式土器や無紋土器においては逆に外傾するものが優勢であるという点を問題としたものである［藤田 1982；家根 1984］。そして，この外傾接合手法は今のところ夜臼式期にまで遡ることが確認されており［家根 1984］，これらから夜臼式期～板付Ⅰ式期にかけて内傾接合手法と外傾接合手法の優劣が逆転したものと考えられる。

これら2要素，とりわけ外傾接合手法は外見には現れない内在的な部分であり，将来品の模倣というよりは，渡来者の存在を暗示するものといえる。そして，数量的にも優勢化していく手法であることから，渡来者の数が文化的にノイズとして無視されるほどの少数ではなかったことをも示している。しかし，外傾接合手法にしても，それが用いられた器種は，渡来的と考えられる壺に止まることなく在来のものにも及んでおり，壺にしても無紋土器そのものと呼べるものはほとんどない。これは孔列土器においても同様で，在来の粗製深鉢（甕）および刻目突帯紋土器の口縁下に施されている。よって，これらが渡来者によるものであるとしても，そのあり方は折衷土器としてのそれであり，しかもマイナーなものといわざるを得ない。したがって，これらは外来要素として渡来者の存在を暗示しつつも，その一方では在来伝統と規制の健在をも同時に物語っているといえよう。

c 土器様式の構造変化

ところで，壺は，唯一無紋土器文化の影響を受け，新たな器種として導入されたものである。これは，在来伝統の主体性の存在を示すとはいえ，外来器種が新たな精製土器として加えられたわけであり，従来の精粗のレベルをもった伝統的土器様式の構造は変化することとなった。よって，以下，壺の出現前後における様式構造の変化を検討してみよう。

図3は各器種と他の要素における盛衰のイメージを示したものである。器種のうち，壺は基本的に精製品で，大・小にかかわらず動向に大差ないと考え一括して扱った。さて，この大雑把な傾向をみても夜臼式期が変化のはじ

まりであることがわかる。すなわち、壺の出現はもちろんのこととして、粗製無紋深鉢（甕）の減少と消滅、浅鉢の減少、内傾接合手法と外傾接合手法の逆転は、この時期に始まって板付Ⅰ式期に終了しているのである。そして、黒川式期までは西日本の広域分布圏の表徴としてきわめて精妙に作製されていた浅鉢が、壺の出現とともに型式変化が緩慢となり、徐々にではあるが粗製化が進行していく。その傾向は同時に高坏の器種としての確立とも連動し

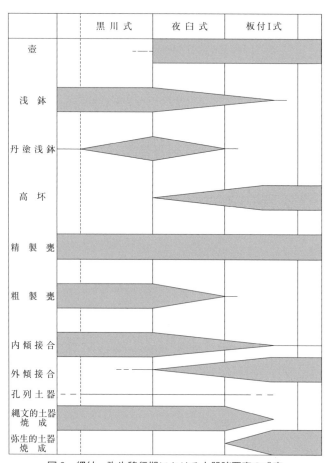

図3　縄紋—弥生移行期における土器諸要素の盛衰

ているようであり，また，粗製無紋深鉢（甕）の動きも同様である。した
がって，精粗の深鉢（甕）と浅鉢を基本とした西日本における縄紋的土器組
成の伝統は，夜臼式期に変化が始まり，板付Ⅰ式に構造変化は完了するとい
えるのである。従来「最古の弥生土器」として評価されてきた板付Ⅰ式土器
は，この一連の変化の中で夜臼式土器を母胎として出現したタイプ群であり，
無紋土器的な明褐色の焼成によるものである。そして，その前半期において
は夜臼式土器と補完的に一様式を構成するものの，後半期には縄紋時代以来
の伝統的な土器焼成をも放棄し，ここにいわゆる弥生土器は完成する。

　この変化は，北部九州における水稲耕作の本格化と連動したものであり，
朝鮮無紋土器文化との交流および彼地からの住民の渡来に因するものである。
そして，それはいかにも夜臼式土器の成立期に劇的に起こったかにみえる。
しかし，黒川式期の孔列土器は夜臼式期以前における彼我の交流と渡来者の
存在を暗示する。九州における晩期前半から黒川式期にかけての炭化米・籾
痕土器の存在［森・岡崎 1962］もまた同様である。すなわち，稲およびそれ
に関する情報は夜臼式期以前に既にもたらされており［小林 1985；田中 1986]，
徐々に蓄積されていった結果が以後の変化を生んだと考えられるのである。

　このように，情報の蓄積期・変化の準備段階として黒川式期を評価すると，
丹塗浅鉢の動向も同様な脈絡で理解できる。丹塗浅鉢はそれ以前にも散見さ
れるが，黒川式期には目立った存在となり，夜臼式期でもより古段階にその
ピークがあるようである。そして，口縁部内面をベルト状に塗彩する点は，
無紋土器における丹塗磨研小壺や夜臼式の丹塗壺に共通する。既述のように，
夜臼式期になって出現する壺のみが朝鮮無紋土器と類似し，しかも丹塗磨研
小壺と似ることも考えあわせると，これら丹塗浅鉢も一種の模倣型とみなす
ことができるだろう。

　　d　弥生時代のはじまり

　以上を整理してみよう。まず，黒川式期もしくはそれ以前から朝鮮無紋土
器文化との接触があり，米とそれに関わる情報がもたらされるが，その中に
は無紋土器の情報も含まれる。また，少数とは思われるが無紋土器文化人の
渡来も想定される。そのような情報が蓄積されていった結果，在来の土器シ

ステムに若干の動揺が生じ，無紋土器における精製品の赤色塗彩を，在来の精製土器である浅鉢に行うという形で一種の模倣が行われ始める。そして，黒川式の浅鉢における赤色塗彩は一部水銀朱を用いつつも縄紋時代の伝統的な手法によることが指摘されており［成瀬 1983］，あくまでも縄紋人の手になるものと思われる。そして，事態はさらに進行して，夜臼式期になると新たな精製土器として壺が製作され始める。この外来系精製土器の出現を境として，在来の土器様式の構造は変容し，ついには無紋土器的な焼成による板付I式土器のみとなって，いわゆる弥生土器が完成する。

　この構造変化は生業システムの変化，すなわち水稲耕作の本格化とも連動したものである。そして，その背景には，黒川式期以来の無紋土器文化との交流と渡来人の存在がある。しかし，たしかに粘土帯接合法の逆転や人骨の形質変化にみられるように，累積された彼らの情報と遺伝子は無視しうる規模ではないと思われるものの，壺を除いた夜臼式土器は黒川式土器の伝統を継承したものであり，一連の変化の結果成立した板付I式土器ももちろん無紋土器と呼べるものではない。したがって，縄紋土器から弥生土器への変化は，結果からみると狩猟・採集文化から農耕文化への移行という大きな脈絡にそって行われたとはいえ，それを主体的に荷ったのはあくまでも縄紋人とその文化伝統であったといえよう。そして，在来伝統と規制が健在であったことが，無紋土器文化との交流や渡来者によってもたらされた情報に対する選択性として機能し，無紋土器とは似て非なる土器としての弥生土器を生む結果となったのであろう。

　以上の変化過程において，一大画期を求めるとすれば黒川式期と夜臼式期の間が最もふさわしいことはいうまでもない。「弥生土器」の存在から板付I式土器をもって弥生時代の開始としてきたこれまでの考え方に対して，水稲耕作の開始と大陸系諸要素のほとんどが存在することを論拠として，夜臼式期から弥生時代であるとする説がある［佐原 1983］。小稿においても，生業システムやおそらくは他の文化構造の変化と連動した，土器における構造変化の画期を論拠にすれば，少なくとも北部九州においては夜臼式期から弥生時代ということになろう。

第14章　縄紋土器と弥生土器　353

引用・参考文献

池田次郎 1982『日本人の起源』講談社

上村佳典 1984『春日台遺跡』北九州市教育文化事業団

小田富士雄・武末純一・田中良之 1985「小竹の先史・原史時代」『小竹町史』小竹
　町

尾本恵一 1978「日本人の遺伝的多型」『人類学講座』雄山閣出版

金関丈夫 1955「人種の問題」『日本考古学講座』4，河出書房

金関丈夫 1971「人種論」『新版考古学講座』10，雄山閣出版

九州大学文学部考古学研究室 1966『北部九州（唐津市）先史集落遺跡の合同調査』
　九州大学文学部

甲元真之 1982「弥生文化の系譜」『歴史公論』3

小林達雄 1985「縄文文化の終焉」『日本史の黎明』六興出版

酒井仁夫 1981『今川遺跡』津屋崎町教育委員会

佐原　眞 1983「弥生土器入門」『弥生土器』ニューサイエンス社

沈奉謹 1980『日本弥生文化形成過程研究』東亜論叢 16

高橋　徹 1980「大分県考古学の諸問題 I」『大分県地方史』98

田中良之 1982「磨消縄文土器伝播のプロセス」『森貞次郎博士古稀記念古文化論集』
　森貞次郎博士古稀記念論文集刊行会〔本書第 8 章〕

田中良之 1985a「長崎県山の寺遺跡」『探訪縄文の遺跡　西日本編』有斐閣〔本書
　第 13 章〕

田中良之 1985b「縄文系土器」『吉母浜遺跡』下関市教育委員会

田中良之 1986「縄文時代総説」『北九州市史』総論・先史・原史，北九州市

田中良之・松永幸男 1984「広域土器分布圏の諸相」『古文化談叢』14〔本書第 9 章〕

田辺昭三・佐原眞 1966「弥生文化の発展と地域性―近畿―」『日本の考古学』3，
　河出書房新社

中島直幸 1982「初期稲作期の凸帯文土器」『森貞次郎博士古稀記念古文化論集』森
　貞次郎博士古稀記念論文集刊行会

成瀬正和 1983「長行遺跡出土の赤色塗彩土器について」『長行遺跡』北九州市教育
　文化事業団

橋口達也 1985「日本における稲作の開始と発展」『石崎曲り田遺跡』III，福岡県教
　育委員会

354

埴原和郎編 1984『日本人の起源』朝日新聞社

春成秀爾 1973「弥生時代はいかにしてはじまったか」『考古学研究』77

藤田憲司 1982「中部瀬戸内の前期弥生土器の様相」『倉敷考古館研究集報』17

村上勇・川原和人 1979「出雲・原山遺跡の再検討」『島根県立博物館調査報告』2

森貞次郎 1966「弥生文化の発展と地域性―九州―」『日本の考古学』3，河出書房
　　新社

森貞次郎・岡崎敬 1961「福岡県板付遺跡」『日本農耕文化の生成』日本考古学協会

森貞次郎・岡崎敬 1962「縄文晩期および板付弥生式初期遺跡出土の土器上の籾お
　　よび炭化籾計測表」『九州考古学』15

家根祥多 1981「近畿地方の土器」『縄文文化の研究』4，雄山閣出版

家根祥多 1984「縄文土器から弥生土器へ」『縄文から弥生へ』帝塚山考古学研究所

山口信義編 1983『長行遺跡』北九州市教育文化事業団

山崎純男 1980「弥生文化成立期における土器の編年的研究」『鏡山猛先生古稀記念
　　古文化論攷』鏡山猛先生古稀記念論文集刊行会

山本源太郎・三戸田晃司 1984『奥正権寺遺跡Ⅰ』山口県教育委員会

（1986 年）

編註

※1　本論では「縄紋」と表記されているが，これは初出『弥生文化の研究』の編
　　者の意向にそったものと思われる。

第15章　いわゆる渡来説の再検討

1　はじめに

　狩猟・採集社会が，農耕の開始によって社会構造に変化を生じ，より複雑なシステムをもつ社会へと変質していく。世界の多くの地域で行われたこのような変化は，日本列島においては縄文時代から弥生時代への移行期に開始された。そして，その変化は自律的に起きたものではなく，朝鮮半島からの導入というかたちで行われ，しかも，稲作の導入にあたっては少なからぬ移住者が関与したという説が有力であるとされる。

　考古学におけるこのような学説は，形質人類学の成果をふまえたものとして語られ，蓋然性が高いかに思える。しかし，形質人類学における渡来説も多様化しつつあり，これらの全てが考古学的事実に照らして矛盾しないとの検証がなされているわけではない。また，考古学にあっても渡来をめぐって，時期やそのあり方について異論もあるようである。

　したがって，小稿では，形質人類学におけるいくつかの渡来説を吟味し，それらを考古学的に検討することで，弥生時代開始期に関わる問題のいくつかを整理しようとするものである。

2　形質人類学における渡来説

　形質人類学の学説史については池田 [1982]，山口 [1986]，中橋 [1990] らの整理があるので，ここでは簡単に記しておきたい。ただ，注意しておかなければならないのは，日本の形質人類学における以下の研究は，渡来やそのあり方が問題とされてきたのではなく，日本人の起源を主たるテーマとし

て行われてきたということである。特に，幕末・明治から大正時代にかけて
は，石器時代の人々は先住民であり，それがいかなる民族であったかという
先住民論争に終始した。現代日本人の祖先については，中国・朝鮮系渡来人
にマレー系渡来人が加わったもの（ベルツ），モンゴル人とマレー人の混血
（小金井良精），沿海州～朝鮮をへてきた渡来人（鳥居龍蔵）であったという想
定がなされ，漠然と中国・朝鮮との関係が指摘されている。しかし，これら
は，いずれも渡来人が先住民を駆逐し置換したというものである。

　これらに対して，清野謙次は，縄文時代人骨と古墳時代人骨とを比較して，
渡来人と縄文時代人が混血したことによって，古墳時代人の形質ができたと
した［清野 1949］。そして，この清野の混血説をふまえて，金関丈夫の渡来
説が出てくるのである。

　いわゆる金関の渡来説には三つの段階があると考えられる。まず，1955
年に，佐賀県三津永田遺跡出土人骨と縄文人，古墳時代人，古代・現代の東
アジア諸人種の頭蓋計測値 30 項目を比較して，三津永田弥生人が古墳時代
人とともに，石器時代人と現代日本人の中間に位置したこと，弥生人の推定
身長が縄文人や古墳時代人・現代日本人よりも高いということから，渡来説
を導き出した。すなわち，これらが環境の変化による自然的変化であったと
考えることは困難であるとし，この事実を説明しうる最も容易な憶説として，
頭長・頭幅・頭長幅示数では石器時代人と大差ないが，身長では高い新渡の
種族が渡来し，北部九州のみでなく畿内地方まで至ったとしたのである。そ
して，その後は後続がなく，数も在来者に比して少なかったため，拡散・吸
収されてしまったと考えた。また，渡来人の出発地については，身長からみ
て南朝鮮であろうとした［金関 1955］。

　1966 年には，三津永田・山口県土井ヶ浜と鹿児島県成川・広田の各遺跡
出土の弥生人骨を比較して，北部九州・山口に位置する三津永田・土井ヶ浜
弥生人と，南九州の成川・広田弥生人とでは頭長・頭幅・頭長幅示数・身長
に差があることを示した。また，縄文人と北部九州・山口の弥生人を比較し
て，後者は前者に比して，頭長が減少し，頭長幅示数がやや大きくなり，鼻
示数が小さく，眼窩示数は大きくなることを指摘し，特に顔面の高径と身長

の増加が著しいとした。そして，これらから，1955 年の段階ではいまひとつ明瞭でなかった頭骨の形態においても，渡来の証左が得られたとしたのである。

また，資料数は少なかったものの北朝鮮新石器時代人との比較を行ない，これには頭形に，

Ⅰ．頭長が非常に小さく，頭幅が大きい

Ⅱ．頭長が比較的大きく，頭幅が小さい

の二つのタイプがあり，タイプⅡの渡来ならば可能性があるとした。

さらに，金関は，渡来が縄文時代晩期に行われたとし，北部九州・山口地方では形質に影響を及ぼし，土井ヶ浜弥生人のような形質を生ぜしめたが，南九州には新しい体質を生むほどの勢力をもっては進出しなかったとし，それに対して，東方については，島根県古浦遺跡の例から少なくとも日本海側ではさらに東まで進出したと考えた。また，大阪府国府遺跡から高身長の弥生人骨が得られたことから，近畿地方まで渡来し，この地方においては古墳時代以後も渡来が持続したのではないかとも想定している。これに対して，北部九州・山口では古墳時代には渡来は終止し，低身長に逆行したと考えた［金関 1966］。

この金関の渡来説は，形質人類学・考古学双方の学会に波紋を投げかけ，いくつかの批判や疑問も寄せられることになった。それらに答えるようなかたちで書かれたのが 1971 年の文章であるが，その前に批判のあらましについてふれておこう。

まず，関東地方を中心として縄文時代から近・現代までの形質の時代変化を追求してきた鈴木尚は，身体変化と生活文化の変化が対応することを示しつつ，弥生時代が稲作農耕が開始された時代であることから，渡来によるものではなく，米食の普及による食生活の改善が顔面をはじめとした諸形質の変化を生んだのではないかと批判した［鈴木 1963］。

また，北部九州において，弥生文化の実証的研究を押し進めてきた森貞次郎は，弥生式土器は縄文晩期の土器を母胎として成立するものであり，朝鮮半島の無文土器の影響は認められないとして，弥生時代開始期にあたっての

縄文人の主体性を強調した［森 1966］。

これらに対して，金関は，まず鈴木の批判に対して，南関東の弥生人と土井ヶ浜・三津永田遺跡の弥生人とは大きく異なることを指摘し，北部九州の周辺部にすら渡来的形質がみられないことから，「弥生の生活革命によるムードの変化によって，現地で小進化を遂げた結果だというのならば，その近い周辺の，同じ時に，同じ変革に接した住民がなぜ縄文人（人種的の）そのままでとり残されているかを説明しなければならない」とし，「独特の弥生人種」が「拡がらなかった地方では，鈴木の一系説は説明がつくが，拡がった地方では，混血は当然あったと見なければならない」として退けた。

縄文式土器と弥生式土器の連続性については，「初期の移住者は，世界各国どこでも同様であるが，そのほとんどが男性で，彼らは行くさきの女性を容れて新しい社会を作るのである」として，渡来者が男性からなり，土器製作者である女性は在来の縄文人であったために土器は縄文式土器の系譜を引くとすることでのがれた［金関 1971］。

以上の段階をへて形成された金関の渡来説を要約すると，
・顔面の高径をはじめとする頭蓋の形態と身長からみて，これらの形質は縄文人からの移行ではなく，日本列島外から渡来してきた人々との混血によって生じたものである。
・渡来は，朝鮮半島から，縄文時代晩期に行われた。
・渡来人による形質的影響は，南九州にはほとんど及んでおらず，むしろ山陰地方や近畿地方に及んだようである。
・渡来人は量的に少なく，やがて在来の人々に吸収され，古墳時代になると低身長になるなど逆行がみられる。ただし，近畿地方では古墳時代以降も引き続き渡来があったものと思われる。
・渡来者のほとんどは男性であった。
となろう。

この金関の渡来説は，日本人起源論という点からみれば清野の混血説の系譜に連なり，それを発展させたという評価［池田 1982］になろうが，渡来人の故地，渡来した時期・場所，渡来・混血の形質的影響が及んだ範囲と方向，

渡来人の量と性構成等を示し，当時の形質人類学・考古学の成果の総合を行ない，はじめて具体的に考古学的脈絡に位置づけたという点で高く評価されるべきものである。そして，それゆえに，金関説は，後述のように，考古学者には受け入れられることが多かった。しかし，形質人類学においては鈴木の移行説が優勢であり，渡来説を支持する山口敏［1977］，尾本恵市［1978］らの論巧が提示されても，渡来説が優勢となるには，1980年の日本人類学会・日本民族学会連合大会の席上で鈴木自身が金関の主張を認めるまで待たねばならなかった。

その後，新資料と新たな分析法をもとに，金関説を支持する多くの研究が発表された［池田 1981；Brace and Nagai 1982；金ほか 1985；中橋ほか 1985；山口 1985・1986；多賀谷 1987；百々・石田 1988；中橋・永井 1989］。これらによって，例えば渡来人による形質的影響については，すでに西北九州にも及んでいなかったことが指摘されていたこと［内藤 1971］に加えて，東日本の古墳時代人にまで渡来的形質が認められることが明らかにされ［山口 1985］，古墳時代の九州においても渡来的形質は弥生時代と同様の地域性をもってみられ，けっして在地の形質に吸収されたのではないことも判ってきた［永井 1981］。しかし，一方では金関説とは異なる渡来説も提出されている。

埴原和郎は，アジア諸集団との比較において，土井ヶ浜や三津永田の弥生人が北アジアの集団と近縁関係にあることから，渡来人の起源は北アジアにあるとし，韓国の礼安里遺跡人骨と土井ヶ浜遺跡人骨とが近い関係にあるとの分析結果に基づいて，金関によって渡来的とされた土井ヶ浜遺跡などの弥生人は，渡来人そのものであろうとした。また，渡来人の構成については男性のみであったとしている［埴原 1984］。さらに，人口増加率と頭蓋形態の変化に基づいて，渡来人の量が，紀元前300年から紀元後700年までの1000年間で3,024,156人に及ぶという計算結果を発表した［Hanihara 1987］。

また，縄文時代・弥生時代相当のアジア諸地域及び北米との人骨資料と，日本の縄文・弥生・古墳の各時代の東西2集団との距離を求めて分析を行った溝口優司は，西日本弥生人男性は中央・北方アジア集団に近く，西日本弥生人女性は縄文人に近いという結果を得た。そして，これらから，バイカル

湖・アルタイ山脈の北方アジア遊牧民が，縄文時代相当期に中央アジアへと拡散するとともに，東南方向へも拡散して，弥生時代ごろには満州・朝鮮にも分布するようになり，弥生時代から古墳時代にかけて日本列島へ渡来したと考えた。また，渡来は連続的かつ男性主体という構成で行われたため，弥生の女性は縄文人に近いとした［溝口 1988］。

　以上の渡来各説をみると，以下のように整理されよう。

・渡来人の出発地；朝鮮半島（金関ほか），北方アジア（埴原ほか）の2説[1]
・渡来した場所；北部九州（金関ほか），北部九州・山口（土井ヶ浜を含む，埴原ほか）
・渡来の時期；縄文晩期（近畿地方は古墳時代以降も，金関ほか），弥生時代・古墳時代（埴原ほか）
・渡来人の数；少数（金関），きわめて多量（埴原）

　このように，大ざっぱに整理すると，今日提示されている渡来説は，金関説の枠組みに入るものと，埴原説の枠組みに入るものの二者があるといっていいだろう。しかし，これらは人骨の形態的類似あるいは距離に基づいて形成された仮説であり，考古学的に検証・支持がなされなければ事実として認定できるものではない。

　それでは，考古学においては，これら渡来説に対する対応はいかなるものであったのだろうか。

3　考古学における渡来説

　考古学的にはじめて渡来人の問題にふれたのは鳥居龍蔵であると思われるが，これはむしろ明治・大正期の先住民論争の中で出てきたものである。しかし，鳥居はすでに，弥生文化が沿海州から朝鮮半島をへて渡来した人々によるものであるとの見解を示している［鳥居 1918］。

　小林行雄は，弥生文化を縄文文化から区別させる根本的な特性は，いずれも弥生時代の開始と同時に伝来したという認識から，「これらの諸文化現象の伝来がわが国に弥生式文化を成立せしめたという解釈」には高い妥当性が

あり，「それが新文化を携えて渡来した人々の一団によって拡げられたと考えることにも，また十分な可能性がある」として，弥生時代開始期における渡来人の存在とその果たした役割を推測した。さらに，この解釈に対する否定材料として，

①朝鮮には前期の弥生式土器と同様な，あるいはそれよりさらに古い様式と目するにたる土器の発見が不十分であること

②日本人は石器時代以来人種的に変わっていないという，人類学者の説をあげている［小林 1951］。

このうち，②は長谷部言人から鈴木尚に引き継がれた移行説であるが，おそらくはこの小林の推測を受けとめ，否定材料の②を崩すかたちで金関説が登場したものと思われる。

金関の渡来説が発表されてからは，多くの考古学研究者が関心を示した。これについては，かつて春成秀爾が整理したことがあるので［春成 1973］詳細はそれに譲りたいが，金関説を全面的かつ積極的に受け入れた発言・論巧［坪井 1968；金関恕 1969］がみられる一方では，異なる見解も現れた。それは，さきに記した森のように，縄文式土器と弥生式土器の連続性を根拠として縄文人の主体性を強調するものである［森 1966］。しかし，この立場に立つ研究者でも，以下に引用する岡崎敬のように，朝鮮半島からの渡来そのものを否定するわけではない。「大陸よりの渡来者が新しい生活様式をもたらしたことはみとめなければならないが，むしろ縄文晩期の人々が，あらたな農業と生活を受容して，土器も夜臼式より板付Ⅰ式土器へと変容し，弥生文化にきりかわっていった方が解釈しやすい。」［岡崎 1968］。このような森・岡崎らの見解に対して，金関は前述のように，男性のみが渡来したことによって土器には断絶が生じなかったとしたわけである［金関 1971］。

この議論は，稲作農耕の開始という問題を離れて，一定量の人の移住が引き起こす文化変容のあり方に関わる問題を提起したことになろう。というのも，人の移住が行われ，それによって文化内容に大きな変化が生じた場合でも，最も文化変化に敏感な要素の一つであると思われる土器に大きな変化が認められず，文化の諸要素が連動して変化していないケースとなるからであ

る。文化的諸現象を扱う考古学一般の問題として，このことは重要であると思われる。

　金関の説明［金関 1971］はそれに対する一つの解釈であるが，それとは別に春成は，夜臼式土器が在来の縄文人の土器で，板付Ｉ式土器が渡来人の土器であると考え，両者は同一集落内に共存していたものとした［春成 1973］。この説は，小林のあげた渡来説への否定材料①の解消に挑んだものであるが，夜臼式土器と板付Ｉ式土器に明らかな時期差があることが確認されることで，論としては成立しえなくなった。しかし，上記の問題に関連してよりリアルな解釈を試みたことは評価されよう。

　その後，稲作開始期の新材料が数多く調査され，それらの事実関係をふまえて，橋口達也は，弥生文化の成立に朝鮮からの影響は否定できないとしつつも，形質人類学で用いられている人骨資料のほとんどは前期末～中期のものであり，夜臼式～板付Ｉ式期の人骨資料がないことを指摘し，考古学的遺物からみた場合，「（縄文）後期末頃から徐々に朝鮮からの先進文化の流入があり，それを在来的要素と融合させながら受容しつつ弥生文化へ漸次発展していったというのが実態に近く」，いくらかの人々の渡来もあったものの，「遺物からみて舶載されたものは極めて少なく，渡来人の量はそれほど多かったとは考えられない」とした。また，渡来的形質をもつとされる北部九州・山口弥生人と，縄文人的であるとされる西北九州・南九州弥生人との差違については，「縄文晩期，弥生早・前期の間に形成された地域差」であろうと考えた［橋口 1985］。

　筆者は，橋口と同様の理由で，人類学的に金関の渡来説が成立したとしても，それは縄文人と弥生人の著差の原因として朝鮮半島からの渡来があったということを立証したにとどまり，渡来の時期やその性構成までが認められたことにはならないこと，特に性構成については，森らの実証的土器研究と整合性をもたせるために行った解釈にすぎず，人類学的分析をへて得られた結論ではないことを指摘した。そして，土器における渡来的要素が，夜臼式土器を遡る黒川式土器の中に認められ，しかもそれが折衷土器の中のマイナーな要素として現れることから，この時期では渡来者は存在しつつも在来

第15章　いわゆる渡来説の再検討　363

文化の規制下にあったとし，次の夜臼式期になると，在来の土器様式の構造に変化が生じて，ついには弥生土器としての板付Ⅰ式土器が成立する，という変化のプロセスを提示した。このプロセスは，稲作農耕の開始・本格化と連動した土器様式の構造変化であり，黒川式期以来の朝鮮無文土器文化との交流と渡来人たちに対する，在来文化の規制—拮抗—逆転・受容という過程を示したものである。そして，「在来伝統と規制が健在であったことが，無文土器文化との交流や渡来者によってもたらされた情報に対する選択性として機能し，無文土器とは似て非なる土器としての弥生土器を生む結果になった」とした［田中 1986］。

　これまでの弥生時代開始論を総合的に論じた春成は，戦後の占領下にあって在地人の主体性を主張した藤間生大の一種ナショナルな論調［藤間 1949］との類似を指摘して，縄文人の主体性を強調する論者を批判し，金関説やそれを支持する今日の渡来説を引用しつつ，稲作農耕の開始にあたって渡来人の果たした役割を積極的に評価した。渡来は，北部九州において夜臼式期の開始期に「相当数」の規模で行われたとしたのである。そして，遠賀川式土器の伝播というかたちで「中国・近畿地方への移住があったことは，九州の研究者も認める。在来の縄文人が稲作農耕を身につけて弥生人に転換したのだとは主張しないわけであるから，在地集団の主体性を説くのは，九州の場合だけに限られている」という点を，縄文人の主体性を強調する立場の矛盾点として指摘し，「大陸の農耕文化が日本列島にもたらされ，定着・変容していく過程で，渡来人と在来人のどちら側に主体性があったか，ということをどうやって証明するのか，そしてその議論にどれだけの意味があるというのか」と述べている［春成 1990］。

　この春成の論巧は，総合的に弥生時代の開始を論じたばかりではなく，渡来人の問題に対しても，考古学の立場から真しにとらえようとした点で高く評価されるべきであろう。しかし，仮に春成のいうように，九州在住の考古学研究者が藤間と同様な心情を共有していたとしても，春成のいう中国・近畿地方への移住にあっては，出発地の九州においても移住地においても，その文化は遠賀川式土器を指標とする弥生文化であり，朝鮮半島から北部九州

への移住にあっては，出発地では無文土器文化，移住地では弥生式土器を指標とする弥生文化であるという，重大な相違点があることは事実であり，前述の「移住と文化変容」という考古学の一般的テーマとして，意味のない議論とはいえないだろう。

ともあれ，今日の考古学における渡来説への対応は，朝鮮半島からの渡来があったという点では一致しているものの，その時期と量において見解が異なっている。すなわち，時期については，金関説にそって夜臼式の開始期とする春成に代表される説，縄文時代後期末からとする橋口，少なくとも黒川式期からとする筆者があり，量については，「それほど多くない」であるとする橋口，「相当量」であるとする春成，「無視しうる規模ではない」程度の「少数」とする筆者の見解などがある。量については，「大量」とする見解［坪井 1968］もあり，イメージとしてはむしろこれが主流であったように思えるが，具体的な数字があがっているわけではなく，相互に比較しづらいものである[2]。

また，性構成については，坪井・金関恕らは男性主体，橋口・春成らは特に言及していないが，筆者は土器に渡来的要素が認められることから女性も含まれるとした。

しかし，これらの相違点は，形質人類学における渡来各説とも関連してくる問題と思われる。したがって，次に双方を併せて検討してみることにしたい。

4 渡来各説の検討

まず，形質人類学において相違がみられる出発地の問題から検討する。これには金関ほかの朝鮮半島説と，埴原・溝口の北方アジア説がある。

前者については，金関の段階では資料がなかった朝鮮半島南部での弥生時代相当期の古人骨が調査されはじめ，それらの形質が金関が期待したような高顔・高身長であることが明らかになってきた［孫ほか 1976；金ほか 1986］。例数は未だ少なく，いまのところ最も出土数の多い金海礼安里古墳群にして

も，男性は高顔・高眼窩の1体と低顔・低眼窩の1体のみであり，変異の大きさを予想させる。しかし，比較的例数の多い女性を用いた埴原のクラスター分析では，礼安里人骨は土井ヶ浜弥生人と最も近く（図1，［埴原1984］），山口や中橋らの分析でも同様の結果が得られていて［山口1984；中橋ほか1985］，金関説を支持するかたちとなっている。

一方の北アジア説は，土井ヶ浜弥生人や西日本弥生人が北方アジア集団と近似することを根拠とする［埴原1984；溝口1988］。しかし，埴原が期待する沿海州のポリツェ文化が日本の弥生文化の形成に寄与した形跡はなく，ますます朝鮮半島南部地域との関係を示す証拠が蓄積されつつある［小田1986］。また，縄文時代相当期の朝鮮半島においては，今のところ溝口がいうような北方アジアからの文化流入の形跡はなく，考古学的には支持しがたい。

とはいえ，埴原・溝口とも最終的な出発地は朝鮮半島であり，この点では金関説と変わりはない。したがって，朝鮮半島における形質の時代的・地域的変異の分析が今後重要な課題として残るものの［池田1982］，出発地については金関の主張が支持されるといえよう。

つぎに，渡来の場所について検討する。北部九州とする金関説と土井ヶ浜なども含める埴原の二説があるが，金関も1966年の段階では近畿地方へは別ルートの渡来を考えたこともあり［金関1966］，必ずしも一定しているわけではない。金関の場合は，縄文晩期での渡来を想定し，この時期の人骨資料を欠いていたわけであるから，混血後の渡来的形質の分布と，おそらくは

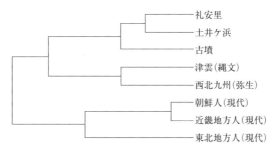

図1 Qモード相関関係に基づく樹状図（女性頭骨）
［埴原1984より］

稲作農耕の開始地としての評価から，北部九州を想定したものと考えられる。それに対して，埴原はおもに土井ヶ浜弥生人と北方アジア集団や韓国・礼安里古墳人との類似から，金関が渡来的とした土井ヶ浜などの弥生人が渡来人そのものであるとしている［埴原 1984］。つまり，この問題は，土井ヶ浜などの渡来的とされる弥生人を葬った遺跡が，渡来人のコロニーかどうかという点が争点になるだろう。

土井ヶ浜遺跡は土壙墓・配石墓・箱式石棺からなり，三津永田遺跡は甕棺墓群で，いずれも各々の地域における通常の墓制である。しかも，副葬品をみても，土井ヶ浜では貝輪・貝小玉などの貝製品が主体で，渡来人を思わせる朝鮮系の遺物は出土していない。三津永田遺跡においては，副葬が明らかなのは後期前半に属する 104 号甕棺の漢鏡と素環頭の鉄刀であるが，朝鮮半島においては基本的に鏡を副葬しないことと，この墓が北部九州固有の甕棺墓であることをあわせて，やはり渡来人の墓とは考え難いものである。そして，なによりも，前者は前期末〜中期初頭と中期中頃〜後半の二時期［乗安 1984］，後者は中期から後期前半［金関ほか 1961］にかけて営まれたものであり，いずれも相当の（少なくとも 100 年程度の）時期幅がある。したがって，これらの遺跡が渡来人のコロニーであるとは，とうてい考えられるものではないのである。

ただ，土井ヶ浜などがコロニーではないという事実が，そのまま渡来の場所についての金関の想定の正しさを示すというわけではない。そして，この問題は，以下の渡来の時期などともかかわってくるため，あわせて検討することにしたい。

時期については，縄文晩期から弥生前期前半の人骨がほとんど得られていない現状では，人類学的に特定しうるものではない。したがって，考古学的資料から検討することにする。既述のように，かつて森は，縄文式土器と弥生式土器の連続性を指摘した。しかし，一方では，夜臼式の壺における丹塗磨研の手法と朝鮮無文土器との類似にも注目していた［森 1966］。そして，その後，土器においても渡来的要素が指摘されるようになったのである。

まず，黒川式期から板付 I 式期までの時期における渡来的要素の一つとし

て壺の出現があげられる。壺は夜臼式期になって出現し，黒川式期までの西日本縄文土器の中にはみられない器種である。そして，器形的にも朝鮮無文土器における丹塗磨研小壺との類似度が高く，丹塗の精製品も多いことから，壺の起源は在来の伝統ではなく，朝鮮無文土器の中に求められる。[沈奉謹1980]。しかし，無文土器との類似度が高いのはいわゆる小壺のみであり，夜臼式の他器種は在来の伝統を踏襲していて，むしろ従来の器種構成に壺が導入されたという様相を呈する。

　壺の他に朝鮮無文土器の要素として考えられるものに，土器製作時の外傾接合手法があげられる。これは，粘土帯のつぎ目が縄文式土器では内側へと傾斜するのに対して，板付Ⅰ式や無文土器においては逆に外傾するものが優勢であるという点を問題にしたものである［藤田 1982；家根 1984］。そして，この外傾接合手法は夜臼式期まで遡ることが確認されており［家根 1984］，これらから夜臼式期〜板付Ⅰ式期にかけて内傾接合手法と外傾接合手法との優劣が逆転したものと考えられる。

　もう一つは，甕の口縁下の焼成前に穿孔された孔列である。これは，朝鮮半島南部の前期無文土器の甕にみられる手法に類似するもので，北部九州を中心に散見され，その時期は黒川式期から板付Ⅰ式期に及ぶ［田中 1986］。

　橋口は，縄文時代後期末の円盤状土製品を紡錘車ととらえ，この時期からの朝鮮半島との交流と渡来を考える［橋口 1985］。ただ，橋口の場合は，渡来人によるというよりは，彼我の交流による情報流入が主体と考えているとみてよかろう。後期末まで遡るかはともかくとして，少なくとも晩期前半からは，炭化米・籾痕土器の存在［森・岡崎 1962］からみて，コメとそれに関する情報はもたらされ，蓄積されていったものと考えられる［小林達雄 1985］。しかし，これらの現象は，彼我の交流による情報伝播や搬入によっても理解しうるものであり，必ずしも渡来人の存在を示すものではない。

　これに対して，土器における粘土帯接合法と孔列の2要素，とりわけ外傾接合手法は，完成した土器の外見には現れない内在的な部分であり，搬入品の模倣ではなく，渡来人の存在を暗示するものといえる。そして，数量的にも優勢化していく手法であることから，渡来人の数が，文化的にノイズとし

て無視されるほど少数ではなかったことをも示している。しかし，外傾接合手法にしても，それが用いられた器種は，渡来的と考えられる壺にとどまることなく在来のものにも及んでおり，壺にしても無文土器そのものと呼べるものはほとんどない。これは孔列土器においても同様で，在来の粗製深鉢（甕）および刻目突帯文甕の口縁下に施されている。つまり，これらが渡来人によるものであるとしても，そのあり方は折衷土器としてのそれである。これらの要素の表れ方は，表現型としては黒川式や夜臼式土器であることから，在来の規制のもとでマイナーなかたちで表現しえたものといえる。したがって，これらは外来要素として渡来人の存在を暗示しつつも，その一方では在来伝統と規制の健在をも同時に物語っているものといえよう。

　このように，縄文時代晩期黒川式期には，渡来人の存在が指摘され，それ以前からコメに関する情報の流入が想定される。そして，次の夜臼式期になると，渡来的要素は，水田をはじめ石器・木器・儀器等にも及び，この時期に一つのピークを迎える。春成をはじめとする多くの考古学研究者は，この時期に「相当量」や「大量」の渡来人を想定し，劇的な文化変容を論じる。また，そのような事態こそ金関が想定したことであった。

　しかし，そのあり方は，朝鮮無文土器文化全体が体系として伝わったのではなく，縄文文化にないものが選択的に導入されたというものである。土器においては従来の器種構成に壺・高坏が加わるというもので，それまでの縄文式土器にはなかったものが導入されるというあり方である。土器におけるその他の渡来的要素は，粘土帯接合手法や孔列にみられるように，在来伝統の規制下におかれ，朝鮮無文土器そのものはほとんど作られていない［田中1986］。これは，石器においても同様であり，基本的には農耕文化と不可分に複合した収穫具・工具・祭具が導入されているものの，これらは縄文文化の中にそれらと同一機能を有する石器がないものであり，実用の磨製石鏃のように，縄文文化に打製石鏃という同一機能の石器が存在する場合は導入されていない［下条1986］。

　とはいえ，この時期に大きな変化があったこともまた事実である。というのも，土器においては，精製土器として，従来の浅鉢に外来の壺が加わり，

以後は浅鉢の粗製化が進行し，板付I式期の中で消滅してしまう［田中1986]。墓制も外来の支石墓が導入され，石器をみても，祭具あるいは儀器としての磨製石剣・磨製石鏃がもたらされており，在来の祭具は土偶がわずかに残るのみである。そして，この土偶も弥生社会の中には残されずに消滅する。

土器様式を，各器種の単なる機能のセットとしてみるのではなく，レベル差をもって構造化され，文化構造と連動したものとみなすと［田中1982，田中・松永1984]，これら一連の変化は，黒川式期は在来文化が外来文化に対して優勢であり，夜臼式期になると，両者が拮抗もしくは逆転したととらえられる。つまり，水稲耕作の本格化とともに，文化構造も変化したといえるのである［田中1986]。

このようなあり方は，D. L. Clarke の文化変化のパターンでいえば，大量の渡来人が在来文化を払拭してしまう Displacement（置換）Pattern ではありえず，システム外（朝鮮半島）から Gain を繰り返すことによって，情報を蓄積し，システムに動揺をきたし，ついにはシステムの閾値を超えて別のシステムへと変容するというパターンになろう［Clarke 1968]。そして，在来文化の Regulator（規制要因）をのりこえて導入されたものは，「農耕文化と不可分に複合した」［下条1986］情報であった。その情報は，彼我の交流にとどまらず，渡来人によるものも含まれ，それ故に，もたらされ蓄積されていく情報の中には遺伝的情報も含まれることになったのである。

さて，それでは渡来人の渡来のあり方はどのようなものであったのだろうか。筆者は，以前黒川式期から漸次渡来したと考えたが［田中1986]，考古学的事象からみて夜臼式期に増加した可能性はあろう。しかし，この時期に「相当量」の渡来人を想定するにしても，組織的に編成された移民ではなかったように思える。というのも，春成も指摘しているようにこの時期には渡来人のコロニーはなく，同一集落に縄文人と共棲していたらしいからである［春成1990]。また，朝鮮系の実用磨製石鏃がもたらされていないことなどからみると，在来の住民との間にさほどの緊張関係があったとも考えられない。つまり，渡来は平和裡に，在来の社会に受容される形で行われたと考

えられるのである [下条 1989]。

渡来人側の動機については，燕の東胡侵攻に伴う朝鮮半島内での民族移動の余波 [森 1968] などの説が出されているものの，今のところ確実なものはなく，朝鮮半島におけるこの時期の研究の深化に俟つ他はない。しかし，移住にいたる経緯はどうであれ，在来住民との間に摩擦を生じずに移住を果たしたことは，渡来人側においては，それ以前からの交流と移住を通じて移住先の情報を蓄積していたこと，在来者側には，黒川式期を通じて流入・蓄積された稲作農耕とその文化への期待が存在したことを示すものといえよう。

このように，考古学的資料からみると，渡来は黒川式期には認められ，夜臼式期に連続されたと考えられる。ところが，夜臼式〜板付Ⅰ式期に属する支石墓群である福岡県糸島郡志摩町*新町遺跡の調査結果は，この時期の人骨の形質が縄文人的であるという点で，上記の推定に疑問を投げかけることになった。これについて，報告者の中橋孝博・永井昌文は，いくつもの可能性をあげ，結論を保留しているようである [中橋・永井 1987]。また，これに対して，考古学側からも，それほど縄文人的でなく，むしろ渡来人的な印象も受けるという感想や [佐原 1989]，渡来人との混血であってみれば縄文人

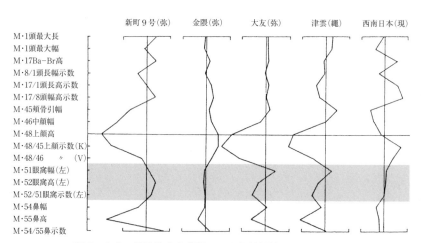

図2 土井ヶ浜弥生人を基準にした偏差折線 (男性, ±2σ)
([中橋・永井 1987] を改変)

的な個体がみられてもおかしくはないとする見解［春成 1990］などが出されている。たしかに，報告された個体はいずれも縄文人的といってよい特徴をもっている。しかし，9号人骨（熟年男性）は，金関によって渡来的とされた形質の一つである眼窩示数が 81.4 であり，山鹿貝塚縄文人の平均値 73.9［九大医学部・解二 1989］，津雲貝塚縄文人の 77.4［池田 1988］よりも大きいばかりか，土井ヶ浜（80.1）や金隈（80.2）の値をも上回っている（図 2 にアミで示した部分）。つまり，9号人骨は，低上顔・低身長ではあるものの，眼窩においては必ずしも縄文人的ではなく，むしろ渡来人的ということができよう。そして，これは，新町遺跡の集団が在来人のみによって構成されるのではなく，すでに混血による渡来的形質をもっていたことを示すものといえよう。

　とはいえ，新町遺跡人骨の形質は，判明した限りでは縄文人的形質に傾いたものであることは疑いない。したがって，この事実を大きく評価するならば，形質に大きな遺伝的影響を与えた渡来の時期が，夜臼式期の前後ではなく，もう一つの朝鮮無文土器の渡来時期である前期末ではないかという見解もでてくるかもしれない。たしかに，この時期には無文土器のセットを一定量出土し，コロニーと考えられる遺跡も数カ所発見されている。しかし，現在北部九州で最も高い密度で調査が行なわれ，最も多い無文土器文化のコロニーが発見されている福岡県小郡市三国丘陵を例にとってみると，たしかにコロニーは 3 カ所発見されているが，同時期の弥生遺跡は実に 8 倍強の 25 遺跡が存在する（図 4）。つまり，この時期の渡来人では，すでに人口増を果たした弥生人集団に大きな遺伝的影響を与えうるとは考えられないのである。

　したがって，以上を整理すると，渡来は，少なくとも黒川式期に始まり，夜臼式期に継続もしくは増加されると考えられる。そして，形質の変化は，遺跡数が増加する前期末までにはおおむね終了していたとみなさなければなるまい。

　さて，金関は，渡来人による遺伝的影響が，九州における他の地域よりも中国・近畿地方に多いということを指摘し［金関 1966］，その後もそれを支

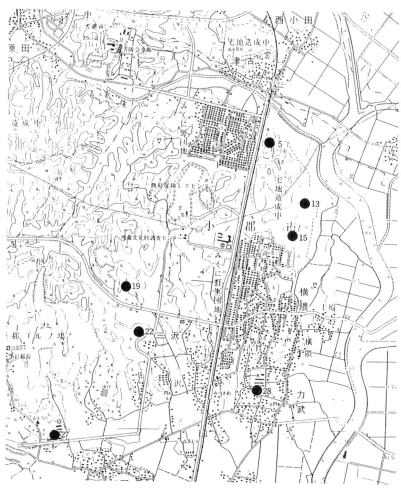

図3 三国丘陵の弥生時代遺跡（夜臼～板付Ⅰ式）
1：津古牟田　2：津古内畑　3：津古東宮原　4：津古　5：津古土取　6, 7：種畜場　8：ハサコの宮　9：三沢逢ヶ浦　10：三沢京江ヶ浦　11：三沢東古賀　12：横隈井の浦　13：三国の鼻　14：横隈北田　15：横隈鍋倉　16：横隈山第2地点　17：横隈山第5地点　18：横隈山第6地点,第7地点　19：北松尾口Ⅰ地点　20：北牟田

第15章　いわゆる渡来説の再検討　373

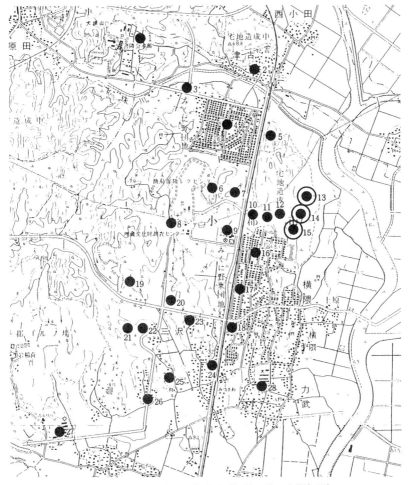

図4　三国丘陵の弥生時代遺跡（板付Ⅱ式〜中期初頭）
21；三沢栗原Ⅰ・Ⅱ区　22；三沢栗原Ⅲ・Ⅳ区　23；牟田々　24；北内畑　25；宮裏　26；西中隈　27；西島　28；みくに保育所内
（●は渡来人のコロニーと考えられる遺跡）

表1 西日本弥生人・古墳人の頭蓋計測値
9項目を用いた主成分分析における
第1主成分の固有ベクトル

頭骨最大長	-0.125
頭骨最大幅	-0.185
バジオンーブレグマ高	0.603
中顔幅	-0.181
上顔高	0.824
眼窩幅	-0.085
眼窩高	0.855
鼻　幅	-0.479
鼻　高	0.837

固有値：2.794　累積寄与率：0.310
（[Doi and Tanaka 1987] より改変）

持する事例が増加しつつある。考古学においては，中国・近畿地方への弥生文化の伝播は遠賀川式土器を指標として語られる。この遠賀川式土器は，従来板付Ⅱa式土器であるとされてきたが [田辺・佐原 1966]，最近ではもう少し遡る時期の土器が中国地方にみられることが判ってきた [村上・川原 1979；藤田 1982]。これらに対しては，「板付Ⅰ式」[村上・川原 1979；藤田 1982]，「板付Ⅰ式（後半）」[田中 1986]，「限りなく板付Ⅰ式に近いⅡ式」[下条 1988] というように，評価がわかれているものの，従来の遠賀川式土器よりもやや遡る土器であることには変わりない。また，分布も今のところ点的ではあるものの，遠賀川式の分布に連続するものである。そして，渡来的形質を持つ弥生人の墓地であると評価される，山口県中ノ浜遺跡 [豊浦町教委 1984；乗安 1986]・土井ヶ浜遺跡 [乗安 1983]・島根県古浦遺跡の開始期はまさにこの時期にあたるのである[3]。

　弥生文化の東方への伝播について，春成は北部九州を起点とした移住を考える [春成 1990]。その全てが移住者によるものではなく，在来のネットワークによる情報伝播と通婚による遺伝子の拡散を重視して考えても，これら広域伝播した土器の類似度の高さを考慮すると，ある程度の人の移動を見込む必要があろう [田中 1986]。これについては，形質人類学からのアプローチがある [Doi and Tanaka 1987]。西日本の古墳時代人とともに弥生人諸集団で主成分分析を行うと，第Ⅰ主成分にはバジオンーブレグマ高，上顔高，眼窩高，鼻高が大きく寄与し，頭骨最大長・頭骨最大幅・中顔幅・眼窩幅・鼻幅がマイナスに寄与しているのがわかる（**表1**）。つまり，第Ⅰ主成分は，値が大きければ大きいほど顔面が高くて幅が狭いという，これまで渡来的とされてきた特徴を表していることになるのである。そこで，これら弥生・古墳時代の諸集団間の形質と距離の関係を求めたのが**図5・6**である。これは，福

第15章 いわゆる渡来説の再検討 375

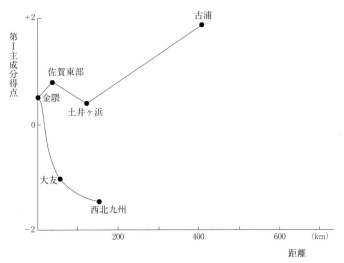

図5 弥生人の減衰曲線 (fall-off curve)
([Doi and Tanaka 1987] より改変)

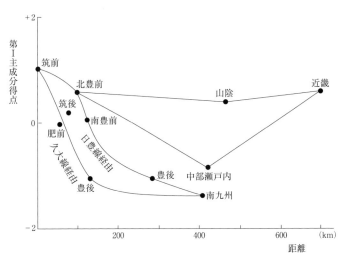

図6 古墳人の減衰曲線 (fall-off curve)
([Doi and Tanaka 1987] より改変)

岡が拡散の中心であることを前提にして，福岡市（博多駅）から各遺跡まで
の鉄道距離（JR 線と主要幹線道路から算出）を求め，縦軸に第Ⅰ主成分の
得点，横軸に鉄道距離をおいて同一平面に示したものである。この場合，一
般的に，通常の婚姻等によって形質が拡散する場合は，Fall-off Curve と呼
ばれる曲線を描いて距離とともに下降し，ある形質が広く分布している場合
は起点からの下降がなだらかで，逆の場合はそれが急であるとされる［Hiorns
and Harrison 1977 ; Endler 1977 ; Haggett 1977］。図 5 は，弥生人を示したもの
であるが，金隈遺跡から大友遺跡をへて西北九州に至るルートが，急激な
カーブを描いて渡来的形質が失われていくのに対して，佐賀東部（三津永田
遺跡を中心とする）―土井ヶ浜遺跡―古浦遺跡へと至るルートは不規則で
カーブを描かない。この相違は古墳時代人においてより明瞭に認められる。
筑前から筑後・肥前をへて JR 久大線経由で豊後に出て南九州に至るルート
は急なカーブを描き，JR 日豊線経由で北豊前―南豊前―豊後―南九州へと
至るルートは比較的ゆるやかなカーブを描く。ところが，北豊前から西瀬戸
内―中部瀬戸内―近畿へと至るルート，山陰―近畿へのルートはいずれも不
規則な直線となるのである（図 6）。

　これらは，稲作農耕との関係で以下のように解釈される。急カーブを描く
弥生・古墳の 2 ルートは，前者が海岸部，後者が山間部というように，稲作
農耕には好適とはいえない地域を経由するのに対して，なだらかなカーブを
描いた JR 日豊線経由ルートは豊前という今日の水田地帯を通る。つまり，
渡来的形質は稲作農耕の適地に向かって拡散したといえるのである。さらに，
不規則な直線を描いた東方ルートは，通常の婚姻等を媒介とした拡散では説
明ができず，ある程度の人の移動を考えなければならないだろう［Doi and
Tanaka 1987］。

　次に，渡来人の数量について検討する。既述のように埴原は，人口増加率
と頭蓋形態の変化に基づいて渡来人の数量を推定した。このうち，頭蓋形態
変化のモデルは，同数の 2 集団による混血では形質が 2 集団の中間値をとる
という前提に基づいている。しかし，この前提は歯のサイズにおける分析結
果によるもので，混血による骨形態変化や骨遺伝性の研究成果に基づくもの

第 15 章　いわゆる渡来説の再検討　377

表 2　諸農耕民の紀元一千年における人口増加率 （年間）

Area	Population size (in million)*		Annual growth rate (%)
	1 A. D.	1000 A. D.	
England & Wales	0.6	1.75	0.107
Germany	3.5	3.5	0.015
Hungary	0.3	0.5	0.051
Switzerland	0.3	0.3	0.000
Europe	31	36	0.015
Iraq	1	2	0.069
Iran	4	4.5	0.012
Mongolia	0.3	0.5	0.051
Asia	115	185	0.048
Libia	0.4	0.5	0.022
Egypt	4	5	0.022
Sudan	2	3	0.041
Africa	16.5	33	0.069
Canada	0.1	0.1	0.000
U. S. A.	0.2	0.4	0.069
Mexico	1.5	3	0.069
Peru	0.75	1.5	0.069
The Americas	4.5	9	0.069
The World	170	265	0.044

（[Hanihara 1987] より改変）

ではない。混血による頭蓋骨の変化のあり方が歯と同じであるとの保証はな
いと思われるので，埴原説の主体は形態変化モデルではなく，人口増加モデ
ルにあると考えられる。

　人口増加モデルは，縄文晩期と7世紀の推定人口から，約1000年間の年
あたりの人口増加率を求め，世界の農耕民における人口増加率と比較し，そ
の差を渡来人による人口増と考えるものである。すなわち，まず，縄文晩期
の推定人口は75,800人で，7世紀では5,399,800人であることから，

　$r = \ln (N/N_0) / t$

によって人口増加率 r を求め（N；7世紀の推定人口，N_0；縄文晩期の推定
人口，t；時間），0.427％が得られる。そして，世界の農耕民の紀元一千年紀
における人口増加率が0.1％程度であることから，0.427％という増加率は考
えがたいとし，0.1％を除いた残りを渡来人による増加と考え，1000年間に
3,024,156人の渡来があったとするわけである [Hanihara 1987]。

　これにはいくつかの問題点を指摘することができる。まず，縄文晩期と7

世紀の推定人口が日本全体における値であることである。これまで述べてきたように，渡来は北部九州を中心に行なわれ，混血による形質の変化もこの地域において生じたものと考えられる。したがって，試算は地域を限定して行う必要があろう。また，埴原が引用した McEvedy and Jones ［1978］による世界の農耕民の人口増加率は紀元一千年紀のものであり（表2），いずれの農耕社会においても安定期に入った段階以降のものである［江上・佐原 1990］。つまり，農耕開始直後の人口増はこれらの値には含まれていないのである。農耕民と狩猟・採集民の人口増加率には相違があり，稲作農耕を開始した渡来・混血集団の人口増が，縄文的生業にとどまった集団のそれを大きく上回ったことが渡来的形質の拡散に寄与したのではないかという観点［山口 1987］に立てば，1000年という長い時間幅でなく，もっと短い幅で稲作農耕開始直後の人口増をふまえる必要があろう。

　そこで，もう一度，北部九州において最も調査密度の高い地域の一つである小郡市三国丘陵の遺跡群をみてみる（図3・4）。図3は農耕開始期の夜臼式・板付Ⅰ式期の遺跡であり，7カ所が知られている。図4は，前期末の遺跡で28カ所あり，そのうちの3カ所は朝鮮無文土器のセットが出土していて渡来人のコロニーと考えられる。板付Ⅰ式期から前期末までの時間幅は長くても200年程度と思われるので［森 1968：宇野 1989］，上記の式に，$N = 28$，$N_0 = 7$，$t = 200$ を代入して人口増加率を求めると，$r = 0.693$（％）となる。コロニーと考えられる3カ所を除いても，$r = 0.634$（％）で，いずれも埴原が考えがたいとした増加率を上回るのである。もちろん，これは，各時代・各遺跡の人口を同数であると仮定した試算であり，問題は残る。ところが，前期末の集落は，前期初頭の集落のいくつかを包摂した規模であることが知られており［高倉 1975］，この増加率がさらに大きくなることはあっても小さくなることはない。したがって，人口増加率に基づいて大量の渡来人を想定した埴原の説は，その根拠を失ったといえよう。これまでもいわれてきたように，弥生前期末までの間に人口の増加があり［近藤 1966］，それとともに渡来的形質も増加・拡散したのである。

　さて，埴原のいうような大量の渡来ではなかったにしても，研究者によっ

て，渡来人の数量のイメージにはギャップがみられた。しかし，既に述べたように，渡来のあり方，その結果生じた文化変容のあり方からみても，在来人を凌駕するほどの人数は考えられない。「相当量」であったとする春成にしても，在来人よりもかなり少ない量をイメージしているようである[4]。したがって，大量渡来説を否定してしまえば，残りの研究者間の相違はそれほど本質的なものとは思われない。というのも，文化変容にしても，形質変化にしても，渡来人の絶対量によるものではなく，在来人との相対的比率に規定されるものであるからである[5]。その意味では，北部九州における縄文晩期の人口が問題となろうが，例えば図2の三国丘陵において黒川式期の遺物を出土するのはわずか2カ所にすぎない。北部九州全体がこのような傾向にあるので，それでもなお文化的に在来人を凌駕しなかったことを思えば，渡来人の絶対量もおのずとうかがい知れよう。

　最後に，渡来人の性構成の問題にふれておきたい。これは，縄文式土器と弥生式土器が連続するという指摘に対して，金関が，男性のみが渡来して縄文人の女性をめとったため，女性が作る器物である土器においては縄文文化の伝統が残った，と説明したものである。したがって，この説は人骨の性的な形態差に基づくものではなく，このように考えれば渡来の想定と考古学的事実が矛盾しないという意味で語られたものである。ところが，金関以後，渡来人＝男性という不可分の関係でとらえられるようになった観がある。例えば，形質人類学においては，おもに土井ヶ浜遺跡出土人骨を対象にして，男性よりも女性が縄文人に近いということを論拠とし，男性渡来説が支持されている［埴原1984；溝口1988］。しかし，これは，渡来一世の集団においてのみいえることである。というのも，中橋もいうように［中橋1989］，二世，三世になれば渡来人の娘も当然含まれてくるからである。さらに，既述のように，土井ヶ浜遺跡の人骨は前期末から中期後半にまで及ぶ資料であり，断じて渡来一世のコロニーではありえない。また，男性主体で連続的に渡来が行われたという溝口の想定［溝口1988］については，前期末における朝鮮無文土器のセットをもつコロニーの存在を指摘すれば十分であろう。この時期，女性もまた渡来し，自らの土器を作っているのである［後藤1979］。

考古学においても，男性渡来説をふまえて，弥生文化における要素を男性と女性にそれぞれ関わるものに分け，男性の要素は渡来文化で，女性の要素には縄文時代から引き継がれたものが多いという甲元真之の論巧がある［甲元 1978］。しかし，これについては，男性的石器における縄文的要素の存在から下条の批判がある［下条 1986］。この下条の主張と，黒川式土器～夜臼式土器に認められる渡来的要素からみると，やはり渡来人は男女で構成されていたと考えるべきであろう。

5　おわりに

金関が示した，弥生時代開始期あるいは稲作農耕開始期における渡来人をめぐる，考古学・形質人類学の諸説を検討してきた。そして，その結果は以下のように要約される。

・渡来人は朝鮮半島を出発地とする。その渡来人のさらなる故地については，朝鮮半島における形質の時代的・地域的分析が必要である。

・渡来の形跡は，北部九州を中心として縄文晩期黒川式期に認められはじめ，夜臼式期に継続もしくは増加する。

・渡来のあり方は，平和裡に在来集団に受け入れられ，在来の住民とともに同じ集落を形成していたと考えられる。

・渡来に起因する文化変容は，在来文化に取ってかわる Displacement Pattern ではなく，渡来要素を在来伝統の規制下に取り込み，外来情報が蓄積されていくにつれてシステムに動揺をきたし，ついには別のシステム（弥生文化）へと変化する，というパターンであったと考えられる。

・渡来人の量は，在来人の数に匹敵するような大量の規模ではなく，本来人口が少なかった北部九州の縄文社会に渡来して，なお在来社会の規制を受ける程度のものであったと考えられる。

・渡来的とされる形質は，在来人との混血によって，黒川式期から板付Ⅰ式期までの間におおむね形成され，板付Ⅰ式の後半期か板付Ⅱ式期のはじめに，移住を含むかたちで中国・近畿地方に向けて拡散を開始したと

考えられる。

・渡来人の構成は，男性主体ではなく，男女で構成されたと考えられる。

　以上の検討の結果は，金関が示した構想の枠組み，あるいは小林行雄の想定が今なお大枠においては有効であることを再認識したことになるだろう。日本人の起源と農耕の開始という本来次元の異なる二つのテーマを，弥生時代の始まりという一時期に交差させて立論したいわゆる金関の渡来説は，その後の人類学・考古学に大きな影響を与えてきた。しかし，小文で扱った対象は，このようなコンテクストを離れて，生業の転換・人の移動と文化変容という考古学の一般的なテーマにおいても扱いうるものである。そして，古くて，なお新しいこのテーマは，もはや方法において考古学のみでは対処しがたいことを痛感せざるをえない。考古学・人類学の協力体制が，今後いっそう強固になることを願いたい。

　なお，小文は，考古学の脈絡にてらした渡来説の検討が目的であったため，池田・山口をはじめ，本来「日本人の起源」の追究を目的とした形質人類学の論巧についても，各々の文脈から切り離して，考古学的脈絡に関連する部分を検討するというかたちをとった。したがって，各著者にとっては不本意な表現をした部分があるかもしれない。諒とされたい。

　　小文中の図表作成に当たっては，中園聡氏の協力を頂いた。また，以下に記す方々には多くの御教示・後助言を賜った。末筆ながら芳名を記して，謝意を表したい。
　　岩永省三・沢下孝信・杉村幸一・沈奉謹・高橋徹・武末純一・堤研二・西谷正・松永幸男・溝口孝司・渡辺芳郎　　　　　　　　　　　（敬称略，五十音順）

註

1)　一部中国江南地方から西北九州への渡来を考える研究者もいるが［山口1984］，考古学的にこれを支持する証拠はない。

2)　渡来人の数量に対する表現の曖昧さは，研究者間に誤解を生む原因ともなっており，それ故に埴原が渡来人の数をシミュレートする動機ともなった。本文中

にも述べたように，渡来を語るときの口調はむしろ「大量」というものであっ
たという印象を筆者はもっており，それ故に田中 1986 ではあえて「少数」とい
う表現を用いた。これは橋口の「それほど多くない量」よりはやや多く，春成
の「相当数」よりは相当少ないと思っていた。ところが，春成によれば，筆者
の「少数」と春成の「相当数」はほぼ同じ量であるらしい［春成 1990］。感覚
的表現の困難さを示す例ではあろう。

3) ただし，土井ヶ浜遺跡においては，最古の時期と断定できる墓は確認されてお
らず，副葬の小壺と考えられる「板付Ⅰ式」が出土しているのみである［乗安
1984］。

4) 註 2) に同じ。

5) 黒川式〜夜臼式期における渡来的要素が北部九州に限局されるわけではなく，
西北九州における支石墓や，南九州における孔列土器［下山 1987］のようにや
や広い範囲で認められ，これらの地域では形質変化が顕著でないことも，在地
人口とその後の人口増加における北部九州との相違で説明できるかもしれない。

参考文献

Brace,C.L. and Masafumi Nagai,1982; Japanese tooth size. Am. J.Phy. Anthrop.,59.

Clarke,D.L.,1968, Analytical Archaeokogy.Methuen and Co. Ltd. London.

百々幸雄・石田肇 1988「頭骨の形態小変異の出現型からみた土井ヶ浜弥生人」『日
本民族・文化の生成』六興出版

Doi,Naomi and Yoshiyuki Tanaka,1987, A Geographycal Cline in Metrical character-
istics of Kofun skulls from Western Japan.『人類学雑誌』, 95-3

江上波夫・佐原真 1990『騎馬民族は来た!? 来ない?!』小学館

Endler, J.A.,1977, Geographic Variation, Speciation, and Clines. Princeton Uiversity
Press,Princeton.

藤田憲司 1982「中部瀬戸内の前期弥生土器の様相」『倉敷考古館研究集報』17

後藤直 1979「朝鮮系無文土器」『三上次男博士頌寿記念東洋史・考古学論集』

Haggett,P.,A.D.Cliff and A.Frey,1977, Locational Analysis in Human geography. Jhon
Wiley and Sons, New York.

埴原和郎編 1984『日本人の起源』朝日新聞社

Hanihara, Kazuro, 1987, Estimation of the Number of Early Migrants to Japan.『人
類学雑誌』95-3

第 15 章 いわゆる渡来説の再検討 **383**

春成秀爾 1973「弥生時代はいかにしてはじまったか」『考古学研究』20-1

春成秀爾 1990『弥生時代のはじまり』東京大学出版会

橋口達也 1985「日本における稲作の開始と発展」『石崎曲り田遺跡』Ⅲ，福岡県教育委員会

Hiorns, R.W. and G.A.Harrison, 1977, The Combined Effects of Selection and Migration in Human Evolution. Man(N.S.),12.

池田次郎 1981「異説弥生人考」『季刊人類学』12-4

池田次郎 1982『日本人の起源』講談社

池田次郎 1988「吉備地方海岸部の縄文時代人骨」『考古学と関連科学』鎌木義昌先生古稀記念論文集刊行会

金関恕 1969「弥生の社会」『日本文化の歴史』1，学習研究社

金関丈夫 1955「弥生人種の問題」『日本考古学講座』4，河出書房

金関丈夫 1966「弥生時代人」『日本の考古学』3，河出書房新社

金関丈夫 1971「日本人種論」『新版考古学講座』雄山閣出版

金関丈夫・坪井清足・金関恕 1961「佐賀県三津永田遺跡」『日本農耕文化の生成』日本考古学協会

金鎮昌・白先溶・森本岩太郎・吉田俊爾・小片丘彦・川路則友 1985「金海礼安里古墳群 出土人骨」『釜山大学校博物館遺跡調査報告』8

清野謙次 1949『古代人骨の研究に基づく日本人種論』岩波書店

小林達雄 1985「縄文文化の終焉」『日本史の黎明』六興出版

小林行雄 1951『日本考古学概説』創元社

近藤義郎 1966「弥生文化の発達と社会関係の変化」『日本の考古学』3，河出書房

甲元真之 1978「弥生文化の系譜」『歴史公論』4-3

九州大学医学部解剖学第二講座 1988『九州大学医学部解剖学第二講座所蔵古人骨資料集成』日本民族・文化の生成，六興出版

Mizoguchi, Yuji, 1988, Affinities of the Protohistoric Kofun People of Japan with Pre and Proto-historic Asian Populations.『人類学雑誌』96-1

森貞次郎 1966「弥生文化の発展と地域性」『日本の考古学』3，河出書房新社

森貞次郎 1968「弥生時代における細形銅剣の流入について」『日本民族と南方文化』平凡社

森貞次郎・岡崎敬 1962「縄文晩期および板付弥生式初期遺跡出土の土器上の籾および炭化籾計測表」『九州考古学』15

村口勇・川原和人 1979「出雲・原山遺跡の再検討」『島根県立博物館調査報告』2

永井昌文 1981「古墳時代人骨」『シンポジウム骨からみた日本人の起源』『季刊人類学』12-1

内藤芳篤 1971「西北九州出土の弥生時代人骨」『人類学雑誌』79-3

中橋孝博 1989『男女差　弥生文化の研究』1，雄山閣出版

中橋孝博 1990「渡来人の問題」『古代朝鮮と日本』古代史論集 4，名著出版

中橋孝博・土肥直美・永井昌文 1985「福岡市金隈遺跡出土の弥生時代人骨」『史跡金隈遺跡』福岡市埋蔵文化財調査報告書 123

中橋孝博・永井昌文 1987「福岡県志摩町新町遺跡出土の縄文・弥生移行期の人骨」『新町遺跡』志摩町教育委員会

中橋孝博 1989「弥生人の形質」『弥生文化の研究』1，雄山閣出版

乗安和二三編 1983『土井ヶ浜遺跡第 8 次発掘調査概報』豊北町教育委員会

乗安和二三 1986『中ノ浜遺跡第 9 次発掘調査概報』豊浦町教育委員会

小田富士雄 1986「北部九州における弥生文化の出現序説」『九州文化史研究所紀要』31

岡崎敬 1968「日本における初期稲作資料」『朝鮮学報』49

尾本恵市 1978「日本人の遺伝的多型」『人類学講座』6，雄山閣出版

佐原真 1989「概説・弥生文化の研究 II」『探訪弥生の遺跡　畿内・東日本編』有斐閣

沈奉謹 1980「日本弥生文化形成過程研究」『東亜論叢』16（釜山）

下条信行 1986「日本稲作受容期の大陸系磨製石器の展開」『九州文化史研究所紀要』31

下条信行 1988「福岡県の原始・古代―福岡県の弥生時代―」『福岡県地域史研究』8

下条信行 1989「瑞穂の国の成立」『古代史復元』4，講談社

下山覚 1987「いわゆる『孔列土器』について」『鹿大考古学会会報』5

孫宝基・朴寿年・金鐘烈・朴善周 1976「釜山朝島人骨の計測と分析」『朝島貝塚』国立中央博物館（ソウル）

鈴木尚 1963『日本人の骨』岩波書店

多賀谷昭 1987「性差の集団間変異―日本人の四肢長骨計測値の分析―」『人類学雑誌』95-1

高倉洋彰 1975「弥生時代の集団組成」『九州考古学の諸問題』東出版

田辺昭三・佐原真 1966「弥生文化の発展と地域性―近畿―」『日本の考古学』3，河出書房新社

第 15 章　いわゆる渡来説の再検討　**385**

田中良之 1982「磨消縄文土器伝播のプロセス」『森貞次郎博士古稀記念古文化論集』
　森貞次郎先生古稀記念論文集刊行会〔本書第 8 章〕

田中良之 1986「縄文土器と弥生土器」『弥生文化の研究』3，雄山閣出版〔本書第
　14 章〕

田中良之・松永幸男 1984「広域土器分布圏の諸相」『古文化談叢』14〔本書第 9 章〕

鳥居龍蔵 1918『有史以前の日本』磯部甲陽堂

藤間生大 1949「政治的社会の成立」『社会構成史体系』1，日本評論社

豊浦町教育委員会編 1984『史跡中ノ浜遺跡』豊浦町教育委員会

坪井清足（石田英一郎・泉靖一編）1968『シンポジウム日本農耕文化の起源』角川
　書店

宇野隆夫 1989「年代」『弥生文化の研究』1，雄山閣出版

山口敏 1977『日本人の起源』社会保険新報社

山口敏 1984「日本人の生成と時代的な推移」『人類学　その多様な発展』日経サイ
　エンス社

山口敏 1985「東日本―とくに関東・東北南部地方―」（シンポジウム国家成立前後
　の日本人）『季刊人類学』16-3

山口敏 1986『日本人の顔と身体』PHP 研究所

家根祥多 1981「縄文土器から弥生土器へ」『縄文から弥生へ』帝塚山考古学研究所

（1991 年）

第16章　渡来人をめぐる諸問題

1　はじめに

　日本における水稲耕作が，先行する縄文時代からの在来の住人（縄文人）たちによって自発的に始められたものではなく，列島外から移住してきた「渡来人」たちの影響によって行われたことは，こんにち広く認められるに至っている。そして，この「渡来人」の影響は，文化と人体形質の両面において大きなものであったことも，おおよそ了解されているといっていいだろう。

　しかし，渡来人たちの故地と数量については，極端な議論が増え，むしろ主流となっているように思われる。すなわち，渡来人はバイカル湖周辺〜沿海州や中国山東省周辺，あるいは中国江南地方のいずれかから渡来した。そして，新しく成立した弥生文化の担い手の主体は渡来人であった。また，渡来人の数は大量で，奈良時代までの約1000年間で100万人以上が来たというのである。このような学説がこんにち，少なくとも我が国のマス・メディアに登場する際には定説として紹介されるようになっている。筆者は，このような状況に対して，自然人類学と考古学の双方の成果をふまえながら，これらの学説を批判し，現時点での学問的成果から導き出される弥生人をめぐる問題を整理し考察したことがある。その結果は，

　　◎渡来人は韓半島を出発地とする。その渡来人のさらなる故地については，
　　　韓半島における形質の時代的・地域的分析が必要である

　　◎渡来の形跡は，北部九州を中心として縄文晩期黒川式期に認められはじ
　　　め，夜臼式期に継続もしくは増加する

　　◎渡来のあり方は，平和裡に在来集団に受け入れられ，在来の住民ととも

第 16 章　渡来人をめぐる諸問題　387

に同じ集落を形成していたと考えられる

◎渡来に起因する文化変容は，在来文化に取ってかわる置換のパターンではなく，渡来要素を在来伝統の規制下に取り込み，外来情報が蓄積されていくにつれてシステムに動揺をきたし，ついには別のシステム（弥生文化）へと変化する，というパターンであったと考えられる

◎渡来人の量は，在来人の数に匹敵するような大量の規模ではなく，本来人口が少なかった北部九州の縄文社会に渡来して，なお在来社会の規制を受ける程度のものであったと考えられる

◎渡来的とされる形質は，在来人との混血によって，黒川式期から板付Ⅰ式期までの間におおむね形成され，板付Ⅰ式の後半期か板付Ⅱ式期のはじめに，移住を含むかたちで中国・近畿地方に向けて拡散を開始したと考えられる

◎渡来人の構成は，男性主体ではなく，男女で構成されたと考えられる

というものであった。すなわち，渡来人は韓半島から在来集団の人口が希薄な北部九州へと渡来し，そこで混血してできた形質が後に各地へ拡散したと考えたのである［田中 1991］。

　しかし，その後資料も増加し，いくつかの重要な論攷も発表されている。そこで，小稿では，これらをふまえながら渡来人の問題を再論し，我が国の歴史において重要な画期において，ともすれば軽視されがちな韓半島の文化と住人の果たした役割について検討してみたい。

2　弥生人とは何か

　弥生人と呼ばれる人たちは，一般的にどのような特徴をもっていたのだろうか。まず，縄文人に比べて鼻の付け根が扁平で，眉間にアクセントのないのっぺりとした顔立ちをしている。また，顔の横幅に対して高さが高く，面長な顔をしている。眼球が入る眼窩の形も，扁平で角張っていた縄文人に比べると上下に高く丸みをおびている。さらに，平均身長も 162〜163cm と，158cm 程度といわれる縄文人よりも数センチ高い。つまり，ひとくちでい

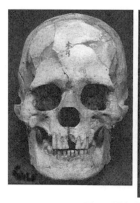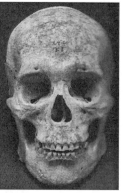

図1 縄文人と弥生人
左；縄文人（木月貝塚）　右；弥生人（スダレ遺跡）
（九州大学大学院比較社会文化学府所蔵）

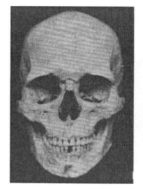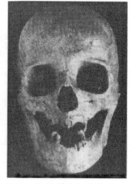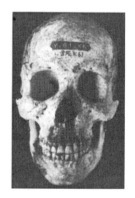

図2 さまざまな弥生人
左；佐賀県大友遺跡［松下 1981］　中；福岡県新町遺跡［中橋・永井 1987］　右；福岡市金隈遺跡［中橋ほか 1985］

えば，弥生人は長身で面長な顔立ちをした人たちであった。そして，これらの特徴は，縄文人よりもはるかに現代日本人に近いものでもある（図1）。
　しかし，このような特徴をあげることが弥生人の全体を語ったことにはならない。というのも，弥生時代の人骨資料のほとんどは北部九州を中心として山口・島根両県の日本海沿岸の遺跡から発掘されたものであり，上記の特徴もこの地域の弥生人のものだからである。そして，北部九州から離れた南

九州や西北九州，関東地方などから発掘される人骨は，むしろ縄文人のような特徴を持つことが明らかになっている。つまり，弥生時代の住人には，縄文人と同じような特徴をもった人たちと，そうではない北部九州を中心とした地域の人たちがいた（図2）。そして，この現象を説明する学説として「渡来説」が登場してきたのである。

3 渡来説と弥生開始論

　日本人の起源については明治以来論争が行われてきた。すなわち，日本人は，いわゆる南方系と北方系双方の特徴をもつこと，「天孫降臨神話」が先住民とその後の征服民を想わせることなどから，まず日本列島の先住民がどのような集団であったかが議論された。その後議論は，他所から別の集団が渡ってきて両者が混ざりあったとする渡来・混血説へと発展する。しかし，その一方では，先史時代から日本列島の住民には外部からの遺伝的影響はなく，一貫して同じ系統の集団が居住してきたとする「移行説」も唱えられ，双方が譲らない状態が続いた。

　第二次大戦後，金関丈夫は，山口県土井ヶ浜遺跡・佐賀県三津永田遺跡をはじめ各地の遺跡から，それまでほとんど知られていなかった弥生時代人骨を発掘し，弥生人に地域性があることを明らかにした。その事実に考古学の研究成果をもあわせて，金関は以下のような論を展開した。まず，縄文時代の終わりに，韓半島の人々が北部九州を中心とした地域へと渡来し，稲作を伝えることで，長く続いた狩猟採集の縄文時代は終わり，稲作農耕を基礎とした弥生文化が成立した。その成立過程で，渡来人たちは在来の縄文人と混血して，上記のような弥生人の形質が成立した。そして，渡来的形質の拡散には地域差があり，渡来人の遺伝的影響が薄い地域の集団は，縄文人の形質を強く残したままとなり，したがって，弥生人の地域差が生まれたとしたのである。そして，渡来人と縄文人との混血によってできた形質は，のちの日本人の形質の基礎をなしたが，渡来は近畿地方を中心にして古墳時代とそれ以降にもあり，渡来的形質の濃淡がこんにちの日本人の地域差ともなってい

るという［金関 1955］。

　この金関の学説は，実際に発掘された弥生時代の人骨を用いた分析による実証的研究であった点だけでなく，当時の考古学の成果ともあわせ，人骨の形質変化を弥生時代の開始という社会文化的変化との関連において論じた点に，それまでの学説とは異なる特長がある。これに対して，人類学界からは鈴木尚が移行説の立場から批判を行い［鈴木 1964］，長く二つの立場が併存したが，1980 年に鈴木本人が金関説を認めるに至り，以後ほとんどの人類学者は渡来説を基本的に支持するようになった。

　考古学においては，弥生時代の開始期に韓半島からの文化的影響を強く想定し，ヒトの移住も考えていた［小林 1951］こともあって，金関説は提唱された当初から多くの考古学者の支持を得た。文化変化を，ヒトの移住を含めた「伝播」で説明する「伝播主義」の影響が強かった当時としては，金関説は考古学者の大半を納得させるに十分だったのであろう。

　しかし，全ての考古学者が金関説を全面的に受け入れたわけではない。北部九州の弥生時代研究を推進していた森貞次郎は，縄文晩期から弥生時代への移行過程において，土器をはじめとする文化に連続性が認められることを示した［森 1966］。これを受けて岡崎敬は，韓半島からの渡来とそれに伴う形質の変化も，渡来人による文化的影響をも認めつつ，稲作農耕をはじめとする外来文化を在来の縄文人たちが受容することで，弥生文化へと移行していったとした［岡崎 1968］。両者の見解は，金関の主張のうち，韓半島からの渡来人を否定するものではなく，それによる形質の変化も否定はしない。ただ，文化の連続性をみるかぎり，この過程における縄文人の文化的主体性も同時に認められることから，在来の縄文人とその文化を払拭するほど大量の渡来は考えがたいことを示したものである。したがって，森・岡崎は，金関が想定したよりは渡来人の量は少量であり，弥生時代の開始と弥生人の成立が，移住すなわち文化の移植，といった単純な伝播主義のモデルでは説明できない現象であることを示したことになろう。

　これに対して金関は，渡来人の構成がほとんど男性のみで，彼らが縄文人の女性を娶って混血が進行したのだと反論した。したがって，土器のような

第 16 章　渡来人をめぐる諸問題　391

女性が作る器物に縄文文化の伝統が残ることは，むしろ当然であるというのである [金関 1971]。

　このように，弥生人とその成因をめぐる議論は，弥生時代・稲作農耕の開始という問題と不可分の関係にある。そして，当初の人類集団の渡来，それに伴う文化の伝達もしくは置換，といった簡単なモデルによって説明しかつ納得する段階から，森・岡崎の批判をへて，より複雑な文化変化のプロセスを提示するという方向が示されたといえよう。

4　こんにちの渡来説

　金関説を鈴木が認めてのち，多くの人類学者が渡来説の立場をとるようになり，金関説はほぼ定説化した観もあった。ところが，日本だけでなく，東アジア各地の古人骨資料が公表されるに及んで，新たな渡来説が唱えられることにもなった。なかでも，こんにちメディアを通じて最も目に触れる機会があるのは，埴原和郎による渡来説であろう。

　埴原説は，まず，北部九州を中心とした地域の弥生人が，シベリアの集団と類似するという分析結果から，渡来人の起源地はシベリアから沿海州にかけての東北アジアにあるとした。そして，金関によって渡来的形質をもつとされた土井ヶ浜遺跡などから出土した弥生人は，渡来人そのものであると考えた。また，主として人口増加率の算出に基づいて，縄文晩期から 7 世紀までの 1000 年間に約 300 万人が日本に渡来したと推定した。すなわち，縄文時代晩期の推定人口約 7.6 万人が，1000 年後には約 540 万人に増加したという推定結果があるが，この間の年間人口増加率を計算すると，0.427％にも達する。ところが，世界の農耕民の起源一千年紀における年間人口増加率は，0.1％程度であり，これで計算すると約 240 万人にしかならない。したがって，その差約 300 万人は，日本列島内での自然増ではなく，渡来人であると考えたのである [Hanihara 1987]。

　埴原は，この渡来説を柱にして「二重構造モデル」を提唱する。すなわち，日本人は縄文人を基層とし，のちに渡来人がやってくることで二重構造と

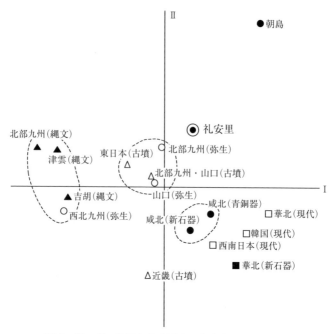

図3 東アジア集団と礼安里人，弥生人 ［金ほか 1993］

なった。そして，両者の混血によってこんにちの日本人が形成されたが，列島の両端にある北海道と沖縄は，渡来人の遺伝的影響をあまり受けることがなく，その結果より縄文人的な形質が残ったというのである［埴原 1993］。

　埴原の「二重構造モデル」の骨子は，上記の金関の渡来説と基本的に変わりはない。しかし，説の基礎をなす渡来人の故地，渡来人の量，そしてイメージしている渡来の様態には相違がある。埴原はその後，縄文人の人口増加率を 0.2% 程度であったと仮定し，渡来人の数は多くみても 130 万人ほどであったと下方修正している。そして，この試算の趣旨は，渡来人が「その影響が無視できないほどの少量であった」かどうかを知るためであり，渡来人の推定数そのものには意味はないと主張している［埴原 1993］。しかしながら，この埴原の渡来説がそれまでの渡来説と比較して，「超大量渡来説」であることに変わりはないだろう。

第 16 章　渡来人をめぐる諸問題　393

　新たな渡来説は他にもある。松下孝幸と韓康信は，中国漢代の人骨と弥生
人とを比較し，山東省を中心とした地域に弥生人とよく類似した集団が存在
したことから，この地が渡来人の源郷と考えている［松下・韓 1997］。同じ中
国でも，江南地方から東シナ海を直接西北九州へと渡来した可能性を認める
立場もある［山口 1984］。一方，韓国における古人骨の調査を続けてきた小
片丘彦らは，韓国南海岸の金海礼安里古墳群などの分析を通じて，図 3 のよ
うに韓国の古人骨が北部九州の弥生人に最も近似する集団の一つであるとい
う重要な指摘を行っている［金ほか 1993］。

　このように，金関以降新たな渡来説がいくつも提示されており，そのほか
にも多数の学説が提示されているが，これらが諸説の基本形であるといえる
だろう。しかし，これらの諸説は人類学的事実に基づいて各々の論者が解釈
を行ったものである。では，これらの基礎となった人類学的事実とはいかな
るものだろうか。以下に整理を試みたい。

5　人骨研究の到達点

　さて，弥生人の成立過程を総合的に検討する前に，人類学によって明らか
になったこと，考古学によって明らかになったことの整理をしておくことに
したい。研究によって明らかになった事実こそが重要であり，それに基づい
て行われた解釈は，事実によって確かめられなければならないものだからで
ある。

　人骨の分析が明らかにしてきたことは，まず，縄文人と北部九州を中心と
した地域の弥生人とではやはり大きく形質が異なるということであろう。金
関が仮説を提示した段階では資料数も少なく，それゆえに批判も受けたが，
こんにち大量と言っていい弥生人・縄文人の資料が発掘され報告されており，
もはや両者が異なる形質をもつ人類集団であることは動かしがたい。そして，
金関が自説で述べたとおり，弥生人の地域差も確実なものとなってきた。す
なわち，北部九州から山陰にかけては，高顔・高眼窩の面長な弥生人が分布
しており，西北九州や南九州，関東地方には縄文人のような形質をもった弥

生人が分布する。いまでは前者を「渡来的弥生人」，後者を「縄文的弥生人」と呼ぶこともある。ただし，「渡来的弥生人」とは「渡来人がもたらした形質をもった弥生人」という意味であり，渡来人そのものという意味ではない。

さらに，アジアの諸モンゴロイド集団との比較研究が進み，縄文人は東南アジアなどの南方モンゴロイド，北部九州〜山陰の弥生人はシベリア・華北〜韓半島などに分布する北方モンゴロイドの特徴をもっていることが指摘され，実際に北部九州〜山陰の弥生人と類似する人骨が，北アジアから東アジア各地で出土するにいたっている。

出土人骨以外の分析，たとえば現代人の遺伝子を用いた研究でも，日本人は全体としては北方モンゴロイドに近いが，地域差もあり，沖縄や北海道（アイヌ）は南方モンゴロイドに近いという結果が得られている［尾本 1978］。また，古人骨から抽出した DNA の分析結果も報告されており，縄文人が東南アジアの現代人に最も近い遺伝子型をもつと報告されている［宝来 1993］。

さて，これらから導き出されるものは，縄文人は南方モンゴロイドの系統であり，北部九州〜山陰の渡来的弥生人の形質には北方モンゴロイド集団の遺伝的影響があるだろうということである。そして，縄文時代が弥生時代に先行する以上，縄文人＝南方モンゴロイドが日本列島の先住民であり，北方モンゴロイド集団がのちになって遺伝的影響を与えたということができる。したがって，弥生人の形成には，大陸からの渡来人の遺伝的影響があるということができる。また，弥生人の中にも，縄文人的形質をもつ集団が存在することから，日本列島の住民全体が北方モンゴロイド集団に置き換わったわけではないことも明らかである。さらに，北方モンゴロイド的弥生人が北部九州の玄界灘沿岸を中心に分布することから，この地域が渡来人を受け入れた地域であることもほぼ明らかであるといえよう。

しかし，人骨の情報からうかがい知れるのはそこまでである。渡来の時期，渡来集団の規模，あるいはどこから来たのかについては，人骨から知ることはできない。というのも，時期についていえば，これまで知られている弥生人骨のほとんどは前期末以降のものであり，弥生時代が始まって200年ほど経過した後の人骨資料だからである。金関が，これらの時期の人骨を扱いな

第16章　渡来人をめぐる諸問題　**395**

がら，弥生時代開始期に渡来を考えたのは，考古学的成果に基づいて稲作農耕の伝播と関連した事象であると解釈したからなのである。

　渡来集団の規模については埴原の試算があるが，これは後で検討することにして，渡来人の故地については，渡来人が北方モンゴロイド集団であるという以上のことは明らかになっていない。そもそも，渡来の時期と考えられる縄文晩期から弥生時代初頭に相当する人骨は東アジアでも少ない。埴原が使用した北アジアの資料は新石器時代のものであるし，松下・韓の山東省の資料は漢代を主体とし，渡来的弥生人よりも後の時代のものである。韓国の礼安里古墳群も渡来的弥生人から数百年経過した時期のものである。人骨形質の類似から渡来人の故地を探ろうとすると，日本列島内でもそうであるように，東アジア各地における時間的な形質の変化を考慮しなければならない。しかし，現状の資料的制約はそれを許す状況ではないといえよう。

6　考古学的研究の到達点

　考古学においては，これまで多くの研究者が想定し主張してきたとおり，日本における稲作は韓半島からもたらされたという証拠が続々と出土し，蓄積されつつある。すなわち，数々の稲作農耕に関わる石器・木器類，土器，葬送習俗，環壕集落，住居形態など，韓半島南部にみられるものが北部九州において相次いで出土したのである。

　まず，縄文後期末，少なくとも晩期前半からは炭化米や籾の痕跡がついた土器が存在することから，コメとそれに関する情報は日本列島の外部からもたらされ，蓄積されていったと考えられる。晩期中葉になると，甕の口縁下に列状に孔をあけた土器が出現する。これは，韓半島南部の無文土器の甕にみられる手法に類似するもので，北部九州を中心に散見され，その時期は晩期中葉から弥生時代初頭に及ぶ［田中 1986；片岡 1999］。また，晩期中葉の黒川式土器に伴って石包丁も出土するなど，試行的で一般化はしなかったにせよ，それ以降の水稲耕作への確実な歩みが始まる［武末・前田 1994］。

　次の晩期後葉（弥生早期）になると，渡来的要素は水田をはじめ石器・住

居形態・環濠集落にも及び，一つのピークを迎える。韓半島南部と北部九州の文化が最も類似するのもこの時期である。土器ではそれまでみられなかった器種である壺が出現する。これは，器形的にも韓国の無文土器（丹塗磨研小壺）とよく類似し，丹塗りの精製品も多い。したがって，壺の起源は在来の伝統ではなく，無文土器の中に求められる［沈 1980］。しかし，無文土器と類似するのは小壺のみであり，夜臼式の他器種は在来の伝統を踏襲していて，むしろ従来の器種構成に壺が導入されたという構成である。

　これは，石器においても同様であり，基本的には農耕文化と不可分に複合した収穫具・工具・祭具が導入されているものの，これらは縄文文化の中にそれらと同一機能を有する石器がないものであり，実用の磨製石鏃や伐採用の石斧のように，縄文文化に打製石鏃や磨製石斧という同一機能の石器が存在する場合は導入されていない［下條 1986］。

　このように，縄文時代から弥生時代への移行のあり方は，韓国の無文土器文化全体が体系としていっきに伝わったのではなく，縄文文化にないものが選択的かつ段階的に導入されたというものである。ただ，壺のような土器の形の類似は，あるいは搬入品の模倣として解釈することも可能かもしれない。しかし，渡来人の存在を示す要素もある。その一つは前記した晩期中葉に現れる孔列であるが，土器製作時の外傾接合手法も一例である。すなわち，土器の粘土帯のつぎ目が断面でみると縄文式土器では内側へと傾斜するのに対して，韓国の無文土器では逆に外傾するが，これが晩期の後葉に導入され，弥生初頭（板付Ⅰ式）になると外傾接合手法が優勢になってしまうのである［家根 1981］。

　土器における粘土帯接合法と孔列の2要素，とりわけ外傾接合手法は，完成した土器の外見には現れない内在的な部分であり，搬入品の模倣ではなく，渡来人が存在し，それによって広まったことを示すものといえる。そして，在来文化に受け入れられ数量的にも優勢化していく手法であることから，渡来人の数が，文化的にノイズとして無視されるほど少数ではなかったことをも示している。しかし，これらが渡来人によるものであるとしても，作られた土器自体は黒川式や夜臼式土器という在来のものであることから，在来文

第16章　渡来人をめぐる諸問題　397

化の規範のもとで，マイナーなかたちで要素のみを表現したものといえる。
したがって，これらは外来要素として渡来人の存在を示しつつも，その一方
では渡来人を受け入れた当初では在来伝統と規制が健在であったことをも同
時に物語っている。

　しかし，晩期後葉（弥生早期）が韓半島からの文化受容のピークであり，
韓国の無文土器文化と最も類似する時期である。この時期に大量の渡来人が
やってきた可能性はないのだろうか。実際，この時期の次の段階には，もは
や無文土器文化とは違った「弥生文化」として全く別の文化となっていくた
め，可能性があるとしたらこの時期なのである。たしかに，この時期に文化
的にも価値観の大転換があったことは疑いなく，墓や副葬用の磨製石器だけ
でなく，住居や儀礼までも外来系のものが導入される。これらが渡来人たち
によって伝えられたことは明らかであり，そこに大量の渡来人の姿を想定す
ることは無理からぬところもあろう。

　しかし，大量の渡来人が持参し，また渡来後に製作したものは韓国の無文
土器文化の規範にそって作られるはずである。また，渡来人が大集団で来た
のであれば，彼らだけの集落，すなわち無文土器文化の遺物・遺構だけで構
成される遺跡もあるはずである。ところが，この時期の遺跡から出土する遺
物を検討すると，朝鮮製と明らかにわかるものは極めて少ない［橋口 1985］。
当然，無文土器だけを出土する遺跡もないのである。実際に遺跡として現れ
るのは，大量の在来の遺物の中にごくわずかに朝鮮系のものが混じる程度な
のである。福岡県粕屋町江辻遺跡にいたっては，松菊里型住居という朝鮮系
の住居のタイプばかりで構成される集落でありながら，遺物はほとんど全て
在来のものである。また，住居の配置は中央に広場と大型建物があり，それ
を取り囲むように円環状に住居を建てており，その姿は縄文集落そのもので
ある［武末 2000］。

　このようなあり方からは，大量の渡来人はとうてい考えられず，縄文人の
集落に渡来人が吸収され，共住していたとしか考えられない。また，下條信
行が指摘するように，渡来人がもたらした石鏃は墓に副葬するためのもので
あり，無文土器文化における実用の磨製石鏃は伝わっていない。つまり，そ

こには渡来人と縄文人の緊張関係を読みとることはできず，渡来が平和的に行われたことを示しているのである［下條 1986］。このように在来住民との間に摩擦を生じずに移住しえたことは，渡来人側においては，それ以前からの交流と移住を通じて移住先の情報を蓄積していたこと，在来者側には，黒川式期を通じて流入・蓄積された稲作農耕とその文化への期待・憧憬が存在したことを示すものといえよう。

　これらの考古学的議論は，森・岡崎が主張した縄文人の一定の主体性を認めるという論調によるものといえる。しかし，これらに対して春成秀爾は，縄文人の主体性を強調する論には一種ナショナリズムの響きをもつと批判し，基本的に金関説を支持しつつ，渡来人の果たした役割を強調する立場をとった［春成 1990］。

　その結果，考古学においては，ひところ「縄文人主体説」と「渡来人主体説」が対立するかの観があった。ただ，前者は誤解を招きやすい表現でもある。なぜなら，弥生時代には「縄文人」が存在するはずもないからである。むしろ前者の趣旨は，渡来人を受け入れた「在来の住人」たちの主体性を強調するものであり，「在来の住人」の中には，当然ながら縄文人の末裔とともに，渡来人との混血も含む。ただ，渡来人の量は，前者が大量ではなく少量であったろうとしたのに対し，後者がより多い渡来人を想定していた印象がある。もちろん，どちらが主体であったかというニュアンスの付け方はさほどの問題ではない。考古学的に重要なのは，渡来・混血と文化変化のプロセスが，渡来即文化変化なのか，そうではなく，いくつかの過程をへて変化したのかということである。

　金関説への支持が強かったこともあって，考古学界全体としては「渡来人主体説」が優勢であった。ところが，金関説の枠を外れて埴原らの新たな渡来説が登場したことで，多くの考古学者に「大量渡来説」そのものへの違和感が生じることになった。それぞれの研究者がもつ弥生時代像と「大量渡来説」が相容れないことを感じ始めたのである。それは，渡来人が来たとされた北部九州の考古学的成果に基づいて，森や岡崎が金関説に対してもった違和感と同質のものであったといえよう。このように次第に「縄文人主体説」

第 16 章 渡来人をめぐる諸問題 **399**

が優勢となっていき，こんにち形勢は逆転した観がある［弥生博 1991］。

7 弥生人の成立

　以上のように，人類学と考古学の見解はこれまでの中で最も相違した状態
となるにいたった。すなわち，シベリアや中国から大量に渡来人がやってき
たとする人類学。それに対して，韓半島から渡来人は来たものの，それほど
多い量ではなかったとする考古学，という対立である。この問題は，ナショ
ナル・アイデンティティーや他民族との関係を含むナイーヴなものであり，
感覚的にどちらかの説を選択することは，学問的に意味がないばかりか，危
険ですらある。したがって，以下に人類学・考古学双方の論拠を吟味しなが
ら，弥生人の成立過程を考察することにしたい。

　まず，渡来人がどこから来たかについては，バイカル，沿海州，山東周辺，
江南など，金関説以降もさまざまな候補地があがっていることはすでに記し
た。たしかに，シベリアから中国の華北・東北部，韓半島などからは，北部
九州の弥生人と同様の形質をもった古人骨が出土している。現状の資料にお
ける形質からみると，中国山東省の人骨が最も「渡来的弥生人」に近いよう
でもある［松下 2000］。しかし，形質が似ていることと，渡来人がそこから
やってきたということは，すぐに結びつくわけではない。やはり，文化にお
いても類似や影響関係を検討しなければ，候補地とすることはできない。と
いうのも，人が移住し，形質を変えるほどならば，当然渡来人の文化が在地
の文化に何らかの影響を与えたと考えられるからである。

　北アジアや東アジアの各地の文化で，縄文晩期から弥生時代初頭にかけて
わが国，とくに北部九州に文化的影響を与えた地域といえば，ほぼ韓半島南
部のみということができる。すでに記したように，この地域からは稲作農耕
とそのための石庖丁などの農具類，各種の工具（石器），磨製石鏃・磨製石
剣，壺，松菊里型住居，支石墓などさまざまな文化が伝来し，弥生文化の中
に定着していった。そして，最近では埋葬姿勢までも弥生人と同じものが発
見されている。すなわち，弥生人は上肢を曲げる特徴的な埋葬姿勢をとるが，

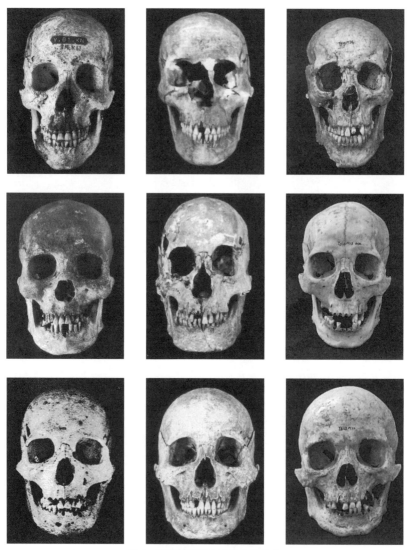

図4 中国韓国の古人骨と弥生人
左列：福岡市金隈遺跡出土弥生人［中橋・永井 1985］
中列：韓国礼安里遺跡出土人骨［金ほか 1993］
右列：中国山東省出土人骨［松下 2000］

第16章　渡来人をめぐる諸問題　**401**

そのパターンのうち，二つまでが韓国で確認されているもので，墓の型式や副葬品という物質だけでなく，その背後の葬送観念をも無文土器文化から導入した可能性を強く示すものである。そして，何よりも，韓国慶尚南道礼安里古墳群から，北部九州の弥生人とよく似た人骨が数多く出土しているのである（図4）。

　これらから，やはり渡来人の故地は，金関が考えたように韓半島であり，他の地域にはまず可能性はないといえよう。北アジアや中国華北・東北部の諸集団は，たしかに渡来的弥生人に似ている。しかし，日本に渡来したのはそれら北方モンゴロイドの一派であり，韓半島に居住して無文土器文化を営んでいた集団であって，もちろん北方モンゴロイド諸集団の全てではない。むしろ，日本人起源論とこれら北方モンゴロイド諸集団が関連をもつには，朝鮮人の起源と成立過程の研究［小片ほか 1997］が不可欠であり，かつ重要な意味をもつことになるのではないだろうか。

　渡来の時期は，すでに述べてきたように，縄文時代晩期のおそらくは後期末〜晩期前半，少なくとも晩期中葉には始まり，晩期後葉（弥生早期）にまで継続もしくは増加していたと考えられる。ただ，形質に大きな遺伝的影響を与えた渡来の時期が，もう一つの無文土器の渡来時期である前期末〜中期初頭ではないかという見解もある［池田 1998］。たしかに，この時期には無文土器のセットを一定量出土し，渡来人の集落と考えられる遺跡も数カ所発見されている。しかし，現在北部九州で最も高い密度で調査が行われ，最も多い無文土器文化の集落が発見されている福岡県小郡市三国丘陵を例にとってみると，たしかに渡来人の居住地が3カ所発見されているが，同時期の弥生遺跡は実に10倍強の31遺跡が存在する。つまり，この時期には弥生人たちはすでに人口増を果たしており，弥生人との人口比を考えると，この時期の渡来人たちが弥生人集団に大きな遺伝的影響を与えうるとは考えられないのである。

　次に，渡来人の数量について検討しよう。既述のように埴原は，人口増加率を中心に渡来人の数量を推定した。その主要な根拠は，人口増加率を 0.1〜0.2％とし，残りを渡来人と考えた点にある。ただ，後の論では埴原は，

縄文系と渡来系とに分け，後者を渡来人そのものとその子孫を含むとしてい
る。しかし，これにはいくつかの問題点を指摘してきた［田中1991］。

　これを改めて検討すると，まず，7世紀段階の人口構成を，縄文系（5万
6000人）と渡来系（約484万人，いずれも人口増加率0.2％の場合）に分け，
前者を縄文人直系としている点にある。これでは，縄文人と渡来人の混血に
よる集団は全て後者に含まれることになる。そうすると，前者の推定値は，
渡来人が来ずに縄文人だけで，0.2％の年間増加率で増えていった結果を推
定したことになる。たしかに，渡来人が来なかったらそのようになったかも
しれない。ところが，実際には北部九州で縄文人と渡来人が混血し，その混
血集団が母体となり，さらに他地域の縄文人の後裔と混血していくことに
よって渡来形質が広がっていったというのが実状であろう。したがって，縄
文直系集団の推定値の少なさに目を奪われてはならない。埴原は混血を含め
た渡来系集団の人口増加でも7世紀の人口はまかなえず，最大100万人をこ
える渡来人を見込む必要があるというが，この混血集団の人口増加が0.2％
程度であったかどうかが問題となるのである。

　次に，縄文晩期と7世紀の推定人口が日本全体における値であることも問
題である。既述のように，渡来は北部九州を中心に行われ，混血による形質
の変化もこの地域において生じたと考えられる。したがって，地域を限定し
た試算も行う必要があろう。また，埴原が参照する世界の農耕民の人口増加
率は紀元一千年紀のものであり，いずれの農耕社会でも安定期に入った段階
以降のものである。つまり，農耕開始直後の人口増はこれらの値には含まれ
ていないのである。農耕民と狩猟採集民の人口増加率には相違があり，稲作
農耕を開始した渡来・混血集団の人口増が，縄文的生業にとどまった集団の
それを大きく上回ったことが渡来的形質の拡散に寄与したのではないかとい
う観点［山口1986］に立てば，1000年という長い時間幅でなく，もっと短い
幅で稲作農耕開始直後の人口増を検討する必要があろう。

　そのような観点から，旧稿では，北部九州において最も調査密度の高い地
域の一つである小郡市三国丘陵の遺跡群を対象にして人口増加率を求めた。
まず，農耕開始期の夜臼式・板付Ⅰ式期の遺跡が7カ所であったのに対し，

前期末には 28 カ所所に増えており，遺跡数の増加は人口の増加を反映していると考えられるため，これを埴原が用いた年間人口増加率の推定式

$$r = \ln (N/N_0) /t$$

に代入して人口増加率 r を求める。そうすると，弥生前期初頭（板付Ⅰ式）から前期末までが 200 年程度と考えられるので，N＝28，N_0＝7，t＝200 を代入して人口増加率を求めると，r＝0.634％となり，埴原が考えがたいとした人口増加率を上回ることになったのである［田中 1991］。この数値は，その後前期末の遺跡数が 34 カ所に増加しており，再度人口増加率を求めると，弥生前期初頭（板付Ⅰ式）から前期後半（板付Ⅱ式）までが 0.762％，前期後半から前期末までが 0.986％，弥生初頭から前期末までは 0.973％となる［田中 2001］。したがって，相当の効率で人口が増加していったことがうかがえるのである。

　この他にも，中橋孝博は，墓の数から同様の方法で，前期末以降の人口増加率を算定した結果，中期後半まで 1.0％をこえる増加をしていたという結果を提示している［中橋 1993］。ただ，遺跡数による計算は，各遺跡の人口を同数であると仮定した試算であり，現実には遺跡の規模がそれぞれ異なるため，問題は残る。また，墓の数も，各時期の住人全てがその墓地に葬られているのかに問題が残る。これについて旧稿では，前期末の集落が，前期初頭の集落の 3 倍ほどの規模であり，人口増加率はさらに大きくなるという指摘を行ったが，具体的計算までには至らなかった［田中 1991］。その後，小沢佳憲は，集落動態を検討する中で，より正確な遺跡面積を時期ごとに求めて，糸島・早良・福岡平野における晩期後半（弥生早期）から中期後半までで 0.713％という人口増加率を提示している［小沢 2000］。また，中橋孝博と飯塚勝は，人口増加の統計的シミュレーションを行い，少数の渡来人でも形質変化が可能であることを示している［中橋・飯塚 1998］。埴原が大量渡来説を構築した方法とほぼ同様ではあるが，人口増加率などの入力する数値次第で，少量渡来もまた想定しうるのである。

　これらの結果は，弥生時代開始期から爆発的と言っていい人口増加が北部九州において起きたことを物語っており，当初の田中の計算をさらに上回る

増加率であったことが明らかにされたといえよう。そして，西日本各地においても弥生時代前期末〜中期前半には爆発的に遺跡数が増加するということが経験的に知られており，弥生時代になっての人口増加が汎西日本的なものであることを示している。したがって，これらの弥生遺跡が渡来人の集落でない以上，人口増加率から大量の渡来人を想定する必要はなくなってしまうのである。

しかし，埴原説の趣旨は，遺伝的影響が無視できるほど渡来人は少数ではなかったというものであった。そして，たしかに，縄文人から北部九州弥生人への変化は渡来人の影響と考えざるをえないのである。ところが，考古資料からみると渡来人はとても大量とは考えられない。ではどのような経緯でこのようなことが起こったのだろうか。

北部九州弥生人が最も渡来的形質をもつことや，最古段階の農耕集落の分布からみても，渡来の主要な場所，もしくは最も渡来人の影響が強いのは，福岡平野を中心とした北部九州であったと考えられる。そして，この地域は縄文時代の遺跡が少ないことでも知られる。図5は福岡平野の中心部における縄文晩期中葉と弥生前期末〜中期初頭の遺跡分布図であるが，先にあげた小郡市の三国丘陵では黒川式期の遺跡はわずか2カ所にすぎず，図中でも7カ所にすぎない。そして，この遺跡数で，黒川式期が紀元前6世紀であるとして人口増加率を求めると，遺跡数だけでの計算でも0.6％前後となり，遺跡の面積を考慮すると0.8％以上の値となろう。つまり，もともと少ない縄文人の中にそれほど多くない渡来人たちがやってきて，そこで縄文晩期中葉以降一貫して人口増加を遂げたようなのである。では，文化の問題はどう解釈できるだろうか。

まず，新たな土地に移民したことを考えると，渡来人たちは子供から老人までの全ての世代を含むのではなく，若年〜成年層を中心とした世代構成であった可能性が高い。また，土器に渡来的要素がみられ，土器は女性が作る社会が多いことからみて，渡来人に女性が含まれていた可能性は高い。おそらくは，稲作が男女の協業という形態をとったであろうから，男女同数に近い性構成であったと思われる。そうすると，仮に50人ほどの縄文人集落が

第16章　渡来人をめぐる諸問題　405

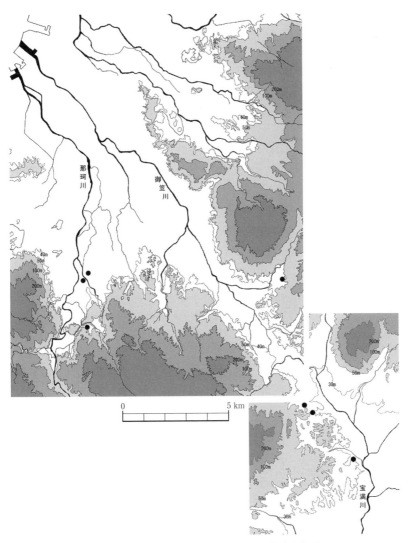

図 5-1　晩期中葉黒川式期の福岡平野遺跡分布図

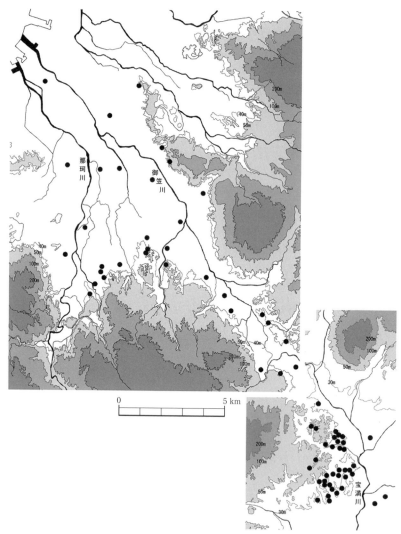

図 5-2　弥生中期初頭の福岡平野遺跡分布図

あったとしても，子供と熟年・老年を除けば若年から成年は20人に満たないであろう。そして，渡来人だけの集落を作っていないこと，渡来後の食糧問題などを考えても，大集団でいっきに渡来したとは考えられない。そこで上記のような構成の渡来人が20〜30人ほどの規模でやってきたとすると，婚姻可能な年齢層においては同数かやや渡来人が上回ることになる。そうすると，スムーズに渡来人が受け入れられ，婚姻していけば混血効果は高い。そして，文化規範を取り仕切るのは縄文人の熟年・老年層（長老）ということになり，まずは在来文化の規範が優先されることになろう。したがって，渡来人とその混血の子供たちも在来文化の規範にそって土器や石器を作ることになる。

　このような小規模の渡来が散発的に，しかしいくつもの集落に何世代にもわたって行われると，次第に縄文的生業から渡来人がもたらした稲作へと主体が移っていき，付随する文化への傾斜も次第に高まって，結果的に文化も変わる。一方，遺伝子の方は着実に渡来遺伝子を再生産し，また新たな渡来遺伝子を蓄積して，結果的には在来のそれを凌駕することになって，北方モンゴロイド的な渡来的弥生人の形質ができあがったのではないか。このようなプロセスであれば，文化の連続性と漸移的変化，さらには渡来的弥生人の形質の形成も説明できるのである（図6）。

　渡来人の受け入れと混血がスムーズに進行するには，渡来人・縄文人双方に排他性が希薄であったということも条件となろう。これには親族関係の研究結果が参考になる。というのも，人骨の遺伝的形質（歯の計測値）を用いた分析で，古墳時代の韓国南部（伽耶）と，縄文晩期の西日本は母系でも父系でもない双系的な社会であったという結果が出ており［田中 1993, 1996］，渡来人・縄文人ともに双系的親族関係にあった可能性が高いからである。そして，この双系的社会の特質は，母系や父系の単系社会に比べてメンバーシップがゆるやかであるという点にあり，双方が共住し婚姻することに対する規制が最もゆるいタイプの社会といえるのである。

　このようにして，もともと縄文人の人口が少なく，しかも農耕適地であった福岡平野を中心とした地域で，渡来的弥生人の形質はできあがったと考え

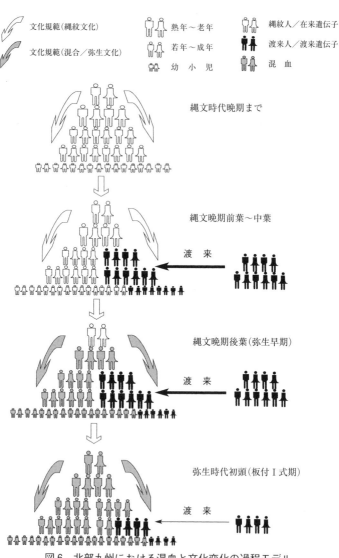

図6 北部九州における混血と文化変化の過程モデル

第16章 渡来人をめぐる諸問題　409

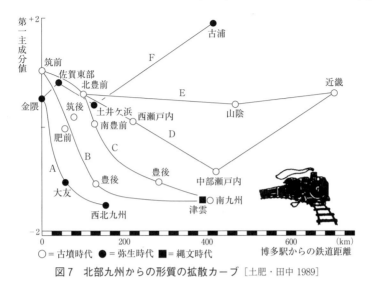

図7　北部九州からの形質の拡散カーブ［土肥・田中 1989］

られる。それでは他の地域にはどのようにして広がっていったのであろうか。既述のように弥生人には地域性があり，北部九州～山口に渡来的弥生人が分布し，周辺には縄文人的特徴が目立ってくる。これに注目し，弥生人・古墳人を統計的に分析したことがある［Doi and Tanaka 1987；土肥・田中 1987］。すなわち，西日本の古墳時代人とともに弥生人諸集団で主成分分析を行い，第Ⅰ主成分が顔面の高さと幅という，これまで渡来的とされてきた特徴を表していることから，これら弥生・古墳時代の諸集団間の形質と距離の関係を求めた。それが図7である。これは，福岡が拡散の中心であることを前提にして，福岡市（博多駅）から各遺跡までの鉄道距離（JR線と主要幹線道路から算出）を求め，縦軸に第Ⅰ主成分の得点，横軸に鉄道距離をおいて同一平面に示したものである。この場合，一般的に，通常の婚姻等によって形質が拡散する場合は，fall-of curve と呼ばれる曲線を描いて距離とともに下降し，ある形質が広く分布している場合は起点からの下降がなだらかで，逆の場合はそれが急であるとされる［Hiorns and Harrison 1977；Endler 1977；Haggett 1977］。

図 7 のうち弥生人は，金隈遺跡から大友遺跡をへて西北九州に至るルート
が，急激なカーブを描いて渡来的形質が失われていくのに対して，佐賀東部
（三津永田遺跡を中心とする）―土井ヶ浜遺跡―古浦遺跡へと至るルートは
不規則でカーブを描かない。この相違は古墳時代人においてより明瞭に認め
られる。筑前から筑後・肥前をへて JR 久大線経由で豊後に出て南九州に至
るルートは急なカーブを描き，JR 日豊線経由で北豊前―南豊前―豊後―南
九州へと至るルートは比較的ゆるやかなカーブを描く。ところが，北豊前か
ら西瀬戸内―中部瀬戸内―近畿へと至るルート，山陰―近畿へのルートはい
ずれも不規則な直線となるのである。

　これらは，稲作農耕との関係で以下のように解釈される。急カーブを描く
弥生・古墳の 2 ルートは，前者が海岸部，後者が山間部というように，稲作
農耕には好適とはいえない地域を経由するのに対して，なだらかなカーブを
描いた JR 日豊線経由ルートは豊前という今日の水田地帯を通る。つまり，
渡来的形質は稲作農耕の適地に向かって拡散したといえるのである。さらに，
不規則な直線を描いた東方ルートは，通常の婚姻等を媒介とした拡散では説
明ができず，ある程度の人の移動を考えなければならないだろう［Doi and
Tanaka 1987；土肥・田中 1987］。

　考古学においては，弥生文化の伝播は遠賀川式土器を指標として語られる。
この遠賀川式土器は，従来板付 II a 式土器であるとされてきたが，近年もう
少し遡る時期の土器が山陰や瀬戸内地方にみられることがわかってきた。そ
して，渡来的弥生人の墓地である山口県中ノ浜遺跡・土井ヶ浜遺跡・島根県
古浦遺跡の開始時期は，まさにこの時期にあたる。また，この前期前半でも
後半期の時期の土器は，分布こそ広範囲で点的ではあるものの，いわゆる遠
賀川式につながり，各地の弥生土器の祖形となるものである。そして，これ
らの土器は福岡平野を中心とした地域に集中的に分布する土器でもある。

　前記のように，この地域は稲作開始以来大規模な人口増加を続けていた地
域であり，この地域で大量に増加した人たちこそ「渡来的弥生人」であった。
彼らが前期前半の後半期になって各地に広がることによって，一方では弥生
文化が各地に広がり，他方では渡来的形質も広がることになったと考えられ

る。そして，渡来的弥生人の量と，在来の住人との人口比が各地の弥生人の形質差を生むことになったのであろう。さらに，前期後半〜末には，土器などに各地で地域色が顕著になり，北部九州と山陰や瀬戸内などは異なった地域社会となる。つまり，渡来的形質の北部九州からの各地への拡散は，前期前半から後半にかけての時期にほぼ限定されるといえよう。

8　おわりに

　弥生人と弥生文化の成立は渡来人を抜きにしては語れない。そして，その成立期の議論は，渡来人の果たした役割をどう評価するかで分かれてきた。日本人の人類集団としての起源を明らかにしようとする人類学と，歴史的脈絡の中で弥生文化と弥生人の起源を解明しようとする考古学。この違いは，二つの学問の目的の違いに起因するといえよう。小稿は，人類学と考古学双方の成果を検討しつつ，上記のような結論にいたった。すなわち，渡来人は大陸ではなく，やはり対岸の韓半島南部からやってきた。しかし，渡来人たちの数は予想外に少なかったと考えられる。ところが，福岡平野を中心とした地域では，縄文人の人口密度も低く，結果として渡来人の人口比率が局所的に高くなり，この地域で混血した集団が「渡来的弥生人」として人口を増加させていった。そして，増加した彼らが四方に拡散していき，各地の在来集団との婚姻で結ばれることにより，各地の弥生人の形質を作っていったと考えられるのである。したがって，弥生文化を担っていった主体は渡来人でも縄文人でもなく，縄文人と渡来人との混血集団に縄文人の後裔を加えた「弥生人」たちであったということである。

　渡来人の数自体は，埴原を始め多くの人類学者や一部の考古学者が想定したような大量ではない。しかし，歴史的プロセスが上記のようであっても，縄文時代から弥生時代への大転換に際して，渡来人のもたらした情報と遺伝子が重大な影響を与えたことは事実であり，これを過小評価してはならない。逆に，縄文人とその文化への過大な評価が，われわれのナショナリズムを刺激することにもなりかねないからである。

ともあれ，まだ残された問題は多い。小稿に取り上げえなかった問題もいくつかある。これらについては，今後の資料の増加をまって再論を期すことにしたい。

参考文献

Doi,Naomi and Yoshiyuki Tanaka, 1987, A Geographycal Cline in Metrical characteristics of Kofun skulls from Western Japan.『人類学雑誌』95-3

土肥直美・田中良之 1987「人骨の地域差」『古代史復元』6，講談社

Haggett,P.,A.D.Cliff and A.Frey, 1977, Locational Analysis in Human geography.Jhon Wiley and Sons, New York.

Hanihara,K., 1987, Estimation of the Number of Early Migrants to Japan.『人類学雑誌』95-3

埴原和郎 1993「渡来人に席巻された古代の日本」『原日本人』朝日新聞社

春成秀爾『弥生時代のはじまり』東大出版会

橋口達也 1985「日本における稲作の開始と発展」『石崎曲り田遺跡』Ⅲ，福岡県教育委員会

Hiorns, R.W. and G.A.Harrison, 1977, The combined effects of selection and migration in human evolution. Man(N.S.),12.

宝来聡 1993「縄文人の DNA は語る」『原日本人』朝日新聞社

池田次郎 1998『日本人のきた道』朝日新聞社

金関丈夫 1955「弥生人種の問題」『日本考古学講座』4，河出書房

金関丈夫 1971「日本人種論」『新版考古学講座』3，雄山閣出版

片岡宏二 1999『弥生時代渡来人と土器・青銅器』雄山閣出版

金鎮晶・小片丘彦・峰和治・竹中正巳・佐熊正史・徐男 1993「金海礼安里古墳群出土人骨（Ⅱ）」『金海礼安里古墳群Ⅱ』釜山大学校博物館（釜山）

小林行雄 1951『日本考古学概説』創元社

森貞次郎 1966「弥生文化の発展と地域性」『日本の考古学』3，河出書房新社

松下孝幸 1981「大友遺跡出土の弥生時代人骨」『大友遺跡』呼子町教育委員会

松下孝幸・韓康信 1997「山東臨緇周—漢代人骨体質特徴研究及西日本弥生時代人骨比較概報」『考古』1997-4

中橋孝博 1993「墓の数で知る人口爆発」『原日本人』朝日新聞社

中橋孝博・土肥直美・永井昌文 1985「金隈遺跡出土の弥生時代人骨」『史跡金隈遺

第 16 章 渡来人をめぐる諸問題 **413**

跡』福岡市教育委員会

中橋孝博・永井昌文 1987「福岡県志摩町新町遺跡出土の縄文・弥生移行期の人骨」
『新町遺跡』志摩町教育委員会

中橋孝博・飯塚勝 1998「北部九州の縄文～弥生移行期に関する人類学的考察」『人
類学雑誌』106-1

岡崎敬 1968「日本における初期稲作資料」『朝鮮学報』49

尾本恵市 1978「日本人の遺伝的多系」『人類学講座』6, 雄山閣出版

大阪府立弥生文化博物館『弥生文化』平凡社

小片丘彦・金鎮晶・峰和治・竹中正巳 1997「朝鮮半島出土先史・古代人骨の時代
的特徴」『青丘学術論集』10

小沢佳典 2000「集落動態からみた弥生時代前半期の社会」『古文化談叢』45

沈奉謹 1980「日本弥生文化形成過程研究」『東亜論叢』16

下條信行 1986「日本稲作受容期の大陸系磨製石器の展開」『九州文化史研究所紀要』
31

鈴木尚 1964「日本人の起源」『日本歴史』別巻 2, 岩波書店

武末純一・前田義人 1994「北九州市貫川遺跡の縄文晩期の石庖丁」『九州文化史研
究所紀要』39

武末純一 1998「弥生環溝集落と都市」『古代史の論点』3, 小学館

田中良之 1986「縄文土器と弥生土器」『弥生文化の研究』3, 雄山閣出版〔本書第
14 章〕

田中良之 1993「古代社会の親族関係」『原日本人』朝日新聞社

田中良之 1991「いわゆる渡来説の再検討」『日本における初期弥生文化の成立』文
献出版〔本書第 15 章〕

田中良之 1996「埋葬人骨による日韓古墳時代の比較」『4・5 世紀の日韓考古学』九
州考古学会・嶺南考古学会（大邱）

山口敏 1984「日本人の生成と時代的な推移」『人類学その多様な発展』日経サイエ
ンス社

山口敏 1986『日本人の顔と身体』PHP 研究所

家根祥多 1981「縄文土器から弥生土器へ」『縄文から弥生へ』帝塚山考古学研究所

（2001 年）

第 17 章　弥生時代における日韓の埋葬姿勢について

1　はじめに

　縄文時代と弥生時代を画するものとしてよくあげられるものは，狩猟採集に対する水稲耕作とともに，屈葬に対する伸展葬がある。すなわち，屈葬は呪的世界に秩序を求めた縄文時代のシンボルとして，伸展葬はその呪的世界を脱して「開明的」農耕社会へと転換した弥生時代のシンボルとして取り上げられるわけである。

　解釈はともかくとして，現象としては縄文時代には屈葬が目立ち，弥生時代には縄文時代のような四肢を強屈した姿勢が少ないことは事実である。したがって，屈葬が縄文在来の埋葬姿勢で，伸展葬が渡来系の埋葬姿勢であろうという想定が，当然のように出てくるのである。そこで，ここでは弥生時代と韓半島における埋葬姿勢を比較することで，この問題を検討することにしたい。

2　弥生時代の埋葬姿勢

　このような問題意識で行われた研究に，乗安和二三 [1993] と福永信哉 [2000] がある。まず，乗安は，土井ヶ浜遺跡出土人骨をはじめとした弥生時代埋葬人骨の姿勢，とりわけ上肢の屈曲に着目して，肘の屈曲角からA〜Eの5類型に分類し，左右の組み合わせから，図1のような類型化を行った。そして，これらの類型が出自を表示すると仮定し，CC型およびCE型が渡来系であると考えた [乗安 1993]。また，福永は，弥生時代前期平行期の中国・韓半島がすでに伸展葬であったと仮定し，前期においては土井ヶ浜遺跡

第17章 弥生時代における日韓の埋葬姿勢について 415

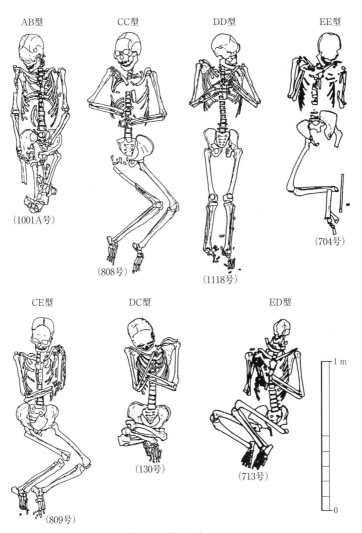

図1 弥生人の埋葬姿勢各種 [乗安 1993]

さえも伸展葬はわずかであることから，渡来人の数は少数であったと考えた
［福永 2000］。

　福永の論は，弥生時代開始期からかなり経過してからの資料がほとんどで
あるため，渡来人そのものと在来集団との比率を議論することには問題があ
ろうし，何よりも論が成立するためには，中国はともかくとして韓半島の当
該期の埋葬姿勢が上下肢を伸ばした伸展葬であることが大前提となる。乗安
の論は，渡来系の埋葬姿勢が単純な伸展葬ではなく，上肢の屈曲の様態に
よって表現されたと考えており，単純な伸展葬が渡来系ではないと想定して
いる点で異なる。しかし，同様に渡来系とした埋葬姿勢が韓半島にみられる
ことが前提となろう。また，埋葬姿勢が出自を表すという仮定に関しては，
検証を含めた多くの問題をはらんでいる［田中 1998］。

　死後硬直のとけた遺体を土中もしくは棺に埋めるとき，何も手を加えない
場合にはごく普通の仰臥の姿勢，すなわち上下肢を伸ばした仰向けの姿勢に
なると考えられる。

　通常の就寝の姿勢でもあるからである。そして，中国でも新石器時代以来，
基本的にはこの姿勢が主流であり，我が国でも古墳時代からはこの姿勢をと
る（図2）。

　ところが，縄文時代の埋葬姿勢は，これまで指摘されてきたように上下肢
を強く屈したものが確かに多い（図3）。そして，この姿勢は死後硬直のとけ
た遺体にあえてこの姿勢をとらせているのであれば，そこに呪的な意味や他
の意味を考えることは不自然ではないだろう。ただ，これらは墓坑のサイズ
に規定された姿勢である可能性もある。狭隘な墓坑に遺体を納めるために，
上下肢を強く曲げるしかなかったという可能性もあるわけである。

　縄文時代の屈葬の意味はともかくとして，北部九州の縄文時代には伸展葬
ともよべるような，上下肢をわずかに曲げた程度の埋葬姿勢もみられる（図
4）。この事実は，いちがいに伸展葬を渡来系と考えることの危険性を示唆
している。そして，逆に，弥生時代の屈肢葬も，縄文系と言いきれるのかと
いう問題があろう。弥生時代の埋葬姿勢については，乗安の分類（図1）が
妥当であるように思える。というのも，北部九州の甕棺墓は形状からして下

第17章　弥生時代における日韓の埋葬姿勢について　417

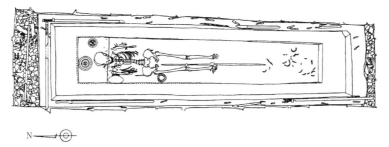

図2　古墳時代の埋葬姿勢 ［宇土市教委 1978］

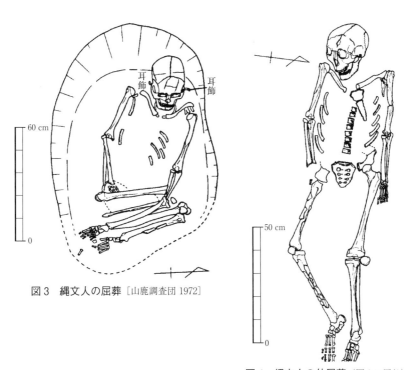

図3　縄文人の屈葬 ［山鹿調査団 1972］

図4　縄文人の伸展葬（図3に同じ）

肢が曲がるのは避けられないからである。つまり、遺体に意図的にある姿勢をとらせるとしたら、上肢に行うしかないわけである。

このように、弥生時代の埋葬姿勢は上下肢を伸ばした伸展葬はほとんどなく、上肢を何らかの形で曲げた姿勢であると整理できよう。それでは、乗安が想定したように、これらのある類型が韓半島にみられ、それが伝播したということになるのだろうか。以下、韓半島の事例を検討してみたい。

3　韓半島の事例

韓半島の新石器時代（縄文時代相当）の埋葬姿勢がわかる例としては、慶尚南道煙台島遺跡の事例がある（図5）。これは上下肢をきれいに伸ばした伸展葬であり、縄文時代の屈葬とは明らかに異なる。また、初期鉄器時代（弥生後期頃）に属する釜山市朝島貝塚出土人骨も上下肢を伸ばした伸展葬である（図6）。さらに、三国（古墳）時代の慶尚南道礼安里古墳群でも同様の伸展葬が一般的である（図7）。したがって、これらから見ると、福永［2000］が想定したように、韓半島でも伸展葬が一般的であったかにみえる。

ところが、例えば弥生中期に相当する初期鉄器時代の慶尚南道勒島遺跡

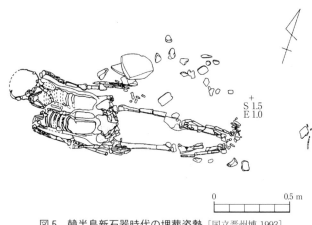

図5　韓半島新石器時代の埋葬姿勢　［国立晋州博 1993］

第 17 章　弥生時代における日韓の埋葬姿勢について　419

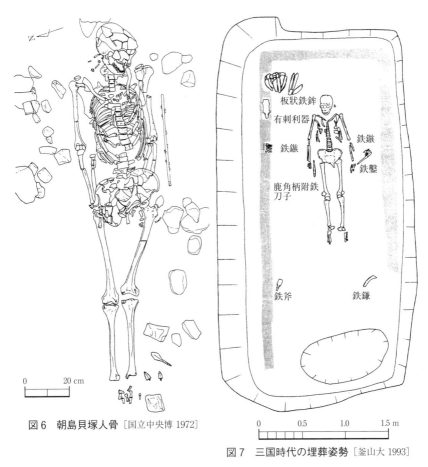

図6　朝島貝塚人骨 [国立中央博 1972]

図7　三国時代の埋葬姿勢 [釜山大 1993]

　C 地区出土人骨 (図8) は，右上肢が攪乱で乱されているものの，左上肢を強屈しており，上記の伸展葬と異なることがわかる。そして，右手の指骨が腹部に位置していることから，本来右肘は直角に曲げて手を腹部に置いた姿勢であったことがわかる [東亜大 2000]。このような，片腕を強屈して手を胸部に置き，一方の腕を直角近くに曲げて手を腹部付近に置く埋葬姿勢は，玉房遺跡 7 地区가-17 号人骨 (図9) にも認められ [慶尚南道 1999]，慶尚南道本村里 2 号石棺の人骨でも同様であった。この人骨は，下肢は立て膝が崩

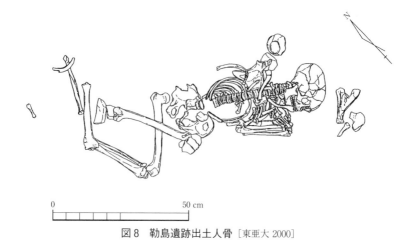

図8　勒島遺跡出土人骨［東亜大 2000］

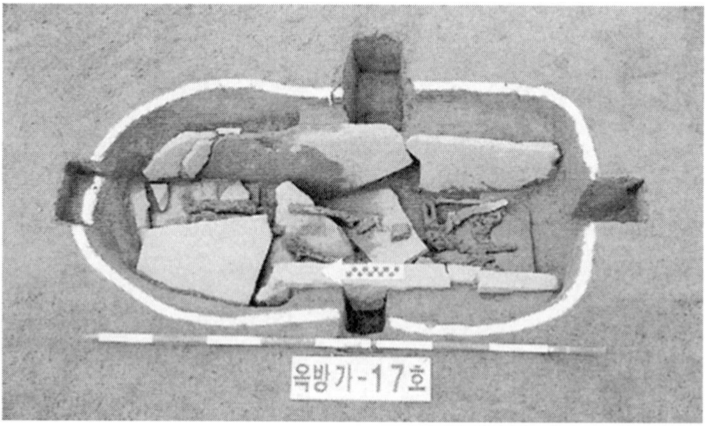

図9　玉房 17 号人骨［慶尚南道 1999］

れたものと思われるが，上肢は右の肘を強く曲げ，左はやや緩く曲げた仰臥葬であった。そして，前腕の尺骨と位置関係からみて，左手は普通の順手の状態で，右手は順手からやや外側に回転させた状態であった［田中 1999］。また，堤原黄石里 B 地区 7 号支石墓人骨も同様の埋葬姿勢である。さらに，慶尚南道玉房遺跡 4 地区 26 号人骨（図10）は，両手を腹部に置いた姿勢で

あり，やはり単純な伸展葬ではない。

本来，これらの石棺のような狭くない埋葬施設では，手足を伸ばした伸展葬が最も自然に思われる。まして，それ以前の新石器時代でも両手を伸ばした伸展葬が存在するのである。したがって，このような姿勢を死者にとらせることに何らかの意味があったと考えられよう。

そして，この他にも，光州新昌洞遺跡［国立光州博 1997］や勒島遺跡では両腕を強屈した両手を胸に置いた仰臥葬の人骨が出土しており，やはり意図的に上肢を曲げた例と考えられる。そして，雄基松坪洞貝塚では手足を伸ばした仰臥伸展葬であることからみて，韓半島の青銅器時代においては埋葬姿勢に地域差があった可能性もあるのである。

4 埋葬姿勢の系譜

図10　玉房26号人骨［慶尚南道1999］

さて，このような特異な埋葬姿勢は，じつは図11～13のように日本の弥生時代における埋葬姿勢の特徴でもあった。すなわち，先の乗安の分類でいえばCE型，EE型，CC型およびDD型ということになろう（図1）。したがって，これらの埋葬姿勢が韓半島から渡来したものであることがうかがえよう。そして，これら埋葬姿勢のうちCE型は，例えば福岡県飯塚市立岩遺跡34号甕棺人骨をあげると，甕棺のため下肢は曲げているものの，右腕を強屈し，左腕を直角に曲げた姿勢で，本村里などと同じである。そして，右手はやや回内した「順手」の状態で甲を表にし，指は曲げていた可能性がある。左手は甲を表にして手指は上半身の方を向いている。したがって，両手

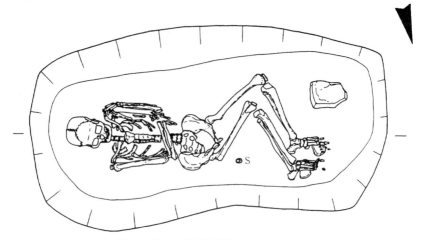

図11　弥生人の埋葬姿勢 ［山口埋文 1985］

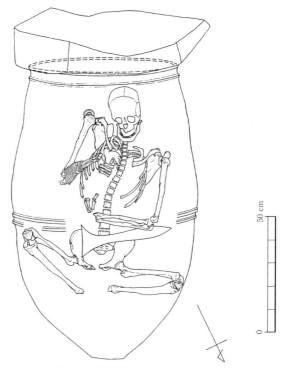

図12　立岩遺跡 34 号人骨 ［藤田 1977］

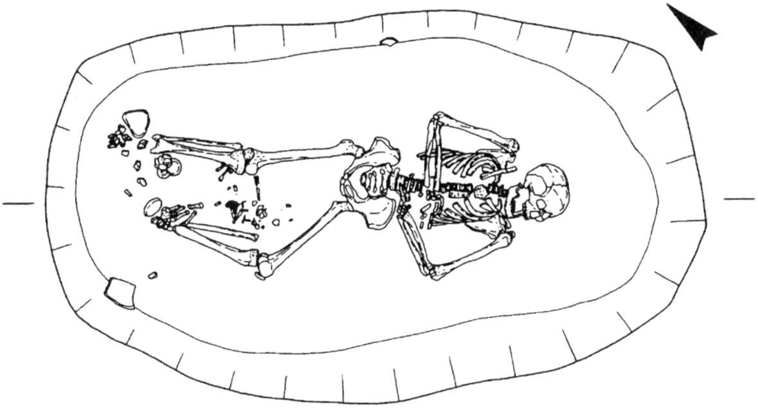

第 17 章 弥生時代における日韓の埋葬姿勢について　423

図 13　弥生人の埋葬姿勢 [山口埋文 1986]

とも何かを持つか添えるような状態なのである。そして，左右の手をつない
だ線上に鉄戈が副葬されていた。つまり，両手で鉄戈の柄を握っていたか，
柄に手を添えていた可能性は高いといえよう。

　立岩遺跡の事例は鉄戈の柄であったが，それに限らず本来は棒状の何かを
死者に持たせる葬送行為が韓半島に存在し，その産物としてこの埋葬姿勢が
生まれた可能性が高いのではないかと考えられる。そうではなくとも，ある
葬送観念に基づいて意図的にとらせた姿勢であるということはできよう。そ
して，このような視点で見ると，玉房遺跡 4 地区 26 号人骨（図 10）や弥生
時代の図 13 のような姿勢（乗安の CC 型）も同様の意味を持つと考えられ
よう。

5　おわりに

　このように，弥生時代の埋葬姿勢の中には，明らかに韓半島から伝播した
ものが認められる。そして，同時代の中国および韓半島北部の埋葬姿勢が上
下肢を伸ばした伸展葬であることから，韓半島南部が起源地であると特定す
ることができよう。また，これらの埋葬姿勢は単なる姿勢にとどまらず，葬
送行為・儀礼と密接にかかわる意図的な行為であったと考えられる。これら

は乗安 ［1993］で想定した渡来系の姿勢（CC 型，CE 型）を含んではいるが，縄文系とされた DD 型もまた韓半島に事例があり，これもまた渡来系である可能性がある。今後の韓半島の事例の増加をみて，改めて検討する必要があるだろう。

参考文献

東亜大学校博物館 2000『勒島遺跡 C 地区発掘調査概要（3 次）』東亜大学校博物館（釜山）

藤田等 1977「甕棺墓・土壙墓」『立岩遺蹟』河出書房新社

福永伸哉 2000「埋葬姿勢から弥生渡来人を探る」『瀬戸内弥生時代のパイオニア』

慶尚南道『南江流域文化遺跡発掘図録』慶尚南道・東亜大学校博物館（釜山）

金鎮晶・白先溶・森本岩太郎・吉田俊爾・小片丘彦・川路則友 1985「金海礼安里古墳群出土人骨（Ⅰ）」『金海礼安里古墳群Ⅰ』釜山大学校博物館（釜山）

金鎮晶・小片丘彦・峰和治・竹中正巳・佐熊正史・徐男 1993「金海礼安里古墳群出土人骨（Ⅱ）」『金海礼安里古墳群Ⅱ』釜山大学校博物館（釜山）

三国立晋州博物館 1993『煙臺島Ⅰ』国立晋州博物館遺跡調査報告書第 8 冊（晋州）

国立中央博物館 1976『朝島貝塚』国立博物館古蹟調査報告書第九冊（ソウル）

国立光州博物館 1997『光州新昌洞低湿地遺跡Ⅰ』国立光州博物館（光州）

乗安和二三 1993「西日本における弥生人の埋葬姿勢」『考古論叢』（潮見浩先生退官記念論文集）

釜山大学校博物館 1985『金海礼安里古墳群Ⅰ』釜山大学校博物館（釜山）

田中良之 1998「出自表示論批判」『日本考古学』5

田中良之 1999「南江地域出土人骨について」『南江先史文化セミナー要旨』東亜大学校博物館（釜山）

宇土市教育委員会 1978「向野田古墳」『宇土市埋蔵文化財調査報告書』2，宇土市教育委員会

山鹿貝塚調査団 1972『山鹿貝塚』九州大学医学部解剖学教室

山口県埋蔵文化財センター 1986『土井ヶ浜遺跡第 10 次発掘調査概報』豊北町教育委員会

（2001 年）

遺跡の所在地対照表（50音順）

遺跡名	旧所在地	新所在地
阿高貝塚	熊本県下益城郡城南町	熊本県熊本市城南町
天岩戸岩陰遺跡	熊本県鹿本郡菊鹿町	熊本県山鹿市菊鹿町
有佐貝塚	熊本県八代郡鏡町	熊本県八代市鏡町
芋平遺跡	広島県芦品郡新市町	広島県福山市新市町
今川遺跡	福岡県宗像郡津屋崎町	福岡県福津市
馬取貝塚	広島県松永市	広島県福山市
江湖貝塚	長崎県福江市	長崎県五島市
大橋貝塚	岡山県邑久郡邑久町	岡山県瀬戸内市邑久町
大道端遺跡	福岡県山門郡瀬高町	福岡県みやま市瀬高町
小川島貝塚	佐賀県東松浦郡呼子町	佐賀県唐津市呼子町
沖ノ原貝塚	熊本県天草郡五和町	熊本県天草市五和町
鎌崎海岸遺跡	長崎県壱岐郡郷ノ浦町片原触字鎌崎1709	長崎県壱岐市郷ノ浦町片原触字鎌崎1709
カラカミ遺跡	長崎県壱岐郡勝本町	長崎県壱岐市勝本町
川上貝塚	鹿児島県日置郡市来町	鹿児島県いちき串木野市
岐宿貝塚	長崎県南松浦郡岐宿町	長崎県五島市岐宿町
黒橋貝塚	熊本県下益城郡城南町	熊本県熊本市城南町
コウゴー松遺跡	大分県直入郡久住町	大分県竹田市久住町
古閑原貝塚	熊本県岱明町	熊本県玉名市岱明町
国柳遺跡	長崎県壱岐郡勝本町	長崎県壱岐市勝本町
坂の下遺跡	佐賀県西松浦郡西有田町	佐賀県西松浦郡有田町
崎ヶ鼻洞穴	島根県八束郡美保関町	島根県松江市美保関町
里木貝塚	岡山県浅口郡船穂町	岡山県倉敷市船穂町
鹿部東町遺跡	福岡県糟屋郡古賀町	福岡県古賀市
志多留貝塚	長崎県上県郡上県町	長崎県対馬市上県町
下楠田貝塚	福岡県三池郡高田町	福岡県みやま市高田町
上八貝塚	福岡県宗像郡玄海町	福岡県宗像市
新町遺跡	福岡県糸島郡志摩町	福岡県糸島市志摩
つぐめのはな遺跡	長崎県北松浦郡田平町	長崎県平戸市田平町
出口遺跡	大分県日田郡天瀬町	大分県日田市天瀬町
寺の前遺跡	大分県直入郡萩町	大分県竹田市荻町
天神山貝塚	福岡県糸島郡志摩町	福岡県糸島市志摩
永山遺跡	鹿児島県姶良郡吉松町	鹿児島県姶良郡湧水町
西之薗遺跡	鹿児島県川辺郡笠沙町	鹿児島県南さつま市笠沙町
原山遺跡	島根県簸川郡大社町	島根県出雲市大社町
日勝山遺跡	鹿児島県大口市	鹿児島県伊佐市
彦崎貝塚	岡山県児島郡灘崎町	岡山県岡山市南区
平城貝塚	愛媛県南宇和郡御荘町	愛媛県南宇和郡愛南町
法華原遺跡	福岡県浮羽郡吉井町	福岡県うきは市吉井町
曲り田遺跡	福岡県二丈町石崎	福岡県糸島市二丈石崎
御手洗遺跡	熊本県菊池郡合志町	熊本県合志市
水月永瀬貝塚	長崎県南高来郡加津佐町	長崎県南島原市加津佐町
宮下貝塚	長崎県南松浦郡富江町	長崎県五島市富江町
宮之迫遺跡	鹿児島県曽於郡末吉町	鹿児島県曽於市末吉町
女亀遺跡	長崎県南松浦郡富江町	長崎県五島市富江町

遺跡名	旧所在地	新所在地
山の寺遺跡	長崎県南高来郡深江町梶木	長崎県南島原市深江町梶木
雪ノ浦	長崎県西彼杵郡大瀬戸町	長崎県西海市大瀬戸町
竜王遺跡	佐賀県小城郡三日月町	佐賀県小城市三日月町
脇岬貝塚	長崎県西彼杵郡野母崎町	長崎県長崎市
ワラミノ遺跡	大分県東国東郡国東町	大分県国東市国東町

※本文執筆時より所在地名に変更のあった遺跡をまとめた（2016年現在）

方法論の特徴

澤下 孝信

　田中良之の論考においては，資料操作にかかわる方法論と分析結果の解釈に注目すべき点が多い。ここでは原則，本書での掲載順に解説する。

第1部　漁撈研究から属性分析へ

①漁撈研究

　第1章では，従来，「固定銛頭」あるいは「組み合わせ式固定銛頭」と理解されてきた骨格器について，「離頭銛頭」であることを論じている。

　すなわち，当該骨角器が対馬海流域の外海部に分布し，カエシを有する刺突具であることから銛頭としての機能を認めた上で，形状観察に基づいて，これらの茎槽（ソケット）部の幅では柄が細すぎるため，本柄に着装しても用をなさないこと，そして組み合わせ式ならば必要のない尖端部の研ぎ出しが認められる点から，固定銛頭説を否定する。その上で，北海道を中心に縄文時代に出現する一王寺型離頭銛頭（開窩式）と長さや投射角が一致することを参考にして，これらを細くて短い中柄に装着し，さらにそれを太い本柄に差し込む方式の開窩式離頭銛頭と理解し，その時期が縄文時代前期から弥生時代後期に及ぶことから，同時期にこの地域に分布する石銛・組み合わせ銛（石鋸）・西北九州型結合釣針などの，大形の外洋魚類を捕獲対象とした漁撈具とセットをなして地域的漁撈文化を構成していた要素の一つとして「西北九州型離頭銛頭」と命名している。

　しかし一方で，縄文時代後期には，より発達した閉窩式離頭銛頭に変化する仙台湾周辺と，閉窩式離頭銛頭（鉄製）が古墳時代後期に出現するまで，石銛・組み合わせ銛（石鋸）などの固定銛や大形の結合釣針などが発達する

西北九州地方では，漁撈活動の質が異なることが指摘されている。その理由
について具体的に記述されていないが，大形の外洋魚類を対象とした漁撈形
態が両地域に存在しても，たとえばマグロ・カツオなどの大形回遊魚類（小
形のクジラ類も含まれるかもしれない）がどの程度，捕獲可能であったかと
いう生態学的な問題が考えられているのではあるまいか。

　第2章の論考は，長崎県壱岐・鎌崎海岸遺跡でまとまって採集されたスク
レイパーの機能について論じ，当該地域の漁撈文化の特質に言及することを
目的としたものである。

　まず，当該石器の形態について，いずれも全体を直角三角形状に整形され，
柄部に対して扁刃をなし，柄部の一方もしくは双方の側辺に緩やかな剝込み
を有することから定型化が看取できることを指摘する。そして，同様のスク
レイパーが九州西北部を中心として，朝鮮半島南岸の東三洞貝塚から鹿児島
県に至る外海に面した縄文時代早期末から晩期にかけての遺跡で出土してい
ること，海棲哺乳類や大型魚類の捕獲用と想定されている有茎石鏃や組み合
わせ鏃（石鋸）などの石器と分布範囲が重なることから，このスクレイパー
をこれら動物群の解体処理用具として「鎌崎型スクレイパー」と呼称する。
さらに，時間的・空間的に乖離しているため直接の関係はないとしつつ，推
定した機能を補強するため，北海道の続縄文文化の中にみられる，鎌崎型ス
クレイパーと同様の属性を有し，現在のエスキモーナイフ（サケ・マス・ア
ザラシ・セイウチ・クジラなどの処理道具）につながる「石製ナイフ」の例
を援用している。

　以上のように，これらの論考には，縄文時代における西北九州地方の外洋
性漁撈形態の特徴を明らかにした上で，時間的な乖離に注意を払いつつ，東
北・北海道地方のそれと比較して相対化するという明確な目的がうかがえる。

　いずれの論考においても，対象とする道具を定義する上での属性が明確で
あり，第1章では固定鏃頭が離頭鏃頭に，第2章でも，従来石鏃に分類され
ていた石器の一部がスクレイパーに変更されている。属性の明確化という点
において，のちの縄文土器研究における方法の基盤が看取できる。さらに，
第2章の鎌崎型スクレイパーについて，出土した遺跡の立地および，共伴し

た石器などの遺物や動物遺存体から，その機能を捕獲具とセットをなす解体処理具であることを想定する方法は，当然のことながら，分布論的のみならず生態学的解釈でもある。また，石製ナイフ例の援用や，西北九州型離頭銛頭の検討においても生態学的要素が見受けられる。この点は，田中の恩師である岡崎敬先生（九州大学名誉教授・故人）が，生業を研究する上で集団（人間）と環境とのかかわりを意識すること，すなわち生態学的観点がたいへん重要である，と常々言われていたことと無関係ではないだろう。

　その後，とりわけ西北九州型離頭銛頭は研究者の注目するところとなり，長崎県伊切木遺跡や佐賀貝塚などで縄文時代のそれが数多く出土したことが報告されている。

②縄文土器論

　第3・5章は早くから九州地方における縄文時代中期の土器型式として位置づけられていた阿高式土器について，その系統および編年研究を行うとともに瀬戸内地域における中期の諸型式との並行関係を論じ，さらにはそこから派生する問題について言及したもので，**第5章は第3章**の論考の概要を述べたものである。

　阿高式の系統については，先行型式である並木式（中期前葉）の文様モチーフに着目して，同式をⅠ〜Ⅲ式に細分し，中九州の轟Ｃ・Ｄ式（前期後葉）を祖形として並木Ⅰ式が成立したとする。その上で，阿高式の細分について，先行研究における，規律ある全面施文が古く，くずれた文様を口縁部周辺に集約するものが新しいという編年観をふまえつつ，具体的に単位文様を抽出してそれらの系統関係を明示して文様論上の画期を設定した上で，それら単位文様がどの部位に施文されるか，すなわち同一個体上の共伴関係を検討し，その組み合わせによって阿高Ⅰ〜Ⅲ式に細分する。その際，単位文様の新古関係については，先行型式である並木Ⅲ式の文様との型式学的な近縁関係が根拠となっている。

　その方法論的特徴は，分析対象の要素（属性）としては従来から型式変化の指標とみなされていた施文部位と文様ではあるが，それぞれの要素を一覧

的に明示して，その組み合わせという複数の要素で型式を設定する点にあり，要素を場当たり的に持ち出して型式変化を説明するという論理的な不明確性が排除されている。また，構成要素の共変化によって画期を設定するという方法論自体にシステム論の影響が看取できると思う。

　以上の方法論とは別に，分布の問題について重要な問題提起がなされている。すなわち，並木Ⅰ〜Ⅲ式から阿高Ⅰ・Ⅱ式は，南九州，中九州，西北九州に分布し，東九州ではその時期に船元式が主体的に分布する。ところが，中期後葉の阿高Ⅲ式期には東九州で福田Ｃ式（船元式系）と併存する一方，南九州と西北九州では，それぞれ阿高Ⅱ式を母体しながらも，文様が粗略化した岩崎下層式，坂の下Ⅰ式が分布する。また，この地域性は，粗製土器も含めた，器面調整法においても看取できるという。これらの3地域は，有明・八代海（阿高Ⅲ式），対馬海流（坂の下Ⅰ式），錦江・志布志湾（岩崎下層式）という海によってくくられる，自然環境によって規定されつつまとまったものと理解した上で，「土器分布圏を一定のレベルにおける情報の質と量とを共有した集団の範囲とする観点」に立ち，大分布圏の「核」となっていた地域（中九州）の活力が衰退することによって，情報伝達がスムーズに行われなくなったため，阿高Ⅲ式期における地域性が生じ，さらに後期以降，それまで瀬戸内系土器の主体的分布範囲外であった地域で東方からの磨消縄文土器文化を受容する要因となったとする。阿高Ⅲ式期における東九州への阿高式系土器文化の進出についての解釈は**第4章**で示されることになるが，土器分布圏（土器文化圏）を一つのシステムと理解し，システムの安定性が何らかの理由で揺らぐことにより，やがては隣接する外部のシステムの影響を受けて，システム自体が変化するというモデルを提示している。

　第4章は福岡県鞍手郡鞍手町に所在する新延貝塚出土の縄文土器について分析したものである。なかでも，前・中期の土器について，**第3章**の論考で概観された箇所が改めて検討されている。まず，前期の曽畑式については，先行研究をふまえながら，口縁部に数段の刺突文を有し，胴部に複合鋸歯文や羽状文が施される段階を古段階，胴部文様が口縁部にまで進出する段階を新段階（新延Ⅲ期）と理解する。また，二枚貝条痕を残し，単位文様や構成

方法論の特徴　431

が曽畑式の規制を逸脱した一群を曽畑（新）式（新延Ⅳ・Ⅴ期）とした上で，同時期の中九州には，新段階の曽畑式から型式変化を遂げた轟Ｃ・Ｄ式が分布することを指摘する。そして，新延Ⅳ・Ⅴ期を，轟Ｃ・Ｄ式と並行する前期後葉に位置づけ，その上で，Ⅴ期の曽畑式土器にみられる瀬戸内の彦崎ＺⅠ式土器の押引文の存在から前期後葉でも新しい段階に，Ⅳ期を古い段階，Ⅲ期を前期中葉の新しい段階に位置づけている。

　なお，曽畑式土器については，**第7章**で再論され，施文される部位と文様を対象として，上記と同様の論がより詳細に展開されている。本稿では，その系譜について言及され，第1段階の土器群の文様帯規格（口縁部・胴部・底部）との共通性から，朝鮮半島の櫛目文土器文化の影響を想定する見解が支持されている。そして，漁撈文化の研究成果に基づく環対馬海峡の外洋型漁撈文化を形成した地域集団の存在が，その背景に想定されている。

　さて，中期の土器については，主体を占めるのが阿高式系ではなく瀬戸内系土器群であることを確認した上で分析されている。間壁忠彦の編年をふまえながら，型式学的な検討を加えて次のような編年案を提示する。すなわち，隆帯文の消失や，竹管のみによる施文，ヘラ描き沈線文の出現などという施文方法における型式変化を想定して，船元式第一段階（船元Ⅰ式Ａ・Ｂ類：間壁編年，以下同様）→船元式第二段階（Ⅰ式Ｃ類・Ⅱ式Ａ・Ｂ類）→船元式第三段階（Ⅱ式Ｃ類・Ⅲ式Ａ類）→船元式第四段階（Ⅲ式Ｂ・Ｃ・Ｄ類）→船元式第五段階（Ⅲ式Ｅ類〔福田Ｃ式〕・船元Ⅳ式）→（里木Ⅱ式）と設定した上で，第一・二段階を中期前葉，第三・四段階を中期中葉，第五段階と里木Ⅱ式を中期後葉に位置づける。同時にそれぞれの分布状況から，第四段階のⅢ式Ｂ・Ｃ類やⅢ式Ｄ類の一部がみられず，地域性が生じ始めること，さらにⅢ式Ｅ類（福田Ｃ式）が出現するにあたって，第四段階のⅢ式Ｄ類と西瀬戸内～北九州にかけて分布する，隆帯文による区画内に代替条線を充塡する土器群が祖形となり，次の第五段階に至って船元Ⅳ式は瀬戸内地方に，Ⅲ式Ｅ類（福田Ｃ式）は西瀬戸内から北九州に分布する形で，船元式土器分布圏が分解したものとみなす。さらに，そのことによって，相対的に優位に立った阿高Ⅲ式土器が，中期末にⅢ式Ｅ類（福田Ｃ式）の分布地域へ進

出し，「西和田式」に転化したと理解している。

　以上，船元式についての分析は，資料の大部分が小片であることもあって，複数の属性に基づくものではない。しかし，施文具や隆帯という施文方法にかかわる属性に着目して系統的に整理されていて合理的であり，分布論をめぐっても，ある地域に複数系統の土器群が存在する場合，それぞれの出土量を考慮しながら，慎重に論が展開されている。ややもすると，新たな見解の提示を急ぐあまり，ほとんどその存否だけで分布論を展開する研究も見受けられる昨今，その研究姿勢に学ぶべき点は多いと思う。

　ところで，西北九州地方における中期の土器について，船元式系土器を客体ではなく主体的存在とみなす見解がある。具体的には，九州において船元Ⅰ・Ⅱ式から春日式が成立し（中期中葉：船元Ⅲ式並行期），その春日式は層位的関係から並木式に先行する。そして中期末に，その新段階土器群（中尾田Ⅲ類）が並木式を経て，さらに阿高式に変化を遂げたという理解である（徳永貞紹 1994「並木式土器の成立とその前夜」『牟田裕二君追悼論集』など）。ここでは，船元式の主体的分布範囲についての理解が，田中とは大きく異なっているが，九州西半部において船元式古段階（Ⅰ・Ⅱ式）を主体とする遺跡が点的に存在することはすでにが指摘しているところである。また，中尾田Ⅲ類の型式設定の手続きが十分でない上に，図示された土器群を見る限りでは，器表面にも二枚貝条痕を残した，並木式土器に伴う有文の半精製土器の可能性も排除できない。さらに，^{14}C 年代では，中尾田Ⅲ類土器群の一部について，先行するとされる春日式の年代よりも古い年代が得られていることから（高瀬哲郎・徳永貞紹 1994「九州地方の縄紋中期土器編年と ^{14}C 年代」『名古屋大学加速器質量分析計業績報告書』Vol.5），この見解のキーとなる中尾田Ⅲ類についてのさらなる詳細な分析・検討が必要であろう。

　第6章では縄文時代中期の阿高式の分析をふまえた上で，縄文時代後期の磨消縄文土器の北部九州における動向を概観する。すなわち，北部九州の後期初頭においては，阿高式系土器に替わって外来系の中津式土器（磨消縄文土器）が精製・半精製・粗製レベルまで占める外来系優位の遺跡が知られ，それらは外来集団が移動してきた可能性を示すと指摘している。

方法論の特徴　433

　第8章はこの観点をさらに発展させて，磨消縄文土器の九州への流入プロセスを検討したものである。この論考では，まず，土器口縁部形態，口唇部文様，文様帯（施文部位），単位文様などの要素を多元的に組み合わせて分類単位，すなわち様式（型式群の意。小林行雄の様式概念にほぼ相当する）を設定する方法論に特徴がある。ここには，D.L.Clarke の "Analytical Archaeology" の影響が認められるし，生物学における「分類」が念頭にあったこともうかがえる。医学部に赴任した田中が，同僚諸氏との議論で触発されたであろうことは想像に難くない。

　概念的には，土器様式において精製・半精製・粗製土器のレベルを設定し（様式構造），さらに異なる土器様式間で，他の様式からの情報が拒絶されるものをハイレベル，他の様式からの情報に比較的寛容なものをローレベルの様式と定義した上で，後期前葉から後期中葉にかけての中九州における土器様式構造が在地系から外来系へと変化していく過程，すなわちハイレベル間での変容過程がモデル化されている。また，在地・外来の2系統の要素を併せもつ折衷土器の多くに双方の要素間に優劣を認め，それが様式構造の変化と対応することも示している。折衷土器が双方の要素の同時性を示すだけでなく，土器製作者の価値観を反映するもので，そのレベルが高いほど規制が強く働くという指摘と，ハイレベルな他の文化要素が土器における精製土器の動きと連動する可能性が高いという指摘は，土器様式をめぐる概念とともに，土器を題材として文化・社会にアプローチする上できわめて有効である。

　そして，土器分布圏をコミュニケーション・システムの範囲で，「集団間のあるレベルにおける社会的関係を反映したもの」と理解し，中九州における土器様式構造の変化は，転入者等（婚姻を含む）によって徐々に外来情報が蓄積され，伝統の拮抗から逆転という過程が反映されたものというシステム論的な理解は，先史時代における土器様式変化の一つのパターンとして有効であろう。

　ちなみに，第10章は第3章と関連するもので，並木式と阿高式の施文方法を検討し，並木Ⅲ式段階で押引文と凹線文の優劣関係が逆転し，押引文に直線的モチーフの空白部位に指頭による凹線を施すことにより曲線的な阿高

I式のモチーフが成立することを論証し，並木式と阿高式が同一系統である
ことを補強している。ここでは，先の異系統土器の受容をめぐる土器文様変
化とは異なり，同一系統土器における自律的な文様変化がモデル化されてい
る。この文様変化は土器製作者の偶発的行為の結果である可能性が高い（澤
下孝信 1995「考古学における社会論への一視座—中園聡氏の批判に応えて—」『日本
考古学』第2号）。

　また，その要因はともかくとして現象的には，前者の異系統土器間におけ
る文様変化は，生物進化における「大進化」，後者の同一系統土器内の文様
変化は「小進化」がイメージされているように思える。

　第9章では，属性分析とその地域間頻度を検討することによって，近畿地
方から瀬戸内地方にかけての縁帯文土器群と九州地方の鐘崎式系土器が，文
様・器形などの多くの属性を，地理的勾配を有しつつも共有する土器様式，
すなわち第8章におけるローレベルの土器様式間関係が論じられている。こ
こでは，地域性を超えて共通する規格や文様・器形で包括できる様式（縁帯
文土器）はハイレベルの様式，地域性を有しながら時期的に並行する様式は
ローレベルの様式と規定され，それぞれ都出比呂志のいう「様式」と「小様
式」にほぼ相当するという。さらに，土器分布圏をコミュニケーション・シ
ステムの範囲と理解した場合，通婚のみならず種々の伝達手段（たとえば，
祭礼や交易・生業活動を通しての日常的な接触による）によってそのシステ
ムが維持されるとともに，その開放の度合いが反映されたものがハイレベル，
ローレベルの様式であり，これらは社会システムにおけるサブシステムとし
て機能したとみなす。しかしながら，この社会システムが血縁的紐帯を媒体
とする社会的単位と相関することを示唆しつつも，それが具体的にいかなる
社会的単位であるかについては明言を避けている。土器論として，ハイレベ
ル，ローレベルという様式概念はきわめて有効である。しかし，その背後に
ある実態へのアプローチは考古資料だけでは限界があるという認識が，のち
の，先史時代社会システムを規定する親族構造についての古人骨に基づく研
究への出発点となったことがうかがえよう。

　第11章は第9章と同じく，縁帯文土器を素材として，異系統の土器文様

方法論の特徴　435

が伝播するにあたり，すべての要素が等しく受容されるわけではないことを
セリエーションと主成分分析を用いて分析したものである。第9章のセリ
エーショングラフのみでは若干，判然としない点が，主成分分析を併用する
ことによって，各要素が発信源からの距離に応じてどのような "fall off" カー
ブを描くかを明示した上で，三つの類型が設定されている。すなわち，近畿
地方から瀬戸内地方，九州地方にかけてほぼ画一的である口縁部文様施文パ
ターン（第1類型），属性変異が東から西にかけて漸移的変化を示す口縁部
形態・口縁部外面文様・頸部文様などの属性（第2類型），第2類型と同様
に東から西にかけて減衰するものの，近畿地方から九州地方にかけて各地域
間でほぼ同様の傾斜を示す胴部文様と口縁部従文様（第3類型）である。第
1類型が "wide-spread" な属性であり，第3類型が地域性の明確な属性に相
当する。精製土器を構成する属性間にも位相差（レベル差）があり，広範囲
にわたる土器製作者が土器の全体的枠組を認識しながらも，たとえば胴部文
様においては何らかの象徴的意味合いによって地域性が現出したという指摘
は，象徴性を具体的に明らかにすることはかなり困難ではあるが，属性分析
の手法が編年のみならず空間的解釈においても有効であることを示している。

　第12章は第9章の論考の基礎となっている点で，小論ではあるが重要で
あろう。この論考では，瀬戸内地方の縁帯文土器と九州地方の小池原上層
式・鐘崎式が，竪穴状遺構で在地の阿高式系土器と共伴した事例に基づいて，
鐘崎式をⅠ〜Ⅲ式に編年した上で，それに依拠しつつ瀬戸内地方の縁帯文土
器と阿高式系土器を検討する形で議論が進められている。したがって，第9
章はこの論考での枠組みをもとに，対象地域を近畿・瀬戸内地方にシフトさ
せたものと見なすことも可能である。

　なお，九州における縁帯文土器（鐘崎式）の成立について在地の阿高式系
要素を重要視する見解もあるが（西脇対名夫1990「伊切木遺跡出土縄文時代後期
土器の検討」『伊切木遺跡』など），とりわけ第11章で明示されたように，縁帯
文土器の個々の属性には総体として地域的勾配が認められるので，近畿・瀬
戸内地方の縁帯文土器の影響を想定するのが妥当であろう。

第2部　縄文時代の終焉／弥生時代開始のプロセス

　第14章では，第13章における分析をふまえ，山の寺式から夜臼式における，1条刻目突帯文の比率の減少，丹塗浅鉢の減少と浅鉢の粗製化，無突帯無文の伝統的粗製深鉢（甕）の減少など漸移的な変化を根拠として，山の寺式と夜臼式は同一様式（夜臼式）内の時期差と理解する。その上で，渡来的要素の一つである壺が夜臼式期に出現すること，そして同じく渡来系要素である，甕の口縁下の焼成前穿孔と土器成形時の外形接合に着目して，前者が黒川式期に出現し，後者は夜臼式期～板付Ⅰ式期にかけて在来の内傾接合手法を凌駕するものの，あくまでも在来系土器にみられるものであり，これらが渡来人の存在を示唆するとしても，在来伝統と規制の健在を示していると指摘する。また，夜臼式における壺の出現，粗製無文深鉢（甕）の減少と消滅，浅鉢の減少，内傾接合手法から外傾接合手法への転換などを根拠として，土器様式において黒川式期は在来文化が外来文化に対して優勢な段階で，夜臼式期になると，両者が拮抗もしくは逆転する。すなわち，水稲耕作の本格化とともに文化構造が変化したものと理解し，したがって少なくとも北部九州においては夜臼式期以降を「弥生時代」とみなす。器種の存否のみではなく，その量的傾向に着目して土器様式の動態を分析する方法論はこれまでみてきたそれと共通するものである。様式概念が時期幅を含意するため，土器を分析する上で，様式差か同一様式内の時期差かはよく問題となるが，ア・プリオリに一つの属性に着目して，様式差と理解することへの警鐘ともいえよう。また，水田遺構の存在や壺の出現を指標とする従来の時代区分論と対照的に，文化構造における転換というシステム論的観点からの時代区分論は傾聴に値すると思う。なお，後述する論考とも関連するが，弥生前期における列島内での「渡来系弥生人」の移住・拡散がすでに縄文時代に存在していた広域社会のネットワークを介したという指摘にも注目すべきであろう。

　第15・16章は，第14章で示された土器様式における構造変化を，D.L.Clarke の概念を援用しつつ，大量の渡来人によって在来文化が払拭され

るパターンではなく，朝鮮半島（外部）からの情報を蓄積することによって
システムに動揺をきたし，ついには閾値を超えて別のシステムに変容した
ケースと理解した上で，その情報の中に含まれる遺伝的情報，すなわち渡来
人について，従来の学説をふまえつつ再検討されたものである。その結果，
渡来は朝鮮半島を出発地とし，北部九州を中心として縄文晩期黒川式期に確
認されはじめ，夜臼式期に継続あるいは増加するものの，その量は在来者の
数に匹敵あるいは凌駕するものではなく，在来社会の規制を受ける程度のも
のであったこと，また，渡来的形質は，在来者との混血によって黒川式期か
ら板付Ⅰ式期にかけて形成され，板付Ⅰ式の後半期から板付Ⅱ式期の初めに
人口増加とともに，移住を含む形で中国・近畿地方に向けて拡散が始まった
という。この拡散現象は，いわゆる「遠賀川式土器」の伝播現象を解釈する
上で合理的であろう。くわえて，前期末に朝鮮系無文土器のセットを有する
コロニーが存在することから，渡来人は男女で構成されていたとも推定され
ている。稲作文化の受容にあたっての主体が縄文人（在来者）であったとい
う見解はほぼ定説化しているが（金関恕ほか1995『弥生文化の成立』角川書店な
ど），一方で，渡来系弥生人の存在を重視するべきとの意見もある（片岡宏
二・飯塚 勝2006「数理的方法を用いた渡来系弥生人の人口増加に関する考古学的研
究—弥生時代前期～中期における三国丘陵をモデルとして—」『九州考古学』第81号
など）。

　また**第17章**では，弥生時代の伸展葬において，埋葬に際して棒状の器物
をもたせたことによると考えられる上肢の屈曲が認められ，朝鮮半島南部を
起源地として単なる埋葬姿勢形態ではなく，葬送行為・儀礼が伝来した結果
の現象と理解されている。渡来人がもたらした文化には，土器などの物質文
化だけでなく，葬送儀礼などの精神文化も含まれていたことが実証されてい
て興味深い。

　とりわけ**第16章**で論じられているように，渡来人をはじめとする人類学
的な諸問題は，古人骨資料のみに基づく研究では限界があり，考古資料をも
視野に入れて一つの脈絡で総合的に考えるべきであるという主張は，田中の
「骨考古学」の立場を端的に示している。

[付記]

　田中良之氏と初めて出会ったのは，私たちが九州大学考古学研究室に進学した1976年10月で，氏は大学院修士課程の1年であった。田中氏と私の下宿先が近かったこともあって，氏の独身時代，その部屋によくお邪魔したものである。当時，私は考古学を専攻したものの，方法論などほとんどわからず，何か手がかりを得たいといろいろ話を聞いたが，氏のこととて酒無しのわけがなく，翌日こちらはその内容を半分くらいしか覚えていないということの繰り返しであった。

　氏の修士論文作成時には，夏休みに熊本県を中心に九州内を回って資料調査のお手伝いをした。この時，実測とは如何なるものかを学んだが，調査に没頭するあまり，阿蘇の山中で熊本市内行きの最終バスに乗り損ねそうになり，遠くにバスが見えるなか，停留所目指して重い荷物を抱えながら2人で懸命に走ったことを，40年近くたった今でも鮮明に覚えている。

　それ以外にも，岩永省三氏と堤研二氏の解説に詳しく述べられているように，研究会をはじめ，公私にわたってずっとお世話になってきた。長年のご厚誼に深謝するばかりである。

　2015年2月，亡くなる20日ほど前にお見舞いしたのが最後になったが，その折，会話中に聞き取りにくい箇所が少しあったものの，知らされていたほど悪いようには見えなかったので，訃報を聞いたときは茫然自失であった。そして今なお，心にぽっかりと穴があいたままである。

　田中さん，長い間お世話になり，本当にありがとうございました。ゆっくりお休みください。

（さわした　たかのぶ／下関市立考古博物館）

考古学と地理学・空間分析

―「考古学方法論研究会」とその時代―

堤　研二

はじめに―本稿の目的―

　本稿では田中良之（本文中の人名は敬称を略す。以下同じ）とその業績について，考古学徒ではない社会経済地理学者の身で「考古学方法論研究会」（以下，「読書会」とも記す）のメンバーであった筆者の視点から検討することで，もっぱら考古学界の中で評価されてきた彼の仕事の多面性を明らかにすることを目的とする。具体的には読書会での活動を中心としながら考察を行う。

読書会と田中良之

　筆者は1980年秋に，講座化されて初めて専門の学生を受け入れることになった九州大学文学部地理学教室に教養課程から進学した。1982年，2代目助手の熊谷圭知（現・お茶の水女子大学）の発案で学際的な読書会をするべく，大学構内に参加者募集の掲示を行った。熊谷がパプア・ニューギニアを対象に調査・研究をしていたこともあり，理系の研究者や院生も参加しやすいと思われる，生態学に関する研究書を最初に読むことになった。筆者は学部学生であったが，これに参加した。参加者で協議して対象となる書籍や論文を決め，それを分担して読んできてレジュメで報告をするというのが，それ以降の基本的なスタイルであった。社会学の山本努（現・熊本大学）と安河内恵子（現・九州工業大学），宗教学の安達義弘（現・帝京大学），日本史学の真栄平房昭（現・琉球大学）も参加者であった。ここに始まる読書会では，参

加者が変遷する中で，しだいに考古学を専門とする者たちが主体となっていった。その結果，田中良之をはじめ，岩永省三（現・九州大学），澤下孝信（現・下関市立考古博物館），足立克己（前・島根県教育委員会），杉村幸一（福岡市教育委員会），故・松永幸男（前・北九州市立考古博物館），そして筆者が「考古学方法論研究会」としての読書会のメンバーとなった。のちに，大学院生の頃から関係していた溝口孝司（現・九州大学）がイギリス・ケンブリッジ大学での留学から帰国して本格的に加入した。田中は医学部解剖学講座助手，文学部附属九州文化史研究施設助教授などを経て，改組となった比較社会文化研究科の教員となったが，すべて九州大学内での職であった。本来は縄文時代の研究者であった田中が，人骨を対象とする研究に邁進し，モノ・ヒト・社会の構造的把握に関するフレームワークを確立していったのは，まさに読書会で精力的な活動が行われていた時期と重なる。

　ここで，とくに読書会が活発であった 1980 年代から 1990 年代にかけて，議論の対象とされた研究書・研究論文等について回顧してみる。読書会の初期の頃においては，生態学，社会学など考古学関係者以外の参加者が多く，呼びかけ人の熊谷の専門もあって，Clifford Geertz［1963］による米作農村のエコシステムを比較分析した難解な著作や，回数を限って開催される儀礼において貴重な動物性タンパク源である豚を大量殺戮して先祖に捧げるニューギニアの農耕民の儀礼と農耕活動を描いた Roy Rappaport［1968］の秀作などを読んだ。環境利用によって生業が成立する縁辺的農耕民の日常的諸活動を構造的枠組みとしてとらえた生態人類学的研究群であった。熊谷が助手としての 3 年の任期を終えて阪南大学へ転出した頃には，読書会への参加者は，前述のようにほとんどが考古学関係者となった。

　この頃，計量的手法によって動物や植物を分類単位 taxon へと類型化する数量分類学 numerical taxonomy に関して，1960 年代の基本的で先駆的な文献であった Sokal and Sneath［1963］を読んだことで，多変量解析，なかでもクラスタ分析によるデンドログラム（樹状図）表現にメンバーの多くが魅せられた。そして，具体的に検討したのが因子分析・主成分分析・数量化理論などで算出したケースや変数ごとのスコアをクラスタ分析によって可視的

に分類したりすることができる手法であった。その頃は，英語でプログラムやジョブ制御文を作成して大型計算機で計算実行していた時代から，パソコンで多変量解析が可能となる時代への移行期であったが，読書会のメンバーたちは，遺物等の分類にこうした手法を援用した。このような状況は田中自身が歯冠計測値などに基づく人骨の計量分類を行い，葬送墓制や古墳時代親族構造の分析などへ研究展開を成し遂げていく背景となった。筆者が専門とする人文地理学の分野では，地域データをもとにした多変量解析による地域類型の分析がオーソドックスなものとなっていた。こうしたなかで，島根県の神庭荒神谷遺跡の発掘調査に携わっていた岩永（当時・奈良国立文化財研究所）と足立（当時・島根県教育委員会）は大量の銅剣の出土と，銅剣と複数の銅鐸との同地埋納という空前の大発見の前でさまざまな方法論や手法を考えていた。銅剣の図面描画から類型化を考察していた岩永は，筆者（当時・島根大学）に神庭荒神谷出土銅剣の計量分類を依頼し，その計算結果を得ることとなった。そして，岩永の詳細な図面による分類と筆者による分析結果は合致したのであった。

　読書会では，単に遺物の計量分類をするだけではなく，地域的セリエーションや，文化事象の伝播も重視しており，そのために，考古学に計量分析の点で影響を与えた地理学者 Peter Haggett らの立地分析の最新全2巻版 [Haggett *et al.* 1977a, 1977b] を読むこととなったが，その完遂までには時間がかかった。Haggett は，バイブル的な計量地理学のテキストを刊行していたが [Haggett 1965]，その邦訳本が出版されたのは原著初版刊行から11年を過ぎた段階であり，その翌年に世に出た Haggett らによる前記の新版は，いまだに邦訳されるに至っていないが，それを精読したのであった。なぜ，考古学ではなくて人文地理学の文献を対象にしたのかということには理由がある。第二次世界大戦後の欧米の人文地理学では，地誌学中心の時代から1950年代に計量地理学の台頭の時代を経験し，1960年代終盤からは人文主義的（現象学的）地理学やラディカル地理学が出現した。1980年代にはポストモダンの地理学やポストモダン批判も顕著になった。読書会での我々の認識では，人文地理学に十年かそれ以上遅れて，考古学でも同じような歴史がたどられ

た，と考えられたのであった。計量地理学の影響を受けた Ian Hodder らが初の本格的計量考古学のテキストを刊行し [Hodder and Orton 1976]，その後，シンボリズム・解釈・プラクティスなどに目を向けてポストプロセス考古学の旗手となった Hodder の研究歴などがその好例である [Hodder 1982a, 1982b, 1986, 1992]。また，前記の人文地理学の流れにおける変動の源の一つであったのがケンブリッジ大学であり，ここで人文地理学と Hodder との交点が形成されたと考えられたのである。なお，読書会では計量分析だけでなく，action 行為・activity 活動・behaviour 行動・territoriality 領域性など，人類学と考古学にまたがる事項にも目を向けて [Kent ed. 1987]，プラクティス的研究に関する議論も行った。

　当該読書会の正式名称に「方法論」とあるのは，読書会が単なる読書の会ではなく，自分たちの研究における方法論的研鑽の糧を得る場にするという意図があった。Anthony Giddens [1976] の構造化理論の本も話題となり，システムと構造の二重性や，リソースとしてのルールや儀礼などを意識した議論を行った。のちに，ケンブリッジ大学へ留学した溝口からは，考古学の最新の情報や，彼が参加した Giddens のゼミの様子についての情報が寄せられるなどした。こうした読書会の活動において，対象書籍・論文の選定や，溝口から送られるケンブリッジ大学関係情報の整理を行ったのが，実質的な会のリーダーである田中であった。一方で生前の田中は，「自分が一番怖いのはこの読書会のメンバーたちである」としばしば明言していた。方法論を語る真剣勝負の場であったから，そのような発言があったと思われる。

田中良之の学問的戦術と戦略

　考古学はファクトから科学的推論を立てるべき学問であるといえようが，そのためには方法論の重視と構築とが不可欠となる。田中の研究は縄文遺物の分析から始まり，人骨と出会って，ヒトや，さらには社会構造を対象とするに至り，また，人間集団の生活・人生・歴史を冷静・客観的に分析することで，縄文・弥生・古墳時代の社会構造にアプローチした。晩年の火山灰埋

没遺体の状況推測にも，仮説検証型の方法論を重視していた姿勢がうかがえる。土井ヶ浜，上ノ原などの人骨分析の機会にも恵まれたといえようが，なによりも，方法論を磨き，手法を工夫・加工・獲得し，論理を重視する中で田中が至った境地は，しばしば本人が主張していたように，「中範囲論的実証分析にのみ活路が見いだされる」，という信念であったと思われる。彼は，戦術としての実証分析の蓄積と，戦略としての考古学方法論の精緻化の，二つの永遠運動を志し，夢見ていたのではなかろうか。田中の師たち，すなわち，岡崎敬，横山浩一，永井昌文たちもすでに鬼籍に入ったが，彼らの薫陶を受けて，それを超えていった斯界のキー・フィギュアとしての田中の研究の意義は，まさにこうした点において確認されよう。

おわりに—田中良之の先へ：日本考古学のプロジェクション—

　2015 年，福岡市博物館において「新・奴国展」が開催された。福岡市が政令指定都市になった折に開催された，四十数年前の「奴国展」（1972 年）と比べると（筆者は双方を観覧した），発掘された遺物・遺構は格段に増え，それらにかかわる情報も豊富となった。日本海側の山陰地方の遺跡との関係性などさまざまな新しい知見も加わり，この数十年間の考古学の進展の好例として位置づけられよう。ただし，そこにどういう方法論の進展があったのか，ということを意識した関係者や観覧者は何人いたであろうか。田中はこれを見ずして逝ったが，彼が「遺言」として残した自身の追悼論文集のテーマが「考古学は科学か」というものであった。それは，いまだに牽強付会的な持論やペダンティックで借り物の議論がなくはない考古学の世界で，方法論を尊重し，科学の名にふさわしい考古学を目指すべきことを重視した田中が，道半ばで倒れ，我々に託したメッセージであると思う。それを目指した河流の一つが田中であった。そういう何本かの河が目指すべき方向へ確かに流れているのかどうかということが，日本考古学の将来を左右するであろう。また，田中亡き後の日本考古学が世界に何を発信していくのか，直近では2016 年に開催される WAC-8 KYOTO（第 8 回世界考古学会議・京都大会）

などで試されることになろう。

[付記]

　こんなに早く田中良之さんが逝ってしまうとは，まったく思わなかった。読書会のメンバーで先に亡くなった松永幸男さんの逝去をいつまでも悔やんでいた田中さんは，筆者と最後に会った折に，病室のベッドの上でポツリと，「10年に一人ずつメンバーが亡くなっていったりして。松永の次が僕……」と自虐気味に語った。静謐な雰囲気の中で，これまでの人生でやるべきことはやってきたという自負と，まだやるべきことが見えているのに，という思いが交錯していた，と筆者には感じられた。メンバーで一緒に出雲に土地を買って古墳を造ってその石室にみんなで葬られるという私の変わった夢はかなわなかったが，それほどに私にとっての読書会メンバーは特別な存在であった。静かながらも熱をもって語った読書会での議論のさまざまな場面が今でも思い出される。色んな意味では，今でも田中さんと松永さんは私の中で生きている。しかし，会えなくなったことは誠に痛切だ。この思いは私の死によってやっと終わる。読書会は私の青春の，研究活動の，人生の一部であり，そこは，大学院博士課程へと進めなかった私にとっての重要な学校であった。このような場に恵まれた私は大きな感謝の気持ちを田中さんやメンバーの方々に捧げなければならない。誠に有難うございました。

参考文献

Geertz, C. 1963. *Agricultural Involution: The Process of Ecological Change in Indonesia*. University of California Press, Berkeley and Los Angeles.（池本幸生 訳 2001『インボリューション：内に向かう発展』NTT 出版，東京）

Giddens, A. 1976. *New Rules of Sociological Method: A Positive Critique of Interpretative Sociologies*. Hutchinson, London.（松尾精文・藤井達也・小幡正敏 共訳 1987『社会学の新しい方法規準：理解社会学の共感的批判』而立書房，東京）

Haggett, P. 1965. *Locational Analysis in Human Geography*. Edward Arnold, London.（野間三郎 監訳・梶川勇作 訳 1976『立地分析』（上・下）大明堂，東京）

Haggett, P., Cliff, A. D. and Frey, A. 1977a. *Locational Analysis in Human Geography 1: Locational Models*. Halsted Press, New York.

Haggett, P., Cliff, A. D. and Frey, A. 1977b. *Locational Analysis in Human Geography 2: Locational Methods*. Edward Arnold, London.

考古学と地理学・空間分析　445

Hodder, I., 1982a. *Symbols in Action: Ethnoarchaeological Studies of Material Culture* (New Studies in Archaeology). Cambridge University Press, Cambridge.

Hodder, I., 1982b. *The Present Past: An Introduction to Anthropology for Archaeologists*. Batsford, London.

Hodder, I., 1986. *Reading the Past: Current Approaches to Interpretation in Archaeology*. Cambridge University Press, Cambridge.

Hodder, I., 1992. *Theory and Practice in Archaeology*. Routledge, London.

Hodder, I. and Orton, C., 1976. *Spatial Analysis in Archaeology* (New Studies in Archaeology 1). Cambridge University Press, Cambridge.

Kent, S. ed. 1987. *Method and Theory for Activity Area Research: An Ethnoarchaeological Approach*. Columbia University Press, New York.

Rappaport, R. A. 1968. *Pigs for the Ancestors: Ritual in the Ecology of a New Guinea People*. Yale University Press, New Haven and London.

Sokal, R. R. and Sneath, P. H. A. 1963. *Principles of Numerical Taxonomy*. W. H. Freeman and Company, San Francisco.

(つつみ　けんじ／大阪大学大学院文学研究科)

田中良之氏の軌跡 I

岩永 省三

「もう一人の田中良之」の意味

このサブタイトルは田中氏自身が病床でつけたものである。田中氏はかね
てより考古学界の中で自分が形質人類学者「人骨屋」と思われていることに
我慢がならないようであった。田中氏は学生時代から博覧強記で，様々な問
題に一家言持っていたが，卒業論文を縄文時代の漁撈具で書き，修士論文は
縄文後期の土器から見た文化構造変動論であったから，コテコテの「縄文
屋」ともいえた。しかし，博士課程を 1 年のみで終え九州大学医学部解剖学
第二講座助手を 10 年務め，その間 1984 年に大分県上ノ原横穴墓群に遭遇し
古墳時代親族構造研究を開始してからは，古人骨相手の仕事（と言っても，
古人骨を資料としたあくまで「考古学」なのだが）がほとんどとなったから，
田中氏の「縄文屋」としての過去を知らない人が「人骨屋」と思っても無理
はないのだが，彼の意識ではあくまで「考古学者」であった。

2001 年，某遺跡から人骨が異常な状況で多数出土し，院生を連れて見学
に行った際には，考古学の分からぬ「人骨屋」が勝手なことを言いに来たと
いう冷淡な扱いをされたと言って苦笑していた。

このように「考古学者」としての自分があまりにも知られていないことに
対する憤懣がマグマのように溜まっていた。そこで，「骨考古学者」として
の氏の業績は，著書『古墳時代親族構造の研究』（柏書房，1995 年），『骨が語
る古代の家族』（吉川弘文館，2008 年）でエッセンスが発表されているため，
本著作集では，著書に掲載されていない諸論文をまとめて発表することで，
「人骨屋」ではない「もう一人の田中良之」が確かにいたということを学界

に改めて示しておきたい，という氏の叫びが示されている，と私は理解した。

『考古学は科学か』の意味

先に田中氏は自身があくまで「考古学者」であることにこだわっていたと述べた。しかし氏が，日本考古学の現状をそのまま良しとしていたわけではない。氏が「考古学者」と言う場合の考古学は，ひたすら遺物・遺構・遺跡に沈潜して帰納法的に攻めていく通常の日本考古学とは違う面を持つのだが，それはいかなるものか。

本著作集の編集と並行して『考古学は科学か』という追悼論文集の製作が進んでいる。そのタイトルも田中氏が病床で付けたもので，そのようにするのだという意向を 2015 年 2 月 13 日に聞かされた。タイトルの意味について同論文集で編者が語るであろうが，私の理解を記しておきたい。

氏は，日本の考古学界にまま見られる状況，「新説」という未検証仮説の提唱に努力が注がれるのは当然としても，未検証のまま放置されいつの間にか検証済み扱いされるようになったり（「嘘も百篇言えば本当になる」とまでは言わなくとも，未検証仮説が言い続けられているうちに事実に化けてしまう），論理的整合性があれば良しとして，仮説提唱までの論理に破たんが無ければ検証せずとも正しいと強弁されたり，未検証仮説の上に「それが正しいならばこうなる」と次々仮説が積み重ねられ，結局検証されない……等々の傾向に非常な危惧の念を抱いていた。論理構造として考古学は科学たるべきだと考えていたから，諸氏に日本考古学が果たして科学たりえているか，と改めて問おうとしたのであろう。

ただし氏が実践した「科学としての考古学」は，論理構造だけの問題ではなかった。氏は先史時代の親族構造研究を実践する中で，考古学的証拠に基づく仮説を形質人類学的証拠で検証するという方法を実践した。さらに近年は，考古学的・人類学的仮説をストロンチウム同位体分析などの地球科学的方法で検証することを強力に推進しつつあった。氏が中心になって九州大学に設立されたアジア埋蔵文化財研究センターでは，考古学と地球科学との融

合研究のナショナルセンターとなることを目指している。

　このように田中氏は自身が考古学的仮説を自然科学的方法で検証した実績から，「自らその分析を実践」する必要性を痛感し，九大・比較社会文化研究院に文理融合教育の体制をつくり，「サイエンスとしての考古学」を実践できる人材を養成し送り出してきた。晩年の田中氏は仮説の検証を自然科学的方法で行うことに相当こだわりをもち，「自らそれが実践できなければダメ」だと確信し，院生にも強く求めるようになっていた。自然科学的分析を自然科学者に丸投げし，結果だけ頂戴して「自然科学者と連携してますよ。科学的でしょ」というよくあるスタイルでは全くだめだと確信していた。

　もし氏が生きながらえる事ができたなら，必ずや考古学・形質人類学・地球科学を融合した学問の全貌を我々は見ることができたであろう。それは，以上の3分野すべてに卓越した実践を果たしてきた者でなければ到達し得ない高みであったはずだが，永久にかなわぬ事となった。

田中氏の軌跡 I

　田中氏が学生時代から逝去までにたどった軌跡，すなわち田中氏の「考古学」が形成され，完成に向かっていく過程を，私は比較的近いところから見てきた。強引に分類してみると，時間的には重複が多いが，I. 様々な学問との遭遇期，II. 形質人類学への集中期，III. 地球科学への集中期，となる。I のうち人文地理学との遭遇については堤氏の解説に詳しく，II・III は第2巻解説により果たしたいので，ここでは I についてふれる。

　田中氏が修士課程の院生だった 1977 年頃，田中氏・亀田修一氏・宮内克己氏ら同級生が中心となって，研究会と合評会が始まった。研究会は授業の演習のように学生が研究発表し，参加者全員で議論する会。合評会は担当学生が方法論的に優れた論文を選んできて論理構造を解析し，それに基づき議論する会である。田中氏が両会を始めた動機は何か。当時の考古学研究室は先生方が日常的に懇切に指導するのでなく放任であったし，研究室にいるより外部の現場に出入りした方が，コネクションができ報告書が手に入り実技

も身に付くので「まし」という風潮も学生内にはあった。一歩外部に出れば九大の考古学は悪し様に言われていたから（これは今でもまったく変わらない），研究室に寄り付かなくなる学生・OBもいた。だから学生が自ら猛烈に勉強しないと研究室が学問する場でなくなってしまうという危機感を抱いた。当時から，九大の考古学には方法論的弱点があると田中氏は見抜いていた。

　1978年頃，研究会で田中氏が修士論文の発表をした。縄文後期の土器編年から広域土器分布圏の形成と変遷を論じ，土器の様式構造の変化の背後に文化構造の変動を鮮やかに浮かび上がらせていた。下級生たちはこうした上級生達の研究の実践例から，考古学の方法を学んでいった。まずは土器編年の方法や土器研究に必要な概念の整備など身近なところから議論が始まった。

　1979年に田中氏が医学部解剖学第二講座の助手となり，医学部に移ると，諸般の事情から研究会の場所も解剖二研に移り秘密結社化した。メンバーは田中・澤下・杉村幸一・松永幸男・岩永に落ち着き，論文を読みながら方法論を模索することに集中するようになった。研究会でまずは日本の方法論的に優れた論文を読み徹底的に解剖しつつ，資料批判の方法，分類や時間的現象・空間的現象を把握し分析する方法を検討したが，しだいに欧米での新傾向を探索する必要性を認識していった。1980年に岩永が文学部3階にあった「岡崎文庫」からD.L.Clarke の *Analytical Archaeology* を見つけ出したので，しばらくこれと格闘することになり，以後，システム論・新進化主義・構造主義・構造化理論・文化的再生産理論の影響を受けた論文を次々に読み進んでいくこととなった。もちろん二番煎じでなくオリジナルの理論を重視したのは言うまでもない。田中氏は1989年に文学部付属九州文化史研究施設の助教授，1994年に六本松地区に新設された比較社会文化研究院（比文）の教授となって異動したが，それにつれて研究会の場も馬出→箱崎→六本松へと移転した。この間に見つけ出した諸論文は，のちに比文基層構造講座で修士課程新入生を鍛えるために田中氏が始めた「恐怖の集中ゼミ」のリーディングリストに載ることとなる。

　研究会には，途中から溝口孝司氏が加わった。氏は横山浩一先生が氏に構造主義考古学を学ばせるというプランによってケム・ブリッジ大学に留学し

ていった。当然ながらイギリス社会科学の最新動向を我らの研究会に伝えてもらうようにした。

考古学主体の研究会として出発したが，田中氏が解剖学第二講座にいて，日常的に形質人類学者・生態学者である中橋孝博・土肥直美・船越公威氏らと接し，多変量解析を駆使して古人骨の研究を進め，1984年から上の原横穴墓群出土人骨による親族構造分析を始めるようになったこともあり，土肥氏・船越氏にも参加を求め，生物分類学における数量分類 numerical taxonomy の手法を学び，考古遺物の分類に応用するようになった。生態学・生物進化論・生物分類学の話題は日常的に飛び交うようになった。

また堤氏の解説にもあるように，文学部地理学教室助手であった熊谷圭知氏主宰の「読書会」（1982～84年）に我らの研究会メンバーも出席するようになり（岩永はすでに奈良国立文化財研究所に就職しており出席できず），生態人類学・計量地理学の動向が把握できるようになった。「読書会」終了後，地理学専攻の堤研二氏が我らの研究会に合流するようになり，空間現象を把握する地理学的方法を掌握すべく，P.Haggett の *Locational Analysis in Human Geography* に挑戦するなどした（詳しくは堤氏解説参照）。

このように社会諸科学や生物学の垣根を超えた関心を堅持し，諸理論を自家薬籠中の物として駆使しようとする構えを田中氏は堅持し，それを教育にも活かそうとしていたのだった。

1997年頃から研究会メンバーのそれぞれが多忙となり，研究会は休業状態となった。しかし，各人の研究は研究会で築いた基礎の上に積み上げられていった。2000年11月に岩永が九大に着任したため，研究会再開も有りえたかもしれなかった。しかし翌2001年5月に松永氏は急逝し，これは痛恨の極みであった。さらに田中氏は，比較社会文化研究院の副研究院長を7年，研究院長を3年，日本考古学協会会長を2年務め，肝臓を休ませる暇がなくなった。それぞれの立場ですばらしい事績を残されたことは間違いないし，氏自身は言い訳はしないだろうが，氏がそれら要職で忙殺されることがなければ，氏の学問はどういう展開を見せていただろうか。

(いわなが　しょうぞう／九州大学総合研究博物館)

夫の思い出

田中 まゆみ

夫が永眠して 10 ケ月，今でも「ただいま」といって帰ってくる気がします。夫は病気がわかる直前まで元気に仕事に飛び回っていました。毎年の人間ドックでは異常がなかった夫に，2014 年秋がんの精密検査をするように勧められたのは，まさに青天の霹靂でした。

夫は熊本県荒尾市で 6 人きょうだいの末っ子として生まれました。小学校 6 年生の時，お姉さんに連れて行ってもらった「ツタンカーメン展」を見て以来，考古学を学ぶことを夢見ていたようです。高校生の時，着任したばかりの先生が大学で考古学を専攻していたことを知ると，すぐにその先生に考古学同好会の顧問を依頼しに行ったそうです。そして，仲間をつくって一緒に史跡見学を行い，また文化祭で活動報告をしていたそうです。進路指導の際には担任の先生から医学部進学を勧められたそうですが，「医学部は解剖実習があるから嫌」だったそうで，夢だった考古学を学ぶために，故岡崎敬先生のいる九州大学文学部に入学したと話していました。

19 歳の時，私たちは九州大学の六本松キャンパスで偶然出会い，大学院修士 2 年間が修了した 3 月に結婚し，史跡見学のような新婚旅行に行きました。帰路につく頃には，夫の旅行バッグは諏訪考古学研究所や信州信濃境の考古学館等で集めた資料でいっぱいになっていました。

当時，夫は大学院博士課程の 1 年生でしたが，私の仕事の関係で勤務先の上司にお世話いただいて，北九州市の 1K の県営住宅で新婚生活を始めました。夫はこの場所から鹿児島本線で大学院に通学していました。そして，新婚当時から新延貝塚など発掘調査に出かけていました。

博士課程 1 年生が終わる頃，最初の就職先が九州大学医学部の第 2 解剖学教室の助手に決まりました。夫はよく「解剖が嫌で医学部に行かなかったのに」と

私に語っていました。それでも，解剖学の教科書を勉強し始め，半年後には骨や筋肉等をラテン語で言えるようになっていました。この生活は10年もの間続き，夫は「この時代があったから今がある」と述懐していました。

夫の仕事のスタイルは独特で，「仕事だけに集中するとはかどらない」と言って，テレビを見ながら，また音楽を聴きながらパソコンで文章を作るのが常でした。ノートパソコンを使うようになってからは，夫の実家に帰っても家族一同の食事の時以外はパソコンを開いてキーボードを打ち，義父から「良之はいつもこうたい」と言われていました。

夫はどんな仕事も楽しくやっていましたが，なかでも最も好きな仕事は発掘調査でした。現場に出るときは出張グッズをまとめていましたので，それをバッグに入れて準備をいとも簡単にして，足取りも軽く出かけていきました。いつもは心配もせず帰宅を待っていましたが，さすがにネパールの奥地に調査に行ったときは心配しました。夫から予定の日時を過ぎてもホテルに戻ってきたという知らせがなく，心配になって，たどたどしい英語で国際電話をかけたことがありました。数日遅れで下山をしてきた夫から電話をもらった時は本当に安心しました。

出張の多い夫で，発掘調査であちこちを飛び回っていたようでした。なかなか夫の仕事を見ることができませんでしたが，垣間見えたのが，発掘調査から帰ってきた時のズボンの汚れでした。忘れられないのが，土井ヶ浜遺跡の発掘調査です。夫が砂だらけのズボンで帰宅すると，家のいたる所に砂が落ちていました。上の原横穴墓群の人骨調査の時は，特徴的な青みを帯びた土が付いていました。

また，古墳時代の親族関係の研究をするため親族などの歯型取りをしたことがあり，いとこだけで32人という夫の親戚の多さが幸いして，熱心に親戚一同を回り，歯型を取らせてもらったようです。それが『古墳時代親族構造の研究』（柏書房，1995年）として世に出た時は，私たち家族も少し役に立ったと嬉しくなりました。

そんな夫も家庭では良き父親でした。時間を作って子供たちを魚釣りや動物園や古墳群に連れて行ってくれました。初めて見る熊本県山鹿市の装飾古墳に私も子供たちと一緒に感動しました。

やがて，孫ができた時には，おじいちゃんとして孫を虫取りや水族館，そしてF1グランプリに連れて行ってくれました。3人の孫に恵まれ，夫は幸せそうでした。この時代，夫は一つの論文や報告書を書くたびに，完成祝いにプラモデルを買って来て作っていました。子どものようにプラモデル作りを楽しんでいた姿を今でも思い出します。

九州大学での仕事の原動力は，何と言っても先生や友人たちとの議論や会話にあったそうで，その中でさまざまなアイデアも浮かんだのだと言っていました。また，解剖学教室助手時代から始めた私的な研究会では，仲間たちと馬出のアパートの一室を借り洋書の購読会を始め，それが研究者としての基盤となったと話していました。研究会の後，その流れで北九州市の我が家にも研究会のメンバーが遊びに来てくれ，息子たちもそれを楽しみにしていました。

夫は大学院の院長になった頃から多忙になりました。その後，日本考古学協会会長の選挙の際は，飛行機の関係で3時間遅刻してしまい，到着した時にはすでに選挙が済んでしまっていたそうです。健康を心配する私に，夫は「欠席裁判や」と笑っていました。

2014年5月，日本考古学協会の会長の仕事が終わると，「これで自分の好きな仕事ができる」と嬉しそうに話していました。この頃ちょうど研究室に入っていたストロンチウムの分析計測機械で，群馬県の金井東裏遺跡から出土した人骨のストロンチウム分析に力を入れていました。

2014年10月，F1観戦から帰宅してわずか数日後にわかった人間ドックの結果は，夫にも家族にも思いもよらぬものでした。肝臓に影がありその検査のために大学病院に入院となりました。検査の結果，膵臓がんとわかり，すぐに治療に入りました。その結果，夫のさまざまな仕事が途中になってしまい，一緒に仕事をしてくださっていた皆様にご迷惑をおかけしたことを，本人に代わりお詫びいたします。

夫は大学病院に入院の時点で余命宣告を受けました。息子たちに「公私ともに充実していて悔いは無い」と話していたそうですが，息子たちの勧めで化学療法を受けながら別の病院で免疫療法を受け，職場復帰を願っていました。

抗がん剤治療を開始したばかりだったため，10月に予定していた愛媛県の村

上水軍博物館での「人骨から見えてくる原始時代」の講演を中止せざるをえなくなったことを，後々まで残念だと言っていました。闘病中，時間を見つけては葉佐池古墳公園のアニメーションの監修の仕事をし，修士論文を読んでは付箋を貼り，手直しをしていました。

2015年1月17日，緩和治療を勧められていた夫は，東京で開催された国際シンポジウム「よみがえれ古墳人」で講演することを決心しました。金井東裏遺跡から出た人骨調査の中間報告を1100人の聴衆の前で講演することができて，きっと夫も本望だったと思います。この時，夫は本研究をチームでやっていることを強調しておりましたので，今は研究チームの皆様の研究成果を天国から楽しみにしていることと思います。

福岡に戻って再入院した夫に，解剖学教室時代の上司の柴田洋三郎先生がお見舞いに来てくださった時のことです。すでに研究者らのフェイスブックやインターネットでの反響を見ていた柴田先生から「あんた学者のかがみやなあ」と言われ，いつもの笑顔で，それを嬉しそうに自慢していました。

先日，研究室で夫の遺品を整理しているとき，机の引き出しに大切に保管している野帳（フィールドノート）22冊を見つけました。それは，1970年からあり，熊本高校時代の考古学同好会を立ち上げた時から書かれたものでした。手軽に持ち運べるノートパソコンができるまで，発掘現場に出るたびに野帳を持っていっていました。夫の野帳は考古学を志している方々のお役に立てばと思い，九州大学アジア埋蔵文化センターに寄贈させていただきました。

夫は，不器用で気むずかしいところがあり，学問には厳しい姿勢で臨んでいましたが，その一方で学部生や院生を守ることをとても大事にしていました。父親になり現代の社会で学問を続けることの大変さを感じていたのだと思います。

本書を読んでくださっている方に感謝を捧げるとともに，皆様のご研究の発展を心よりお祈りいたします。

これまで，夫をご指導くださった故岡崎敬・故永井昌文・故横山浩一・丸山雍成・柴田洋三郎・西谷正の諸先生にこの場をお借りしてお礼を申し上げます。とくに，柴田洋三郎先生には，厳しい闘病生活中の夫に希望をつないでいただき

ました。心よりお礼を申し上げます。

　さまざまな場面でお世話になりました下條信行先生・高倉洋彰先生，また，武末純一・土生田純之・宮本一夫・服部秀雄・小山内康人・溝口孝司・村上恭通・金宰賢・辻田淳一郎・田尻義了・宮内克己・石川健・舟橋京子・米元史織・村上久和・松永眞由美の諸氏に心からお礼を申し上げます。特に，小山内康人・溝口孝司・田尻義了の諸氏には，闘病中から葬儀そして「偲ぶ会」までお世話になり，本当にありがとうございました。

　本書の刊行にあたり，以前から交流の深いすいれん舎の高橋雅人氏にはご尽力をいただき心より感謝いたします。そして，夫の遺言で遺稿集の編集をしていただいた岩永省三氏には遺族一同，心からお礼を申し上げます。また，遺稿集の解説のご執筆をいただいた澤下孝信・堤研二両氏，また編集の手伝いをしていただいた比較社会文化研究院の福永将大氏をはじめ大学院生の皆様に心から感謝を申し上げます。

　最後に，生涯考古学を愛し，最後まで私たち家族を大切にしてくれた夫に感謝の気持ちを捧げたいと思います。

2016 年 1 月 19 日

初出一覧

第1部

第1章 1978「縄文時代西北九州の離頭銛頭について」『FRONTIER』1，pp.1-13

第2章 1979「壱岐・鎌崎海岸遺跡について」『九州考古学』54，pp.1-21（横山順との共著）

第3章 1979「中期・阿高式系土器の研究」『古文化談叢』6，pp.1-52

第4章 1980「新延貝塚の所属年代と地域相」『新延貝塚』福岡県鞍手郡埋蔵文化財調査会，pp.114-125

第5章 1981「阿高式土器」『縄文文化の研究』4，雄山閣出版，pp.103-111

第6章 1981「縄文時代後期初頭の北部九州」『ふるさとの自然と歴史』127，pp.1-4

第7章 1982「曽畑式土器の展開」『末盧国』六興出版，pp.76-86

第8章 1982「磨消縄文土器伝播のプロセス」『森貞次郎博士古稀記念古文化論集』森貞次郎博士古稀記念論集刊行会，pp.59-967

第9章 1984「広域土器分布圏の諸相」『古文化談叢』14，pp.81-117（松永幸男との共著）

第10章 1991「モチーフにおけるポジ・ネガ転写」『交流の考古学』（『肥後考古』8）pp.199-203

第11章 1991「土器文様の伝播と位相差」『Museum Kyushu』39，pp.33-42（松永幸男との共著）

第12章 1983「寺の前遺跡縄文後期土器について」『萩台地の遺跡』大分県教育委員会，pp.105-114（松永幸男との共著）

第2部

第13章 1985「長崎県山の寺遺跡」『探訪縄文の遺跡　西日本編』有斐閣，pp.380-385

第14章 1986「縄紋土器と弥生土器」『弥生文化の研究』雄山閣出版，pp.115-125

第15章 1991「いわゆる渡来説の再検討」『横山浩一先生退官記念論文集 II 日本における初期弥生文化の成立』文献出版，pp.482-505

第16章 2001「渡来人をめぐる諸問題」『弥生時代における九州・韓半島交流史の研究』九州大学大学院比較社会文化研究院基層構造講座，pp.3-27（小澤佳憲との共著）

第17章 2001「弥生時代における日韓の埋葬姿勢について」『弥生時代における九州・韓半島交流史の研究』pp.63-71

田中 良之（たなか よしゆき）

1953 – 2015 年。
熊本県荒尾市出身。
考古学・先史人類学専攻。博士（文学）。
九州大学大学院文学研究科博士課程中退後，
同大学医学部解剖学第二講座助手，文学部九
州文化史研究施設比較考古学部門助教授をへ
て，1994 年 4 月より同大学大学院比較社会文
化研究科基層構造講座教授。
2012 – 14 年，日本考古学協会会長。
著書に，『古墳時代親族構造の研究』（柏書房，
1995 年），第 5 回雄山閣考古学賞受賞（1996
年），『骨が語る古代の家族』（吉川弘文館，
2008 年）など。

著者紹介

縄文文化構造変動論
―もう一人の田中良之 I ―

2016 年 6 月 16 日第 1 刷発行

著　者　田中良之
発行者　高橋雅人
発行所　株式会社　すいれん舎
　　　　〒 101-0052
　　　　東京都千代田区神田小川町 3-14-3-601
　　　　電話 03-5259-6060　FAX03-5259-6070
印刷・製本　藤原印刷株式会社
装　丁　篠塚明夫
©Yoshiyuki TANAKA, 2016
ISBN978-4-86369-441-5　Printed in Japan